Kathrin Ahlbrecht · Annegret Bendiek
Reinhard Meyers · Sabine Wagner

Konfliktregelung und Friedenssicherung im internationalen System

Grundwissen Politik
Band 32

Begründet von Ulrich von Alemann

Herausgegeben von

Arthur Benz
Marion Döhler
Hans-Joachim Lauth
Susanne Lütz
Georg Simonis

Kathrin Ahlbrecht · Annegret Bendiek
Reinhard Meyers · Sabine Wagner

Konfliktregelung und Friedenssicherung im internationalen System

VS VERLAG FÜR SOZIALWISSENSCHAFTEN

Bibliografische Information der Deutschen Nationalbibliothek
Die Deutsche Nationalbibliothek verzeichnet diese Publikation in der
Deutschen Nationalbibliografie; detaillierte bibliografische Daten sind im Internet über
<http://dnb.d-nb.de> abrufbar.

1. Auflage 2009

Lektorat: Frank Schindler

VS Verlag für Sozialwissenschaften ist Teil der Fachverlagsgruppe Springer Science+Business Media.
www.vs-verlag.de

Umschlaggestaltung: KünkelLopka Medienentwicklung, Heidelberg
Druck und buchbinderische Verarbeitung: Krips b.v., Meppel
Gedruckt auf säurefreiem und chlorfrei gebleichtem Papier
Printed in the Netherlands

ISBN 978-3-531-15441-1

Inhaltsverzeichnis

Vorwort

Staatszerfall und Staatengründung sind zwei interdependente Vorgänge, die für die Stabilität des internationalen Systems, dessen wichtigste politische Einheiten trotz der zunehmenden Bedeutung supra-, inter- und transnationaler Akteure immer noch von den Staaten gebildet werden, größte Bedeutung haben. Staaten-zerfall und Staatengründung sind notwendigerweise mit großflächigen und inten-siven sozialen und politischen Konflikten verbunden, die ganze Regionen betref-fen und von denen eine Gefahr für den regionalen wie auch für den globalen Frieden ausgehen kann. Für die Bewahrung des internationalen Friedens sind seit den zwei Weltkriegen der ersten Hälfte des 20. Jahrhunderts der Sicherheitsrat und das UN-System insgesamt, jeweils unterstützt von regionalen Sicherheits- und Verteidigungsorganisationen, zuständig. Somit stellt sich die Frage, wie dieses Institutionensystem „arbeitet" und ob es ihm gelingt, den Frieden zu si-chern.

Die Auflösung des Vielvölkerstaates Jugoslawien soll als Beispiel dienen, um in Erfahrung zu bringen, wie effektiv und effizient die internationale Ge-meinschaft am Ende des 20. und zu Beginn des 21. Jahrhunderts Staatenzerfalls-und Gründungskonflikte bearbeitet. Obgleich der Fall Jugoslawien, wie jedes andere reale Beispiel auch singuläre Merkmale aufweist, scheint er dennoch geeignet zu sein, die Struktur- und Funktionsprobleme globaler Sicherheitsgo-vernance exemplarisch zu untersuchen. Das vorliegende Lehrbuch beruht auf dieser Prämisse. Deren Tragfähigkeit genauer zu ergründen, könnte auch die Aufgabe von Studienarbeiten sein, die sich mit den von internationalen Interven-tionen begleiteten Zerfallsprozessen des jugoslawischen Bundesstaates im Ver-gleich zu anderen Auflösungs- und Staatsbildungskonflikten befassen.

Als hilfreiche Unterstützung zur Lektüre des vorliegenden Studientextes sei an dieser Stelle auf die Auswahlbibliographie und die Sammlung zahlreicher Internetlinks im Anhang verwiesen, die das Buch auf sinnvolle Weise ergänzen. Es gilt jedoch zu berücksichtigen, dass aufgrund der Schnelllebigkeit des Medi-ums Internet manche der angegebenen Seiten schon bald überholt sein könnten.

Das Autorenteam um Reinhard Meyers hat sich seit vielen Jahren mit den unterschiedlichen Aspekten und Phasen der Konfliktbearbeitung der ethnopoliti-schen Konflikte in der Region des Westbalkans durch internationale Akteure beschäftigt. Drei Dissertationen sind die unmittelbare wissenschaftliche Vorar-beit für den jetzt vorliegenden Studientext gewesen. Reinhard Meyers, dem es gelang, seine drei Schülerinnen für dieses Lehrprojekt zu motivieren, gilt mein besonderer Dank. Ohne deren Beiträge wäre der Band in der heutigen Form nicht zustande gekommen. Und da sie sich in neuen beruflichen Kontexten bewähren mussten, muss deren Leistung und Engagement für diesen Lehrtext in höchsten Tönen gelobt werden.

Am Lehrgebiet waren Carina Fiebich und Judith Kuhn, meine wissenschaftlichen Mitarbeiterinnen, deren kritischer und aufmerksamer Blick sich gerade bei
einem Mehrautorinnenmanuskript bestens bewährte, für den Lehrtext verantwortlich. Gemeinsam mit Maik Schumacher, unserer wissenschaftlichen Hilfs-
kraft, besorgten sie auch die endgültige Formatierung des Textes.

Für die Herausgeber der Reihe „Grundwissen Politik"

Georg Simonis   Hagen, März 2008
Lehrgebiet Internationale Konflikte und Umweltpolitik

Über die Autoren

Reinhard Meyers, Jahrgang 1947, studierte Politikwissenschaft, Anglistik und Geschichte an der Rheinischen Friedrich-Wilhelms-Universität Bonn 1966–1970 mit dem Abschluss Magister Artium. Forschungsstipendiat der Wiener Library, London, an der Graduate School of Contemporary European Studies, University of Reading 1970–1972 mit dem Abschluss Master of Philosophy. Wissenschaftlicher Assistent bei Hans-Adolf Jacobsen und Karl-Dietrich Bracher am Seminar für Politikwissenschaft der Rheinischen Friedrich-Wilhelms-Universität Bonn 1972–1984. Promotion zum Dr. phil. 1974; Habilitation im Fach Politikwissenschaft 1986; seit 1987 Professor für Internationale Politik und Außenpolitik an der Westfälischen Wilhelms-Universität Münster. Seine Forschungsinteressen galten ursprünglich der Geschichte der Internationalen Beziehungen und der Sicherheitspolitik im 20. Jahrhundert, verlagerten sich aber schon vor der Habilitation auf die Wissenschaftsgeschichte der Lehre von den Internationalen Beziehungen sowie die Epistemologie, Methodologie und Theorie der internationalen Politik. Seit den 1980er Jahren ergänzt er diesen Schwerpunkt durch Arbeiten zur Friedens- und Konfliktforschung, seit den 1990er Jahren auch zur Europapolitik. Seit 1991 mehrfach Prodekan und Dekan des Fachbereiches Sozialwissenschaften der Westfälischen Wilhelms-Universität, seit Oktober 1997 Ehrendoktor der Fakultät für Europastudien der Babes-Bolyai Universität Klausenburg (Rumänien), seit Mai 2007 auch Ehrendoktor der Universität Novi Sad (Serbien). Mitgründer und seit 1993 Mitherausgeber der *Zeitschrift für Internationale Beziehungen*. E-Mail: meyersr@uni-muenster.de

Der Studientext ist das Ergebnis langjähriger Zusammenarbeit von Reinhard Meyers und drei seiner Doktorandinnen:

Kathrin Ahlbrecht, Jahrgang 1976, hat 2002 ihr Magisterstudium der Politikwissenschaft, des Öffentlichen Rechtes und der Hispanistik an der Westfälischen Wilhelms-Universität Münster abgeschlossen. Anschließend erwarb sie am Europakolleg Brügge (Belgien) den Master of Advanced European Political and Administrative Studies. Ihre Studienschwerpunkte waren internationales Konfliktmanagement und Krisenprävention, europäische Sicherheitspolitik und deutsch-französische Beziehungen. Sie hat u. a. am Sammelband „European Foreign Policy – from rhetorics to reality?", Hg. Mahncke, Ambos, Reynolds (2004), mit einer Fallstudie zu Mazedonien mitgearbeitet. Seit 2003 ist sie in Brüssel als Politikberaterin für eine Public Affairs Consultancy tätig. E-Mail: ahlbrechtk@gmx.net

Annegret Bendiek, Jahrgang 1970, studierte Politikwissenschaft, Soziologie und Romanische Philologie an der Westfälischen Wilhelms-Universität Münster; Abschluss Magistra Artium 1996; anschließend Studium am Europakolleg Brügge und Erwerb des Master in European Studies 1998; 1998–2003 Stipendiatin des DFG-Kollegs „Europäische Integration und gesellschaftlicher Strukturwandel" sowie Lehrbeauftragte an der Universität Osnabrück, dortselbst Promotion zum Dr. rer. pol. 2003; 2003–2005 wiss. Assistentin im Fach Politikwissenschaft, Universität Bielefeld; seit Oktober 2005 wiss. Mitarbeiterin an der Stiftung Wissenschaft und Politik, Berlin. E-Mail: annegret.bendiek@swp-berlin.org

Sabine Wagner, Jahrgang 1975, absolvierte ein Magisterstudium der Politikwissenschaft an der Westfälischen Wilhelms-Universität Münster, in dem sie sich insbesondere mit Nichtregierungsorganisationen und deren Rolle in der zivilen Konfliktbearbeitung befasste. Als Stipendiatin der Deutschen Stiftung Friedensforschung (DSF) am Institut für Friedensforschung und Sicherheitspolitik (IFSH) in Hamburg nahm sie anschließend am Postgraduierten-Masterstudiengang „Peace and Security Policy Research" teil und erwarb den Mastergrad. Zurzeit ist sie bei einer Beratungsfirma für Organisationsentwicklung in Berlin in den Bereichen E-Learning und Konfliktmanagement tätig. E-Mail: wagnesa@gmx.de

Abkürzungsverzeichnis

ACABQ	Advisory Commission on Administrative and Budgetary Questions
BDIMR	Büro für demokratische Institutionen und Menschenrechte
BdKJ	Bund der kommunistischen Parteien Jugoslawiens
BRJ	Bundesrepublik Jugoslawien
BSP	Bruttosozialprodukt
CARDS	Community Assistance for Reconstruction, Development and Stabilisation
CAFAO	Amt für zollamtliche und fiskalische Unterstützung
COCOM	Coordinating Committee on Multilateral Export Controls
COPS/PSC	Political and Security Committee (der EU)
COREPER	Committee of Permanent Representatives (der EU)
CSR	Tschechoslowakische Republik
DPKO	Departments of Peacekeeping Operations
EC/EG	European Communities/Europäische Gemeinschaften
ECPS	Executive Committee on Peace and Security
ECU	European Currency Unit
EIDHR	Europäische Initiative für Demokratie und Menschenrechte
EISAS	ECPS Information and Strategic Analysis Secretariat
EP	Europäisches Parlament
ESVP	Europäische Sicherheits- und Verteidigungspolitik
EU	Europäische Union
EUAM	EU-Administration in Mostar
EUMC	European Union Military Committee
EUMS	European Union Military Staff
EUMM	EU-Beobachtermission
EUPM	European Union Police Mission
EUSR	European Union Special Representative
FALD	Field Administration and Logistics Division
FDD	Forces for the Defense of Democracy (Burundi)
FYROM	Former Yugoslav Republic of Macedonia
GASP	Gemeinsame Außen- und Sicherheitspolitik (der EU)
GD	Generaldirektion der EU-Kommission
HDZ	Kroatische Demokratische Union
IFOR	Peace Implementation Forces
IGO	Intergovernmental Organization
IMTF	Integrierte Mission Task Forces
INCORE	International Conflict Research (Institut)
INGO	International Non-Governmental Organization
IPTF	International Police Task Force
ISPA	Instrument for Structural Policies for Pre-Accession
IStGH	Internationaler Strafgerichtshof
JVA	Jugoslawische Volksarmee
KFOR	Kosovo Force
KfW	Kreditanstalt für Wiederaufbau
KMU	Kleine und mittlere Unternehmen

KP	Kommunistische Partei
KSE	Konventionelle Streitkräfte in Europa
KSZE	Konferenz über Sicherheit und Zusammenarbeit in Europa
KVAE	Konferenz über Vertrauens- und Sicherheitsbildende Maßnahmen und Abrüstung in Europa
MAD	Mutual Assured Destruction
MAP	Membership Action Plan (NATO)
NATO	North Atlantic Treaty Organization
NGO	Non-Governmental Organization
OECD	Organization for Economic Cooperation and Development
OHR	Office of the High Representative
OBNOVA	Förderprogramm
OSZE	Organisation für Sicherheit und Zusammenarbeit in Europa
PC	Political Committee
PCIA	Peace and Conflict Impact Assessment
PfP-Programme	Partnership for Peace Programme
PHARE	Pologne, Hongrie, Assistance à la reconstruction économique
PSK	politisches Sicherheitskomitee
RGW	Rat für gegenseitige Wirtschaftshilfe
RRM	Krisenreaktionsmechanismus (EU)
RTLM	Radio Télévision Libre des Milles Collines
RTS	Radio Televizija Srbije
SAA	Stabilisation and Association Agreement
SAP	Stabilisierungs- und Assoziierungsprozess
SAPARD	Special Accession Programme for Agriculture and Rural Development
SEECP	Südosteuropäischer Kooperationsprozess
SFOR	Stabilisation Force
SFRJ	Sozialistische Föderative Republik Jugoslawien
TEU/EUV	Treaty on European Union/Vertrag zur Europäischen Union
UČK	Nationale Befreiungsarmee (Kosovo und Albanien)
UdSSR	Union der Sozialistischen Sowjetrepubliken
UN/VN	United Nations/Vereinte Nationen
UNESCO	United Nations Educational, Scientific and Cultural Organization
UNHCR	United Nations High Commissioner for Refugees
UNMIK	United Nations Interim Administration Mission in Kosovo
UNO	United Nations Organization
UNPREDEP	United Nations Preventive Deployment Force
UNPROFOR	United Nations Protection Force
UNSAS	United Nations Stand-by-Arrangement-Systeme
VSBM	Vertrauens- und Sicherheitsbildende Maßnahmen
WEU	Westeuropäische Union

Abbildungsverzeichnis

Tabellenverzeichnis

1 Einführung

Seit dem Ende des Ost-West-Konfliktes ist die Zahl der bewaffneten Konflikte um 40 Prozent zurückgegangen. Die einzige Form der Gewalt, deren konkrete Manifestation zugenommen hat, ist der internationale Terrorismus, dem aber – im Vergleich zu Kriegen – viel weniger Menschen zum Opfer fallen. Nach der Studie „Menschliche Sicherheit", die unter der Leitung des Konfliktforschers Andrew Mack von der University of British Columbia erstellt wurde, hat seit dem Fall der Berliner Mauer die Zahl der Konflikte weltweit abgenommen. Auch könne belegt werden, dass frühere Kriege, die oft mit konventionellen Armeen geführt wurden, im Durchschnitt weit mehr Todesopfer gefordert haben als Auseinandersetzungen der Gegenwart, die meist als *low intensity conflicts* bezeichnet werden. Auch Völkermorde und ähnliche Gewaltexzesse haben laut Studie nach 1992 abgenommen – trotz des Genozids in Ruanda und trotz der Gräuel auf dem Balkan. Als Gründe für diese Trends nennen die Forscher drei Faktoren: Erstens gingen mit dem Ende der Ost-West-Konfrontation zahlreiche sogenannte Stellvertreterkriege in der Dritten Welt zu Ende. Zweitens sei die Epoche der kolonialen Herrschaft überwunden worden. Ein großer Teil der Kriegsopfer von den 1950er bis 1980er Jahren ist demnach kolonialen Konflikten zuzurechnen. Schließlich verweist der Report auch auf eine Steigerung internationaler Aktionen zur Konfliktverhinderung, die zur Entwicklung beigetragen haben. Die wenigen neueren Hightechkriege – im Kosovo 1999 oder in Afghanistan 2001 – seien durch militärische Überlegenheit schnell beendet worden und hätten deshalb weniger Opfer auf dem Schlachtfeld gekostet als früher. Allein der Irakkrieg ab 2003 wird von den Autoren der Studie als Ausnahme gesehen. Der Irak sei zwar schnell besetzt worden, doch der anhaltende Aufstand saddamtreuer subversiver und terroristischer Kräfte ebenso wie die bürgerkriegsartigen Auseinandersetzungen zwischen Sunniten und Schiiten hätten bereits Zehntausende Menschenleben gefordert (vgl. *Human Security Centre 2005,* insbes. Kap. V), ohne dass für die US-geführten Koalitionsstreitkräfte eine akzeptable Exit-Option erkennbar wäre.

> Konfliktbilanz während und nach dem Ost-West-Konflikt

Seit den Schockangriffen des 11. September 2001 scheinen viele Regierungen der westlichen Welt den internationalen Terrorismus für die größte Bedrohung zu halten, der wir gegenüberstehen. Folglich versuchen sie durch Drohung mit oder Einsatz von militärischer Gewalt die Welt unter Kontrolle zu halten oder doch wenigstens einen für sie günstigen Status quo zu sichern. Darüber ignorieren sie jedoch weitaus ernstere mittel- und langfristige Gefahren:

- den Klimawandel und seine Folgen,
- den weltweiten Wettbewerb um endliche Ressourcen,
- die ökonomische Marginalisierung der Mehrheit der Welt,
- die Militarisierung internationaler und globaler Beziehungen.

Machen wir uns das destruktive Potenzial dieser Streitgegenstände nicht hinreichend klar, unternehmen wir nichts gegen diese schleichende Veränderung der
Tiefenstrukturen der internationalen Beziehungen, dürfte die Welt um die Mitte
des 21. Jahrhunderts ein höchst unsicherer und instabiler Platz geworden sein,
der vielleicht gerade (nur) noch das Überleben der menschlichen Gattung auf
Subsistenzniveau ermöglicht (*Abbot/Rogers/Sloboda* 2007). Aufgabe der Wissenschaft ist es, die angesprochenen Gefahren zu identifizieren und Strategien zu
ihrer Einhegung und Überwindung zu entwickeln.

Das Lehrbuch „Konfliktregelung und Friedenssicherung im internationalen
System" versucht daher die Ursachen, Bedingungen, Prozesse und Strukturen
von Krieg und Frieden bzw. Konfliktregelung und Friedenssicherung zu Beginn
des neuen Jahrhunderts darzustellen. Dabei wird als herausragendes Beispiel für
die sogenannten neuen Kriege nach dem Ende des Ost-West-Konfliktes – in
denen in aller Regel staatliche und nichtstaatliche Konfliktakteure miteinander
kämpfen – der Jugoslawienkonflikt in seinen verschiedenen Konfliktphasen
analysiert.

Aufgaben der Friedens- und Konfliktforschung Disziplinär verorten sich Verfasserinnen und Verfasser in der Friedens- und
Konfliktforschung, deren Hauptaufgabe darin besteht zu prüfen, welche Konflik-
te welcher friedenstauglichen Konfliktbehandlung zugänglich sind. Sie soll

1. Anlässe, Gründe, Verlauf und Folgen von (meist gewaltsamen) Konflikten
    beschreiben, analysieren und erklären,
2. Mechanismen des Managements, der Einhegung, Schlichtung, Lösung und
    Überwindung von (meist gewaltsamen) Konflikten entwerfen, erörtern und
    auf ihre Wirksamkeit überprüfen,
3. Werte, Normen, Regeln und Regelwerke sowie Institutionen der Friedens-
    herstellung und Friedenssicherung konzipieren und deren praktisch-
    politische Umsetzung fördern.

Selbstverständlich wendet sich die Friedens- und Konfliktforschung nicht nur den
Konflikten zwischen internationalen Akteuren zu, sondern auch denen auf transnationaler Ebene. Dabei werden die individuelle und die innergesellschaftliche
Interaktionsebene gleichermassen berücksichtigt – zumal vielfach Konflikte auf
einer Interaktionsebene Ursache und/oder Anlass von Konflikten auf anderen
Interaktionsebenen sein können (Verschränkung der Konfliktebenen). Es besteht
zugleich die Hoffnung, Konfliktregelungs- und -lösungsmechanismen, die sich
auf einer Konfliktinteraktionsebene bewährt haben, auf andere Interaktionsebenen
übertragen zu können (Analogie oder Homologie der Konfliktlösungsmodelle).

Themenschwerpunkt des Studienbriefes Der Themenschwerpunkt dieses Lehrbuches konzentriert sich auf die Verschränkung von internationaler und gesellschaftlicher Konfliktebene, für die ein
kurzer historischer Exkurs zum besseren Verständnis beiträgt: Mit der Auflösung
der Ordnung von Jalta – Resultat der militärischen Kräfteverteilung am Ende des
Zweiten Weltkrieges – schienen die überkommenen Prämissen der internationalen Politik der letzten viereinhalb Jahrzehnte ihre Geltung verloren zu haben.
Beschworen wurde die Genese einer neuen Weltordnung – angebahnt in Osteuropa, zum Durchbruch gelangt dort 1989/90, befördert durch den Golfkrieg als
„defining hour" (George Bush senior) des neuen Zeitalters. Definitionskriterium

dieser neuen Weltordnung ist das Ende der Bipolarität, das Ende jenes nuklear abgestützten machtpolitischen Nullsummenspieles, in dem der Vorteil der einen unweigerlich der Nachteil der anderen Seite war. Definitionskriterium dieser neuen Weltordnung ist vor allem der Abbau zweier potenzieller Gefahrenmomente des Kalten Krieges: das der horizontalen, also geographischen Eskalation, die jeden Zusammenprall zwischen Klienten der beiden Blöcke in fernen Regionen („Stellvertreterkriege") zum Ausgangspunkt eines möglichen Krieges zwischen den Supermächten selbst stempelte, und das der vertikalen, also qualitativen Eskalation, die jedes bewaffnete Ost-West-Scharmützel zum nuklearen Schlagabtausch zwischen den beiden Supermächten aufzuschaukeln drohte (vgl. im Überblick *Chojnacki/Eberwein* 2000).

Das Ende des Ost-West-Konfliktes und der damit einhergehende Verfall der bipolaren Weltordnung führten aber nicht zu jenem erwarteten dauerhaften und stabilen Frieden in Europa und seinen Nachbarregionen. Die *Renationalisierung Europas* (*Joffe* 1992) seit Beginn der 1990er Jahre manifestierte sich nicht nur im Debakel um die Verhandlungen und Ergebnisse des Vertrages über die Europäische Union. Dieser war zwar eine europäische Reaktion auf die neuen globalen Herausforderungen, setzte aber im Ergebnis die zwischenstaatliche Zusammenarbeit der sogenannten Politik des kleinsten gemeinsamen Nenners in der Gemeinsamen Außen- und Sicherheitspolitik (GASP) sowie in der Zusammenarbeit in der Innen- und Justizpolitik (ZIJ) fort. Sie manifestierte sich auch in den Unabhängigkeitserklärungen der mittel- und osteuropäischen Staaten und vor allem im Ausbruch des Jugoslawienkrieges, dessen grausam-irrationale Realität uns aufgrund vielfacher Verflechtungen (persönlicher Bekanntschaften, Urlaubserinnerungen, Geschäftsverbindungen) ganz besonders unvermittelt ansprang.

Nach dem Zweiten Weltkrieg ist erstmalig zu Beginn der 1990er Jahre der Krieg in Teilen Europas außerhalb der EU wieder führbar (*Münkler* 1992: 7 ff.), aber auch spürbar geworden. Als Beispiele für die Wiederkehr des Krieges – oder genauer: den Rekurs auf die Anwendung militärischer Gewalt zur Durchsetzung politischer, gesellschaftlicher oder weltanschaulicher Ziele – wären hier der jugoslawische Nachfolgekrieg 1991–1995 und der Angriffskrieg der NATO gegen die Bundesrepublik Jugoslawien im Frühjahr 1999, aber auch die Terrorattentate im März 2004 in Madrid und im Juli 2005 in London zu nennen. Die Attentate am 11. September 2001 in den USA haben zudem die Verwundbarkeit der Vereinigten Staaten und der Europäer deutlich gezeigt. Aufgrund der zunehmenden Interdependenzen im internationalen System ist diese Verwundbarkeit einzelner Staaten nicht mehr nur entlang territorialer Grenzen zu spüren. Politische, wirtschaftliche und soziokulturelle Interaktionen unterlaufen nationalstaatliche Grenzziehungen. Staaten sind nicht mehr die allein entscheidenden Akteure in der Weltgesellschaft. Vielmehr treten sie in Konkurrenz zu zahlreichen neuen Akteuren und Netzwerken, um Interessendurchsetzung auf den unterschiedlichen politischen Handlungsebenen eines *Multi-Level-Governance-Systems* zu ermöglichen (Überblick *Benz* 2004; *Schuppert* 2005). Dieses gilt auch im Bereich Konfliktregelung und Friedenssicherung. Damit gewinnt die Frage nach den Ursachen und Bedingungen direkter militärischer Gewaltanwendung, nach den Möglichkeiten und Formen des Krisenmanagements, der Kriegsverhütung und Friedenssicherung

Ausgangspunkt: Renationalisierung Europas

eine dringliche Aktualität und stellt eine qualitativ neue Herausforderung für die Friedens- und Konfliktforschung dar.

Am Beispiel des Jugoslawienkonfliktes werden in diesem Lehrbuch Möglichkeiten und Grenzen der Konfliktanalyse erörtert. Vor dem Hintergrund dieser Erörterung wird den Ausprägungen und Erscheinungsformen fünf grundsätzlicher Konfliktbearbeitungsweisen nachgegangen:

1. der Verhütung oder Vermeidung von Konflikten (Prävention),
2. der Intervention zur Eindämmung gewaltsamer Konflikte,
3. des Managements, also der rechtlichen Regelung von Konflikten und ihres Austrages,
4. der Lösung oder Transformation von Konflikten,
5. der Nachsorge von Konflikten (damit zugleich auch der Prävention von Folgekonflikten).

Erkenntnisleitendes Interesse des Studienbriefes ist zunächst die Frage, welche Konfliktbearbeitungsmodi zu einer Reduzierung des Ausmaßes internationaler militärischer Gewaltanwendung beitragen, indem sie Konflikte wenn nicht aufheben, so doch unter gewaltmindernde Kontrolle bringen und Krisensituationen so stabilisieren, dass die Gefahr einer militärischen Eskalation gebannt wird. In Erweiterung dieser Fragestellung ist ferner zu prüfen, welche dieser Konfliktbearbeitungsmodi unter dem Begriff Zivilisierung von Konflikten subsumiert werden können – das heißt der Transformation eines gewaltsam ausgetragenen Konfliktes in einen solchen dienen, der mit anderen, nichtgewaltsamen Mitteln ausgetragen wird. Entscheidend ist hierbei, welche Lehren sich aus vergangenen Konflikten und deren Bearbeitung ziehen lassen. Welchen Modifikationen müsste die Konfliktbearbeitung im Allgemeinen unterworfen werden, um in vergleichbaren Fällen zu einer nachhaltigeren Lösung zu kommen? Als zentrales Fallbeispiel für diese Leitfragen dient der Krieg in Jugoslawien. Wir fragen danach, welche der genannten Konfliktbearbeitungsformen unter welchen Bedingungen hätten Anwendung finden können. Der Leser soll dadurch in die Lage versetzt werden, in diesem und in anderen, zukünftigen Konfliktfällen Ansätze zu einer eigenen rationalen Analyse von Konflikten zu entwickeln und der Frage nachzugehen, welche Rolle beispielsweise internationale Organisationen bei der Konfliktregulierung spielen können. Dabei wird der Leser aber auch feststellen, dass es einen umfassenden und konsistenten Konfliktregulierungszyklus, wie dieser theoretisch reklamiert wird, in der Praxis nicht gibt. So spiegelt der stellenweise mangelnde Bezug zwischen den einzelnen Kapiteln des Studienbriefes die Umsetzungsschwierigkeiten von Konfliktregulierungsmechanismen in der Praxis wider, die ebenfalls wenig aufeinander abgestimmt sind. Dementsprechend liegt die Schwäche der Konfliktregulierung zunächst einmal in der Problematik der Übersetzung von theoretischem Wissen in die Praxis und umgekehrt in den Defiziten der Ableitung von der Praxis in die Theorie.

Dieses Unternehmen kann freilich nur vor dem Hintergrund einer Skizzierung umfassenderer weltpolitischer Entwicklungen verwirklicht werden (vgl. überblicksweise *Kaiser/ Schwarz* 2000; *Ferdowsi* 2002; *Opitz* 2001; *Rittberger* 2004). Welche Prognose lässt sich für die Zukunft der Weltgesellschaft stellen? Ganz offensichtlich bedarf die seit Ende des Ost-West-Konfliktes immer wieder beschworene neue Welt(un)ordnung im Blick auf ihren konzeptionellen Unterbau wie im Blick auf ihre konflikthafte Realisierung (Überblick: *Hubel* 2005) der weiteren Konkretisierung. Einander gegenüber stehen zwei Thesen: einmal die, dass die Struktur dieser Weltordnung unipolar ist, abgeschirmt durch die von ihren Verbündeten unterstützte, als Supermacht allein das Feld behauptende USA, zum anderen die, dass die Vereinigten Staaten schon in den 1970er und 1980er Jahren an einem „imperial overstretch" (*Kennedy* 1989) gelitten hätten, der die Grundlage für eine erfolgreiche Hegemonialpolitik nicht nur in den 1990er Jahren beschädigte. Horrende Haushaltsdefizite, Infrastrukturmängel, unterfinanzierte Bildungs-, Fürsorge- und Gesundheitssysteme können Hegemonieverlust bewirken – die von konservativen US-Regierungen entworfene Vision einer auf militärische Stärke gestützten Weltordnung, in der die USA die Regeln vorschreiben, selbst aber diesen nicht unterworfen sind (*Müller* 2003), führt nicht erst seit dem 11. September 2001 in die Sackgasse militarisierter Dominanzpolitik. Wenn damit einhergehen

Thesen zur Zukunft der Weltgesellschaft

- die Verschärfung nicht zuletzt ökonomischer Widersprüche in der OECD-Welt und die Intensivierung des Konfliktes zwischen den Kräften der Integration und den Kräften der Fragmentierung (*Gaddis* 1992: 198 ff.),
- das Aufkommen neuer globaler Gefährdungen (*Brown u.a.* 2004), der Zerfall von Staaten und die Privatisierung von Gewalt und Krieg (*Ruf* 2003) im Kontext der asymmetrischen Kriegführung (*Schröfl/Pankratz* 2004) sogenannter neuer Kriege (*Münkler* 2002a; *Frech/Trummer* 2005),
- die Globalisierung der Unsicherheit (*Altvater/Mahnkopf* 2002) anstelle des Ausbaus und der Anwendung kluger Macht (*Czempiel* 1999),

dann wird die Antwort auf die Frage, ob denn eine imperiale Weltordnung den Trend des 21. Jahrhunderts darstelle (*Jaberg/Schlotter* 2005), letztlich auf die Universalität eines in alle politischen Kontexte, in die Tiefen aller gesellschaftlichen Schichtungen eindringenden Empires verweisen, das über ungeheure Unterdrückungs- und Zerstörungspotenziale verfügt und dessen Herrschaftsanspruch keine Schranken kennt (*Hardt/Negri* 2002).

Freilich, uns scheint, dass sich die Weltgesellschaft kurz- und mittelfristig weder dem unipolaren noch dem gänzlich fragmentierten Strukturtyp annähern wird, sondern vielmehr einzelne Aspekte beider Typen widerspiegelt, ohne jedoch zu einer eindeutigen Synthese zu führen. In der Tendenz ist die Feststellung

„[…] von der zentripetal wirkenden Kraft des Ost-West-Konflikts befreit, zeigen die Internationalen Beziehungen der Welt jetzt zentrifugale Tendenzen, die zur Polyarchie und Multipolarität führen [...]" *(Czempiel 1991: 48),*

sicher noch richtig. Dennoch werden wir es noch eine Weile in den verschiedenen Handlungsfeldern der Weltpolitik mit je unterschiedlichen Organisations-
prinzipien und -strukturen zu tun haben, Prinzipien und Strukturen allerdings, die
sich gegenseitig überlappen und durchdringen und somit als „komplexe Multipolarität" zu bezeichnen sind. Die komplexe Multipolarität der Weltgesellschaft
zeichnet sich durch die folgenden Erkennungsmerkmale aus:

1. einen Anspruch der USA auf Quasihegemonie im Bereich militärischer
   Machtanwendung bei gleichzeitigem Unvermögen, ihr unilaterales Handeln
   tatsächlich durchzusetzen,
2. eine Quasiautonomie von neuen globalen staatlichen und nichtstaatlichen
   Akteuren, die nicht nur aufgrund ihrer Verfügungsgewalt über ABC-
   Waffen, sondern auch über ihr Technologie-, Wissens- und Kommunikati-
   onspotenzial an Geltung gewinnen,
3. eine Tendenz zu Ad-hoc-Allianzen zu Problemlösungen zwischen verschiedensten globalen Akteuren in den unterschiedlichsten Politikfeldern (Sicherheitspolitik, Umweltpolitik, Handelspolitik etc.),
4. einen wachsenden Wettbewerbsdruck zwischen regionalen Wirtschaftszent-
   ren, der nicht allein im Rahmen der WTO gebändigt werden kann,
5. eine Fortführung der Zentrum-Peripherie-Diskrepanz, welche aber nicht
   mehr nur entlang der Grenzlinien der OECD- und Nicht-OECD-Welt zu sehen ist, sondern sich auf allen Schichten der politischen Wirklichkeit her-
   auskristallisiert,
6. eine globale Auseinandersetzung um die Deutungshoheit über Normen und
   Rechtsetzung im internationalen System und damit einhergehend die Privatisierung von Weltinnenpolitik.

Dass all diese Kraftfelder dem Streit um Einfluss und Interessendurchsetzung,
Ressourcenaneignung und Güterumverteilung sehr viel mehr Spielraum eröffnen, als es in der Zeit des Kalten Krieges der Fall war, dürfte kaum in Abrede zu
stellen sein. Die internationale Politik der Zukunft dürfte sehr viel komplexer
und komplizierter werden, als wir es uns in der Friedens- und Vereinigungseu-
phorie des Jahres 1989 je haben träumen lassen.
    Aus der komplexen Multipolarität und Unübersichtlichkeit in den internati-
onalen Beziehungen und Konflikten resultiert nicht zuletzt der Verlust an Steuerungsfähigkeit einzelner internationaler Organisationen in der Konfliktregulierung. Nur ein gelungenes Zusammenspiel, ein multilaterales Vorgehen internationaler Organisationen, wie dies einzigartig mit dem Stabilitätspakt für Südosteuropa in Kooperation mit dem Stabilisierungs- und Assoziierungsprozess der EU
vorexerziert wurde, lässt Konfliktregulierung in einem relativ erfolgreichen Ge-
samtbild erscheinen. Auch sind im Hinblick auf die einzelnen Konfliktphasen
unterschiedliche und zum Teil einander widersprechende Interaktionen zwischen
den Akteuren in der Konfliktbewältigung zu beobachten. So sind die einzelnen
Abschnitte im Konfliktregulierungsprozess mangelhaft aufeinander abgestimmt,
dessen Problembehebung kann aber nicht den einzelnen Akteuren zugeschrieben
werden. Die Deutungshoheit im globalen Regieren, was denn nun unter Krieg,
Frieden, Konflikt und Konfliktbewältigung zu verstehen ist, unterliegt einem

Dezentralisierungs- bzw. Auflösungsprozess nicht nur in der Politik, sondern auch in der Wissenschaft. Wer hat im globalen Regieren die Legitimität zu beurteilen, wann ein Konflikt reguliert ist? Lag diese Deutungshoheit bisher in den Händen der Vereinten Nationen – präziser: des Sicherheitsrates (*Matheson* 2006; *Malone* 2004) –, gerät diese zunehmend unter Druck: qualitativ, weil Super- und Grossmächte die Selbstbeschränkung ihres Handelns durch Selbstbindung an das Völkerrecht der Durchsetzung anderer politischer Eigeninteressen unterordnen, quantitativ, weil die Fülle an Peacebuilding- und Peacekeeping-Aufgaben den finanziellen Ressourcenrahmen der Weltorganisation immer wieder sprengt (Übersicht: *Volger* 2007; insbes. dort *Hüfner* 2007).

2 Konflikte: Definitionen, Erscheinungsformen und Ursachen – Versuch einer Typologie

2.1 Was ist ein Konflikt?

Die Friedensforschung (einführend *Imbusch/Zoll* 2005) hat sich mittlerweile als fester Bestandteil der Politikwissenschaft etabliert. Welche Argumentationslinien und Thesen verfolgt diese Forschung vor dem Hintergrund der weltpolitischen Umbrüche, und zu welchen neuen oder revidierten Erkenntnissen kommt sie mit Blick auf die Konflikttypologie? In diesem Kapitel wollen wir uns zunächst mit den zahlreichen Konfliktdefinitionen auseinandersetzen, bevor wir die Ausgestaltung und Erscheinungsform von Konflikten näher betrachten. Schließlich wenden wir uns einer ersten Ursachenanalyse von Konflikten zu. Diese „Toolbox" soll Werkzeuge und Techniken für die nachfolgenden Fallbeispiele und Kapitel an die Hand geben und die kritische Reflexion auf Mittel und Wege der Konfliktbearbeitung ermöglichen.

Zunächst gilt es, eine klare Definition und Abgrenzung des Konfliktbegriffes vorzunehmen: Bei der differenzierten Entfaltung des Begriffes stoßen wir sogleich auf ein Hindernis, nämlich die Uneinheitlichkeit sozialwissenschaftlicher Konfliktdefinitionen, die wesentlich aus dem Umstand resultiert, dass es eine Fülle unterschiedlicher Konflikttheorien und Ansätze zur Erklärung der Ursachen und Entwicklungen von Konflikten gibt (exemplarische Übersicht bei *Ohe* 1988; umfassender *Bonacker* 2005; *state of the art* auch bei *Cheldelin u. a.* 2003). Wir wollen versuchen, aus der Fülle der Varianten einige Grundlinien herauszuarbeiten.

Uneinheitliche Konfliktdefinitionen in den Sozialwissenschaften

In einer ersten thesenartigen Überlegung ließe sich stark verkürzt argumentieren, dass die gegenwärtigen zwischenstaatlichen und zwischengesellschaftlichen Konflikte als bloße Reaktion auf das Ende der Systemauseinandersetzung zwischen den beiden nuklearen Supermächten zu sehen sind. In dieser Interpretation hätten diese Supermächte im Interesse weltpolitischer Eskalationsdominanz latent oder offen vorhandene Konflikte regionaler oder lokaler Akteure gedämpft oder am Austrag gehindert; eine deeskalierende Bearbeitung oder Auseinandersetzung mit den Konfliktursachen fand nicht statt. Folglich konnte auch keine Lösung der Konflikte erfolgen. Die Konflikte der Gegenwart wären in dieser Lesart als Ergebnis der „Entfesselung" historisch tiefverwurzelter Perzeptions- und Interessensantagonismen als Folge der Implosion der östlichen Blockvormacht zu interpretieren.

Ein zweiter Denkansatz könnte sich an der klassischen Politikdefinition von Harold *Lasswell* (1936) orientieren und demzufolge die Akteure von Konflikten, insbesondere aber der sogenannten neuen Kriege, einer Interessenanalyse unterziehen. Dabei wären vor allem deren Führungsschichten zu identifizieren: Nach dieser Denkschule hätten sich deren Anführer die verschiedenen (ökonomischen, historischen, kulturellen, religiösen) Gegebenheiten und Differenzen zur Begründung ihrer eigenen Politik zunutze gemacht. Ferner hätten sie die Notwendigkeit der Formulierung, Durchsetzung, Behauptung und des Managements neuer kollektiver Identitäten postuliert, um in Umbruchs- und Übergangssituationen bestimmte Bevölkerungsteile zu konfliktfähigen Gruppen zusammenzufügen. Unter dem Deckmantel der Verteidigung überkommener Werte, des Schutzes ethnopolitisch begründeter Gebiets- und Herrschaftsansprüche oder der Verteidigung weltanschaulicher Positionen könnten diese Akteure dann ihre ureigenen Interessen fördern (*Wiberg/Scherrer* 1999; *Keen* 2003).

Eine dritte Interpretation stützt sich auf die Beobachtung, dass nahezu alle zwischenstaatlichen wie innerstaatlichen Kriege der letzten beiden Jahrzehnte sich an den Rändern und Bruchstellen jener Imperien entwickelten, die bis zum Ersten Weltkrieg die Welt beherrscht und unter sich aufgeteilt hatten (*Münkler* 2002a: 13 ff.). In den Zerfallsgebieten der großen Reiche, an der Peripherie der Ersten und der Zweiten Welt, nistet sich seit Jahrzehnten der kleine Krieg ein (*Daase* 1999), also der Krieg der Partisanen, Rebellen und Milizen, bewirkt eine umfassende Autoritätskrise staatlicher Institutionen und lässt Staatsbildungsprozesse scheitern oder versanden. Diese neuen Kriege sind typischerweise Staatenzerfallskriege, welche Gewaltmärkte entstehen lassen, auf denen rechtsförmige Beziehungen und Verfahren nicht gelten, sondern Waffen, wertvolle agrarische Erzeugnisse, mineralische Rohstoffe, Zwangsabgaben und Schutzgelder als Währungen jenseits des Gesetzes dienen (*Debiel* 2004).

Einen deutlichen, allumfassenden Erklärungsansatz bietet keine der hier kurz angerissenen Grundpositionen. Vielmehr sind alle drei mit ihrer jeweiligen Herangehensweise richtungweisend: Sie fokussieren auf historische, akteurzentrierte oder staatenzentrische Phänomene, aber sie geben keine erschöpfende, befriedigende Erklärung für die neuen Kriege. Ein ganzheitlicher Ansatz sollte alle drei Erklärungsmomente berücksichtigen.

Konfliktbegriff in der Politikwissenschaft

Zurück zur Frage von Begrifflichkeiten und Abgrenzungen: Zumindest in der Politikwissenschaft, insbesondere der Lehre von den Internationalen Beziehungen, scheint sich ein Konsens über den Konfliktbegriff etabliert zu haben: Der Konflikt – im Sinne Kenneth E. *Bouldings* (1963: 5) – wird als eine Wettbewerbssituation begriffen, in der die Parteien sich der Unvereinbarkeit potenzieller künftiger Positionen bewusst sind und jede Partei den (erkennbaren) Wunsch hat, eine Position einzunehmen, die mit den Wünschen anderer unvereinbar ist. Nach *Deutsch* (1973: 10 f.) gilt, dass Konflikte auftreten, wenn scheinbar oder tatsächlich unvereinbare Positionen und Handlungsweisen aufeinandertreffen und sich somit wechselseitig beeinträchtigen. Genauer:

> „A conflict exists when two people wish to carry out acts which are mutually inconsistent. They may both want to do the same thing, such as eat the same apple, or they may want to do different things where the different things are mutually incompatible, such as when they both want to stay together but one wants to go to the cinema and the other stay at home. A conflict is resolved when some mutually compatible set of actions is worked out. The definition of conflict can be extended from individuals to groups (such as states or nations), and more than two parties can be involved in the conflict. The principles remain the same" *(Nicholson 1992: 11)*.

Halten wir diese Prinzipien fest: Konflikte sind gekennzeichnet durch die Nicht-vereinbarkeit der Ziele zweier oder mehrerer Konfliktparteien, wobei jede Konfliktpartei bestimmte Verhaltensweisen mobilisiert, um ihr Ziel zu erreichen. Elemente einer Konfliktsituation, ganz gleich, ob sie zwischen zwei oder mehreren Individuen, Interessengruppen oder Staaten besteht, sind im Allgemeinen durch diese Charakteristika geprägt: Entweder wollen die verschiedenen Parteien das Gleiche, oder eine bzw. mehrere Parteien wollen etwas, das mit dem Wunsch der anderen Partei(en) nicht vereinbar ist.

Elemente einer
Konfliktsituation

Für politische Konflikte ist bedeutsam, ob in einem Land ein konsolidierter, überlebensfähiger Staatsapparat besteht oder ob dieser kaum existiert bzw. von Verfall oder Kollaps bedroht ist (*Ayoob* 1995). Konfliktgegenstände können die Kontrolle über materielle und nichtmaterielle Ressourcen (Land, Eigentum, Nahrung, Macht, Prestige), Präferenzen, Werte, Überzeugungen oder die Art der Beziehung zwischen den Konfliktparteien sein (*Debiel* 2004: 22).

Jede Konfliktpartei sieht die andere(n) als Hindernis oder Bedrohung auf dem Weg zu ihrem Ziel an. Wir gewinnen im analytischen Zugriff auf den Konfliktgegenstand drei wechselseitig aufeinander bezogene Konfliktkomponenten, die es künftig voneinander zu trennen gilt:

- die Konfliktsituation,
- die (perzeptions- und attitüdengesteuerte) Konflikteinstellung/Konfliktbewertung und
- das daraus resultierende Konfliktverhalten.

Wie noch zu zeigen sein wird, kann jede dieser Komponenten als Anknüpfungspunkt für unterschiedliche Erklärungen der Genese von Konflikten *und* für unterschiedliche Ansätze und Mittel zur Bearbeitung und Lösung von Konflikten begriffen werden.

Abbildung 1:   Das Konfliktdreieck

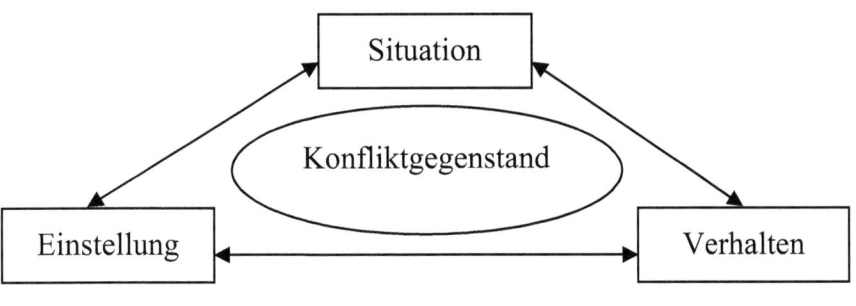

In einem Dreiecksverhältnis zwischen Situation, Einstellung und Verhalten lassen sich die Interdependenzen eines Konfliktes am besten darstellen. Dabei ist die **Vermeidung** eines Konfliktes eher auf die Situation fokussiert, während die **Prävention** primär Verhaltensweisen und Einstellungen zu modifizieren versucht.

Prämissen der Konfliktforschung

Vorab sei auf ein Charakteristikum der Konfliktforschung aufmerksam gemacht, das sie gegenüber der Beschäftigung mit klassischen Großkonflikten, wie sie etwa in der Lehre von den Internationalen Beziehungen oder im Völkerrecht betrieben wird, abgrenzt: Sie begreift den Krieg und andere Formen zwischenstaatlicher Konflikte nicht mehr als besonders abgegrenzte Gegenstände, sondern als Beispiele einer allgemeineren Form menschlichen Verhaltens, nämlich des gesellschaftlichen bzw. sozialen Konfliktes.

Konflikt als endemisches Moment gesellschaftlicher Organisation

Konfliktphänomene sind in ihren verschiedenen Formen unausweichliche und jeder gesellschaftlichen Organisation und jedem gesellschaftlichen Interaktionsverhalten innewohnende, sogenannte endemische Faktoren. Sie entstehen als individuelle oder Gruppenreaktionen in Situationen, die durch Knappheit von und Auseinandersetzung um die Verfügung über Ressourcen gekennzeichnet sind. Sie werden hervorgerufen durch die Teilung, Ausdifferenzierung und Spezialisierung gesellschaftlicher Rollen. Und sie werden vor allem erzeugt durch eine differenzierte Verteilung von Macht und den daraus resultierenden Wettbewerb um Einfluss, Status und Herrschaft.

„Social conflict is a likely guest wherever human beings set up forms of social organisation. It would be difficult to conceive of an ongoing society where social conflict is absent. The society without conflict is a dead society [...] like it or not, conflict is a reality of human existence and therefore a means of understanding social behaviour [...]" *(Lee 1964: 3).*

Abschaffung des Konfliktes unmöglich

Aus der Annahme der gesellschaftlich-endemischen Natur des Konfliktes folgt, dass der Konflikt als solcher nicht überwunden oder abgeschafft werden kann, wohl aber, dass spezifische Konflikte gelöst werden können: durch Überführung von Nullsummen- (also Gewinn-Verlust-)Konflikten in variable Summen- (also Verteilungs-)Konflikte, durch Kompromiss, Kooperation oder Veränderung der Konfliktperzeption (Konfliktwahrnehmung) und der Handlungsziele der Konfliktparteien. Aus der Annahme der gesellschaftlich-endemischen Natur des Konfliktes folgt auch, dass die Konfliktforschung einen multidisziplinären Ansatz vertritt und sich der Erkenntnisse einer Vielzahl einzelner Fachwissenschaften bei der Klärung der Genese und Entwicklung von Konfliktbearbeitungsmodi bedient. Aus der gesellschaftlich-endemischen Natur des Konfliktes folgt schließlich auch der die neuere Konfliktforschung prägende Ansatz: Sie geht davon aus, dass die auf den ersten Blick höchst unterschiedlich erscheinenden Formen menschlicher und gesellschaftlicher Konflikte in ihrer Gesamtheit eine große Anzahl vergleichbarer Charakteristika, Grundzüge, Entwicklungs- und Ablaufprozesse aufweisen, die die Annahme rechtfertigen, dass

Multidisziplinarität der Konfliktforschung

„patterns and processes that characterize conflict at one social level also characterize it at other levels" *(Mitchell 1981: 4).*

Folglich erscheint es vertretbar, die Erkenntnisse, die bei der Untersuchung von Konflikten auf einer (Organisations-)Ebene der Gesellschaft gewonnen wurden, auf andere Ebenen zu übertragen und im Sinne von Analogieschlüssen bei der Analyse der Konfliktentstehung wie bei der Entwicklung von Methoden der Konfliktbearbeitung fruchtbar zu machen (Übersicht bei *Mitchell* 1985: 121 ff.; lehrbuchartig *Kriesberg* 1998; *Imbusch/Zoll* 2005).

Analogieschlüsse

Analogieschlüsse der beschriebenen Art werden in der Konfliktforschung hauptsächlich in zwei Untersuchungsperspektiven verwendet, die ihren Ausgangspunkt jeweils an einem der beiden Pole festmachen, welche die Bandbreite des Konfliktbegriffes markieren: an einem Ende der durch interpersonale Konflikte geprägte Pol und am anderen Ende der durch Krieg definierte Pol. In der ersten Perspektive untersucht man zunächst innergesellschaftliche Konflikte und überträgt dann die auf „niederer Ebene" gewonnenen Erkenntnisse auf die Untersuchung der Ursachen, Genese und des Verlaufes von Kriegen. In der zweiten verfährt man spiegelbildlich, das heißt überträgt man die bei der Untersuchung von Kriegen gewonnenen Erkenntnisse auf Konflikte, die auf nachgeordneter gesellschaftlicher Ebene stattfinden. Diese Einteilung ermöglicht es uns, folgende zusammenfassende Charakteristik der Konfliktforschung darzustellen.

Abbildung 2:   Analogieschlussverfahren der Konfliktforschung: Übertragung von Untersuchungsergebnissen von einer auf andere gesellschaftliche Konfliktebenen

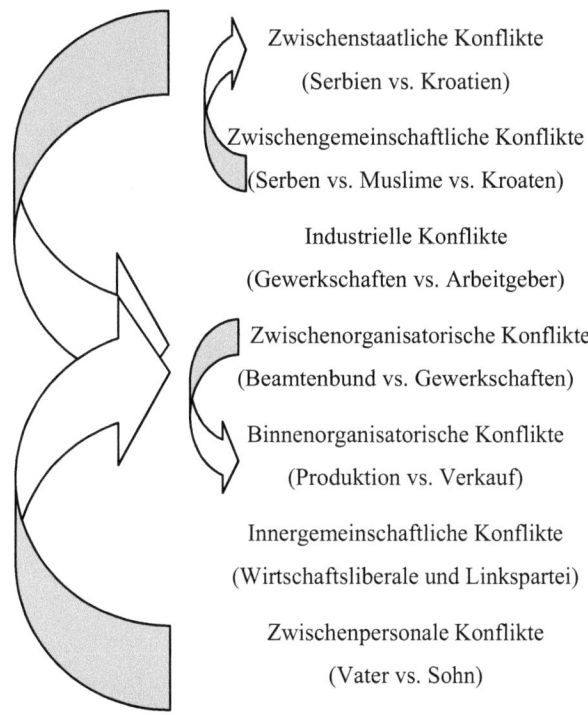

Zwischenstaatliche Konflikte

(Serbien vs. Kroatien)

Zwischengemeinschaftliche Konflikte

(Serben vs. Muslime vs. Kroaten)

Industrielle Konflikte

(Gewerkschaften vs. Arbeitgeber)

Zwischenorganisatorische Konflikte

(Beamtenbund vs. Gewerkschaften)

Binnenorganisatorische Konflikte

(Produktion vs. Verkauf)

Innergemeinschaftliche Konflikte

(Wirtschaftsliberale und Linkspartei)

Zwischenpersonale Konflikte

(Vater vs. Sohn)

Konfliktforschung: Charakteristika

Prämisse

Endemische Natur gesellschaftlichen Konfliktes; Krieg als Teilmenge der Gesamtmenge sozialer Konflikte

Erkenntnisziel

Vergleichend-kontrastierende Untersuchung der
- Entstehungsursachen und Entwicklungszusammenhänge,
- Verlaufsprozesse und Verlaufsformen,
- Verhaltensweisen der Parteien,
- Ergebnisse,
- Wirkungen

von gesellschaftlichen (Kollektiv-)Konflikten zum Zweck ihrer auf Reduzierung der Anwendung organisierter militärischer Gewalt zielenden Bearbeitung.

Ansätze

| Untersuchung von Natur, Genese, Verlauf gesellschaftlicher Konflikte; Übertragung der gewonnenen Erkenntnisse auf zwischenstaatliche Konflikte | Untersuchung von Konflikten in der (relativ) unstrukturierten internationalen (Staaten-)Gesellschaft; Übertragung der gewonnenen Erkenntnisse auf potenziell weniger destruktive und oft strukturiertere/reguliertere gesellschaftliche Ebenen |

2.2 Konfliktursachen und Konfliktstrukturen

Da Konfliktbearbeitung nur dann Erfolg haben wird, wenn sie um Ursachen und Entwicklung ihres Gegenstandes weiß, wollen wir uns zunächst einer Erörterung von Konfliktursachen zuwenden. Die Wissenschaft hat insbesondere im vergangenen Jahrzehnt vermehrt die Wurzeln von Konflikten untersucht, insbesondere die komplexen Voraussetzungen, die als „Nährboden" für einen Konflikt gelten können.

Die Darstellung der vier übergeordneten „root causes" (siehe *Tabelle 1*) erleichtert die Analyse und die Zuordnung verschiedener Erscheinungsformen eines Konfliktes. Selten tritt eine der „root causes" allein auf; in der Regel besteht ein komplexes Ursachengebilde, welches einen Konflikt einzigartig macht und die Bearbeitung immer wieder als Herausforderung erscheinen lässt.

Tabelle 1:   Root Causes for Conflict

Root Cause 1	Root Cause 2	Root Cause 3	Root Cause 4
Ungleichgewicht politischer, ökonomischer, sozialer und kultureller Chancen zwischen unterschiedlichen Identitätsgruppen	Illegitime, undemokratische und ineffiziente Regierungsführung	Fehlende Möglichkeiten für friedlichen Ausgleich von Gruppeninteressen und für das Überwinden von Trennungslinien zwischen Identitätsgruppen	Abwesenheit einer aktiven und organisierten Zivilgesellschaft
– Sozioökonomische Ungleichheit – Exklusive Regierungselite – Verletzung politischer Gruppenrechte – Destabilisierung durch Flüchtlinge und intern Vertriebene – Demografischer Druck	– Legitimitätsdefizit von Regierung und öffentlichen Einrichtungen – Unzureichende, sich verschlechternde öffentliche Dienste – Kriminalität, soziale und politische Gewalt – Parteiliche Auslegung und Anwendung von Gesetzen durch Justiz und Sicherheitskräfte	– Abwesenheit effektiver Konfliktlösungsmechanismen – Abwesenheit von Pluralismus und offener Debatte – Misstrauen zwischen Identitätsgruppen – Schwaches oder schädliches externes Engagement	– Schwache Organisationen der Zivilgesellschaft – Abwesenheit professioneller und unabhängiger Medien – Mangel ökonomischer „peace interests"

Quelle: *Mehler* 2000: 36

Nimmt man an, dass eine Konfliktursache in inkompatiblen Interessen, Werten und Zielen verschiedener Konfliktparteien liegt, kann ein Konflikt nur vermieden werden, wenn die besagten Interessen, Werte und Ziele in Einklang gebracht werden. Dazu können beispielsweise interne Strukturen dienen, die frühzeitig gegensteuern, oder die Vermittlung durch nicht involvierte Parteien. Das Interesse, sich zu einigen und einen bewaffneten Konflikt zu vermeiden, muss jedoch stets größer sein als der Wunsch, die eigenen Interessen, Werte und Ziele mit aller Macht und allen Mitteln durchzusetzen.   *Konfliktursachen*

In der Regel lassen sich Interessen- und Zielkonflikte auf der einen Seite, Wertkonflikte auf der anderen wie folgt unterscheiden:

■ Interessen- und Zielkonflikte sind zwar gemeinhin intensiv, aber die Konfliktparteien sind sich zumeist der Divergenz ihrer Interessen und Ziele bewusst. Es besteht die Möglichkeit, potenzielle Konfliktlösungen zu zeigen und Lösungsmechanismen zu erörtern. Da die Ursache des Konfliktes oft in der Perzeption der Unterschiedlichkeit von Interessen und Zielen liegt, bietet sich als Konfliktlösungsoption an, diese Perzeption zu verändern. Mittel dafür sind beispielsweise der Hinweis auf oder die Schaffung von Handlungsmöglichkeiten, die den nullsummenspielartigen Charakter des Konfliktes, an dessen Beendigung alle Parteien Interesse zeigen, in einen nicht-nullsummenartigen transformieren helfen. In der Praxis könnte das bedeuten, dass beispielsweise der Streit zweier Parteien um die Herrschaft über ein Territorium aus militärisch-sicherheitspolitischen Erwägungen dadurch beigelegt würde, dass man das Territorium entmilitarisiert und/oder unter internationale Verwaltung stellt. Halten die Konfliktparteien jedoch an ihren widerstreitenden Ansprüchen fest, z. B. weil die damit verbundenen mate-   *Interessen- und Zielkonflikte* riellen und normativen Interessen existenzbegründend und nicht aufgebbar sind, so gibt es nur eine Lösung, wenn eine der beiden Parteien ihre Interessen aufgibt. Diese „Lösung" ist dann aber Ergebnis eines Nullsummenspieles, da eine der Parteien einen Verlust hinnehmen muss (beispielsweise auf ein Territorium verzichten), damit die andere Partei einen Gewinn realisieren kann. Eine ideale Lösung mit gleicher Befriedigung der Interessen der Konfliktparteien liegt in diesem Fall nicht vor. Eine bessere und tatsächliche Lösung zeigt das folgende Beispiel.

- Goldgräber und indigene Ureinwohner geraten im brasilianischen Regenwald in einen Interessenkonflikt über die Sicherung ihres Lebensunterhaltes bzw. Lebensraumes. Typisch nullsummenspielartig gilt: Je gesicherter das Interesse der einen Partei wird, desto unsicherer wird es für die Gegenpartei (Abholzen vs. Bewahren des Regenwaldes). Nur indem neue Handlungsoptionen gezeigt werden, kann dieser Konflikt aufgelöst werden. Da die ökonomischen Bedürfnisse der Goldgräber leichter zu befriedigen sind als die der Ureinwohner, kann versucht werden, diesen ökonomischen Interessen andernorts Raum zu geben.

Wertkonflikte
- Wertkonflikte hingegen sind von ihrer Struktur her schwieriger zu bearbeiten: In der Regel besteht keine Einstimmigkeit unter den Konfliktparteien über den Gegenstand der Auseinandersetzung, da dessen persönliche Wertung unterschiedlich ist, was wiederum die Schaffung eines „Wertekompromisses" kaum realistisch erscheinen lässt. Ein Beispiel für dieses Dilemma ist die Diskussion um die Abschaffung oder Beibehaltung der Todesstrafe, in der es keinen Zwischenweg gibt. In der Theorie ist eine Lösung denkbar durch die Förderung von Toleranz gegenüber anderen Wertvorstellungen, die Entwicklung eines gemeinsamen Wertesystems oder die Veränderung oder Aufgabe des Wertesystems einer Konfliktpartei. In der Praxis sind solche Lösungen jedoch langwierig und Ergebnis eines längeren Prozesses. Die Erfolgswahrscheinlichkeit ist jedoch nicht besonders hoch, da das Durchsetzen des einen Wertesystems immer bedeutet, dass die andere Konfliktpartei das Nachsehen hat – sich also wieder die Summe Null ergibt. Eine Lösung ist bislang von der Konfliktforschung nicht angeboten worden.

Für die Untersuchung eines Konfliktes ist nicht nur seine Ursache, sondern auch seine Erscheinungsform und Ausprägung wichtig. Die Definitionen der einzelnen Fachwissenschaften gehen allerdings weit auseinander (*Mitchell* 1978 und 1985; *Mendler/Schwegler-Rohmeis* 1988; *Fahrenhorst* 2000; *Brown* 2001). Traditionell werden Konfliktursachen jedoch mit Blick auf

1. die (analytische) Ebene, auf der der Konflikt angesiedelt ist (Individuum, Gesellschaft, Staat, internationales System), oder
2. die Struktur, die der Konflikt aufweist (symmetrisch/asymmetrisch oder handlungsorientiert/strukturell),

erörtert.

Dabei sind verschiedene Konfliktebenen zu beachten:

- Auf der Ebene des Individuums gilt die Aufmerksamkeit vornehmlich der Analyse von Natur und Gründen menschlicher Aggressivität als Konfliktursache, wobei sich drei Perspektiven unterscheiden lassen:

1. eine, der zufolge aggressives Verhalten angeboren und der Spezies Mensch biologisch einprogrammiert ist (Konrad *Lorenz*),
2. eine, der zufolge Aggression Ergebnis der Frustrierung zielgerichteten und zielverwirklichenden Verhaltens durch Menschen oder äußere Umstände ist,
3. schließlich eine, der zufolge aggressives Verhalten in formellen bzw. informellen Sozialisationsprozessen erlernt oder durch Nachahmung des Verhaltens anderer erworben wird (*Gunn* 1973; *Eibl-Eibesfeldt* 1975; *Steinweg* 1987; *Horn* 1986; *Steinweg/Wellmann* 1990; *Nicklas* 1991).

- Auf der **Ebene von Gesellschaft und (Innen-)Politik** stehen die Beschaffenheit gesellschaftlicher Strukturen und die ungleiche Verteilung materieller und immateriell-symbolischer Ressourcen als Gründe und Anlässe einer Vielzahl zwischenmenschlicher sowie gruppeninterner Konflikte im Mittelpunkt des Interesses. Ralf *Dahrendorf* (1992) hat versucht, diese Perspektiven zusammenzufassen, indem er den modernen sozialen Konflikt als den Widerstreit von Anrechten und Angeboten, Bürgerrechten und wohlstandsgesellschaftlichem Besitzdenken, fordernden und saturierten Gruppenbegriff.

- Auf der **Ebene des Staates** geht es vornehmlich um die Frage, ob Staat und Krieg (als spezifische Form staatlicher Aggression) untrennbar miteinander verbunden seien, der Staat zur Legitimierung seiner Existenz des Krieges als legitimen Mittels der Politik notwendig bedürfe, damit aber zugleich sich die strukturelle Unvernunft seines Wesens enthülle (*Krippendorff* 1985; *Steinweg* 1987; *Giddens* 1989).

- Auf der **Ebene des internationalen Systems** schließlich ist hauptsächlich zu erörtern, ob Konflikte, Gewaltanwendung und Kriege in einer notwendigen Wechselbeziehung mit der Struktur des (Staaten-)Systems stehen. Diese Struktur lässt sich als nullsummenspielartig verfasster anarchischer Naturzustand internationaler Akteure beschreiben, die im Innern über das Monopol legitimer physischer Gewaltanwendung verfügen und im Außenverhältnis keiner höheren Macht unterworfen sind, insoweit also auf (militärische) Selbsthilfe zur Durchsetzung ihres Rechtes und ihrer Interessen zurückgreifen müssen. Zu erwägen ist allerdings auch, ob Konflikte spezifische Formen eines durchaus regulierbaren, zu zivilisierenden Wettbewerbsverhaltens staatlicher Akteure in einer rechtlich verfassten Staatengemeinschaft darstellen, die durch stillschweigend akzeptierte, gewohnheitsrechtlich ausgebildete oder gar offen vertragsrechtlich anerkannte Normen und Verhaltensregeln geordnet ist. Damit aber wären Konflikte auch bearbeitbar und in Richtung auf stetige Abnahme des Gehaltes an militärischer Gewaltanwendung transformierbar (*Meyers* 1991: 110 ff.; *Link* 1988: Kap. 1 u. 2).

Die psychologischen und gesellschaftlichen Aspekte der Konfliktursachendebatte fassen wir in den folgenden Übersichten systematisch zusammen:

Konflikt: psychologischer Aspekt

Konfliktdefinition

Situation, in der ein Individuum zwei oder mehr sich gegenseitig ausschließende Tätigkeiten vollführt oder vollführen will und in der die handlungsoffenen verbalen, symbolischen oder emotionalen (Re-)Aktionen, die der Verwirklichung eines Zieles dienen, inkompatibel mit solchen sind, die der Verwirklichung eines anderen Zieles dienen.

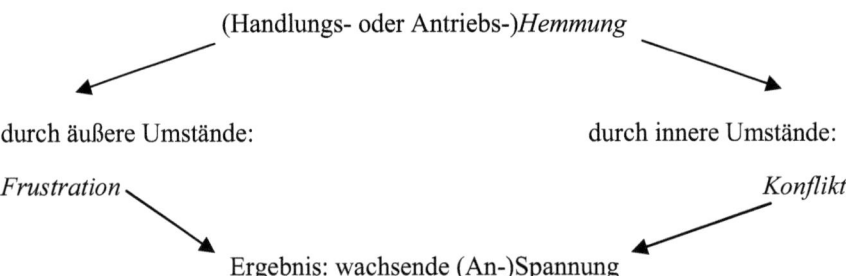

- zwischen einander ausschließenden Ideen, Normen und Wertvorstellungen,
- zwischen Sexualtrieb und Selbsterhaltungstrieb,
- zwischen biologischen Instinkten und gesellschaftlich erworbenen Hemmungen.

Konflikt: sozialer Aspekt

Konfliktdefinition

Streit gesellschaftlicher Akteure über Werte oder Ansprüche auf knappe Ressourcen, Status, Einfluss, Macht. Die Konfliktparteien beschränken sich nicht darauf, die erstrebten Werte zu erlangen, sondern sie versuchen auch die Rivalen zu neutralisieren, zu verletzen oder auszuschalten:

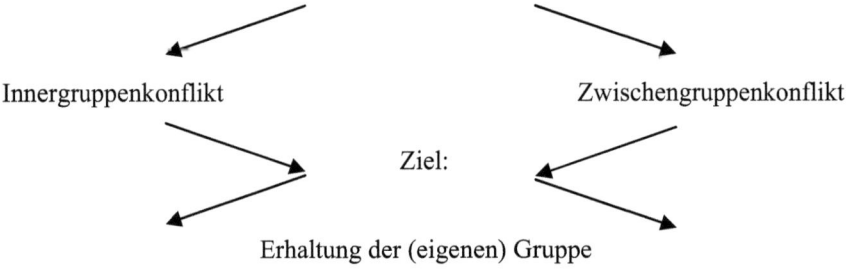

Tabelle 2: Konfliktgründe

Konfliktgründe	
objektive	*subjektive*
Verteilung knapper Werte und Güter	Dispositionen und Einstellungen
Ressourcen	Feindschaft
Status	Hass
Macht	Aggressivität
Herrschaft	Ressentiments

Bei der Betrachtung verschiedener Konfliktstrukturen gilt die Aufmerksamkeit der Frage, ob Konflikte eher aus den Handlungen der Akteure oder aus der Struktur der Umwelt der Konfliktgegner entstehen:

Konfliktstrukturen

> „Für die handlungsorientierte Konfliktkonzeption ist Konflikt eine Art Spannungs-zustand zwischen mindestens zwei Handlungseinheiten (z.B. Staaten). Dieser Spannungszustand äußert sich in konkreten Konflikthandlungen. Konflikt wird folglich als Interaktionsproblem verstanden, das nicht nur beispielsweise wie eine Krankheit ‚behandelt‘, sondern sogar vollständig beseitigt werden kann. Damit wird Konflikt als prinzipiell lösbar angesehen. Für die strukturelle Konzeption dagegen ist Konflikt latent permanent vorhanden. Gelegentlich bricht dieser latente Konflikt auf und wird zum manifesten Konflikt. Der latente Konflikt, die Konfliktstruktur, entsteht aus dem Zustand der Umwelt der Konfliktgegner, aus den Beziehungen der Konfliktgegner zueinander und aus den Beziehungen der jeweiligen Konfliktgegner zu der restlichen Umwelt. Manifeste Konflikte sind deswegen immer auf strukturelle Ursachen zurückzuführen" *(Eberwein/Reichel 1976: 116).*

Die aufgeworfene Frage lässt sich – mit Johan *Galtung* (1975: 79 ff.) – auch anders formulieren: nämlich ob Konflikte eine symmetrische oder asymmetrische Struktur aufweisen. Im ersten Fall handelt es sich um Konflikte zwischen Akteuren, die nach ihren Eigenschaften, Fähigkeiten und Ressourcen miteinander vergleichbar sind, im zweiten Fall um Akteure, zwischen denen in Bezug auf die genannten Qualitäten erhebliche Differenzen bestehen. Symmetrische Konflikte werden typischerweise mittels direkter Gewaltanwendung zwischen den Akteuren ausgetragen; asymmetrische Konflikte sind durch ein Dominanz- oder Herrschaftsverhältnis zwischen dem bemittelten und dem unbemittelten Akteur gekennzeichnet, das den unbemittelten Akteur in ein strukturelles Gewaltverhältnis presst (vgl. *Meyers* 1991: 29 ff.). In einem solchen Verhältnis kann der bemittelte Akteur seine Interessen gegenüber dem unbemittelten vielfach durch subtile Mittel durchsetzen, ohne dass er offen direkte (militärische) Gewalt anwenden muss. Wie noch zu zeigen sein wird, hat diese Unterscheidung erhebliche Konsequenzen für Konfliktbearbeitung und Konfliktlösung. Wir fassen sie daher noch einmal tabellarisch zusammen und verwenden zur Bezeichnung der Konfliktakteure die Galtungschen Begriffe Topdog (bemittelter) und Underdog (unbemittelter) Akteur.

Symmetrischer oder asymmetrischer Konflikt

Tabelle 3:   Akteur: Konfliktstrukturen

	Symmetrisch	*Asymmetrisch*
Status der Akteure	Einander vergleichbar	Voneinander verschieden
Konfliktstruktur	Gleichgewicht (der Macht)	Dominanz/Herrschaft
Typische Konfliktsituationen	Topdog-Topdog Underdog-Underdog	Topdog-Underdog
Konfliktmedium	Direkte Gewalt	Strukturelle Gewalt

Definieren wir zunächst noch einmal das Konzept der Konfliktsituation durch Verweis auf solche (Beziehungs-)Lagen, in denen zwei oder mehrere Parteien (als wie auch immer definierte gesellschaftliche Entitäten) wahrnehmen, dass sie einander ausschließende Ziele besitzen (und verfolgen). Unter Zielen verstehen wir bewusst angesteuerte künftige Handlungsergebnisse, Randbedingungen solcher Handlungen oder gesellschaftliche Organisations- und Entwicklungszustände, denen von den Konfliktparteien ein bestimmbarer, in der Regel auf der jeweiligen Skala ihrer Präferenzen jedoch unterschiedlich eingestufter Wert beigemessen wird. Sie können typischerweise im Rahmen eines rationalen Kosten-Nutzen-Kalküls verortet und als positive und negative Ziele unterschieden werden. Positive Ziele sind bewusst gesuchte künftige Handlungsergebnisse, negative Ziele hingegen sind bewusst vermiedene.

Entstehung inkompatibler Konfliktziele Konfliktsituation

Konfliktziele

Die Definition einer Konfliktsituation als eine nach *Nicholson (1992*: 15) durch die Inkompatibilität von Zielen gekennzeichnete (Beziehungs-)Lage zwischen den Konfliktparteien wirft eine weitere Frage auf: die nach den Umständen und Randbedingungen, unter denen sich gegenseitig ausschließende Ziele entstehen. Zu nennen wären hier Knappheitssituationen, in denen die von einer Partei ausgeübte Verfügung über allseits begehrte Ressourcen und Werte die Verfügungsmöglichkeiten der anderen Partei über dieselben Ressourcen und Werte schmälert oder ganz infrage stellt. Zu nennen wären hier ebenfalls Unvereinbarkeiten der Werte, die sozialen und politischen Strukturen, Normen, Anschauungen, (Glaubens-) Einstellungen und Verhaltensweisen zugeschrieben werden. Zu nennen wären schließlich Widersprüche zwischen dem Streben nach Erwerb von Besitz an und Verfügungsgewalt über bestimmte Werte und Ressourcen und der (wahrgenommenen) Endlichkeit der verfügbaren Menge solcher Werte, Ressourcen (und auch gesellschaftlichen Güter). In diesem Kontext wäre – mit Fred *Hirsch* (1977) – auch darauf zu verweisen, dass sich die Konkurrenz um knappe Güter, Ressourcen und Werte sowohl auf materielle als auch auf Statusgüter erstrecken kann. Viele Konflikte haben die Besetzung bestimmter Positionen oder Rollen (etwa im politischen Entscheidungsapparat) zum Anlass oder die Schaffung alternativer Positionen oder Rollen (etwa im Fall der Sezession eines Territoriums) oder den Ausschluss anderer von bestimmten Positionen und Rollen (etwa in Wahlkämpfen), und sie eröffnen in all diesen Fällen ungleiche Zugangsmöglichkeiten zu materiellen Gütern, die, wenn sie sich verfestigen, in soziale Schichtungs-, Stratifikations- und Spaltungsphänomene münden.

Einstellungen und Perzeptionen

Die zweite Teilmenge in unserer modellhaften Darstellung von Konfliktkomponenten wird durch die (individual- oder sozialpsychologischen) Einstellungen und Perzeptionen der Konfliktparteien gebildet. Sie erfasst zwei Aspekte eines Konfliktes: einmal die im Konflikt zutage tretenden emotionalen, affektiven und Urteilselemente, zum anderen die kognitiven und Perzeptions-Elemente. Beide Element-Gruppen beeinflussen die Perzeption, das heißt die Bilder oder Vorstellungen, die die Konfliktparteien von ihrer äußeren Umgebung, von sich selbst oder von ihren Gegenspielern entwerfen. Ihre Bedeutung für die Konfliktanalyse gewinnen diese affektiven oder kognitiven Elemente aus der Annahme, dass die Konfliktakteure auf Gegebenheiten und Ereignisse in ihrer Umgebung nicht unmittelbar reagieren, sondern nur in dem Maße, in dem sie diese perzipieren, das heißt sich ein durch Einstellungen, Attitüden, Glaubensannahmen, Wertprämissen, Feindbilder, Urteile und Vorurteile gefiltertes und vorgeformtes Bild von ihrer Umgebung machen (*Sprout/Sprout* 1965: 11 ff.). Konflikteinstellungen lassen sich in zwei Teilmengen unterteilen:

1. emotionale Orientierungen: Zorn, Misstrauen, Ressentiment, Verachtung, Furcht, Neid, Verdacht usw.,
2. kognitive Prozesse: Image- und Stereotypenbildung, Formulierung in sich geschlossener Systeme von (Glaubens-)Annahmen, Ideologisierungen, Wert-(erklärungs)modellen.

Emotionale Orientierungen

Kognitive Prozesse

Vielfach charakteristisch ist hier das Bemühen, einmal gefasste Vorverständnisse der Umwelt von kognitiven Dissonanzen freizuhalten, das heißt mit dem bisherigen Bild der Umwelt nicht übereinstimmende (neue) Informationen entweder gänzlich zu unterdrücken oder zumindest so zu modifizieren, dass sie die in sich konsistente Struktur der Glaubensannahmen über die Umwelt nicht stören (*Festinger* 1968).

Hinsichtlich der Bewertung der Bedeutung von Konflikteinstellungen – also den Mitgliedern einer Konfliktpartei mitgegebenen Mustern an Erwartungen, emotionalen Orientierungen und perzeptiven Dispositionen, die die Teilnahme an einem Konflikt begleiten und prägen – haben sich in den einschlägigen Fachwissenschaften zwei Grundpositionen herausgebildet: eine *instrumentale* und eine *kausale*. Anhänger der *instrumentalen* Perspektive betrachten Konflikteinstellungen und Konfliktperzeptionen als Faktoren, die einen Konflikt verschärfen, aber nicht *verursachen*: Sie sind Ausdruck der durch das Eingebundensein der Parteien in einen Konflikt erzeugten Spannungen, während der Konflikt selbst Ergebnis der oben erörterten Verfolgung inkompatibler Ziele durch die Konfliktparteien ist.

Instrumentale vs. kausale Perspektive

Anhänger der *kausalen* Perspektive – insbesondere aus der Psychologie und Psychiatrie – betrachten Konflikteinstellungen und Konfliktperzeptionen als Ursachen des Konfliktes – „Wars begin in the minds of men", wie die Präambel der Satzung der UNESCO formuliert. Dem Grund nach wird der Konflikt hier begriffen als ein von Individuen „intern" erzeugtes Phänomen, als Folge solcher emotionalen Orientierungen wie Furcht, Feindschaft, Zorn, Aggression, die von kleineren oder größeren Gruppen von Individuen geteilt werden. Diese psychischen Einstellungen und Prozesse bestimmen die Emotionen, Attitüden und Perzeptionen einer Konfliktpartei; diese wiederum wirken sich auf Definition und Auswahl eines (möglichen) Feindes ebenso aus wie auf die Festlegung der

Konfliktgegenstände und Konfliktanlässe und die Gestaltung des im Konflikt jeweils als angemessen erachteten Verhaltens.

Konfliktverhalten   Die dritte Komponententeilmenge in unserem kleinen Konfliktmodell schließlich subsumiert das tatsächliche Konfliktverhalten der Konfliktparteien, das heißt ihre Versuche, ihre sich gegenseitig ausschließenden Ziele zu verwirklichen. Wir verstehen unter Konfliktverhalten einer Konfliktpartei alle Aktionen dieser Partei in einer Konfliktsituation, die auf die Gegenpartei(en) mit dem Ziel gerichtet sind, die Gegenseite dazu zu bewegen, ihre Ziele aufzugeben oder zu modifizieren. Die dabei von der Konfliktpartei verfolgten Strategien sind in der Regel negativ besetzt: Erhöhung der der Gegenseite bei der Verfolgung ihrer Ziele entstehenden Kosten, (nicht)physischer Zwang, Drohung mit oder Anwendung von Gewalt. Die Nähe dieser Definition zum Verständnis von Macht, wie es Max Weber formuliert hat, ist auffällig: Macht wird verstanden als Chance, den eigenen Willen auch gegen den Widerstand der Betroffenen durchzusetzen.

Unser Exkurs in die theoretischen Grundzusammenhänge der Konfliktforschung mag dem einen oder anderen als – in der negativen Bedeutung des Wortes – höchst akademisch vorkommen. Jedoch:

> „… discussions of fundamental terms and concepts, and attempts to achieve initial clear thinking should be sympathetically considered. Clear analysis should always precede action, and this is the case whether one is trying to understand a conflict, win it, or find a solution before it becomes too destructive. Consider the prime problem of how a society, intra or international, can cope with intense conflicts. To a large degree, the manner in which any social system attempts to deal with conflict depends upon the dominant theories in that society about the nature of the phenomenon, about its structures, and about the way in which it develops (perhaps in 'undesirable' directions" *(Mitchell 1981: 32f.)*.

Im letzten Kapitel, im Anschluss an die Erscheinungsformen von Konflikten, wollen wir eine erweiterte Ursachenmatrix vorstellen und anhand eines Fallbeispieles einen „Praxistest" durchführen.

2.3 Ethnopolitische Konflikte als Erscheinungsform neuer Kriege

Instrumentalisierung von „Ethnie"   „Ethnopolitische Konflikte" wie in Ruanda und Bosnien stellen eine der Erscheinungsformen der eingangs beschriebenen „neuen Kriege" dar. Der Begriff Ethnie wurde und wird im politisch-publizistischen Diskurs vielfach zur Vereinfachung komplexer Sachverhalte herangezogen. In vielen gewaltsam ausgetragenen Konflikten spielen ethnische Antagonismen zwar eine bedeutende Rolle, die Konfliktursachen liegen jedoch in einer komplexen Vernetzung von Faktoren begründet, vielfach wirtschaftlicher und machtpolitischer Natur:

> „Ethnic conflict is the proverbial rug under which we sweep the dirt and debris of political relations in a world that continually defies and evades our understanding" *(Marshall 1997: 82)*.

Ad absurdum geführt wurde der Versuch einer solchen Komplexitätsreduzierung im Fall Somalia: In Medienberichten wurde dieser Konflikt zum Teil als „ethnischer Konflikt" dargestellt, obwohl Somalia eines der ethnisch homogensten Länder der Welt ist: 98 Prozent der Bevölkerung sind ethnische Somali, sprechen Somali und sind sunnitische Muslime (erste Übersicht: Jürjens 1996).

Ethnie und ethnische Identität – natürliche Bindung oder soziales Konstrukt?

„Ethnie" stammt von dem griechischen Wort „ethnos" ab, was Volk, Volksstamm, Völkerschaft, Schar oder Herde bedeutet. Für unser Alltagsbewusstsein klingt das zunächst nicht weiter kompliziert – Menschen unterscheiden sich durch ihr Aussehen, ihre Sprache, ihre Religion und ihre Gebräuche. Ethnische Zugehörigkeit wäre demnach eine Mischung aus der Vererbung bestimmter körperlicher Merkmale und der gesellschaftlichen Weitergabe von Gebräuchen und Verhaltensweisen. Ein zweiter Blick weckt allerdings erhebliche Zweifel an der Eindeutigkeit des Begriffes Ethnie, denn schon quasiobjektive physiognomische Unterschiede sind zwischen Ethnien häufig nicht zu erkennen – der Versuch, Franzosen, Briten, Deutsche und Polen aufgrund ihres Aussehens zielsicher zuzuordnen, dürfte häufig scheitern. Auch religiöse oder sprachliche Kriterien sind keine sonderlich zuverlässigen Zuordnungsmethoden.

Betrachten wir zur Veranschaulichung, warum der Begriff Ethnie keineswegs eindeutig ist, den „ethnischen Unterschied" zwischen Hutu und Tutsi. Faktisch handelt es sich bei diesen Kriegsparteien in Ruanda und Burundi nämlich keineswegs um zwei ethnische Gruppen: Tutsi und Hutu sprechen dieselbe Sprache, haben größtenteils dieselbe Religion und lassen sich, was ihr Äußeres betrifft, nicht voneinander unterscheiden. Dennoch glauben Hutu und Tutsi heute, getrennte und feindliche Ethnien zu sein.

Auch der „ethnische" Konflikt in Bosnien weist ein ähnliches Phänomen auf: Die verfeindeten Muslime und Serben unterscheiden sich „ethnisch" nicht: 80 Prozent der Muslime sind Serben, die im 19. Jahrhundert unter osmanischer Herrschaft meist aus rein pragmatischen Gründen zum Islam konvertiert sind. Der Unterschied zwischen Muslimen und Serben in Bosnien ist also religiöser Natur – trotzdem hat ein Prozess eingesetzt, der aus diesen religiösen Unterschieden verschiedene „Ethnien" konstruiert hat (vgl. *Hippler* 1997: 27 ff.; neuere Übersicht: *Keßelring* 2005).

Wie aber entsteht ein solches Gefühl ethnischer Zugehörigkeit oder „ethnischer Identität", die im Extremfall die Vernichtung der „verfeindeten" Ethnie legitimiert?

In der Forschungsliteratur finden wir drei unterschiedliche Sichtweisen des Phänomens der ethnischen Identität: die primordialistische, die konstruktivistische und die instrumentalistische Sichtweise.

Die *primordialistische Sichtweise* führt ethnische Zugehörigkeit auf natürliche (biologische) und spirituelle Gemeinsamkeiten einer „Ethnie" zurück:

„[...] for virtually every person, in every society, at almost all times, some attachments seem to flow more from a sense of natural – some would say spiritual – affinity than from social interaction" *(Geertz 1996: 42).*

Ethnische Identität ist daher nach *primordialistischer Auffassung* eine naturgegebene, unveränderbare Größe (vgl. *Isaacs* 1981: 30). Diese Konflikte unterscheiden sich laut Primordialisten von anderen Konflikttypen insbesondere dadurch, dass sie stärker die emotionale und psychologische Dimension menschlicher Interaktion berühren und weniger als andere Konflikte anhand „rationaler" Faktoren wie divergierender Interessen zu erklären sind (vgl. *Stack* 1997: 17). In den Medien, in den Aussagen politischer Akteure, aber zum Teil auch in der Forschungsliteratur tauchen Teilaspekte des primordialistischen Erklärungsansatzes häufig verkürzt in Form eines „everyday primordialism" *(Fearon/Laitin* 2000: 848) auf. Dieser „everyday primordialism" betrachtet die Welle ethnopolitischer Konflikte als einen Rückfall in die Vergangenheit, ein Wiederaufleben alter und tiefverwurzelter ethnischer Antagonismen und Hassgefühle („ancient hatreds", *Kaplan* 1993), die durch den Kolonialismus und bzw. oder den Kalten Krieg „eingefroren" gewesen seien und sich nach dem Ende des Blocksystems in Osteuropa und anderen Teilen der Welt in gewaltförmigen Konflikten entladen hätten (vgl. *Wimmer* 2004: 3).

Innerhalb der Forschung besteht inzwischen Konsens darüber, dass die verkürzende Sichtweise des „everyday primordialism" und der „ancient hatreds arguments" entschieden zurückzuweisen ist, weil sie keine seriöse wissenschaftliche Betrachtungsweise darstellt (vgl. *Psalidas-Perlmutter* 2000: 240; *Brown* 2001: 3). Aber auch die wissenschaftlich fundierteren primordialistischen Erklärungsansätze – die weitaus komplexere Argumentationslinien verfolgen als der „everyday primordialism" – werden als alleiniges Erklärungsmodell ethnopolitischer Konflikte abgelehnt: Zum einen entziehen sich primordialistische Ansätze unter Verweis auf naturgegebene und unveränderliche ethnische Merkmale kritischer wissenschaftlicher Analyse, und zum anderen erklären sie nicht, warum ethnische Differenzen in einigen Regionen zum Ausbruch gewaltsamer Konflikte führen und in anderen nicht. Denn ethnische Unterschiede sind in den meisten Ländern der Welt keine Ausnahme – ohne dass es in allen diesen Ländern deswegen zu Kriegen käme! (vgl. u. a. *Fearon/Laitin* 2000: 857 ff.; *Eller/Coughlan* 1993: 50; *Gurr* 2000: 5).

Die *konstruktivistische Sichtweise* betrachtet ethnische Identität als sozial konstruierte Kategorie, die Aussagen über Gruppenzugehörigkeiten trifft und sich dabei auf Attribute wie Religion, Sprache, Bräuche sowie gemeinsame Geschichte und historische Mythen stützt. Diese Faktoren verleihen ethnischer Identität ein Moment der Stabilität und Dauerhaftigkeit. Dies bedeutet jedoch nicht, dass ethnische Identität unveränderlich ist. Wie andere soziale Kategorien auch ist ethnische Identität im Lauf der Zeit Veränderungsprozessen unterworfen (vgl. *Fearon/Laitin* 2000: 848; *Fowkes* 2002: 2). Soziale und ökonomische Prozesse, Fremdeinflüsse wie der Kolonialismus, kulturelle Diskurse sowie das strategische Handeln individueller Akteure – beispielsweise das Handeln von Eliten – wirken bei der Konstruktion und Veränderung ethnischer Identität mit. Gerade der Einfluss der Kolonialherrschaft auf die Entstehung ethnischer Identi-

Ethnische Identität als naturgegeben und unveränderbar

Ethnische Identität als sozial konstruierte Kategorie

tät ist nicht zu unterschätzen (vgl. *Horowitz* 1981: 157; *Stroux* 1998: 237; *Scherrer* 1999: 18; *Bos/Schmidt* 1997: 398). Um ihre Kolonialherrschaft zu sichern, schürten die Kolonialherren im Sinne einer „*Divide-et-impera*-Politik" ethnische Gegensätze, wobei „Ethnien" von der Kolonialverwaltung häufig erst erfunden werden mussten. Die Unterscheidung zwischen Hutu und Tutsi in Ruanda und Burundi beispielsweise war vor der Kolonialisierung eher grob und hauptsächlich sozialer Natur. Mischehen waren normal, am Königshof waren sowohl Hutu als auch Tutsi vertreten. Die belgische Kolonialverwaltung führte Personalausweise ein, in denen „Ethnie" als Zuordnungskategorie hervorgehoben wurde. Auf diese Weise wurden starrere ethnische Kategorien erst geschaffen. Häufig wurde dann eine der ethnischen Gruppen bevorzugt behandelt, wie die Tutsi in Burundi, um mit den Führern dieser Gruppierung Ansprechpartner für die Kolonialadministration und -wirtschaft zu haben und ein System „indirekter Herrschaft" aufbauen zu können.

Die konstruktivistische Argumentationslinie steht insbesondere im Hinblick auf das menschliche Selbstbild im deutlichen Gegensatz zu primordialistischen Gedanken: Ethnische Identität ist im konstruktivistischen Erklärungsmuster nur ein Teilaspekt der meist multiplen und einander teilweise überlappenden Identitäten, die menschliche Selbstkonstruktion ausmachen. Ein Mensch kann sich parallel in bestimmten Lebenszusammenhängen als zugehörig zu einem Clan, einer sozialen Klasse, einer Partei oder dem Kaninchenzüchterverein fühlen, in anderen Kontexten als zugehörig zu einer bestimmten Ethnie oder Nationalität (*Horowitz* 1981: 118). Multiple Loyalitäten können hier miteinander konkurrieren, ethnische Zugehörigkeit nimmt dabei nicht mehr oder weniger Raum ein als andere Zugehörigkeiten auch (*Forbes* 1997: 39). Mit der Argumentationsfigur überlappender Identitäten wendet sich die konstruktivistische deutlich gegen die primordialistische Auffassung der „naturgegebenen" Bindung (*Stroux* 1998: 237).

Einen weiteren Erklärungsansatz für ethnische Identität stellt die *instrumentalistische Sichtweise* dar. Auch sie betrachtet ethnische Identität als sozial konstruierte Kategorie. Während der konstruktivistische Ansatz ethnische Identität zwar für veränderbar, aber dennoch durch eine gewisse Beständigkeit aufgrund gemeinsamer sozialer Erfahrungen, Geschichte, kollektiver Erinnerungen und Normen gekennzeichnet hält, betrachtet der instrumentalistische Ansatz ethnische Identität als eine sich im ständigen Fluss befindliche Größe, die von politischen Machthabern an ihre jeweilige Interessenlage „angepasst" werden kann, also manipulierbar ist. Die instrumentalistische Sichtweise basiert in ihrer stärksten Ausprägung auf der „rational choice theory", was bedeutet, dass ethnische Identität im Extremfall bei der Verfolgung verschiedener Interessen auf eine Kosten-Nutzen-orientierte Kategorie reduziert werden kann (vgl. *Wimmer* 2002: 45 f.; *Väyrynen* 1999: 128).

Wir haben drei gängige Erklärungsansätze ethnischer Identität vorgestellt – machten wir mit jedem der Ansätze einen „Realitätscheck", stießen wir sicherlich an ihre Grenzen. Viele Forschungsarbeiten zu ethnopolitischen Konflikten versuchen aus den einander gegenübergestellten Ansätzen eine Synthese zu bilden, um die Schwächen der einzelnen Erklärungsansätze auszugleichen:

Instrumentalismus: ethnische Identität als flexible Größe

> „In short we assume that ethnic identities are enduring social constructions that matter to the people who share them. How much they matter depends on people's social and political circumstances [...]. Ethnic identities are not 'primordial' but nonetheless based on common values, beliefs, and experiences. They are not 'instrumental' but usually capable of being invoked by leaders and used to sustain social movements that are likely to be more resilient and persistent than movements based solely on material or political interests" *(Gurr 2000: 5)*.

Der Begriff ethnopolitischer Konflikt

Während des Ost-West-Antagonismus wurden komplexe Bürgerkriege von Beobachtern schnell als „ideologische" Kriege eingeordnet – bedeutende ethnische Konfliktlinien wie etwa in Afghanistan wurden nicht thematisiert. Nach dem Ende des Kalten Krieges ist es dann umgekehrt zu einer Überbewertung der „ethnischen Dimension" von Konflikten gekommen. „Wenn hinten weit in der Türkei/Die Völker aufeinander schlagen" (Goethe), dann sind sich Medienberichterstatter rasch sicher, dass es sich um ethnische Stammeskriege handeln müsse (vgl. *Hippler* 1997; *Wimmer* u. a. 1991).

Begriffe wie *ethnischer Konflikt* oder Stammeskampf (vgl. *Stroux* 1998: 235; Überblick über die Abgrenzung der Begriffe Ethnie, Stämme, Clans bei *Lentz* 2001: 161 ff.) implizieren im Sinne des „everyday primordialism", dass angebliche uralte und tiefverwurzelte ethnische Antagonismen die Hauptkonfliktursachen darstellen. Dies verkürzt die komplexen Ursachen dieser Konflikte unzulässig. Zwar kann Ethnizität in vielen postkolonialen oder postmodernen Gesellschaften eine (in jeder Hinsicht des Wortes) gewaltige Wirkung entfalten (vgl. *Tetzlaff* 2003: 20), doch die Vorbedingungen für innerstaatliche Konflikte sind vor allem Faktoren struktureller, politischer, sozial-ökonomischer und kulturell-perzeptiver Art. In der Diskussion um Auslöser oder Konfliktkatalysatoren spielen insbesondere politische Eliten eine wichtige Rolle. Das konfliktfördernde Potenzial von Ethnie liegt meist darin, dass ethnische Identität von politischen Eliten im Sinne ihrer eigenen Machtinteressen konstruiert und instrumentalisiert werden kann. Daher wird die besondere Rolle der Ethnie häufig erst durch die politische und medial gestützte Inszenierung ethnischer Zugehörigkeit begründet. Um der Problematik der (macht)politischen Mobilisierung ethnischer Zugehörigkeit Ausdruck zu verleihen, verwenden viele Autoren den Begriff *ethnopolitischer Konflikt*, da er das Moment der Politisierung ethnischer Identität einzubeziehen versucht.

> „Ethnopolitical is here taken to refer to those conflicts in which involvement as a party to the conflict results, for the actors from one side at least, from ethnic (or linguistic or religious) differences. This description does not imply that it is ethnicity as such which constitutes the conflict; ethnicity merely constitutes one special, albeit highly influential, form of socialisation. Only when ethnic membership is mobilized for political purposes, particularly in times of social unrest, where a (re)distribution of existential options is at stake, does it become a key feature of the disputants' self-image" *(Ropers 1997: 2)*.

Die Erscheinungsform ethnopolitischer Konflikte

Um begreifbar zu machen, welche Rolle ethnische Identität und Ethnie in ethno-politischen Konflikten spielen, skizzieren wir zunächst das „Gesicht", die Er-scheinungsform ethnopolitischer Konflikte; denn trotz der Tatsache, dass jeder Konflikt auf der Welt in seiner Form einzigartig ist, lassen sich in ethnopoliti-schen Konflikten bestimmte Prozess- und Strukturmerkmale beobachten, die sich wie Muster zu wiederholen scheinen. Analog zu *Kaldor*s (2000) Beschreibung der „neuen Kriege" sind für ethnopolitische Konflikte drei Merkmale hervorzu-heben, die diese Konflikte von zwischenstaatlichen Kriegen unterscheiden: die Ziele, die Art der Kriegführung und die Finanzierung (Übersicht bei *Scherrer* 1997; *Brown* 2001; *Austin* 2004).

Unterscheidung: ethnopolitische Konflikte und zwischenstaatliche Kriege

    Kaldor (2000: 121 f.) beschreibt als ein Merkmal der „neuen Kriege" eine „Politik der Identität", wobei Identität hier als eine „Form des Etikettierens" zu verstehen ist. Ob Ethnie, Religion oder Nationalität als Etikett und Zuordnungs-kriterium verwendet wird, ist zweitrangig: In jedem der Fälle wird die Etikettie-rung als Basis für politische Ansprüche genutzt. Diese Vorgehensweise, von *Ropers* (1995: 202) als „Ethnisierung der Politik" bezeichnet, soll dazu dienen, den im Kontext von „schwachen Staaten" zunehmenden Machtverlust politischer Eliten, ihre schwindende Legitimationsbasis und ihren Kampf um staatliche Ressourcen zu überdecken. „Ethnie" wird dabei häufig als „natürliche Legitima-tionsbasis" instrumentalisiert (vgl. *Stroux* 1998: 237 f.). Ziel ist die Mobilisie-rung von Gefolgschaft auf der Grundlage ethnischer (oder religiöser, nationaler etc.) Identität. Bei diesen Mobilisierungsversuchen bedienen sich politische Eli-ten häufig bereits vorhandener kollektiver Wahrnehmungsmuster und verstärken mithilfe staatlicher Medien das Klima des gegenseitigen Misstrauens und der Angst (vgl. *Gardner* 2001: 304–306; *Snyder/Ballentine* 2001: 63). Häufig exis-tieren reale Wunden, die sich Bevölkerungsgruppierungen in der Vergangenheit gegenseitig zugefügt haben. Bei der Schaffung ethnischer Identität werden ge-schichtliche Ereignisse jedoch sehr selektiv und verkürzt rekonstruiert. Bestimm-te Teile der gemeinsamen Geschichte werden ausgeklammert, andere dafür „neu erfunden" (vgl. *Lemarchand* 1996). Diese historischen Mythen dienen „Schick-salsgemeinschaften" als verbindendes Element. Häufig enthält das kollektive Bewusstsein einer Gruppierung sowohl eine Reihe von „chosen traumas" (kol-lektiv erlebte oder antizipierte Negativerfahrungen wie Vertreibungen und Geno-zid) als auch von „chosen glories" (vgl. *Ropers* 1995: 200 f.; *Volkan* 1999: 70 ff.). Politische Eliten und die Konfliktparteien forcieren die gesellschaftliche Polarisierung und machen sie sich zum Erhalt ihrer eigenen Machtposition zu-nutze. Häufig wird gezielt eine Spaltung gegnerischer Allianzen betrieben. Die Verbreitung von Gerüchten schürt zusätzlich Angst und Hass. Dieses Klima erleichtert es politischen Eliten, von dem eigentlichen Machtkampf und Ressour-cenkonflikt abzulenken und einen Vorwand für die Beibehaltung des Status quo zu schaffen (vgl. *Stroux* 1998: 238; *Lake/ Rothchild* 2001: 126).

Mobilisierung von Gefolgschaft auf Grundlage der ethni-schen Identität

Neue Art der
Kriegführung

Das zweite Merkmal, das ethnopolitische Konflikte von früheren, „klassischen" zwischenstaatlichen Kriegen abhebt, ist die Art der Kriegführung. Während bei „klassischen" Kriegen

Zunahme substaatlicher und transnationaler Konfliktakteure

„[...] mindestens auf einer Seite der Staat als klar abgrenzbare Konfliktpartei zu identifizieren ist, zeichnet sich das Konfliktgeschehen der ‚neuen Kriege' durch eine Zunahme substaatlicher und transnationaler Konfliktakteure aus, die einen niedrigen Organisationsgrad besitzen und mit unkonventionellen Methoden kämpfen" *(Chojnacki/Eberwein 2000: 19)*.

Zu diesen Konfliktakteuren gehören paramilitärische Gruppen, Selbstverteidigungseinheiten, Kindersoldaten, ausländische Söldner, der verbleibende Rest von regulären Streitkräften und ausländische reguläre Truppen, die meist ein internationales Mandat haben (vgl. *Kaldor* 2000: 147; *Münkler* 2002b: 220–224). Paramilitärische Gruppen werden nicht selten von Regierungen oder regionalen Politikern selbst aufgestellt. Häufig sind sie mit bestimmten extremistischen Parteien verbunden oder werden mit ihnen assoziiert. Beispielsweise hat die vor 1994 amtierende ruandische Regierung arbeitslose junge Männer rekrutiert (vgl. *Mehler* 2005: 12), um eine mit der Regierungspartei verbundene Miliz aufzubauen. *Mueller* (2001) weist in diesem Zusammenhang darauf hin, dass Gewalttaten in ethnopolitischen Konflikten meist von einer relativ geringen Anzahl von Menschen verübt werden, meist hooliganähnlichen Gruppierungen, die von lokalen Politikern koordiniert werden. Die verübte Gewalt in Ruanda und dem ehemaligen Jugoslawien habe vor diesem Hintergrund auf viel banaleren Motiven beruht als oft angenommen:

„Rather than reflecting deep, historic passions and hatreds, the violence seems to have been the result of a situation in which common, opportunistic, sadistic, and often distinctly nonideological marauders were recruited and permitted free reign by political authorities" *(Mueller 2001: 98)*.

Obwohl häufig nur ein geringer Teil der Bevölkerung an Gewalttaten und Ermordungen direkt beteiligt ist, lastet doch auf einem großen Teil der Bevölkerung eine Mitschuld, etwa in dem Sinn, dass sie „weggesehen" oder nicht eingegriffen hat. Das Einbinden so vieler Menschen wie möglich in die Verbrechen ist Teil der Strategie der Konfliktparteien. Die herbeigeführte gemeinsame Schuld erschwert eine Beendigung der Gewalt, da es keinen Weg zurück zu geben scheint, denn ein Ende des Konfliktes könnte bedeuten, zur Rechenschaft gezogen zu werden (vgl. *Kaldor* 2000: 158, 134). Ebenfalls charakteristisch für diese neue Art der Kriegführung ist, dass die verübte Gewalt fast ausschließlich auf dem Rücken von Zivilisten ausgetragen wird (vgl. *Anderson* 1999: 11). Die systematische Vernichtung von Bevölkerungsteilen in Burundi, Ruanda oder dem ehemaligen Jugoslawien belegt diese Entwicklung:

Gewaltaustrag auf
dem Rücken der
Zivilbevölkerung

„Zynisch ausgedrückt könnte man sagen, dass zivile Opfer heutzutage keine ‚Kollateralschäden' mehr sind. Faktisch sind Zivilisten im gegenwärtigen Konfliktgeschehen vielfach ein strategisches Instrument des Konfliktaustrags" *(Chojnacki/Eberwein 2000: 21)*.

Während zu Beginn des 20. Jahrhunderts etwa 90 Prozent der Kriegsopfer Armeeangehörige waren, entstammen heute etwa 80 Prozent aller Kriegsopfer der Zivilbevölkerung. Eine Konfrontation auf dem Schlachtfeld wird vermieden, die Sicherung des Territoriums wird auf dem Weg der Kontrolle über die Bevölkerung in den entsprechenden Gebieten hergestellt. Angehörige der „falschen" ethnischen Gruppe oder moderate Angehörige der eigenen ethnischen Gruppierung werden aus dem Weg geräumt. Methoden sind Vertreibung, Zwangsumsiedlung, systematische Ermordungen, Massenvergewaltigungen (vgl. *Münkler* 2003: 28, 37–40), Unbewohnbarmachung von Gebieten sowie Vereinnahmung von Zivilpersonen als „menschliche Schutzschilde" (vgl. *Chojnacki/Eberwein* 2000: 21; *Kaldor* 2000: 158). Aus diesen Methoden erklären sich auch die massiven Flüchtlingsströme, die mit den Konflikten einhergehen. Flüchtlingsbewegungen machen nicht an Landesgrenzen halt. Sie sind ein Aspekt, an dem verdeutlicht werden kann, dass ethnopolitische Konflikte keineswegs „innerstaatlich" sind. In der Region der Großen Seen beispielsweise spielt die Verflechtung von Rebellengruppen und Flüchtlingen über Grenzen hinweg eine große Rolle (vgl. *Parqué/Reyntjens* 1999: 181; *Evans* 1997: 9). Flüchtlingslager dienen Rebellenbewegungen, die häufig von Nachbarstaaten aus agieren, als Rekrutierungsquelle für Kämpfer – die burundische Rebellengruppe PALIPE-HUTU beispielsweise hat sich im Mishamo-Flüchtlingslager in Tansania gegründet. Zudem eröffnen Flüchtlingslager Zugang zu Ressourcen, da Lieferungen humanitärer Hilfsorganisationen abgeschöpft oder mit hohen „Zöllen" versehen werden können (vgl. *Anderson* 1999: 37–39; *Münkler* 2003: 22 f.).

> *Methoden der Kriegführung*

> *Flüchtlingslager als Rekrutierungsstätte und Ressourcenquelle*

    Das dritte wichtige Merkmal, das ethnopolitische Konflikte kennzeichnet, ist die Art und Weise, wie sie finanziert werden. Die klassischen Kriegswirtschaften, für die Kriege des 20. Jahrhunderts typisch, waren trotz mancher „Leih-Pacht-Unterstützung" relativ autarke Systeme. Ethnopolitische Konflikte dagegen speisen sich aus einer „globalisierten" Kriegsökonomie (vgl. *Ehrke* 2002; *Menzel* 2003; *Kaldor* 2000: 144; *Ruf* 2003). Während sich traditionelle Kriegswirtschaften durch eine Zentralisierung der wirtschaftlichen Entscheidungen auszeichneten (die Wirtschaft wurde an den Ausnahmezustand angepasst), lässt sich bei den heutigen Kriegsökonomien eine Dezentralisierung der Wirtschaftsaktivitäten beobachten. Die verschiedenen Konfliktakteure und paramilitärischen Kampfeinheiten betreiben Eigenfinanzierung durch Plünderung, Schwarzmarkthandel mit Waffen und Drogen sowie Unterstützung von außen. Diese erfolgt insbesondere in Form finanzieller Zuwendungen seitens der Diaspora (vgl. *Anderson* 1999: 18; *Münkler* 2003: 17 ff.), der „Besteuerung" humanitärer Hilfslieferungen, der Nutzung von Flüchtlingslagern als „Nachschubzentren und Kraftreserven" (vgl. *Berkeley* 2002: 107; *Jung/Schlichte* 1999: 47) sowie der Unterstützung durch Nachbarstaaten oder andere ausländische Regierungen sowie transnationale Wirtschaftsunternehmen:

> *Finanzierung der Gewalt: globalisierte Kriegsökonomie*

> „[...] in 1996, during an operation by the Alliance of the Democratic Forces for the Liberation of Congo-Zaire [...], the government of Rwanda formed an alliance with Kinyarwanda-speaking members of the Tutsi elite, 'denationalised' by Zaire. They were financed by American, Canadian, and South African mining companies and backed militarily by troops from Angola, Burundi, Eritrea, and Uganda. Opposing

them was a coalition trained by [...] ex-Rwandan Armed Forces and members of the
Interahamwe militia, disguised as refugees, fed and sheltered by a sympathetic international humanitarian community, armed by private British and South African com-
panies and the army of Zaire, and aided by Belgian, Croat, French and Serb merce-
naries" *(Hara 1999: 140).*

Melvern (2000: 5) beschreibt die Rolle, die internationale Wirtschaftsinteressen
beim Massaker in Ruanda 1994 gespielt haben:

> „Nor was the massacre a remote African episode, beyond the control of the outside
> world. Arms, from machetes to rocket launchers, were supplied by France, South
> Africa, Egypt and China. The governments of both France and Egypt were inti-
> mately involved in arms deals with the extremists in Rwanda. [...] In the year the
> genocide was planned, Rwanda, a country the size of Wales, became the third larg-
> est importer of weapons in Africa."

Diese Zitate veranschaulichen zum einen eindrucksvoll, was unter „globalisierter
Kriegsökonomie" zu verstehen ist, und zeigen zum anderen, dass ethnopolitische
Konflikte keineswegs innerstaatlicher Natur sind, sondern immer vor dem Hintergrund ihres komplexen regionalen bzw. internationalen Kontexts betrachtet
werden müssen.

Ursachen ethnopolitischer Konflikte – (be)greifbar gemacht

Wir haben oben festgestellt, dass die Fokussierung auf die ethnische Dimension
die komplexen Ursachen ethnopolitischer Konflikte unzulässig verkürzt. Wie
aber können wir die verschiedenen strukturellen, politischen, wirtschaftlichen
und kulturellen Ursachen erfassen und die Rolle der ethnischen Identität in ihnen
sinnvoll verorten?

Eine Möglichkeit, sich den Ursachen systematisch anzunähern, soll an dieser Stelle vorgestellt werden. Michael E. *Brown* (2001) hat auf der Basis verschiedener Forschungsbeiträge eine Art „Ursachenmatrix" entwickelt, die eine
Unterteilung von Konfliktursachen in „underlying causes", also tieferliegende,
strukturelle Konfliktursachen, und „proximate causes", die direkten Konfliktursachen, vornimmt (vgl. auch *Anderson* 1999; *van Evera* 2001: 28).

Underlying Causes
Die „underlying causes", die tieferen, einem ethnopolitischen Konflikt zugrunde
liegenden Faktoren, sind struktureller, politischer, ökonomischer/sozialer und
kultureller/perzeptiver Art:

Tabelle 4:   Underlying Causes

Structural factors	**Economic/Social factors**
Weak states	Economic problems
Intra-state security concerns	Discriminatory economic systems
Ethnic geography	Economic development
	and modernization
Political factors	**Cultural/Perceptual factors**
Discriminatory political institutions	Patterns of cultural discrimination
Exclusionary national ideologies	Problematic group histories
Intergroup politics	
Elite politics	

Quelle: *Brown* 2001: 5.

Zu den *strukturellen Faktoren* gehört das Phänomen des „schwachen Staates", dessen Kontroll- und Legitimationsverlust zum einen zu Machtkämpfen zwischen den politischen Eliten führt, zum anderen Teilgruppen der Bevölkerung aus Sicherheitserwägungen dazu veranlassen kann, paramilitärische Verbände und Selbstverteidigungseinheiten zu unterstützen (vgl. *Posen* 1993: 106 f.). Einen weiteren strukturellen Konfliktfaktor stellt die ethnische demografische Zusammensetzung eines Staates dar („ethnic geography"). Generell scheinen Staaten mit ethnischen Minoritäten anfälliger für Konflikte zu sein als ethnisch homogene Staaten, wobei allerdings weniger als 20 Staaten weltweit als ethnisch homogen bezeichnet werden können (vgl. *Welsh* 1993: 45)! Und ethnische Homogenität ist auch keinesfalls ein Garant für Frieden, wie der Konflikt in Somalia, dem ethnisch homogensten Land in Subsaharaafrika, zeigt (vgl. *Brown* 2001: 5–7; *Hippler* 1999: 425). Das Risiko eines Konfliktes in hochfragmentierten Gesellschaften ist sogar nur genauso hoch wie in ethnisch homogenen Gesellschaften. Ein deutlich höheres Konfliktrisiko liegt jedoch in Ländern vor, deren Bevölkerung in zwei ethnische Gruppen polarisiert ist (vgl. *Ehrke* 2002: 11; *Mair* 2003), beispielsweise in Ruanda und Burundi. **[Strukturelle Ursachen]**

Politische Konfliktfaktoren stellen nach Brown politische Institutionen dar, die bestimmte Teile der Bevölkerung (ethnische Gruppierungen, Minderheiten) diskriminieren. Dies drückt sich häufig in deren unzureichender Repräsentation im politischen System und seinen Institutionen aus. Wenn vonseiten des Staates sogar Gewalt und Unterdrückung gegen eine (ethnische) Gruppierung ausgehen, ist die Wahrscheinlichkeit der Konflikteskalation sehr hoch. Erhöht ist die Konfliktwahrscheinlichkeit auch in Übergangsphasen im Rahmen politischer und wirtschaftlicher Transformation, die meist von Instabilität geprägt sind und für bestimmte Gruppierungen mit bedrohlich wirkenden Ungewissheiten verbunden sein können (vgl. *Gurr* 2000: 85). Weitere politische Konfliktfaktoren stellen nationale Ideologien dar, die allein auf ethnischen Merkmalen basieren und demnach exklusiv sind. Auch die Interaktion zwischen verschiedenen Bevölkerungsgruppen sowie das Verhalten der Eliten, die häufig aus opportunistischen Gründen ethnische Spannungen anheizen und die Konfliktsituation für die Umsetzung ihrer eigenen Machtinteressen nutzen, zählen zu den politischen Konfliktfaktoren (vgl. *Brown* 2001: 8–10). In diesem Kontext weisen verschiedene Autoren dar- **[Politische Ursachen]** auf hin, dass Eliten zum Erhalt ihrer Macht und ihres Zugangs zu Ressourcen auf die politische und gesellschaftliche Instabilität, die Konflikte mit sich bringen, angewiesen sind (vgl. *Kaldor* 2000: 174; *Stedman* 2001). Die Kriegsakteure „sichern ihre Subsistenz durch ihn, und nicht selten gelangen sie dabei zu beträchtlichem Vermögen" (*Münkler* 2003: 29). Krieg wird somit zur „Fortsetzung der Ökonomie mit anderen Mitteln" (*Ehrke* 2002: 136).

Ökonomische und soziale Ursachen

Zu den *ökonomischen und sozialen Konfliktfaktoren* zählen die für schwache Staaten charakteristischen Probleme wie Arbeitslosigkeit, Inflation, Land- oder allgemeine Ressourcenknappheit. Unter „discriminatory economic systems" versteht *Brown* den ungleichen Zugang zu Ressourcen aufgrund ethnischer oder Klassenzugehörigkeit (vgl. auch *Gurr* 2000: 3–7). Hinzu kommen Probleme, die Modernisierungs- und Transformationsprozesse mit sich bringen, wie Urbanisierung, Aufbrechen sozialer und familiärer Systeme sowie gesellschaftliche und ökonomische Instabilität (vgl. *Brown* 2001: 10–12).

Perzeptive und kulturelle Ursachen

Das vierte Set an „underlying causes" besteht aus *perzeptiven und kulturellen Faktoren* (vgl. auch *van Evera* 2001: 30). Der gegenseitigen Wahrnehmung ethnischer Gruppierungen liegen häufig tatsächlich stattgefundene Grausamkeiten und Verbrechen zugrunde, die sich Gruppen in der Vergangenheit gegenseitig zugefügt haben. Jedoch wird die gemeinsame Geschichte meist stark verkürzt und sehr einseitig rekonstruiert im Sinne einer „half-remembered but never forgotten history" (*Rönnquist* 1999: 149; vgl. *Malkki* 1995; *Ropers* 1995: 200–202):

> „Some 'ancient hatreds' have legitimate historical causes. However, it is also true that groups tend to whitewash and glorify their own history, and they often demonize their neighbors, rivals and adversaries." *(Brown 2001: 12)*

Proximate Causes

Den „proximate causes", also den direkten Ursachen, den Konfliktkatalysatoren, ist seitens der Forschung bislang weniger Aufmerksamkeit gewidmet worden als den „underlying causes". Eine Reihe von Autoren weist jedoch darauf hin, dass den direkten und auslösenden Konfliktfaktoren eine äußerst wichtige Rolle zukommt (vgl. *Anderson* 1999: 9; *Ropers* 1995: 203). Brown teilt die „proximate causes" danach ein, ob sie sich auf der Ebene der Eliten oder der Bevölkerungsmassen abspielen und ob sie mit internen oder externen Faktoren zusammenhängen:

Tabelle 5:   Proximate Causes

	Internally-driven	**Externally-driven**
Elite-triggered	Bad leaders	Bad neighbors
Mass-triggered	Bad domestic problems	Bad neighborhoods

Quelle: *Brown* 2001: 15

Interne und externe Faktoren auf der Ebene der Bevölkerung

Als Beispiele für *interne* Faktoren, die sich auf der Ebene der Bevölkerung bewegen, nennt *Brown* die Probleme, die Folgen schneller wirtschaftlicher Entwicklung und Modernisierung oder Muster politischer und wirtschaftlicher Diskriminierung darstellen („bad domestic problems"). *Externe* Faktoren, die sich auf der

Bevölkerungsebene bewegen, stellen beispielsweise Flüchtlings- und Rebellen-bewegungen dar, die nicht an Grenzen haltmachen und eine Vielzahl von Proble-men und „Spill-over"-Effekten mit sich bringen („bad neighborhoods") (vgl. *Brown* 2001: 15 f.; *Kaldor* 2000: 209; *Chojnacki/Eberwein* 2000: 23).

Als Beispiel für *interne* Faktoren auf der Ebene der Eliten führt *Brown* den Machtkampf von Eliten um die Kontrolle des Staates an („bad leaders"). *Externe* Faktoren auf der Ebene der Eliten stellen beispielsweise Regierungen dar, die aus eigenen machtpolitischen und wirtschaftlichen Interessen in Nachbarländern Kriege unterstützen oder initiieren („bad neighbors") (vgl. *Brown* 2001: 13–16). *Chojnacki/Eberwein* stellen in diesem Zusammenhang fest, dass sich insbeson-dere in Zentralafrika und in der Region der Großen Seen beobachten lässt,

> „dass politische Akteure aus politischen oder ökonomischen Interessen in Nachbar-staaten militärisch aktiv werden und/oder Rebellengruppen unterstützen, was etwa Ruanda und Uganda mit ihrer Rolle im Ostkongo nachdrücklich bestätigen" *(Choj-nacki/Eberwein 2000: 24; vgl. Annan 1998: 5).*

Die Brownsche Ursachenmatrix ist natürlich nicht der Weisheit letzter Schluss, aber sie ist ein nützliches Instrument, um einen Einstieg in die Analyse ethnopo-litischer Konflikte zu gewinnen. Wir wenden hier zur Veranschaulichung das Brownsche Modell exemplarisch auf den ethnopolitischen Konflikt in Burundi an (vgl. auch *Mehler* 2005). Der „schleichende Genozid" in Burundi hat zwi-schen 1972 und 1999 mehr Todesopfer gefordert als der Genozid in Ruanda 1994 (vgl. *Nyang'oro* 2001: 3) und gilt als einer der vielschichtigsten Konflikte weltweit (vgl. *Reychler* 2000: 48 f.).

Tabelle 6: Underlying Causes of the Conflict in Burundi

Structural factors	Economic/Social factors
Weak states: Die staatlichen Institutio-nen Burundis sind schwach, Justiz- und Bildungswesen bedürfen dringender Reformen; staatliche Institutionen sind wenig in der Gesellschaft verankert.	*Economic problems:* Burundi hat schwerwiegende ökonomische Probleme; es herrscht allgemeine Ressourcen- und Landknappheit; das Embargo gegen Bu-rundi hatte zusätzliche negative Auswir-kungen auf die wirtschaftliche Situation.
Intra-state security concerns: Gewaltsa-me Auseinandersetzungen, insbesondere zwischen Rebellengruppen und Militär, ausgetragen auf dem Rücken der Zivilbe-völkerung.	*Discriminatory economic systems:* Der Zugang zu Ressourcen hängt von ethni-scher Zugehörigkeit ab; Tutsis haben einen besseren Zugang zu Bildung und demnach auch zu einer Anstellung beim Staat oder einer Karriere beim Militär.
Ethnic geography: Hohes Konfliktrisiko durch die ethnische Polarisierung der Gesellschaft in Hutu und Tutsi; es gibt jedoch keine geografische Trennung der ethnischen Gruppierungen.	Jedoch spielen auch regionale Faktoren eine wichtige Rolle: Auf die Provinz Bu-ruri und die Umgebung von Bujumbura entfällt ein Großteil der staatlichen Res-sourcen (z. B. Bildungseinrichtungen); aus dieser Region rekrutiert sich Burundis politische und wirtschaftliche Elite.

(Marginalie:) Interne und externe Faktoren auf der Elitenebene

Political factors	Cultural/Perceptual factors
Discriminatory political institutions: Dominanz der Tutsi in den Bereichen Politik, Justiz, Militär, Wirtschaft und Bildung; Diskriminierung von Frauen.	*Patterns of cultural discrimination:* Die Bevorzugung der Tutsi durch die Kolonialherren führte zu zum Teil bis heute vorhandenen Benachteiligungen und Diskriminierungen der Hutu.
Exclusionary national ideologies: Schutz der Tutsi-Bevölkerung durch das Militär, Umsiedlung breiter Hutu-Bevölkerungsmassen in „Regroupment Camps".	*Problematic group histories:* „Ethnische Pogrome" und gewaltsame Auseinandersetzungen (1965, 1972, 1988, 1993–2003), wobei insbesondere der „Genozid" von 1972 bis heute einen wichtigen Referenzpunkt der gegenseitigen (negativen) Wahrnehmung darstellt.
Elite politics: Kampf der politischen Eliten um die Kontrolle des Staates.	

Veranschaulichungsbeispiel Burundi: zusammengestellt von Sabine Wagner

Tabelle 7: Proximate Causes of the Conflict in Burundi

	Internally-driven	Externally-driven
Elite-triggered	*Bad leaders:* Kampf der politischen Eliten um die Kontrolle des Staates und den Zugang zu Ressourcen.	*Bad neighbors:* politische Akteure in der Demokratischen Republik Kongo, in Ruanda und Uganda; burundische Diasporagemeinschaften in Nachbarländern und Europa.
Mass-triggered	*Bad domestic problems:* schwerwiegende wirtschaftliche Probleme, Landknappheit, gravierende Armut.	*Bad neighborhoods:* Rebellen bewegungen, die von Nachbarländern aus agieren (die FDD beispielsweise agiert von der Demokratischen Republik Kongo aus); Flüchtlingsströme, die über Ländergrenzen diffundieren.

Veranschaulichungsbeispiel Burundi: zusammengestellt von Sabine Wagner

Die Rolle der Eliten bei der ethnischen Polarisierung

Dass Eliten in ethnopolitischen Konflikten bei der Polarisierung der Gesellschaft in „ethnische Lager" eine Schlüsselrolle zukommt, scheint heute Konsens zu sein. Dennoch wurde der Frage der Rolle der Eliten bislang relativ wenig Aufmerksamkeit gewidmet (vgl. *Brown* 2001: 17). Auch die Beantwortung der sich in diesem Kontext aufwerfenden Frage, warum und unter welchen Voraussetzungen sich Bevölkerungsmassen von Eliten zu ethnischer Gewalt mobilisieren lassen, ist bisher nur in Ansätzen erfolgt.

Norbert *Ropers* weist darauf hin, dass bislang unklar ist, wie es durch das Zusammenwirken von Eliten und Bevölkerung zu einer „Ethnisierung der Politik" kommen kann:

„Agieren die politischen Führer vor allem als aktive Verführer, die die ethnische Karte rational und zielstrebig einsetzen, oder gibt es auch Fälle, in denen sie vielmehr auf latente Bedürfnislagen reagieren und sich der krisenbedingten Nachfrage nach ethno-politischen Identifikationsfiguren anpassen?" *(Ropers 1995: 203).*

Fearon/Laitin werten verschiedene Forschungsarbeiten zur Frage der Rolle der Elite in ethnopolitischen Konflikten aus und zeichnen mögliche Antwortsets nach. Es gibt eine deutliche Tendenz in der Politikwissenschaft und Soziologie, den ethnopolitischen Konflikt sowohl als Mittel als auch als Nebenprodukt elitärer Machtkämpfe zu betrachten. Diese Sichtweise lässt jedoch die Frage offen, warum Bevölkerungsmassen sich für die Interessen ihrer Eliten einspannen lassen:

„In these arguments, ethnic violence is explained as both a means and a by-product of political elites' efforts to hold or acquire power. [...] The puzzle for such theoretical arguments is to explain how elites can convince their followers to adopt false beliefs and take actions that the followers would not want to take if they understood what the leaders were up to" *(Fearon/Laitin 2000: 853).*

Einige Antworten enthalten psychologische Faktoren zur Erklärung: Der Wunsch nach dem Erhalt des eigenen Selbstwertgefühls veranlasse Mitglieder einer ethnischen Gruppierung dazu zu ignorieren, dass die Elite der eigenen ethnischen Gruppe in einen vorgelagerten Konflikt involviert ist. *(Psychologische Erklärungsversuche)*

Ein weiteres Antwortset stellt auf den Informationsvorsprung der Eliten ab. Dieser ermögliche Eliten, die Einstellung der Bevölkerung zu manipulieren. So können Eliten konstitutionelle und institutionelle Möglichkeiten zu ihren Gunsten nutzen, etwa indem sie erklären, dass von einer ethnischen Gruppierung eine massive Bedrohung ausgehe, um einen Staatsstreich zu legitimieren. *(Informationsvorsprung von Eliten)*

Fearon/Laitin skizzieren einen Erklärungsansatz, der die Frage aufwirft, ob Bevölkerungsmassen sich überhaupt für die Interessen ihrer Eliten mobilisieren lassen oder ob nicht Eliten der Bevölkerung einen Rechtfertigungsrahmen für Gewalthandlungen im Sinne eines Ressourcenkampfes (beispielsweise bei Landknappheit) bieten (vgl. *Fearon/Laitin* 2000: 854–855, 874). *(Eliten bieten Rechtfertigung für Ressourcenkämpfe)*

Brown versucht die Rolle der Eliten greifbar zu machen, indem er ihre Aktivitäten in drei grobe Kategorien einteilt: ideologische Kämpfe, kriminelle Angriffe auf das Monopol des Nationalstaates durch Drogenkartelle etc. und Machtkämpfe um die Kontrolle des Staates. Machtkämpfe der Eliten um die Staatsmacht treten im Kontext des bereits näher beschriebenen schwachen Staates auf:

„Those who are in power are determined to fend off emerging political challengers and anxious to shift blame for whatever economic and political setbacks their countries may be experiencing. In cases where ideological justifications for staying in power have been overtaken by events, they need to devise new formulas for legitimizing their rule. Entrenched politicians and aspiring leaders alike have powerful incentives to play the 'ethnic card' [...]" *(Brown 2001: 19).*

NotwendigeVorbe-
dingungen für die
Mobilisierbarkeit der
Bevölkerung

Brown weist jedoch darauf hin, dass Bevölkerungsmassen von Eliten nur mobilisiert werden können, wenn zwei der bereits erläuterten Vorbedingungen vorliegen: ein grundsätzlich belastetes Verhältnis zwischen (zwei) ethnischen Gruppierungen („problematic group histories") sowie eine von Instabilität und/oder
schlechten wirtschaftlichen Verhältnissen geprägte Situation (vgl. *Brown*
2001: 17–23; *Hackett* 1996: 271).

Welche Rolle Eliten in ethnopolitischen Konflikten genau spielen, bleibt
weiter zu untersuchen. Festzuhalten ist, dass das Verhalten von Eliten auf jeden
Fall ein wichtiges Moment bei der Bewertung ethnischer Zugehörigkeit ist. Sie
sind in der Lage, ethnische Identität als Vehikel für die Mobilisierung von An-
hängerschaft und die Polarisierung der Gesellschaft zu instrumentalisieren. Allerdings müssen bestimmte Bedingungen vorliegen, damit Menschen sich mobilisieren lassen.

Ethnisierung von Politik mithilfe der Medien

Die bereits beschriebene „Ethnisierung der Politik" geschieht häufig mithilfe der
Medien. In vielen Regionen Afrikas beispielsweise nehmen innerhalb der Me-
dienlandschaft insbesondere die elektronischen Medien eine wichtige Position
ein: Das Radio gilt mancherorts schlicht als „magisch" und besonders glaubwürdig (*Kaldor* 2000: 137). Für weite Teile der Bevölkerung stellt es schon aufgrund
der hohen Analphabetismusrate die wichtigste Informationsquelle dar (vgl. *Spelten* 2001: 6; *Gardner* 2001: 304). Zum Medium Radio haben weite Teile der
Bevölkerung Zugang:

> „Following the Rwandan genocide in 1994, the first relief workers on the scene re-
> ported seeing scores of Hutus fleeing their villages with little more than the shirts on
> their backs and transistor radios to their ears" *(Hieber 1998: Abschnitt 2).*

Der ruandische
Radiosender RTLM

Das Medium Radio hat in der Vergangenheit häufig eine unrühmliche Rolle
gespielt, da es gezielt zur Verbreitung von Gerüchten, Fehlinformationen und
Hasspropaganda genutzt wurde und so zur Polarisierung der Gesellschaft beigetragen hat (vgl. *Anderson* 1999; *Spelten* 2000: 6; *Snyder/Ballentine* 2001: 63).
Eines der bekanntesten Beispiele ist in diesem Zusammenhang der halbprivate
ruandische Radiosender „Radio Télévision Libre des Milles Collines" (RTLM).
Gerade unter jungen Leuten hat die populäre Radiostation eine zentrale Rolle im
Vorfeld der Massaker von 1994 in Ruanda gespielt. Mit einer professionell-
peppig aufgemachten Mischung aus diffamierendem Humor und populärer zairi-
scher Musik wurde zunächst auf subtile Weise mit tiefverwurzelten Ängsten und
Vorurteilen zwischen Hutu und Tutsi gespielt (*Hieber* 1998: Abschnitt 5). Diese
implizit vermittelten Botschaften wurden später abgelöst von „hate speeches"
und politischer Propaganda der Extremisten. „Es ist Zeit, die Ernte einzuholen",
lautete eine der Aufforderungen des Radiosenders, eines der Wegbereiter für
Massaker, die etwa 800000 Menschen das Leben kostete. „Die Körbe sind bislang nur halb gefüllt, sie müssen noch bis zum Rand gefüllt werden", heizte der
Radiosender wenig später das Abschlachten an. Der Sender ging schließlich so

weit, explizit die Namen einzelner Personen und Personengruppen zu nennen, die getötet werden sollten (vgl. *Gardner* 2001: 305).

Die radikalen Radiobeiträge von RTLM wurden zum Großteil in lokalen Sprachen gesendet: zum einen, um sicherzustellen, dass jeder sie verstand und so die Hassbotschaften jeden erreichten, zum anderen, um nicht (oder möglichst spät) die Aufmerksamkeit und Kritik der internationalen Öffentlichkeit auf sich zu ziehen (vgl. *Gardner* 2001: 305 f.). Der belgische Botschafter in Kigali Johan Swinnen warnte in Brüssel vor einer zunehmenden Destabilisierung des Landes durch RTLM und sprach sich für eine Übersetzung der Sendungen von Kinyarwanda in Französisch aus; das Vorhaben scheiterte jedoch an den begrenzten personellen Ressourcen der Botschaft. Der französische und der amerikanische Botschafter nahmen den Sender wenig ernst bzw. beriefen sich auf das Prinzip der Presse- und Meinungsfreiheit. Ein Offizier des belgischen Militärgeheimdienstes stellte später fest, dass der Genozid stark eingegrenzt, wenn nicht gar hätte verhindert werden können, wenn RTLM vom Senden abgehalten worden wäre (vgl. *Melvern* 2000: 70 ff.). Tatsächlich sehen viele Autoren in den RTLM-Radiobeiträgen einen der Schlüsselfaktoren, durch die der staatlich geplante Genozid zu einem „Massenprojekt" werden konnte, an dem quasi die gesamte Bevölkerung partizipierte (vgl. *Li* 2002: 128).

Wir haben gezeigt, dass ethnopolitischen Konflikten ein komplexes Geflecht vom Ursachen zugrunde liegt. Ethnische Identität nimmt dabei als sozial konstruierte Kategorie einen hohen Stellenwert ein; sie muss aber immer im Kontext anderer struktureller, politischer, wirtschaftlicher und kultureller Konfliktfaktoren gesehen werden. Ethnie und ethnische Identität und ihre Rolle in Konflikten bleiben ein weiter zu untersuchendes Feld – gute Ansätze liegen bereits vor, und es besteht die Hoffnung, dass die Zeit, in der, wie im Eingangszitat beklagt, „ethnisch" als adjektivischer Teppich dient, unter den alles gekehrt wird, was zu komplex erscheint, vorbei ist.

3 Vom Traum zum Albtraum: das Ende des Vielvölkerstaates Jugoslawien

Für die meisten Zeitgenossen in Westeuropa, die Jugoslawien in den 1970er und 1980er Jahren als Urlaubsparadies der Adriaküste Dalmatiens oder als Autobahntransitland zu noch weiter entfernten Zielen Griechenlands und der Türkei kannten, waren die Nachrichten und Fernsehberichte über den im Vielvölkerstaat 1991/92 ausgebrochenen Bürgerkrieg nur schwer zu begreifen. Vielen blieb unverständlich, dass im Vorhof des sich immer enger zusammenschließenden Europas ein Staat plötzlich an seinen Nationalitätenproblemen zerbrach, an Problemen, die seit der Herrschaft Titos als überwunden und gelöst galten. Und vielen blieb noch unverständlicher, dass dieses Auseinanderbrechen von einem blutigen Krieg begleitet wurde, in dem sich Serben, Kroaten und Muslime gegenseitig an die Gurgel gingen und in dem die sich ehemals als nationaler Integrationsfaktor begreifende jugoslawische Volksarmee eindeutig die Partei serbischer Freischärler und Tschetniks ergriff. Dieses Unverständnis suchte zunächst nach einfachen, monokausal strukturierten Erklärungen: *(Monokausale Erklärungsversuche)*

- Der Krieg in Jugoslawien sei im Grunde eine Fortsetzung der erbitterten Nationalitätenkonflikte des Zweiten Weltkrieges (*Kaplan* 1993; *Domaschke/Schliewenz* 1996) ohne die Sieger von damals – die orthodoxen Kommunisten – und ohne den Aggressor von damals – Deutschland – gewesen (*Flottau* 1992). Schon Jahre zuvor habe dieser Krieg in den Köpfen einiger serbischer und kroatischer Intellektueller begonnen: Die Kroaten sahen sich im Jugoslawien Titos benachteiligt, die Serben gar verraten und gedemütigt. Im ersten jugoslawischen Bürgerkrieg 1941–1945 seien unter der deutschen Besatzungsherrschaft – bei insgesamt drei Millionen Opfern – mehr Jugoslawen durch Jugoslawen als durch die deutsche Wehrmacht umgekommen. Insbesondere den Serben sei aus diesem Krieg ein Trauma geblieben: jene ihrer Zählung nach 600000 Landsleute, die von den mit NS-Deutschland verbündeten kroatisch-faschistischen Ustaschi in Konzentrationslagern umgebracht wurden. Im Regime des kroatischen Präsidenten Tudjman hätten die Serben erneut faschistische Elemente gesehen; verführt von den großserbischen Parolen des serbischen Präsidenten Slobodan Milošević, setzten sie Kroatien mit jenem Ustascha-Staat gleich, der 1941–1945 in Kroatien von Hitlers Gnaden existierte. *(Fortsetzung des Zweiten Weltkrieges?)*
- Der Krieg in Jugoslawien sei im Grunde eine bittere Folge Titos – und des Titoismus – gewesen (*Flottau* 1991), dessen kommunistische Partei bewusst die Gleichberechtigung der Völker Jugoslawiens propagierte, die mit dem Nationalitätenstreit identifizierten bürgerlichen Politiker ausschaltete, seit dem Bruch Jugoslawiens mit Stalin 1948 die potenzielle Bedrohung durch die UdSSR als ideologische Klammer zum Zusammenhalt der zentrifugalen Kräfte des Vielvölkerstaates nutzte, gleichwohl aber stalinistische Unter- *(Folge des Titoismus)*

drückungsmethoden anwandte, wenn – wie 1976 in Kroatien – der Nationalismus sich nicht unter der Oberfläche halten ließ. Die Idee des Jugoslawismus, in der Zwischenkriegszeit ebenso wie unter Tito der intellektuell-metaphorische Kitt, der die konkurrierenden Völkerschaften zwischen Slowenien und Mazedonien und deren widerstreitende Interessen zusammenhalten sollte (*Lampe* 1999; *Djokic* 2003; *Melcic* 2007), scheiterte 1992 an den Schatten ihrer je individuellen kollektiven nationalen Erinnerungen und deren bewusster politischer Manipulation (*Todorova* 2004). Die unheilvolle Vergangenheit brach weniger hervor, als dass sie planvoll entfesselt wurde (*Silber/Little* 1997). Orientiert an einem reichen Erbe weniger nationaler als nationalitätenorientierter Befreiungsideologien (*Pavkovic* 2000), sei jedes Volk für seine „gerechte" Sache auf die Straße und an die Front gegangen.

Folge der Spaltung: Latinität vs. Orthodoxie

- Der Krieg in Jugoslawien sei im Grunde Ausdruck und Folge zweier miteinander rivalisierender religiös-kultureller Erbe gewesen: des lateinisch-römisch-katholischen im Westen und Norden und des griechisch-orthodoxen im Osten und Süden. Die Front zwischen den Kriegsparteien sei entlang der kulturellen Spaltungslinie Latinität – Orthodoxie verlaufen: zwischen einem katholischen, demokratischen, mithin „westlichen" Kroatien und einem orthodoxen, byzantinischen, mithin autoritären Serbien. Der jugoslawische Bürgerkrieg als „clash of civilizations" im Sinne Huntingtons? Oder sind die Religionsgemeinschaften nicht eher vielfach instrumentalisiert worden, konnten oder wollten dieser Instrumentalisierung aber auch nicht viel entgegensetzen (Übersicht *Bremer* 2003; *Grulich* 2007; eher kontrovers *Perica* 2002).

- Der Krieg in Jugoslawien sei im Grunde der Endpunkt eines kontinuierlichen, nur durch die Ära Tito unterbrochenen Prozesses der ethnischen Mythologisierung von Gesellschaft und Politik gewesen, ins Groteske übersteigerter Ausdruck einer spezifischen Form von *Identity Politics* (*Dent* 2004). Schon seit dem frühen 19. Jahrhundert im Streben nach der Begründung jeweils eigener Volksgruppen- (oder eben Nationen-) Identität fassbar, bedient sich der Prozess überlieferter Begebenheiten der Vergangenheit in Kunst, Literatur, Geschichtsschreibung und auch Alltagskultur, um sie zu nationalen Mythen zu stilisieren: Ursprungs- und Gründermythen, Erzählungen von Freiheits- und Glaubenskämpfen, Hypostasierungen historischer (Vor-)Urteile und Unverträglichkeiten, Imaginationen und Projektionen des Selbst in der Konfrontation zu den anderen verweben sich zu einem dichten Substrat gruppenspezifischer, nationaler Erinnerung, das sich immer wieder in der – notfalls gewaltsamen – Abgrenzung nach außen selbst bestätigen muss. Das ethnonationalistische Pulverfass Balkan (*Angelova* 2001) ist nicht nur eine Vielvölker- und Kleinstaatenregion voller ethnischer, religiöser und kultureller Gegensätze (*Weithmann* 1994), sondern auch ein kultureller Übergangsraum, in dem Sprachen, Religionen und Identitäten einander überlappen und in Gemengelage durchdringen (*Brix u. a.* 2007). Diese – vom jugoslawischen Literaturnobelpreisträger Ivo Andric in seinem Roman „Die Brücke über die Drina" (*Andric* 1977) treffend beschriebene – Koexistenz der Kulturen findet ihr jähes symbolisches Ende im Fanal von Sarajevo (*Altermatt* 1996), seiner Beschießung durch die serbische Artillerie im

Sommer 1992, und in der Zerstörung der Neretwabrücke in Mostar durch die kroatische Artillerie im November 1993. Die militärische Apotheose des Ethnonationalismus – auf die Spitze getriebene Entartung nationaler Mobilisierung, begleitet von der heimlichen Rückkehr des Heiligen, der Schlacht der Sprachen, der Xenophobie der Modernisierungsverlierer, einem Amalgam von Fundamentalismus, Populismus, antiaufklärerischem Antieuropäismus und dem flammenden Hass ethnischer Säuberungen (*Naimark* 2004)?

- Der Krieg in Jugoslawien schließlich habe mit den eben genannten Ursachen nur wenig zu tun: Er lasse sich entweder erklären als das Ergebnis eines langwährenden Prozesses des Niedergangs und der Auflösung der Regierungsautorität und des Zusammenbruchs einer politischen und (staats-) bürgerlichen Ordnung (*Woodward* 1995) oder als das Ergebnis der Intervention auswärtiger (Groß-)Mächte, deren über die Verschiebung von Grenzen und Völkern in fernen Hauptstädten entscheidende Politiker und Diplomaten erst durch ihre Einmischung die „ancient hatreds" und „tribal rivalries" Südosteuropas so richtig befördert hätten (*Glenny* 1999; *Monnesland* 1997; *Rupnik* 2007).

Es wird noch zu zeigen sein, dass all diese simplifizierenden Erklärungsmuster allenfalls Teilaspekte einer überaus komplexen Wirklichkeit überhöhen und verabsolutieren. Für eine wissenschaftlich fundierte Konfliktanalyse sind sie nur mit Einschränkungen brauchbar. Vielmehr zeigt der Jugoslawienkonflikt der Konfliktforschung überaus deutlich, dass die konflikthafte Realität keine einfachen Antworten und Erklärungen zulässt. Für die unterschiedlichen Stadien der Konfliktbearbeitung – Konfliktverhütung, Konfliktmanagement, Konfliktlösung – gilt diese Feststellung gleichermaßen. Es gibt keine konfliktübergreifenden Patentrezepte und Allheilmittel, sondern jeder Konflikt wird zunächst nach seinen ganz individuellen Ursachen zu beurteilen sein. Dass diese Beurteilung sich allerdings an idealtypischen Zielvorstellungen orientiert, vor deren Hintergrund die den Einzelkonflikt prägenden Charakteristika umso deutlicher skizziert werden können, ist einzuräumen (vgl. *Meyers* 1991).

Umfassende Konfliktanalyse notwendig

Wird Konflikt so als Austragungsmodus von Interessengegensätzen definiert, ist es nur folgerichtig, Konfliktanalyse primär als Interessenanalyse zu betreiben. Das heißt aber auch – in Analogie zu Ansätzen der historischen Kriegsursachenforschung (*Holsti* 1991: 12 ff.) –, Konflikte nicht als krankhafte Abweichung von einer (utopischen) Norm der Konfliktfreiheit gesellschaftlicher Verhältnisse zu begreifen, sondern als ein Instrument, als ein (im Idealfall: rationalem) politischem Kalkül unterworfenes Mittel zur Durchsetzung angebbarer Interessen. Entscheidend ist in diesem Kontext die Frage nach den Motiven, Zielen, Handlungslegitimationen der Konfliktparteien: In ihrem Licht lassen sich Genese, Struktur und Ablaufprozess des Konfliktes deuten. Entscheidend ist in diesem Kontext auch die Frage nach dem Modus der Konfliktbearbeitung (*Snyder/Diesing* 1977: 22 f.; *Debiel* 2004; *Meyers* 1997). Orientiert er sich am *quid pro quo,* am verhandelbaren *Kompromiss,* von dem entweder beide Parteien profitieren oder bei dessen Nichtzustandekommen sie zumindest keinen Verlust erleiden, oder orientiert er sich am *gewalthaften Zwang,* am Mittel der Einschüchterung, Erpressung, subtilen bis offen brutalen Gewaltanwendung, mit denen eine

Konflikt als Mittel zur Interessendurchsetzung

Konfliktpartei die andere bewegen will, etwas zu tun, was diese sonst lieber unterlassen hätte? Im letzteren Kontext wird die bedrohte Konfliktpartei nachgeben, wenn in ihrem Kalkül der Schaden, den sie durch die Verwirklichung der Drohung erleidet, größer anzusetzen ist als die Kosten der von ihr verlangten Positions- oder Verhaltensänderung. Beiden Modi gemeinsam ist der Umstand, dass eine Konfliktpartei mit der Entscheidung konfrontiert wird, entweder die Vorschläge der anderen zu akzeptieren oder sie abzulehnen und auf ein vorteilhafteres Angebot zu hoffen, freilich verbunden mit dem Risiko, sich auch verschlechtern zu können. Die für beide Modi typischen Konfliktergebnisse lassen sich in Matrixform darstellen:

Tabelle 8:   Konfliktergebnisse

| | *Erwartung* | Austragungsmodus | |
		Kompromiss	*Zwang*
E R W A	Vorteil	besseres Angebot	Reduzierung der Forderung oder Beseitigung der Drohung
R T U	Risiko	kein Abschluss	Verwirklichung der Forderung/Drohung
N G	↓ Konsequenz	↓ Beibehaltung des Status quo	↓ Schädigung der ablehnenden Konfliktpartei

Konfliktanalyse: Ansatzebenen

Mit anderen Worten: Im Zentrum einer als Interessenanalyse angelegten Konfliktanalyse steht zwar das Kosten-Nutzen-Kalkül der beteiligten Akteure, jedoch wird deren Rationalität allenfalls idealtypisch unterstellt, weil sie durch Unvollständigkeit der Information über die Konfliktsituation, durch Vorurteile, ideologische Prämissen, Normen und Werte, historische Erfahrungen, ideengeschichtlich verwurzelte Denkstile und Argumentationstopoi, sozioökonomische Gruppen- oder Partikularinteressen oder schlicht der menschlichen Dummheit entspringende Blockaden rationalen Entscheidens und Handelns verbogen wird. Interessen, Motive und Ziele der Akteure wären auf folgenden konfliktrelevanten Verhaltensebenen zu untersuchen:

1. der Ebene der Konfliktgegenstände und ihrer historischen Kontexteinbettung,
2. der Ebene der Binnenverfassung der Akteure,
3. der Ebene der Kräftekonstellation zwischen den Konfliktparteien,
4. der Ebene des regionalen Kräfteverhältnisses einschließlich der Interessen und Verhaltensweisen der dem Konfliktraum benachbarten Akteure,
5. der Ebene des Kräfteverhältnisses im internationalen System unter besonderer Berücksichtigung der Interessen und des Verhaltens der Supermächte,
6. der Ebene der Beeinflussung der Interessen und des Verhaltens der Konfliktparteien wie des Konfliktverlaufes durch Dritte: internationale Organisationen, Staaten, gesellschaftliche Gruppen oder Individuen, die, die Inten-

sität des Konfliktes verschärfend oder reduzierend, in den Konfliktverlauf eingreifen.

Das skizzierte analytische Instrumentarium strukturiert die nachfolgende Untersuchung des Jugoslawienkonfliktes.

3.1 Pulverfass Balkan: zur historischen Genese einer Konfliktgemengelage

„Von Sarajevo nach Sarajevo" – und das noch ohne Fragezeichen: so die Überschrift einer der Interpretationen (*Gati* 1992) der durch den Kollaps des Kommunismus in Osteuropa und auf dem Balkan beschworenen Ereignisse. Die (noch?) inhaltliche Übertreibung, die diese Formulierung ausdrückt, sei als aufmerksamkeitweckendes Stilmittel konzediert; sie birgt aber auch einen realen Kern an Befürchtungen, an deren Nichtverwirklichung Europa ein definitives Interesse hat. Und sie verweist auf einen historischen Tatsachenbestand, der als einer aus einer Reihe von Faktoren die Kräftekonstellationen auf dem Balkan entscheidend mitprägte: nämlich die Rolle des Balkans als einer traditionellen Zone politischer Konflikte und Stabilitätsbrüche in Europa. *(Randnotiz: Balkan als traditionelle Konfliktzone)*

Dabei scheint schon eine räumliche Abgrenzung des Balkans Schwierigkeiten zu bereiten: Während er seinen Namen von dem Gebirge hat, das sich in Ost-West-Richtung quer durch Bulgarien zieht, steht der Begriff doch als Kürzel für einen spezifisch europäischen intellektuellen Nord-Süd-Konflikt: den Widerstreit zwischen Moderne und Rückständigkeit, überlagert vom Gegensatz industrialisierter, arbeitsteilig komplex differenzierter und demokratisch verfasster Konsumgesellschaften weltlich-laizistischer Prägung einerseits und ökonomisch, sozial und kulturell als zurückgeblieben betrachteter, autokratisch-autoritär verfasster, älteren Sozial- und Mentalitätsstrukturen (Großfamilie, Clan, Sippe, Blutrache) verbundener Agrargesellschaften andererseits. Hinter der Erfindung des Balkans als Europas bequemen Vorurteils (*Todorova* 1999) stecken nicht nur Vorstellungen pittoresker Romantik und politischer Anarchie, Karl-May-besungener Männerbünde, Geheimgesellschaften, Blutrache und Geltung archaischer Rechtssysteme wie des Kanuns. Vielmehr lässt die so beschworene dunkle Seite Europas die Selbstdefinition des Westens umso positiver erscheinen! Bezeichnend ist, dass die in der Modernitätspyramide jeweils höher stehenden Gesellschaften das Vorurteil „Balkan" jeweils auf die Nachgeordneten abwälzen: Für den Bayern beginnt der Balkan schon hinter Passau, für den Österreicher östlich und südöstlich Wiens, für Ungarn, Slowenen und Kroaten in Rumänien, Serbien, Bosnien-Herzegowina – bis der Begriff schließlich an den Albanern, Makedonen, Bulgaren, Türken hängenbleibt, die sich schon mangels einer geografischen Weiterverschiebungsmöglichkeit nicht mehr gegen ihn wehren können. Eine nüchterne Betrachtung subsummierte unter „Balkan" all jene Völker, die zwischen Deutschen und Russen im Norden und Türken und Griechen im Süden des so bezeichneten Raumes siedeln. Im Lauf der neuzeitlichen Geschichte geriet dieser Raum immer mehr unter indirekte, dann direkte österreichisch-ungarische, osmanische und russische Herrschaft. *(Randnotiz: Abgrenzungsprobleme)*

Politische Fremdbe-
stimmung und
ethnisch-kulturelle
Fragmentierung

Der politischen Fremdbestimmung des Balkans von seinen Rändern her dürfte die gebirgig-kleinräumige geografische Struktur – die der Ausbildung eigener Machtzentren im Weg stand – ebenso förderlich gewesen sein wie die mit den geografischen Gegebenheiten sich deckende, für westeuropäische Verhältnisse ungewohnte und außergewöhnliche ethnische und kulturelle Fragmentierung. Diese Fragmentierung ließ im Balkan das klassische Machtvakuum schlechthin entstehen, das immer wieder die Expansionsbestrebungen imperienbildender Großreiche anzog: vom lateinischen Rom über Ostrom/Byzanz und die osmanische Türkei bis zu Deutsch-Österreich nach der Niederlage der Türken vor Wien 1683 und dem Deutschen Reich in den beiden Weltkriegen einerseits, dem zaristischen Russland vor 1914, dem kommunistischen nach 1945 andererseits. Die Erfahrung einer zwischen Latinität und Orthodoxie, zwischen aufklärerischem Absolutismus und orientalischer Despotie, zwischen rationalistisch-rechenhafter Moderne und traditionaler Gesellschaft vielfach gebrochenen Fremdbestimmung liefert im Übrigen eines jener Momente, aus denen der sich im 19. Jahrhundert als Gegen- und Befreiungsbewegung zunächst gegen die osmanische Herrschaft artikulierende Nationalismus der Balkanvölker seine Kraft bezog (generelle Übersichten bei *Hösch* 2002; *Roth* 1999; *Hatschikjan/Troebst* 1999; *Cirkovic* 2007).

Keine verlässlichen
Grenzen

Jene Entwicklungen, die im Lauf des Jahrhunderts zwischen Wiener Kongress und Ausbruch des Ersten Weltkrieges die Grenzlinien auf dem Balkan veränderten, mussten – sofern sie nicht ohnehin Ergebnis der Durchsetzung eigener Interessen durch die regionalen Vormächte waren (Berliner Kongress 1878) – im Kampf gegen diese Mächte angestoßen und beschleunigt werden. Im Gegensatz zur nationalen Einigung in West- und Südeuropa, die zumindest vom letzten Drittel des 19. Jahrhunderts an – konkret: nach 1870/71 – den Nationalstaaten feste und – von Elsass-Lothringen einmal abgesehen – kaum bestrittene Grenzlinien verschaffte, standen Territorium, nationale Identität, Sprach- und Kulturräume der Balkanvölker unter dem Vorbehalt jederzeit möglicher Veränderungen – durch Bedrohung von außen, mehr aber noch durch eigeninduzierte Ansprüche und Rivalitäten. Diese führten in den letzten Jahrzehnten vor dem Ersten Weltkrieg nicht nur zu militärischen Konflikten zwischen den Balkanstaaten selbst (z. B. zweiter Balkankrieg 1913), sondern durch Verwicklung der europäischen Großmächte in deren unterschiedliche Interessenlagen – ebenso wie umgekehrt durch die Instrumentalisierung der Ansprüche und Ziele der Balkanstaaten im Sinne des jeweiligen nationalen Interesses der Großmächte – auch zu einer Konfliktgemengelage, die dann (metaphorisch) im Juli 1914 in Sarajevo detonierte (Übersicht: *Gildea* 1989: Kap. 15; *Bridge/Bullen* 1980: Kap. 5–8).

Konflikt-
determinanten

Aus neuerer Perspektive sind es bezeichnenderweise nicht so sehr die Ergebnisse des Zweiten, sondern vielmehr die des Ersten Weltkrieges, die als Determinanten der Konfliktlagen Anfang der 1990er Jahre weiterwirkten. Was wir beobachten können, ist nicht das Ende, sondern die Rückkehr der Geschichte. Die durch den Kalten Krieg dem Balkan übergestülpte Machtkonfiguration, die im Kontext von Bipolarität und Blockpolitik seine ethnisch-nationalen Antagonismen in Schach hielt und ihnen ein etwas gekünsteltes Maß an Stabilität und Berechenbarkeit verlieh, wurde durch überkommene Rivalitäts- und Allianzmuster ersetzt (*Larrabee* 1992). Diese Muster waren die unmittelbare Konsequenz des Zusammenbruchs des alten Großmächte-Quadrumvirats 1918/19 und der damit verbundenen territorialen Verschiebungen und Neugliederungen durch die Pariser Vorortverträge 1919/20: die Schaffung *Jugoslawiens* aus den bereits unabhängigen Staaten Serbien und Montenegro, den früheren k.-u.-k.-Monarchie-Teilen Slowenien, Istrien, Dalmatien, Kroatien-Slawonien, Wojwodina und Bosnien-Herzegowina (*Banac* 2007) und die Etablierung der *Tschechoslowakei* aus den österreichisch regierten Stammlanden Böhmen und Mähren, aus den ungarischen Reichsteilen Slowakei und Ruthenien und einem kleinen Teil Schlesiens, der überwiegend von polnisch sprechender Bevölkerung besiedelt war. Rumänien konnte sein Staatsgebiet fast verdoppeln: durch Übernahme Transsylvaniens von Ungarn, der Bukowina von Österreich, Bessarabiens von Russland und der südlichen Dobrudscha von Bulgarien; einige dieser Gewinne gingen im Zweiten Weltkrieg vorübergehend (Transsylvanien) oder dauernd (Bessarabien) verloren. Die Begünstigten des Versailler Vertragssystems sahen sich in der Folge irredentistischen (den Wiederanschluss abgetrennter Gebiete an den sprachlich und kulturell als Mutterland betrachteten Staat anstrebenden) Forderungen Ungarns (das zwei Drittel seines früheren Territoriums und drei Fünftel seiner alten Bevölkerung verloren hatte) und Bulgariens (das durch die Nordostausdehnung Griechenlands seinen Zugang zur Ägäis aufgeben musste) ausgesetzt. Sehr viel problematischer aber noch war der Umstand, dass die Verwirklichung des Selbstbestimmungsrechtes der Nationen auf der Grundlage der Friedensvorschläge des amerikanischen Präsidenten Woodrow Wilson eben nicht zu mehr ethnischer Gerechtigkeit für die Völker Südosteuropas führte, sondern alte völkisch-kulturelle Gemengelagen nur durch neue, anders komponierte ersetzte. Oder anders: Die neuen Staaten spiegelten weniger nationale als politische, ökonomische und (geo-)strategische Prioritäten und Interessen in und durch ihre Grenzen wider. Das Paradoxon der Nationalstaatsidee und des Selbstbestimmungsprinzips, dass sie nämlich in Westeuropa den Zusammenschluss kleinerer politischer Einheiten zu einigen wenigen größeren Staaten beförderten, während sie auf dem Balkan (und weiter östlich) die Fragmentierung weniger großer Einheiten in viele kleinere vorantreiben – hier wurde es erstmals ganz deutlich greifbar (Übersicht: *Rothschild* 1974: Kap. 1).

Was die Konfliktlage des Balkans Anfang der 1990er Jahre von der der Vorweltkriegs- und der Zwischenkriegszeit unterscheidet, ist der Umstand, dass sie nicht länger durch randlagige Mächte, sondern durch die südosteuropäischen Akteure selbst hervorgebracht wird. Dies war eine unmittelbare Folge des Endes des Kalten Krieges in Europa. Weder Ost noch West strebte nach Dominanz in der Region; ihre strategische und politische Bedeutung war seit ihrer Abdankung als Schauplatz der Auseinandersetzung konkurrierender sozioökonomischer und politischer Systeme erheblich gesunken. Was blieb, war das Interesse insbesondere des Westens an der Aufrechterhaltung des Status quo, an einer Containmentpolitik neuer Art, die das Übergreifen der Konfliktvirulenzen in für die Sicherheit des westlichen Europas sensitive Bereiche unterband. Der beinahe schon notorische Widerwille, mit dem die überwiegende Mehrzahl der EG-Staaten ebenso wie die USA auf die drohende Sezession Sloweniens und Kroatiens vom Rest Jugoslawiens bis weit in das Jahr 1991 reagierten, die Tatsache, dass die EG noch am 24. Juni 1991 – einen Tag vor der Unabhängigkeitserklä-

Marginalien:

Ergebnis des Ersten Weltkrieges

Neuartige Konfliktlage

rung beider Republiken – ein mit der jugoslawischen Bundesregierung abgeschlossenes fünfjähriges Kreditabkommen im Wert von 807 Millionen ECU signierte, der am 28. Juni 1991 beschlossene Vermittlungsversuch der EG-Troika der Außenminister Italiens, Luxemburgs und der Niederlande, schließlich das Moratorium bezüglich des Wirksamwerdens der slowenischen und kroatischen Unabhängigkeit bis zum Jahresende 1991 – all dies ließ sich nicht nur aus der Abneigung heraus erklären, das unweigerlich mit dem Aufbrechen des jugoslawischen Staates verbundene administrative, ökonomische und territoriale Chaos zu akzeptieren (*Giersch* 1998; *Nadoll* 2000). Vielmehr wurde die Präzedenzwirkung dieses Falles andernorts gefürchtet: nicht nur in Osteuropa, sondern auch dort, wo wie in Korsika, im Baskenland oder in Nordirland eigene ungelöste Nationalitätenkonflikte unter der Decke vermeintlich stabiler westlicher Demokratien latent sind (tiefenscharfe Diskussion bei *Caplan* 2005).

Gleichwohl sind es vor allem jene historisch vorbelasteten südslawischen Konfliktpotenziale, die der von Nord nach Süd ziehende Bürgerkrieg in Jugoslawien reaktivierte, Potenziale, die den Begriff Pulverfass Balkan wiederbelebten. Schon seit längerem als Konfliktzone etabliert – nicht zuletzt wegen der rigiden Unterdrückungspolitik Serbiens gegen die jugoslawischen Albaner – war der Kosovo (Überblick: *Vickers* 1998), was sich im Kosovokrieg 1999 drastisch zeigte (zur Entwicklungsgeschichte der NATO-Intervention, den Hintergründen und den Konsequenzen *Petritsch/Pichler* 2004; *Johnstone* 2002; *Kosovo Report* 2000; *Kramer/Dzihic* 2005; *Schmierer* 2007; umfassend zur fehlgeschlagenen Krisenprävention vor Kriegsausbruch *Biermann* 2006).

Von vielleicht noch größerer Bedeutung ist die im Spannungsfeld zwischen Serbien, Bulgarien und Griechenland gelegene, gut zwei Millionen Einwohner zählende Republik Mazedonien (mit einer etwa zwanzigprozentigen albanischen Minderheit) (Überblick: *Poulton* 1995; *Dukovski* 2007): Seit dem Mittelalter Kristallisationspunkt griechisch-byzantinischer, serbischer und bulgarischer Herrschaftsansprüche, löste die mazedonische Frage Ende des 19., Anfang des 20. Jahrhunderts jene Auseinandersetzungen aus, die in den Balkankriegen 1912/13 gipfelten und zur Abtretung des bis 1912 bulgarischen Mazedoniens an Serbien führten. Trotz der engen ethnischen und sprachlichen Verwandtschaft mit den Mazedoniern legte Bulgarien in der Konfliktlage eine eher besonnen-abwartende Haltung an den Tag: Aufgeheizt wurde der Konflikt in dieser Region vor allem von Griechenland, das Mazedonien – unter Verweis auf die eigene hellenistische, mit Alexander dem Großen untrennbar verbundene Geschichte – nicht nur den Namen streitig machte, sondern auch territoriale Ambitionen unterstellte, die in Richtung Nordgriechenland und Thessaloniki zielten – in eine Region, die vor einem guten halben Jahrhundert noch slawisch besiedelt war und seitdem mit einigem Nachdruck „hellenisiert" wurde. Und die Tatsache, dass Griechenland zeitweilig massiv aus der gemeinsamen EU-Embargofront gegen Serbien ausscherte und als einziges NATO-Mitglied Milošević unterstützte, mag durch einen altehrwürdigen Truismus der Weltpolitik hinreichend erklärt werden: Der Feind meines Feindes ist mein Freund (hierzu *Michas* 2002).

Mögliche Konflikte   Die These von der Revitalisierung der Vorvergangenheit der Weltkrieg-I-Epoche hat also durchaus aktuelle ethnische, territoriale und politische Referenzen. Zwar haben sich – Jugoslawien einmal ausgenommen – die Grenzen auf

dem Balkan noch nicht verändert, immerhin aber hatte Rumänien seine Bereitschaft zum Abschluss eines „Freundschafts- und Integrationsvertrages" mit der
Republik Moldawien – deren westlicher Teil das alte, 1918 an Rumänien gefal-
lene und 1940 aufgrund des Hitler-Stalin-Paktes von der UdSSR annektierte
Bessarabien darstellt – ebenso verkündet wie der damalige ungarische Premier
József Antall darauf verwiesen, dass der Vertrag von Trianon 1920 die Grenzen
seines Staates mit Jugoslawien, nicht aber mit Serbien festlege (*Der Spiegel*
1992: 135 ff.). Vom Konfliktpotenzial, das die zwei Millionen Ungarn im rumä-
nischen Siebenbürgen und im Banat darstellen, einmal genauso zu schweigen
wie von den 600000 Ungarn in der Slowakei, wo der schwelende ungaro-slo-
wakische Konflikt durch die von Pressburg geplante Umleitung der Donau zur
Versorgung des Wasserkraftwerkes Gabcikovo entschieden verschärft wurde.
Diese komplexe Konfliktkonstellation wurde zudem überlagert von einem Moment, das gar als die Revitalisierung der Vorvorvergangenheit bezeichnet werden
konnte: dem denkbaren Zusammenschluss der balkanischen Muslime in Bosnien-Herzegowina, im Sandschak und in Mazedonien mit den Glaubensbrüdern
in Albanien und Bulgarien unter dem Protektorat der Türkei (*Der Spiegel* 1991:
142 ff.). Damit wäre eine Staatenkombination möglich gewesen, die sich vom
türkischen Thrazien über Bulgarien und Mazedonien bis nach Albanien erstreckt,
Griechenland – ein altes, seit den Freiheitskriegen virulentes Trauma der Helle-
nen – von Europa abgeschnitten und möglicherweise die beiden Erzfeinde der
Osmanen – Griechenland und Serbien – in einer neuen politischen Kombination
zusammengeführt hätte. Perspektiven – kaum geeignet, zu unserer Beruhigung
beizutragen.

3.2 Chronologie des Konfliktausbruchs: Akteure, Interessen, Rahmenbedingungen

Die schon mehrfach angeführte These von der Revitalisierung der Vorvergangenheit liefert den besten Schlüssel zum Verständnis des jugoslawischen Bürgerkrieges. Denn die Auseinandersetzungen in dem von extremen Gegensätzen geprägten Vielvölkerstaat werden nur begreifbar vor dem Hintergrund der starken Ver-
wurzelung der einzelnen Volksgruppen in den verschiedensten politischen, wirtschaftlichen und kulturellen Traditionen, die eine ohnehin schon komplexe ethnische und politische Gemengelage noch weiter zernierten (Überblick: *Weithmann*
1997; *Melcic* 2007) und oftmals drastisch miteinander in Kollision gerieten
(Überblick: *Lane* 2004). Hatte der Erste Weltkrieg unter den Völkern Südosteuropas teils nur schwer erfüllbare Hoffnungen auf politische Partizipation und nationale Selbstbestimmung geweckt, so wurden doch schon im Gefolge der anschlie-
ßenden Staatsneubildungen, Grenzverschiebungen und Regimewechsel Vertreibung, Flucht, Exil und Zwangsassimilation für Hunderttausende zur prägenden
Lebenserfahrung (vorzüglich hierzu *Wörsdörfer* 2004). Freilich – während die
allen Balkanvölkern gemeinsamen politischen und sozioökonomischen Umbruch-
phänomene des Übergangs vom Kommunismus zum Postkommunismus natürlich
auch Jugoslawien betrafen, unterschied sich seine Lage von der der Nachbarn
doch in einem ganz wesentlichen Punkt: Niemand stellte die staatliche Existenz

Albaniens, Bulgariens, Rumäniens oder Ungarns als solche infrage; in Jugoslawien jedoch löste sich ein Vielvölkerstaat gänzlich auf.

Entstehung des
Vielvölkerstaates

Jugoslawien entstand im Jahr 1918 als Königreich der Serben, Kroaten und Slowenen durch den Zusammenschluss von Teilen der Habsburgermonarchie mit den seit dem Berliner Kongress 1878 souveränen Staaten Serbien und Montenegro unter Einschluss der im zweiten Balkankrieg 1913 von Serbien erworbenen Gebiete. Legitimiert wurde der neue Staat durch die im 19. Jahrhundert ausgebildete Vorstellung, es gebe eine südslawische (jugo = süd-)Nation, die auf der Grundlage des Nationalitätenprinzips und des Selbstbestimmungsrechtes der Völker Anspruch auf einen eigenen Staat habe.

Eine strenge Beachtung dieser Grundsätze hätte – und das war nach Kriegsende vor allem auch die Hoffnung der Kroaten – eigentlich zu einem föderativen Jugoslawien führen müssen. Als Siegermacht des Ersten Weltkrieges setzte jedoch Serbien im neuen Staat seinen Führungsanspruch durch und bestimmte entgegen den kroatischen Vorstellungen in der am 28. Juni 1921 aufgrund von Wahlmanipulationen mit knapper serbischer Mehrheit verabschiedeten Verfassung die Struktur Jugoslawiens als eines zentralistischen Einheitsstaates. Dies führte zu einer Entfremdung der Kroaten und Slowenen vom Belgrader Zentralismus, die durch das drückende serbische Übergewicht bei der Besetzung der Spitzenpositionen in Verwaltung, diplomatischem Korps und Militär noch gesteigert wurde. Vor 1914 entschiedene Verfechter der südslawischen Einheit, empfanden vor allem die Kroaten die demonstrative serbische Dominanz im neuen Staat als Rückschritt im Vergleich zu ihrer begrenzten Autonomie unter der Herrschaft der Habsburger. Sie boykottierten in den 1920er Jahren weitgehend den Belgrader parlamentarischen Mechanismus, bis der Mord am kroatischen Oppositionsführer Radic 1928 ihre Position schwächte (*Goldstein* 1999, Kap. 7). Die Zusammenarbeit gemäßigter Kräfte schien in einer solchen vom erbitterten nationalen Antagonismus aufgeladenen Atmosphäre wenig erfolgversprechend. Angesichts der zunehmenden Unregierbarkeit des Staates unterwarf König Alexander I. Karadjordjevic – ein Serbe – im Jahr 1931 das Land einer autoritären Königsdiktatur. Dieser Schritt verschärfte die innenpolitische Lage eher noch ebenso wie die nationalen Gegensätze: Während eines Staatsbesuches in Frankreich fiel der König zusammen mit dem französischen Außenminister Barthou 1934 in Marseille einem Attentat kroatischer und mazedonischer Terroristen zum Opfer. In den 1930er Jahren wandte sich Jugoslawien – das diesen Staatsnamen erst seit 1929 führte – den Achsenmächten Deutschland und Italien zu; am 25. März 1941 trat es dem Dreimächtepakt bei. Ein Militärputsch stürzte jedoch zwei Tage später die Regierung; Anfang April 1941 marschierten deutsche und italienische Truppen ein. In der Folge entstanden mehrere Widerstandsgruppen, die sich zum Teil gegenseitig bekämpften und von denen sich die kommunistische unter der Führung Titos ab 1943 als stärkste Kraft entwickelte. Nach dem Ende des Zweiten Weltkrieges schaffte Tito die Monarchie ab und übernahm die Führung der nach sowjetischem Vorbild gebildeten Föderativen Volksrepublik Jugoslawien (*Banac* 2007; *Goldstein* 2007).

Jugoslawien
unter Tito

Eine Land- und Siedlungsreform und die Enteignung des Bodens waren der Anfang des Aufbaus einer neuen Gesellschaftsordnung. Die Verstaatlichung der Industrie, des Verkehrs, des Bank- und Versicherungswesens sowie des Groß-

und Außenhandels folgte, eine sozialistische Wirtschaftsordnung wurde installiert.

1948 brach Tito mit der Politik Stalins: Die sowjetische Führung sollte keinen Einfluss auf die Innen- und Außenpolitik des Landes haben. Zum Aufbau des jugoslawischen Sozialismus war sogar wirtschaftliche Hilfe aus dem Westen zugelassen. Obwohl sich nach Stalins Tod Mitte der 1950er Jahre eine Entspannung in den Beziehungen zwischen den beiden Ländern abzeichnete, betrieb Tito weiterhin eine Politik der Nichteinmischung, der Gleichberechtigung und Bündnislosigkeit, die er innerhalb der Bewegung blockfreier Staaten zum Ausdruck brachte. Er unterhielt Beziehungen sowohl zu den NATO- als auch den Warschauer-Pakt-Staaten (*Steindorff* 2007).

1963 erhielt das Land den Namen Sozialistische Föderative Republik Jugoslawien. Anfang der 1970er Jahre änderte Tito die Regierungsform des Landes und gründete eine kollektive Staatsführung, die Jugoslawien seit seinem Tod regierte. Jede der sechs Republiken und zwei autonomen Provinzen war darin vertreten, der Vorsitz wechselte jährlich. Zusätzlich wurden mit der Verfassung von 1974 die Selbstverwaltung und der Föderalismus weiter ausgebaut (*Meier* 2007).

In geografischer Hinsicht spiegelte Jugoslawien die kleinräumige Grundstruktur des Balkans: Etwa 75 Prozent der Landesfläche von 255804 km^2 sind Gebirge und Hochbecken, von der nutzbaren Landesfläche dienen 56 Prozent dem Ackerbau, 36 Prozent der Forstwirtschaft. Wegen seiner zahlreichen Bodenschätze war Jugoslawien eines der wichtigsten Bergbauländer Europas. Neben Braunkohle werden Eisen, Kupfer, Zink, Blei und Bauxit abgebaut, in geringeren Mengen auch Gold, Silber, Chrom, Magnesit und andere Erze. Ebenfalls gibt es Erdöl- und Erdgasvorkommen. Die Landwirtschaft, in der rund fünf Prozent der werktätigen Bevölkerung beschäftigt waren, produziert insbesondere Mais, Weizen, Kartoffeln, Zuckerrüben und Obst. In den Küstenregionen werden Weinbau und Fischerei betrieben. Neben der Eisen- und Stahlindustrie war die Herstellung von Textilien, Nahrungs- und Genussmitteln, Fahrzeugen aller Art, Schiffen und elektrotechnischen Artikeln von Bedeutung. Eine der wichtigsten Devisenquellen Jugoslawiens war der Fremdenverkehr. Jugoslawien war ohne Zweifel kein Agrarland, sondern ein Industriestaat (was die Folgen des Bürgerkrieges nur noch verheerender machte): 56 Prozent der Gesamtbevölkerung lebten in Städten, die Import-Export-Statistik wies eine für entwickelte Staaten typische Struktur auf.

Die kleinräumige Siedlungsstruktur dürfte ebenso wie das Erbe der Vergangenheit Voraussetzung für die außerordentlich vielschichtige und komplexe Mischung der Nationalitäten Exjugoslawiens sein. Mit fast 40 Prozent stellen die Serben die stärkste Volksgruppe dar. Die Amtssprachen waren Serbokroatisch, Slowenisch, Mazedonisch und Albanisch. Von anderen Nationalitäten sind in Exjugoslawien vertreten: Bulgaren, Tschechen, Ungarn, Italiener, Rumänen, Ruthenen, Slowaken, Türken, Ukrainer sowie Roma und Walachen. Genauso vielfältig ist die Religionszugehörigkeit: 41,5 Prozent serbisch-orthodoxe Christen, 31,8 Prozent Katholiken, je 12,3 Prozent Moslems und Konfessionslose, 148000 Protestanten und 7000 Juden (*Grulich* 2007; *Bremer* 2003).

Angesichts der historischen Erfahrungen wie der geografisch-ethnischen Realitäten bedurfte es schon einer starken politischen Führung, um nach dem

Jugoslawien geografisch und ökonomisch

Nationalitäten und Religionen

Kohäsion unter Tito

Zweiten Weltkrieg die Kräftevielfalt Jugoslawiens beieinanderzuhalten. Gestützt von einer loyalen Kommunistischen Partei (KP) und einer aus den siegreichen kommunistischen Partisaneneinheiten des Krieges hervorgegangenen Volksarmee, brachte Marschall Tito während dreieinhalb Jahrzehnten dieses Kunststück fertig. Dabei instrumentalisierte er den Gegensatz zur und die Bedrohung durch die UdSSR ebenso als Kohäsionsfaktor wie den – durch westliche Kredite geförderten – wirtschaftlichen Aufschwung der 1960er und 1970er Jahre; der mit diesem Aufschwung verknüpfte Konsumgüterboom stabilisierte das Regime zusätzlich. Und: Titos Politik der Blockfreiheit, die Jugoslawien zu einer neutralen Adriapufferzone zwischen den Interessensphären von Ost und West machte, genoss letztlich die Duldung, wenn nicht gar die aktive Unterstützung der Supermächte. Die Sowjetunion konnte mit einem blockfreien Jugoslawien leben, solange es das Prinzip der kommunistischen Einparteienherrschaft, die Einheit der Föderation und die Politik des Non-Alignment bewahrte. Der Westen konnte mit einem blockfreien Jugoslawien leben, solange es sein Territorium – und insbesondere seine Armee- und Marinestützpunkte – der Nutzung durch den Warschauer Pakt vorenthielt. Das westliche Interesse zielte auf die Erhaltung des Status quo – durch massive politische, ökonomische und militärische Unterstützung Titos. Das westliche Interesse schloss ausdrücklich nicht die Unterstützung demokratischer Oppositionskräfte in Jugoslawien ein, weil die von ihnen befürworteten radikalen politischen und ökonomischen Veränderungen allenfalls der UdSSR einen Vorwand zum Eingreifen und zur Ausdehnung ihres Machtbereiches bis an die Adriaküste geliefert hätten.

Auflösung der Kohäsion nach Titos Tod

Titos Tod im Jahr 1980 ließ diese Kohäsionsfaktoren einen nach dem anderen zerbröseln (Übersicht: *Meier* 1999; *Eisermann* 2000). Das auf seine Autorität zugeschnittene komplizierte Regierungssystem sah sich inneren Anfechtungen ausgesetzt; die jugoslawische Volkswirtschaft zeigte zunehmende finanzielle und ökonomische Krisenerscheinungen, die das von Tito eingeführte System der Arbeiterselbstverwaltung in den Betrieben infrage stellten. Die jugoslawische KP – traditionell in einen reformistischen und einen orthodoxen Flügel gespalten, organisatorisch in einen Bund der Einzelparteien der sechs Republiken und zwei autonomen Provinzen gegliedert – stolperte von Krise zu Krise, bis der Auszug der kroatischen und slowenischen Delegationen während des letzten Bundesparteikongresses in Belgrad im Februar 1990 die Partei gänzlich lahmlegte. Sowohl Slowenien als auch Kroatien entschlossen sich zum Aufbau eines Mehrparteiensystems und hielten im Frühjahr 1990 freie Wahlen ab. Die Volksarmee (JVA), erst ihres Gründers Tito – und dann ihres ideologischen Ankers – der Partei – beraubt, gründete ihre eigene „KP der Generäle" im Dezember 1990, bestehend aus der Armee-Partei-Organisation, der über 90 Prozent des Offizierskorps angehörten, und zivilen „Falken" aus verschiedenen Republiken. Von diesem Zeitpunkt an begann die JVA mehr und mehr als eigenständige, am Erhalt eines sozialistischen Gesamtstaates Jugoslawien interessierte politische Einheit zu agieren: Die Generäle lehnten sowohl die slowenische und kroatische Vorstellung der Verwandlung Jugoslawiens in eine lose Staatenkonföderation als auch den Dezentralismus der Verfassung von 1974 ab, der den einzelnen Republiken weitreichende Machtbefugnisse zuwies und die autonomen Provinzen Wojwodina und Kosovo politisch-faktisch in den Rang von Republiken erhob.

Die politische Stoßrichtung der Armee traf sich mit der politischen Stoß- *Politik Serbiens*
richtung der Serben (wobei sicher nicht unwesentlich war, dass das Offizierskorps zu über 70 Prozent aus ethnischen Serben bestand). Das serbische Argu- *Akademie-*
ment gegen die dezentralisierte Verfassung von 1974 – und damit gegen die *Memorandum*
Grundzüge des titoistischen Jugoslawiens – wurde 1985 formuliert in einem
Memorandum der Belgrader Akademie der Wissenschaften. Demzufolge

- hätte die jugoslawische Bundesregierung unter dem Halbkroaten und Halb-
  slowenen Tito und seinem Stellvertreter, dem Slowenen Edvard Kardelj als
  Verantwortlichem für die Verfassung von 1974, seit 1945 einen Serbien
  ökonomisch diskriminierenden Kurs gesteuert;
- sei Serbien 1974 durch die Beteiligung des Kosovos und der Wojwodina am
  politischen Entscheidungsapparat des Bundes bewusst in drei Teile gespalten worden, um den Bund auf Kosten einer Schwächung Serbiens zu stärken;
- hätten die albanische Provinzregierung im Kosovo und die kroatische Re-
  publikregierung einen dezidiert antiserbischen Kurs gesteuert. Im Kosovo
  sei dieser darauf hinausgelaufen, die serbische Minderheit aus ihrem historischen, durch die Schlacht auf dem Amselfeld 1389 an die Osmanen gefalle-
  nen ethnischen Herzland zu vertreiben, während die Kroaten in der Tradition des berüchtigten Pavelic-Regimes unter deutscher Besatzung 1941–1945
  versucht hätten, die serbische Minderheit von 11,6 Prozent (nach der Volks-
  zählung von 1981) durch eine Assimilierungspolitik einem verdeckten Genozid auszusetzen.

Dieses Memorandum bot jenem Mann eine argumentatorisch-handlungsprak- *Slobodan Milošević*
tische Legitimationsbasis, der 1986 an die Spitze der serbischen KP gelangte:
Slobodan Milošević. Brillanter Redner mit volkstribunhaft-demagogischen Zü-
gen, nutzte er die Verweise auf albanischen „Terror" gegen die serbische Koso-
vo-Minderheit zunächst, um durch eine Säuberung der serbischen Parteispitze
1987 seine Position zu festigen. Vermittels einer außerparlamentarischen Mas-
senorganisation – des 1988 gegründeten Komitees für den Schutz der Kosovo-
Serben und Montenegriner – und von diesem Komitee inszenierter Massendemonstrationen gelang es ihm, in der Provinzhauptstadt der Wojwodina, Novi
Sad, im Oktober 1988 eine ihm ergebene Gruppe an die Macht zu bringen. Die
Provinz Kosovo wurde im Winter 1988/89 ihres autonomen Status beraubt und
mit Serbien (zwangsweise) wiedervereinigt. Im März 1989 ergänzte das serbische Parlament in Belgrad die Republikverfassung in einer Weise, die den serbischen Behörden die direkte Kontrolle über Polizei, Gerichte und Territorialverteidigung im Kosovo verschaffte. Der albanische Widerstand wurde gewaltsam
unterdrückt. Schließlich gelang es Milošević im Januar 1990, nach einer Serie
von Massendemonstrationen in der Hauptstadt Montenegros, Titograd, auch dort
eine ihm ergebene Gruppe an den Schalthebeln der Macht zu installieren (Bio-
graphie *LeBor* 2002; Gesamtüberblick bei *Thomas* 1999; *Rüb* 2007).

Die Politiker der anderen Republiken reagierten auf die Kampagne Miloševićs mit einer Mischung aus Misstrauen, Besorgnis und Hilflosigkeit. Die Furcht

Sezession Sloweniens und Kroatiens

vor einer von der Armee unterstützten Ausweitung der Kampagne auf ganz Jugoslawien beschleunigte den Gang der Sezession in Slowenien und Kroatien und
stärkte die republiknationalistischen Kräfte in Mazedonien und Bosnien-
Herzegowina. Kurz vor dem Sieg der (Mitte-Rechts) Kroatischen Demokratischen Union in den Mehrparteienwahlen Kroatiens brach dort im August 1990
im Grenzgebiet zu Bosnien mit serbischer Bevölkerungsmehrheit ein von Serbien unterstützter, dann auch durch die Volksarmee geförderter Aufstand aus, in
dessen Folge in der Krajina einerseits, in Slawonien und der Baranja andererseits
örtliche Serbenführer ihre Unabhängigkeit von Kroatien mit dem Ziel des An-
schlusses an Serbien erklärten. Nachdem der kroatisch-slowenische Vorschlag
vom Oktober 1990 auf Umwandlung Jugoslawiens in eine Konföderation souveräner Staaten sowohl von Serbien und Montenegro als auch von der Armee zu-
rückgewiesen wurde und massive Referendumsmehrheiten in Slowenien im
Dezember 1990 und in Kroatien im Mai 1991 dies politisch legitimierten, erklärten Slowenien und Kroatien schließlich am 25. Juni 1991 ihre Unabhängigkeit.

Intervention der Bundesarmee in Slowenien

Zwei Tage nach dieser Erklärung – am 27. Juni 1991 – griff die jugoslawische Bundesarmee in die Ereignisse ein. Ihre Panzertruppe besetzte den Flugha-
fen von Ljubljana und versuchte die slowenischen Grenzkontrollposten zu Österreich und Italien – die inzwischen von slowenischen Territorialkräften übernommen worden waren – zurückzuerobern. Der Krieg in Slowenien dauerte etwa
zwei Wochen: 64 Menschen wurden getötet, darunter zehn Ausländer. Es war
der erste blutige Konflikt in Europa seit dem Zweiten Weltkrieg. Die Öffentlichkeit war schockiert. Unter Vermittlung der Europäischen Gemeinschaft (EG)
setzte ein Abkommen zwischen Slowenien und der Belgrader Führung dem Konflikt ein Ende, nachdem die schlecht vorbereitete jugoslawische Armee Probleme
hatte, den wenige Monate zuvor gebildeten slowenischen Streitkräften standzu-

Krieg in Kroatien

halten. Doch kaum war der Konflikt in Slowenien beendet, führten Auseinandersetzungen zwischen Serben und Kroaten zum offenen Krieg in Kroatien. In dieser Auseinandersetzung trat die JVA offen an die Seite der Serben und kämpfte
mit ihnen gegen die Kroaten, um den serbischen Anspruch auf die von Serben
besiedelten, jedoch in Kroatien gelegenen Gebiete durchzusetzen (*Rathfelder*
2007; *Zunec/Kulenovic* 2007).

Im Zuge der Kämpfe kam es zu einer Vielzahl im Wesentlichen unter Beteiligung der EG vermittelter Waffenstillstandsvereinbarungen zwischen den Parteien, die teilweise keinen Tag hielten; erst der Anfang Januar 1992 vereinbarte
15. Waffenstillstand im serbisch-kroatischen Kriegsgebiet stabilisierte die Lage.
Gleichwohl – auch nach mehr als einem Jahr der Auseinandersetzung, in deren
Verlauf mindestens 20000 Menschen getötet wurden, bestand wenig Hoffnung,
eine Einigung über den vordergründigen Anlass des Blutbades zu erzielen, nämlich den Status der serbischen Minderheit in Kroatien und der von ihr besiedelten
Gebiete. Mit den Schrecken des kroatischen Krieges schwanden auch die letzten
Hoffnungen auf ein Überleben der jugoslawischen Föderation in der einen oder

Ausweitung des Krieges auf Bosnien-Herzegowina

anderen Form: Massaker an Zivilisten, Verstümmelungen, Liquidierung von
Gefangenen, Vertreibung der Bevölkerung, völlige oder teilweise Zerstörung der
Städte wie im Fall von Vukovar oder Dubrovnik – all das belastete jede mögli-

che Friedensregelung. Schließlich weitete sich der Krieg auf die Vielvölkerrepublik Bosnien-Herzegowina aus, wo etwa 43 Prozent Muslime, 30 Prozent Serben und 17 Prozent Kroaten lebten. Offiziellen bosnischen Angaben zufolge wurden in diesem Krieg 100000 bis 150000 Menschen getötet. Etwa 400000 Menschen wurden über mehr als eineinhalb Jahre in der bosnischen Hauptstadt Sarajevo von serbischen Verbänden belagert und von einer Hungersnot bedroht. Die Zahl der Flüchtlinge und Vertriebenen des Bürgerkrieges in Kroatien und Bosnien-Herzegowina wird auf etwa zwei bis drei Millionen geschätzt.

Der im Einzelnen nicht wiederzugebende Gang der Kriegsereignisse in Kroatien, vor allem aber in Bosnien-Herzegowina (einführend: *Keßelring* 2005; Gesamtdarstellungen: *Calic* 1995; *Burg/Shoup* 1999) lässt ein Kriegsziel der serbischen Seite deutlich erkennen: die territoriale Konsolidierung und Verbindung der serbischen Siedlungsgebiete in beiden Republiken mit dem Territorium Serbiens (Überblick: *Gow* 2003). Im Lauf des Oktober 1992 schien die serbische Seite ihr Kriegsziel weitgehend erreicht zu haben; der Fall von Bosanski Brod und die Eroberung von Gradacac schlossen die Lücke zwischen den serbischen Siedlungsgebieten in Kroatien und Bosnien und Serbien selbst.

Dabei wurde von den bewaffneten serbischen Kräften eine Strategie verfolgt, deren Bezeichnung – „ethnische Säuberung" – dem Wörterbuch des (nationalsozialistischen) Unmenschen direkt hätte entlehnt sein können: Vertreibung der muslimischen und kroatischen Bevölkerungsteile aus jenen Regionen, in denen sie bislang mit Serben in Gemengelage lebten, und gewaltsame Übernahme von Haus, Hof, Grund und beweglichem Besitz durch Serben (die freilich zumindest teilweise in ihren bisherigen Wohnorten ein vergleichbares Schicksal erleiden mussten). Im Grunde war dieses Verfahren allerdings keine Neuerfindung des Jahres 1992, sondern steht in einer für die Politik des 20. Jahrhunderts typischen Kennlinie, die sich vom türkischen Völkermord an den Armeniern 1915 (*Gust* 1993) über den Holocaust, die Vertreibung der Deutschen aus den ehemaligen deutschen Ostgebieten und Stalins Deportation der Krim-Tataren bis zum Gemetzel an den Tutsi Afrikas und den Killing Fields Kambodschas erstreckt und am „flammenden Hass" (*Naimark* 2004) der Völker aufeinander allenfalls oberflächlich festgemacht werden kann (gründliche Untersuchung bei *Midlarsky* 2005). Vom historisch-nationalen Mythos zum Genozid ist es oftmals nur ein kurzer Weg (*Anzulovic* 1999); Sarajevo war kein Betriebsunfall der europäischen Geschichte (*Altermatt* 1996). Der Bosnienkrieg in all seiner offenbaren Verrücktheit und brutalen Scheußlichkeit (eindrucksvoll festgehalten bei *Giovanni* 2004 und *Tanovic-Miller* 2001), in Srebrenica 1995 gipfelnd im größten Massenmord in Europa nach dem Zweiten Weltkrieg (*Honig/Both* 1997; *Rohde* 1997), war ein besonders perfides Beispiel für die Strategie ehemaliger kommunistischer Nomenklaturisten, sich der kollektiven Erinnerung und mythologischen Folklore der Serben zu bedienen, um auf dem Weg über nationale Formierung und ideologische Aufrüstung im Wesentlichen nur eines zu verteidigen: ihre eigene Machtposition (instruktiv: *Bremer u. a.* 1998; *Gow* 2007). In diesem Kontext stellt der Begriff der Ethnisierung *prima facie* eine Schlüsselkategorie der Konflikterklärung dar: Ethnisierung und Nationalisierung gesellschaftlicher Konflikte, ethnisierende Auflösung des real existierenden Sozialismus, ethnisierende Überwindung/Rückbindung/Rückentwicklung von Aufklärung, kritischer Rationalität und Moderne (*Stefanov/Werz* 1994) – offenkundig alles Elemente, die den tragischen Tod Jugoslawiens auf dem Gewissen haben (*Denitch* 1994). Freilich – man sollte nicht in den Fehler verfallen, diese Erklärungsmomente für naturwüchsige Selbstläufer zu halten: „Wir

"Ethnische Säuberung"

meinen, daß eine wie auch immer geartete Verkürzung der Ursachen des Massakers in Ex-Jugoslawien unzulässig ist. Es ist weder auf Deformationen der sogenannten realsozialistischen Entwicklung zu reduzieren, noch auf den Komplex widersprüchlicher historischer Traditionen und verspäteter sozialökonomischer sowie national-kultureller Entwicklungen in der Balkanregion, die sich gerade in Ex-Jugoslawien wie in einem Brennglas bündeln. Auch die Analyse der vielfältigen internationalen Abhängigkeiten in Geschichte und Gegenwart, ob nun als Okkupationsgebiet, Einflußsphäre oder in Form nicht unparteiischer Unterstützung der einen oder anderen Konfliktpartei, wird einer umfassenden Ursachenerforschung nicht gerecht. Dieser Krieg ist trotz aller Versäumnisse oder auch Fehler, die in der internationalen Jugoslawienpolitik gemacht wurden, vorrangig hausgemacht. Er begann in den Köpfen und wurde Realität, weil er in den Köpfen von oben längerfristig provoziert wurde" *(Domaschke/Schliewenz 1996: 25)*.

Vorläufige Bilanz des Bürgerkrieges   Die Bilanz des jugoslawischen Bürgerkrieges war schon nach eineinhalb Kriegsjahren für alle Beteiligten katastrophal, vor allem im wirtschaftlichen Bereich. Allein der Schaden an Gebäuden und Infrastrukturinvestitionen betrug ca. 90 Milliarden DM (*Ramet* 1992: 79).

Kroatien wurde zwar von den Vereinten Nationen anerkannt, aber fast ein Drittel seines Landes war besetzt, die Wirtschaft nahezu zerstört, und die menschlichen Verluste waren beträchtlich.

Bosnien, ebenfalls von der UNO anerkannt, wurde im Lauf der Auseinandersetzungen zu einem Phantomstaat: Präsident Alija Izetbegovic kontrollierte 1992/93 einige Teile der Hauptstadt Sarajevo, während Teile des Staatsgebietes von Serben und Kroaten beherrscht wurden.

Das von Serbien und Montenegro gebildete neue Jugoslawien wurde infolge der Sanktionen des UNO-Sicherheitsrates, der Belgrad als Hauptschuldigen für die Dauer des Krieges in Bosnien ansah, als Staat faktisch gelähmt. Während sich Demonstrationen in Serbien gegen Präsident Slobodan Milošević 1993 ausweiteten, wuchs die Furcht vor dem Ausbruch eines Konfliktes in der serbisch verwalteten Provinz Kosovo mit etwa 80 Prozent albanischstämmiger Bevölkerung. Bekanntlich eskalierte der latente Konflikt im Kosovo durch die Politik Miloševićs, was zum Kosovokrieg 1999 und mittelbar im Oktober 2000 auch zum Sturz Miloševićs führen sollte. Und mit der Aufkündigung der Staatengemeinschaft mit Serbien durch Montenegro per Referendum im Mai 2006 ging ein Gutteil jener vermeintlichen serbischen Vorteile und Gewinne unter, für die in den 1990er Jahren Hunderttausende starben und Millionenwerte vernichtet wurden – in der Tat eine in Chaos und Auflösung endende Balkantragödie (*Woodward* 1995), deren Auswirkungen in Europa noch nach Generationen zu spüren sein werden.

3.3 Erklärungsmomente I: die Nationalismusfalle

Bis zum Beginn des Ost-West-Konfliktes nach dem Ende des Zweiten Weltkrieges wurde die europäische Geschichte des 19. und 20. Jahrhunderts vom Nationalismus und den nationalen Bewegungen entscheidend geprägt. Als gesellschaftliches Phänomen lässt sich der Nationalismus dabei im Schnittpunkt der

Kraftfelder von Politik, technischem Fortschritt und sozialem Wandel verorten. Er bildet sich aus im Kontext der industriellen Modernisierung europäischer Gesellschaften, schafft ihnen einen starken, ökonomische Interessen nach außen absichernden und im Zeitalter des Imperialismus auch aggressiv nach außen vortragenden Staat. Zugleich betätigt sich dieser Staat selbst als Organisator und Movens des technischen und industriellen Fortschrittes. Die Legitimationsbasis dafür gewinnt er durch die Verknüpfung von Staat und Nation im Nationalstaat. Dieser inkorporiert den Bürger nicht nur als Staatsbürger, sondern auch als identitätsuchendes Individuum. Denn: Mit dem gesellschaftlichen Modernisierungsprozess geht die Auflösung traditioneller Bindungen – an Großfamilie, altständische Gesellschaftsordnung, Religion – Hand in Hand. Nationalismus und Nationalstaat stiften neue Identitäten, sie liefern gleichsam eine Art Ersatzreligion, die innerhalb gesellschaftlicher Großgruppen ein „Wir-Gefühl" – und damit Gruppenloyalität – erzeugt. Und: In einer Welt der Nationalstaaten wird die Selbstbehauptung der durch ein solches „Wir-Gefühl" gekennzeichneten Großgruppe – zumeist in Form des Kampfes um politische Einheit und nationale Souveränität – zur Triebkraft ihrer Politik; das Prinzip des Selbstbestimmungsrechtes der Nationen hat hier seine Wurzeln.

Nationalismus und Identitätsstiftung

Was den begrifflichen Umgang mit dem Nationalismus belastet, ist die Tatsache, dass er in vielfältigen Formen manifest wird. Zu unterscheiden wäre einmal ein emanzipatorischer, auf die Freisetzung einer Gruppe von Individuen von Fremdherrschaft und Fremdbestimmung gerichteter Nationalismus von einem territorial wie ökonomisch expansiv-aggressiven, der im Zeichen der Selbstverwirklichung der eigenen „Wir-Gruppe" andere derartige Gruppen unterjocht oder ihrer Gruppenexistenz beraubt. Zu unterscheiden wären ferner eine westliche und eine nichtwestliche Nationalismustradition (*Kohn* 1950): Die westliche begreift die Nation als die Summe der Staatsbürger eines Staates und postuliert die Mehrheitsdemokratie rechtlich gleicher, an der Erhaltung eines politischen Grundkonsenses über Werte, Ziele und Arbeitsweise politischer Institutionen interessierter Individuen als der „Wir-Gruppe" gemäße Organisationsform. Die nichtwestliche (östliche) Tradition definiert die Nation als Sprachgemeinschaft, weist insbesondere der sprachlich vermittelten Nationalkultur identitätstiftende Funktionen zu, grenzt die eigene Kulturnation gegen andere Kulturnationen ab und legitimiert den Staat als Nationalstaat eines Sprachvolkes oder einer Kulturnation.

Formen des Nationalismus

Das der Bildung von Nationalstaaten inhärente grundsätzliche Problem hat nun schon John Stuart Mill in seinem 1861 erschienenen Werk „Considerations on Representative Government" (*Mill* 1964: 360 ff.) deutlich erkannt: Er verknüpfte das Gefühl nationaler Identität als Grundlage des in der Staatsbildung sich manifestierenden Selbstbestimmungsrechtes mit der Notwendigkeit eines politischen Grundkonsenses als Legitimationsgrundlage politischer Institutionenbildung und der argumentativen Austragung politischer Wertkonflikte. Der der Bildung demokratisch freier politischer Institutionen adäquate Ort war der Nationalstaat – ein Nationalstaat freilich, der ohne den genannten politischen Grundkonsens seiner Bürger nicht bestehen konnte. Größtes Hindernis für die Ausbildung dieses Grundkonsenses war in Mills Sicht das Zusammenleben verschiedener, sprachlich und kulturell voneinander geschiedener Nationalitäten in einem Staat: „Free institutions are next to impossible in a country made up of different nationalities"!

Wertegrundkonsens

Dass diese Diskussion keine akademische ist, zeigt ein Blick auf die Behandlung des Nationalitätenproblems in den Pariser Vorortverträgen (*Lemberg* 1966). Denn die Hauptakteure der Versailler Friedensverhandlungen orientierten sich an der westlichen Spielart des Nationalismusbegriffes, an dem ihnen vertrauten, auf Konsens und politischer Wertehomogenität beruhenden Modell der Mehrheitsdemokratie. Zugleich aber bildeten sie die neuen Staaten Südosteuropas aus verschiedenen Nationalitäten und konstruierten damit jene Nationalismusfalle, in der sich die Balkanstaaten schon in den 1920er Jahren gefangen sahen. Die in Paris zum Mehrheits- oder Staatsvolk erhobene nationale Gruppierung adoptierte gleichsam den westlichen Nationenbegriff, die Vorstellung von der einen und unteilbaren, nur aus Individuen bestehenden Nation. Die ehedem unter den Bedingungen der Fremdherrschaft

Nationalitätenfrage nach 1919

> „leidenschaftlichen Kämpfer für Gruppenautonomie wurden über Nacht zu Verteidigern eines straffen Staatszentralismus und der sprachlich-kulturellen Homogenität der gesamten Staatsbevölkerung" *(Lemberg 1966: 144)*.

Und umgekehrt: Die

> „Volksgruppen, die des Selbstbestimmungsrechts nicht teilhaftig geworden waren und sich nun als Minderheiten in fremden Nationalstaaten wieder fanden, wurden zu Vorkämpfern gruppenrechtlicher Lösungen, zu Propheten eines kollektiven Nationalitätenrechts" *(ebd.: 146)*.

Geburtsfehler Jugoslawiens

Insoweit liegt der Geburtsfehler Jugoslawiens schon in seiner Versailler Vorvergangenheit (*Banac* 2007). Die Krisenerscheinungen seit 1990 implizieren zu einem guten Teil nichts anderes als die Wiederaufnahme der Problemlage des Jahres 1919. Vor allem gilt dies für den von Mill geforderten Grundkonsens für die – modern gesprochen – Staatszweck und Staatshandeln absichernde Rechtfertigungsideologie. Denn wird ein Staat als Nationalstaat eines Sprachvolkes begründet, kann er in aller Regel nur die Angehörigen dieses Sprachvolkes zur Selbstidentifikation mit ihm veranlassen, sie ideologisch integrieren. Seine Staatsideologie versagt bei der Aufgabe, allen Staatsangehörigen die Selbstidentifikation mit dem Staat zu ermöglichen. Hier liegt der eigentliche Kern des Nationalitätenproblems der Pariser Friedensregelungen: Eine Staatsideologie,

> „die gegen einen Teil der Staatsbevölkerung gerichtet war, ihn als Vertreter eines fremden, feindlichen Prinzips, als Erbfeind, als Gefahr erklärte [...] eine solche Staatsideologie war für eine völkische Kampfgemeinschaft geeignet, aber nicht für einen Staat" *(Lemberg 1966: 149)*.

Insoweit bleibt festzuhalten – und Jugoslawien ist schon in der Zwischenkriegszeit dafür das beste Beispiel –, dass es den Mächten Europas bislang allenfalls ausnahmsweise gelungen ist, neugegründete Nationalstaaten ethnisch befriedigend voneinander abzugrenzen und das friedliche Zusammenleben der verschiedenen Volksgruppen innerhalb der Grenzen dieser Nationalstaaten zu sichern (wobei möglicherweise der nordöstliche Adriaraum seit dem Ersten Weltkrieg einen geradezu paradigmatischen Schauplatz für die Entstehung von Nationalitätenkonflikten wie die Konstruktion und Artikulation des Nationalen als Konsequenz bewusster politischer Interessentscheidungen bietet; vgl. umfassend *Wörsdörfer* 2004).

Dass in diesem Kontext die „ethnische Säuberung" – die Auflösung historisch gewachsener Nationalitätengemengelagen durch Bevölkerungverschiebungen, Massenzwangswanderungen, Genozid – nicht erst eine Erfindung der serbischen Kriegspartei des Jahres 1991/92 ist, sondern schon die Epoche nach dem Ersten, mehr aber noch diejenige nach dem Zweiten Weltkrieg kennzeichnet, sollte durchaus noch einmal in Erinnerung gerufen werden. Jener Bogen der ethnischnationalen Entmischung, der auch eine Erbmasse des Nationalismus ist, spannt sich von den auf den Zusammenbruch der Mittelmächte folgenden Territoriums- und Bevölkerungsverschiebungen in Osteuropa über Ungarn und den Balkan zum 1923 in Lausanne beschlossenen, vom Völkerbund kontrollierten griechisch-türkischen Bevölkerungsaustausch, von der im Herbst 1939 durch die völkische Ideologie und Politik des Dritten Reiches ausgelösten, über neun Millionen Menschen umfassenden Umsiedlungs-, Emigrations- und Vertreibungswelle, die die Betroffenen in einem Raum, der von Finnland im Norden, der Ukraine im Osten, Griechenland im Süden und Frankreich im Westen begrenzt war, rücksiedelte, umsiedelte, vertrieb, „eindeutschte", „umvolkte" und verschleppte (hierzu *Benz* 1992, *Benthin* 2007), zur Flucht und Vertreibung von zwölf Millionen Deutschen 1945–1950 – Folge der Tatsache, dass der Nationalsozialismus im Zweiten Weltkrieg den Begriff „ethnische Säuberung", Genozid, zu einer perversen Apokalypse gesteigert hatte –, von den Bürgerkriegsrepubliken im Kaukasus zu den Bürgerkriegsrepubliken in Jugoslawien. Altlast der Vorvergangenheit? Oder Fortsetzung einer allenfalls vom Ost-West-Konflikt zeitweilig stillgelegten, die europäische Geschichte des 20. Jahrhunderts kennzeichnenden Grundtendenz: der krisenhaften Auflösung imperialer Vielvölkerstaaten?

Für die letztere Annahme spricht eine Überlegung, die auf eine Reihe von Parallelitäten in der nationalen Problematik Jugoslawiens und der übrigen Balkanstaaten verweist: Nicht nur fungiert der Nationalismus in der postkommunistischen Epoche allerorten als Ersatzideologie, befriedigt das Verlangen nach Identitätsstiftung ebenso, wie es – freilich auf andere Weise – die internationalistische Prämisse des Weltkommunismus getan hat (*Larrabee* 1992: 36). Vielmehr lässt sich auch schon für die kommunistische Ära selbst nachweisen, dass innerhalb der von der Sowjetherrschaft gesetzten Grenzen die vorgeblich dem proletarischen Internationalismus verpflichteten Führungsschichten die traditionellen nationalen Ziele und Interessen ihrer Staaten weiterverfolgten – wenn auch zunächst diskret, im Kode des sozialistischen Protokolls. Rumänien unter Ceausescu, Bulgarien, Jugoslawien selbst: In dem Maße, in dem die kommunistischen Führungsschichten sich gezwungen sahen, angesichts insbesondere ökonomischer Krisenerscheinungen nach Mitteln zur Verbreiterung ihrer regimestützenden Massenbasis zu suchen, in dem Maße wurde der Nationalismus relegitimiert. Dies belegt die These, dass nicht der Klassenbegriff, sondern der Nationenbegriff die zentrale politische Kategorie der staatlich verfassten Gesellschaften des

„Ethnische Säuberung" – keine Erfindung der Serben

Nationalismus und kommunistische Machthaber

Balkans war und ist (*Cviic* 1991: 5; *Kemp* 1999). Und es belegt auch die These, dass die kommunistischen Führungen die Nationalitätenprobleme ebenso wenig wie ihre bürgerlichen Vorgänger lösen konnten, dass sie sich von der Manipulation der nationalen Frage vielmehr gewichtige politische Vorteile erhofften. Ironie der Geschichte ist allerdings, dass in den späten 1980er und frühen 1990er Jahren es gerade eine Koalition der nationalen Kräfte war, die half, sie aus dem Amt zu vertreiben – die historische Nemesis als Patriotin?

Der Versuch, das Konfliktgeschehen in Jugoslawien begreifbar zu machen, mag an Mills „Representative Government" ebenso wie an der oben skizzierten Nationalismusfalle ansetzen – in beiden Fällen hätte er zu konstatieren, dass die historischen Tendenzen, die der Ausbildung eines legitimatorischen Grundkonsenses über Staatsziele, Staatsstruktur und Staatshandeln zuwiderliefen, noch in jeder Epoche der Geschichte Jugoslawiens die Oberhand behalten haben. Dies gilt schon für das 19. Jahrhundert: Der vor allem in Kroatien sich ausbildenden, zunächst den Gedanken kultureller Gemeinsamkeit der südslawischen Völker betonenden, dann auch vage politisch-unitarische Perspektiven beschwörenden Idee des Jugoslawismus traten von der Jahrhundertmitte ab sowohl in Kroatien als auch in Serbien ethnozentrische Konzepte entgegen, die je unter Rekurs auf die idealisierte hoch- (Kroatien 10./11. Jahrhundert) bzw. spätmittelalterliche

Nationale Exklusivitäts- ansprüche

(großserbisches Reich 12.–14. Jahrhundert) Staatsbildung nationale Exklusivitätsansprüche verfochten: einmal eine auf einen kroatischen Nationalstaat hin orientierte, die ethnische Eigenständigkeit der anderen Südslawen hinterfragende pankroatische Konzeption, zum anderen jenes großserbische Programm, das auf die Vereinigung aller von Serben be- und mitbewohnten Gebiete des südslawischen Raumes zielte (Näheres: *Höpken* 1991: 36 ff.). Pankroatischer und großserbischer Ethnozentrismus, überlagert durch die ererbten Widersprüche der Grenzzone zwischen Okzident und Orient, zwischen Latinität und Orthodoxie, zwischen Christentum und Islam, zwischen Modernisierung und Traditionalität, zwischen industriellem Fortschritt und agrarischer Rückständigkeit, bezeichnen die Nullsummenkonkurrenz der miteinander konfligierenden Ordnungsprinzipien des jugoslawischen Vielvölkerstaates. Eine Nullsummenkonkurrenz, aus der beide Konfliktparteien allenfalls dort, zeitlich und räumlich befristet, ausbrechen, wo – wie in Bosnien-Herzegowina – sie beide ihren Besitzstand zulasten Dritter vergrößern können.

„Wir-Gefühl"

Das im Sinne des Millschen Konsenspostulates für ein erfolgreiches Nationbuilding erforderliche „Wir-Gefühl" hat sich weder im zentralistisch-unitarisch-monarchischen Jugoslawien der Zwischenkriegszeit noch im sozialistisch-föderativen der Ära Tito im für einen erfolgreichen Ausgang des Staatsbildungsexperimentes notwendigen Umfang entwickelt. Auch in der – vordergründig durch den im Abwehrkampf der Partisanenarmee gegen den Faschismus verwurzelten Mythos von (sozialistischer) Brüderlichkeit und Einheit gekennzeichneten – Nachkriegsgeschichte Jugoslawiens blieben die alten Konfliktpotenziale unterschwellig weiter erhalten: der Gegensatz von formeller Gleichberechtigung und serbischem Übergewicht, von formalem Föderalismus und faktischem Zentralismus, von kultureller Autonomie der Minderheiten und politischer Zurücksetzung. Die Verfassung von 1974 verlagerte dieses Problemgemisch gleichsam von der Zentral- auf die Republikebene. Aus dem kommunistischen Zentralismus der frühen Jahrzehnte der Tito-Ära machte sie einen kommunistischen

> „Polyzentrismus aus sechs Republiken mit einem jeweils autonomen politischen Machtzentrum und einem weithin abgeschotteten ‚Wirtschaftsraum' [...]" *(Höpken 1991: 51),*

Polyzentrismus

in dem Politik mehr und mehr in den und für die einzelnen Republiken gemacht wurde, während Autorität und Durchsetzungsvermögen der Bundesorgane – mit Ausnahme der JVA – rapide verfielen.

Begleitet wurde dieser Prozess von ökonomischen Verwerfungs-, Einbruch- und Krisentendenzen einer ursprünglich wachstumsgeprägten Volkswirtschaft (das BSP stieg von 1947 bis 1980 bei durchschnittlich 5,4 Prozent Wirtschaftswachstum pro Jahr etwa auf das Siebenfache), deren Industrialisierung und Wachstumstempo freilich durch Auslandsverschuldung und Inflation finanziert wurden (*Wimmer* u. a. 1991: 66 ff.). Das mit der Verfassung von 1974 weiter ausgebaute System der Arbeiterselbstverwaltung – angestrebter dritter Weg zwischen zentralistischer Planwirtschaft und liberal-kapitalistischer Marktwirtschaft – bedingte einen zeit- und kostenträchtigen Abstimmungsprozess zwischen atomisierten Wirtschaftseinheiten („Verhandlungswirtschaft"), externalisierte ökonomische Risiken durch deren Abwälzung auf die Gebietskörperschaften, sozialisierte Verluste und zersplitterte den jugoslawischen Markt in acht Teilmärkte, weil die Verfassung die ökonomische Gesamtkompetenz des Bundes zugunsten der Republiken stark zurückdrängte und diesen ein Vetorecht einräumte, das bei aufkommenden Konflikten eher zur Durchsetzung der Republik- denn der Gesamtinteressen führte. Damit verbunden waren Fehlallokationen von Produktionsfaktoren, überkapazitätgenerierende, das heißt zu Produktivitätsverlusten führende industrielle Parallelinvestitionen in den einzelnen Republiken, die ihre Entwicklungspläne lediglich den eigenen Zielen anpassten, und Vertiefung der bestehenden inter-republikanischen Entwicklungsunterschiede. In industriewirtschaftlicher Hinsicht war Jugoslawien durch einen Nord-Süd-Konflikt gekennzeichnet, der auch durch Mittelumverteilung von den entwickelten in die unterentwickelten Teilrepubliken über einen zentralgesellschaftlichen Investitionsfonds nicht behoben wurde. Vielmehr führte der beabsichtigte interregionale Wohlstandstransfer zu gravierenden Differenzen zwischen den geldgebenden entwickelten Republiken und den unterentwickelten Zahlungsempfängern – zumal sich viele Investitionen als politisch motiviert, ökonomisch aber unrentabel erwiesen (Näheres bei *Djekovic* 1991).

Wirtschaftliche Krisentendenzen

Die Gesamtlage der jugoslawischen Volkswirtschaft in den 1980er Jahren kann durch einige Negativindikatoren beschrieben werden: wachsende Bevölkerung, stagnierendes Sozialprodukt, Absinken der Arbeitsproduktivität, Anwachsen der Arbeitslosigkeit (ca. 17–20 Prozent), hohe Auslandsverschuldung (16,5 Milliarden US Dollar), sich verschärfendes Außenhandelsdefizit (Exporte 1989: 1,3 Mrd. US Dollar; Importe 1989: 15 Mrd. US Dollar) und Hyperinflation lateinamerikanischen Ausmaßes (1989: 2700 Prozent). Im Zeitraum 1985–1990 schrumpfte das Bruttoinlandsprodukt jährlich um 1,3 Prozent und die Industrie-

Krisenindikatoren in den 1980er Jahren

produktion um 1,2 Prozent, dagegen stiegen die Konsumgüterpreise jährlich um 157 Prozent (*Gumpel* 1988).

Dieser Verbund von ökonomischer Malaise und sozialer Krise beraubte die Republikführungen der Möglichkeit, (nationalitäten-politische Defizite durch ökonomische Leistungen zu kompensieren. Damit verfiel der Legitimationsanspruch des politischen Systems: Dieser Umstand schaffte – sub specie der These vom Nationalismus als identitätstiftender Ersatzideologie – den Renationalisierungstendenzen ebenso Zuwachs wie die ökonomischen Interessengegensätze zwischen den Republiken selbst, deren Austragung gegenüber den anderen von den je einzelnen Republikführungen dazu genutzt wurde, zumindest republikintern ihre von der ökonomischen Krise bedrohte Herrschaftslegitimation durch offensive Interessenpolitik abzusichern. Der skizzierte Zusammenhang verdeutlicht, warum die Sezessionstendenzen des Jahres 1991 gerade in den industrialisierten nördlichen Republiken Slowenien und Kroatien auftraten und warum – im Spiegelbild – die weniger entwickelten Republiken des Südens sich gegen diese Sezession entschieden zur Wehr setzten: Die Unabhängigkeit der Nordstaaten bedeutete eben auch das Ende des ökonomischen Nord-Süd-Transfermechanismus.

Renationalisierungs-
tendenzen

3.4 Erklärungsmomente II: Ethnokratie, militärischer Bonapartismus und regionale Warlords

Am jugoslawischen Beispiel lässt sich deutlich demonstrieren, wie die Nationalismusfalle an zwei Seiten zugleich aufklappt: der ethnisch-politischen und der kleinräumig-ökonomischen. Allerdings ist dies kein jugoslawisches Spezifikum. Die sich intensivierende, weil inter- und transnationale, inter- und intraregionale arbeitsteilige Differenzierungen wie Interdependenzen von Produktion und Handel wider alle ökonomisch-(westlich-)rationale Vernunft kappende, sich gegenseitig hochschaukelnde Negativvernetzung von revitalisiertem Nationalismus und devitalisierter Ökonomie war ein Phänomen, das die postkommunistische Welt Ost- und Südosteuropas in ihrer ganzen Ausdehnung kennzeichnete. Der ökonomische Niedergang setzte keine handhabbaren kurz- und mittelfristigen Zukunftsvisionen frei; der Übergang zur liberal-kapitalistischen Marktwirtschaft hätte eine An- und Einbindung an die EG-dominierte westeuropäische Wirtschaftsordnung erfordert.

Vergangenheits-
visionen

Was der ökonomische Niedergang allerdings auch freisetzte, waren Vergangenheitsvisionen: die Rückbesinnung auf den Umstand, dass der Nationalstaat im 19. Jahrhundert als organisatorischer Beweger die erfolgreiche Industrialisierung Westeuropas vorangetrieben hat. Von daher dürfen wir uns nicht darüber wundern, dass sich die Überwindung des Sozialismus als historischer Rückschritt manifestierte, als Rückkehr zu jenem Punkt, an dem – zumindest in der Perzeption östlicher Akteure – nicht nur die Entwicklung des Westens, sondern auch die Auseinanderentwicklung des Westens und des Ostens begann (hierzu instruktiv *Bonder/Röttger/Ziebura* 1992: 116 ff.).

Freilich formulieren wir hier die These, dass die Revitalisierung der Vorvergangenheit, das heißt der Aufstieg des ethnozentrisch-nationalen Fundamentalismus und die Retraditionalisierung politischer und sozioökonomischer Handlungsstrategien, doch allenfalls nur eine notwendige, aber noch keine für die Erklärung der angesprochenen Phänomene hinreichende Bedingung ist.

Eine interessenbezogene Konfliktanalyse müsste vielmehr festzustellen versuchen, wer denn eigentlich am Aufbrechen überkommener politischer Ordnungsstrukturen, an der Zuspitzung und Entflammung ethnisch-nationaler Beziehungen interessiert sein könnte. Mit *Wolkow* (1991) verweisen wir hier auf eine Anfang der 1990er Jahre im Chaos des Postkommunismus sich herausbildende politische Klasse: die Ethnokraten. Sie sind das Produkt dreier gesellschaftlicher Entwicklungstendenzen, die die letzten Jahre, wenn nicht gar die letzten Jahrzehnte der autoritär-bürokratischen Herrschaftssysteme Osteuropas durchzogen haben:

Ethnokraten als Produkt dreier Entwicklungstendenzen

- die Ausbildung einer privilegierten Nomenklatura oder einer neuen Klasse der administrativen, überwachenden, polizeilich-exekutiven bzw. ökonomisch planenden Funktionärsintelligenz,
- die Ausbildung einer Schattenwirtschaft und der ihr zuzurechnenden Gruppierungen der in Nischen der Plan- und Mangelwirtschaft operierenden Gewerbetreibenden einerseits, der in diese Schicht, aber auch in die Nomenklatura eindringenden, mafiaähnlich organisierten Drahtzieher, Schieber, Hintermänner, Weiße-Kragen-Täter (sozusagen die Nomenklatura des organisierten Verbrechens) andererseits,
- schließlich die Ausbildung einer nationalistisch eingefärbten, antizentralistisch-antikommunistischen Dissidentenbewegung, die ihren ethnisch-nationalen Standpunkt zum Katalysator und Vehikel der Systemkritik macht.

Kennzeichnend für die politisch-gesellschaftliche Schicht der Ethnokratie ist der ausgeprägt autoritäre Grundzug ihres politischen Programms; sie tendiert zur Errichtung despotischer Regierungsformen unter „nationaldemokratischen" oder „nationalkommunistischen" Vorzeichen, bemäntelt ihre Machtstellung mit populistischen Parolen und pseudodemokratischen Slogans und versucht diese durch Kontrolle der Massenmedien und des öffentlichen Eigentums zu stützen und zu sichern. Ihr Ziel ist die Monopolisierung der Machtausübung. Die Bevölkerung des so kontrollierten Territoriums wird nach ethnisch-nationalen Merkmalen in „unsere" und „andere" aufgeteilt; den ethnischen Minderheiten werden eben die Rechte bestritten, die die Ethnokraten für sich und ihre Klientel in Anspruch nehmen. Die territorialen Grenzen aus der Zeit des Kommunismus werden – ungeachtet der realen ethnischen Struktur der innerhalb dieser Grenzen lebenden Bevölkerung – mit allen Mitteln behauptet. Gravierender noch: Der Herrschafts- und Durchsetzungswille der Ethnokraten manifestiert sich in der Parole von der Schaffung „ethnisch reiner Territorien" – durch Unterdrückung, Vertreibung oder Vernichtung anderer ethnischer Minderheiten. Die so – in der Regel gewaltsam – herbeigeführte Zuspitzung des intranationalen ethnischen Kräfteverhältnisses, die Spannung und der Konflikt zwischen den Ethnien schaffen erst die Voraussetzung, in der die Ethnokratenclans ihr Ziel erreichen können: den Kampf um Macht und Eigentum in multiethnischen Staaten dauerhaft zu ihren Gunsten zu entscheiden.

Autoritäres Programm

Entstehung der Ethnokratie

Ethnokratie als Produkt und Kennzeichen von Umbruchphasen

Ethnokratie ist Produkt und Kennzeichen der Umbruchphase autoritär-bürokratischer Herrschaftssysteme. Gerade in dieser Zeit der Unsicherheit entstehen bei einzelnen Nomenklaturaclans die Wünsche und Bedürfnisse nach Selbsterhalt. Gehandelt wird nach der Parole „Rette sich, wer kann". Nationale Farben und Fahnen dienen dann in den meisten Fällen als Rettungsringe. Treibende Kraft aller Handlungen ist die Angst vor dem Verlust der sicheren Position in der Gesellschaftsordnung. Hinzu kommen die Privilegien, die materiellen Anreize. Der Umbruch des alten Herrschaftssystems bedeutet noch nicht, dass sich gleichzeitig die soziale Struktur der Gesellschaft verändert. Im Gegenteil, sie bleibt unberührt. Die gesellschaftlichen Besitzverhältnisse bleiben dieselben. Alle Betriebe, der Handel, das Verkehrswesen, die Banken sind unter Verwaltung der Vertreter der alten Nomenklaturaschichten. Wie die Erfahrung verschiedener Länder, unter anderem Polens, Ungarns, der Tschechoslowakei, Bulgariens, Rumäniens oder der Sowjetunion, zeigt, ist Privatisierung eine schwierige, langwierige Angelegenheit.

Vor der Nahperspektive der Marktwirtschaft suchen die alten Nomenklaturaschichten nach Umwegen zur Erhaltung ihres sozialen Status. Sie stehen vor dem Problem, wie sich die bisherige Macht in marktwirtschaftlichen Bereichen im Zeichen der Eigentumsprivatisierung bewahren lässt. Unter den üblichen Verhältnissen des demokratischen Entwicklungsprozesses ist die Lösung einer solchen Aufgabe beschwerlich oder gar unmöglich. Also müssen dazu die notwendigen Voraussetzungen geschaffen, die Möglichkeiten für Versuche der gesellschaftlichen Alchemie eröffnet werden. Das nationale Element spielt in diesem Experiment die Rolle des sozialen Katalysators, mit dessen Hilfe man sich einer Reihe von Kritikern, Gegnern und Konkurrenten entledigen kann: Sie fallen unter das Nationalitätenproblem, das nach bewährten Mustern bewältigt wird.

Ethnokratie als Synthese aus drei Gesellschaftsschichten

Ethnokratie tritt also ins Dasein als Folge der Synthese aus mindestens drei gesellschaftlichen Schichten:

- der alten Nomenklaturaschicht, die ihre Schlüsselpositionen in der Wirtschaft und im Staatsapparat aufgrund ihrer Routine in Verwaltungsfragen behalten hat,
- den Vertretern der Schattenwirtschaft und des beginnenden Unternehmertums,
- der national gesinnten Intelligenz.

Jede dieser Schichten hat ihre Motivationen. Aber der gemeinsame Nenner für sie alle besteht in nationaler Selbstsucht oder Natiozentrismus (*Wolkow* 1991: 39 f.).

Anwendung des Modells auf Jugoslawien Slobodan Milošević

Schon eine kursorische Betrachtung der Ereignisse in Jugoslawien Anfang der 1990er Jahre belegt die Schlüssigkeit und Anwendbarkeit dieses idealtypischen Modells. Dass der damalige serbische Präsident Slobodan Milošević die Ausformung und Revitalisierung großserbisch-nationalistischer Tendenzen sowohl ermuntert als auch zur Schaffung und Absicherung seiner eigenen Machtbasis ausgebeutet hat, ist bereits (Kap. 3.2) berichtet worden. Seine gegen die albanischstämmige Bevölkerung im Kosovo gerichtete Repressionspolitik und seine Selbststilisierung zum „Protektor" aller Serben – auch derjenigen, die außerhalb der Grenzen Serbiens leben – passen gleicherweise in unser Schema: Zuspitzung des interethnischen Konfliktes durch Ausgrenzung der Minderheiten, um in der so herbeigeführten Unruhelage den die titulare Mehrheitsnation zu vertreten vorgebenden Ethnokratenclan als einzigen die Interessen der Mehrheitsnation verteidigenden und kämpferisch durchsetzenden – und damit in seinem Machtanspruch und seiner Machtausübung legitimierten – politischen Akteur zu etablieren und abzusichern.

Dass Milošević im Übrigen nicht der Einzige war, der sich des ethnokratischen Machterwerbs- und Machterhaltungsmusters bediente, zeigt ein knapper Blick auf die Politik des damaligen kroatischen Präsidenten Franjo Tudjman. Die grundlegenden Verhaltens- und Handlungsmuster der kroatischen waren denen der serbischen Ethnokraten durchaus ebenbürtig; allenfalls die Firmenschilder – hier: Sozialistische Partei Serbiens (SPS), dort: Kroatische Demokratische Union (HDZ) – differierten. Wie Milošević gelangte auch Tudjman in den ersten freien Nachkriegswahlen Kroatiens im April 1990 auf einer Woge des Nationalismus an die Macht – freilich eines, der sich strikt antikommunistisch gab, an das pankroatische nationale Ideengut des 19. Jahrhunderts anschloss und zumindest unterschwellig die Wiederherstellung Kroatiens in den alten Grenzen von Triest bis (zum Belgrader Vorort) Zemun, offen aber die Eingliederung Bosnien-Herzegowinas in Kroatien forderte (*Zametica* 1992: 17). Selbst wenn dies bloße Wahlpropaganda war, unter der serbischen Minderheit Kroatiens – 600000 Personen = 12,5 Prozent der Gesamtbevölkerung – mussten solche Forderungen Erinnerungen an jenen Ustascha-Staat wecken, der 1941–1945 Bosnien-Herzegowina tatsächlich in seine Grenzen einschloss. Damit aber nicht genug: Die Wiederbelebung traditioneller Symbole kroatischer Staatseinheit (Wappen, Flagge), die Ausgrenzung der Serben vom Status der gleichberechtigten Staatsnation zu einer nationalen Minderheit, die Entfernung von Serben aus den Führungspositionen der Beamtenschaft und insbesondere der Polizei, der auf serbische Arbeitnehmer ausgeübte Zwang, Loyalitätserklärungen gegenüber dem kroatischen Staat zu unterzeichnen, wollten sie nicht ihren Arbeitsplatz verlieren – all dies ließ in serbischer Sicht die Politik Tudjmans in eine „Sackgasse des Hasses" (*Hirsch* 1991) laufen. Die Weigerung des neuen Kroatiens, von Anfang an unmissverständliche Garantien für seine ethnischen Minderheiten anzubieten, gab den großserbischen Chauvinisten freie Bahn, den Genozidkomplex ihrer in Kroatien lebenden Landsleute gegen die als „Ustascha-Faschisten" verteufelten Kroaten zu mobilisieren. Die Folgen sind nur allzu gut bekannt: Die Politik beider Ethnokratenclans folgte einer Begrifflichkeit, die Carl *Schmitt* (1979) schon im letzten Jahr der Weimarer Republik entwickelt hatte: der Definition des Politischen in den Kriterien von Freund und Feind. Der politische Feind

Franjo Tudjman

„ist eben der andere, der Fremde, und es genügt zu seinem Wesen, daß er in einem besonders intensiven Sinn existenziell etwas anderes und Fremdes ist, so daß im extremen Fall Konflikte mit ihm möglich sind, die weder durch eine im voraus getroffene generelle Normierung, noch durch den Spruch eines ‚unbeteiligten' und daher ‚unparteiischen' Dritten entschieden werden können. [...] Den extremen Konfliktfall können nur die Beteiligten selbst unter sich ausmachen; namentlich kann jeder von

Politik als Freund-Feind-Verhältnis

ihnen nur selbst entscheiden, ob das Anderssein des Fremden im konkret vorliegenden Konfliktfalle die Negation der eigenen Art Existenz bedeutet und deshalb abgewehrt und bekämpft wird, um die eigene, seinsmäßige Art von Leben zu bewahren" *(Schmitt 1979: 27f.).*

Bei einer auf solche Kategorien zurückgreifenden Interpretation des jugoslawischen Bürgerkrieges wird es naturgemäß schwierig, Mechanismen der Konfliktregelung und Streitbeilegung zu entwickeln, die von außen, gegen das ureigene Interesse der Konfliktparteien, in den Prozess schlichtend eingreifen. Mehr davon im nächsten Abschnitt!

Nun war es aber nicht nur das Interesse der Ethnokraten auf beiden Seiten des Konfliktes (über die Muslime in Bosnien-Herzegowina wurde in diesem Kontext allenfalls in ihrer Eigenschaft als serbisch-kroatische Verfügungsmasse nachgedacht), den Bürgerkrieg für ihre je eigenen Machterhaltungsinteressen zu instrumentalisieren. Auch der bewaffnete Teil des alten kommunistisch-zentralistischen Machtapparates – die Jugoslawische Volksarmee – bediente sich der Konfliktsituation primär um ihrer eigenen Selbsterhaltung als Organisation willen.

Selbsterhaltung der Volksarmee

Konkret: Die Selbsterhaltung der Armee bedingte zunächst die Erhaltung des alten, kommunistischen, bundesstaatlichen Jugoslawiens – denn nur dieses garantierte der Armee ihre politisch und ökonomisch privilegierte Position ebenso wie die Fortdauer ihrer Machtstellung (die manche Beobachter von der Armee als der siebten Republik Jugoslawiens sprechen ließ). Als diese Option durch die Ereignisse des Januar 1990 – Selbstauflösung des BdKJ, des Bundes der kommunistischen Parteien Jugoslawiens – scheiterte, schlug sich die Armee endgültig auf die Seite der großserbischen Ethnokraten, wofür nicht nur die ideologische Übereinstimmung mit den zu Sozialisten mutierten serbischen Kommunisten unter Milošević und der Umstand sprachen, dass über 70 Prozent des Offiziers- und Unteroffizierskorps in national-kultureller Hinsicht dem Serbentum verpflichtet waren, sondern auch ganz handfeste institutionelle und ökonomische Interessen, die eine quasisymbiotische Struktur erkennen ließen: Die meisten zentralen Militäreinrichtungen, die Stationierungsorte der Elitetruppen (Garde bzw. Fallschirmjäger), die wichtigsten Luftwaffenstützpunkte mit dem modernsten Gerät (MiG 29), schließlich die größten Rüstungsfabriken – sie alle lagen in Serbien. Dazu bildete die Armee eine der größten Beschäftigungs- und Einkommensquellen der Serben und Montenegriner, und schon in der Zwischenkriegszeit stellte der militärisch-industrielle Komplex Jugoslawiens das bedeutendste Instrument dar, öffentliche Mittel in großem Umfang vom Nordwesten des Landes in den Osten, Südosten und Süden zu transferieren. Der Anteil der Militärausgaben am Bundeshaushalt betrug Anfang der 1980er Jahre 70 Prozent, sank dann bis zum Ende des Jahrzehnts auf 50 Prozent, sollte aber bis 1992 wieder auf 81 Prozent steigen (*Gelhard* 1992: 139). Ob diese Zahlen nun in der Realität oder nur der Tendenz nach stimmen – eines zeigen sie jedenfalls überdeutlich: Der Austritt Sloweniens und Kroatiens, dann auch Bosnien-Herzegowinas und Mazedoniens aus dem Bund musste der JVA empfindliche finanzielle Schäden zufügen. Und welche Zukunft könnte sie in einem Gemeinwesen erwarten, das aus der Aufteilung Jugoslawiens in eine Menge allenfalls noch lose miteinander konföderierter, ökonomisch je für sich kaum lebensfähiger Ministaaten hervor-

Symbiose Serbien/JVA

ginge? Dass – wie vielfach in der Presse berichtet – die Armee nicht, wie es ihre verfassungsgemäße Funktion gewesen wäre, die kämpfenden Parteien auseinandergebracht und neutralisiert, sondern sogleich die serbischen Interessen im Bürgerkrieg vertreten hat – das kennzeichnet nur eine Seite ihres Verhaltens. Überwiegend, so soll hier behauptet werden, vertrat die Armee zunächst ihre ureigenen (Überlebens)-Interessen. Dass sie das seit Oktober 1991 in dann auch öffentlich etablierter Machtallianz mit dem serbisch-montenegrinischen Block im Staatspräsidium tat (*Buchalla* 1991), konnte allerdings angesichts ihrer gesamten Entwicklungsgeschichte wie auch der Randbedingungen ihrer Existenz kaum ausbleiben.

Die das Eigeninteresse der Armee an der Erhaltung ihrer machtpolitisch wie gesellschaftlich-ökonomisch privilegierten Stellung betreffenden Überlegungen sollten uns nun veranlassen, sie nicht mit den begrifflichen Instrumenten des Ethnokratiemodells zu messen, sondern auf eine andere idealtypische Erklärung der Politik von Streitkräften zurückzugreifen: die Bonapartismusthese.

Ursprung der Bonapartismusthese

Die Rolle der Streitkräfte im Kräftedreieck Partei-Militär-Gesellschaft gehört(e) zu den komplexesten Problemen einer Analyse sozialistischer Herrschaftssysteme. Inwieweit ist – im Sinne von Clausewitz – das Militär dem Primat der Politik unterworfen, inwieweit wird der Primat der Politik durch die zunehmend politische Rolle des Militärs infrage gestellt? Marx und Engels sahen im Lichte jenes Staatsstreiches, mit dem sich Napoleon III. in Frankreich am 2. Dezember 1851 an die Macht brachte, die Gefahr, dass das Militär die Revolution und ihre Partei entmachten könnte: Das Streben des Militärs, Kontrolle über die Politik zu gewinnen, bezeichneten sie als Bonapartismus. Um dem Militär im Sozialismus den Machtzugriff zu verwehren, führten schon die Bolschewiki im April 1918 das System der politischen Kommissare ein, das die politische Kontrolle der Partei über die Armee organisatorisch sichert und fest verankert.

Es ließe sich nun bei – hier nur kursorisch zu leistender – eingehender Analyse der Stellung der Armee schon im Jugoslawien Titos belegen, dass sie seit den 1950er Jahren bonapartistische Tendenzen ausbildete, dem BdKJ die zivile Kontrolle über das Berufsmilitär entwand und den Spieß gleichsam umdrehte: Mithilfe ihres Geheimdienstes überwachte sie nicht nur die äußeren, sondern auch die inneren Feinde Jugoslawiens; auf der Basis der allgemeinen Wehrpflicht und der politischen Indoktrination der Wehrpflichtigen wurde sie zur bedeutendsten politischen Kaderschmiede des Landes. Tito direkt unterstellt, genoss sie faktisch Autonomie in ihren Angelegenheiten; zwischen Partei und Armee entwickelte sich kein Über- oder Unterunterordnungsverhältnis, sondern eine symbiotische Beziehung, die sich allenfalls durch Verweis auf die Partisanenkampftradition der Armee erklären lässt. Wenn in der revolutionären Umbruchs- und Selbstbehauptungsphase des Widerstandes gegen Fremdherrschaft Politik selbst sich militarisiert, militärische und Parteifunktionen sich miteinander verschränken, dann dürfte auch die Frage an Bedeutung verlieren, ob Partei oder Militär den Ton angibt.

Bonapartistische Tendenzen der Armee

Eigener Politikan-
spruch der JVA

Jedoch – die Entwicklung des jugoslawischen Bürgerkrieges – vom Einmarsch der Armee in Slowenien im Juni 1991 bis zur überraschenden Ablösung von 40 Generälen und Admirälen im Mai 1992 – ließ immer wieder deutlich eine Tendenz der Armeeführung erkennen, erst neben, dann ohne, schließlich gegen die (bundes-)politischen Entscheidungsträger Politik zu machen. Die JVA führte ihren eigenen Krieg – einen Krieg zugunsten einer politischen Zielsetzung: der Wiederherstellung der Einheit eines sozialistischen Jugoslawiens als äußerer Hülle für die Erhaltung der Einheit und Existenz der Armee. Aber je länger dieser Krieg dauerte, desto mehr machte er selbst eine gewaltsame Lösung im Sinne der politischen Konzeption der JVA unmöglich – die Armee wurde zu einer Armee ohne Land. Der Seitenwechsel ihrer nichtserbischen Elemente, der Widerstand Bosnien-Herzegowinas und Mazedoniens gegen die Mobilisierung ihrer Rekruten und Reservisten, der Wandel von einer gesamtjugoslawischen Volkszu einer serbisch dominierten Besatzungsarmee stürzten sie in eine weit reichende Identitätskrise. Vor allem aber zeigte ihre Kriegführung in Kroatien, dass sie kein gesamtstrategisches Konzept besaß; die Initiative ging zunehmend an ihre Abschnittskommandeure und die von diesen unterstützten Milizen, Freischärler und Irregulären über. Als jugoslawische Armee

„[...] it was fighting someone else's war (with no clearly stipulated military objectives), it had no idea what its future was going to be, and to what state, if any, it was going to belong [...]" *(Zametica 1992: 44).*

Die bereits erwähnte Pensionierung von 40 Generälen und Admirälen im Mai 1992 – Vertretern eines titoistischen Jugoslawismus, der im engeren großserbischen Kontext keine Zukunft mehr hatte – bedeutete das Ende der alten JVA und ihrer politisch-gesamtstaatlichen Aspirationen. Sicher bedeutete sie auch die Reetablierung der politischen Kontrolle – allerdings der Milošević's – über die Armee. Als bonapartistischer Akteur in der jugoslawischen Politik hatte sie abgedankt – auch weil es keine jugoslawische Politik mehr gab.

Der Verlauf der gewaltsamen Auseinandersetzungen vor allem in Kroatien und Bosnien-Herzegowina hat schließlich noch ein Phänomen hervorgebracht, das wir aus der Verfallsgeschichte des chinesischen Großreiches und aus dem chinesischen Bürgerkrieg der Zwischenkriegszeit kennen: die Etablierung regionaler Warlords – Milizkommandeure, selbständig agierende Chefs regulärer Truppenteile, örtliche Nationalitätenführer und politische Kleingrößen, die die durch ethnische Gemengelagen verursachte Unsicherheit über den militärischen Frontverlauf und die sowohl von Belgrad als auch von Zagreb aus nicht zu leistende straffe Führung des Krieges dazu nutzten, ihren eigenen Machthunger, ihr Geltungsbedürfnis und wohl auch ihr Bedürfnis nach privatem Zugewinn durch Aneignung herrenlos gemachten Besitzes zu befriedigen. Sie stellten einen weniger für den Fortgang der gewaltsamen Auseinandersetzungen, mehr aber für eine später denkbare Schlichtung und Streitbeilegung gefährlichen Störfaktor dar, weil sie sich einerseits der zentralen Kontrolle durch die Hauptakteure des Bürgerkrieges entzogen, andererseits eben diesen Hauptakteuren die Möglichkeit lieferten, unliebsame, aber unter internationalem Druck zustande gekommene Vereinbarungen stellvertretend brechen und hintertreiben zu lassen. Jedenfalls

Warlords

müssen auch sie in die Analyse des Konfliktes einbezogen werden (*Kaldor 2003*).

3.5 Erklärungsmomente III: zu schwach, zu wenig, zu spät: Nonintervention als Handlungsmaxime des Klubs der Papiertiger

In seiner Reichstagsrede vom 5. Dezember 1876 hat Fürst Bismarck einmal den berühmt-berüchtigten Satz formuliert, dass er zu einem Eingreifen Deutschlands in den Balkankonflikt (zwischen Österreich-Ungarn, Russland und der Türkei) nicht raten könne, weil er

> „in dem Ganzen für Deutschland kein Interesse sehe, welches auch nur die gesunden Knochen eines einzigen pommerschen Musketiers wert wäre" *(von Bismarck 1929: 476)*.

Bei etwas zynischer Betrachtung der westlichen Reaktion auf den Ausbruch des jugoslawischen Bürgerkrieges im Frühsommer 1991 könnte man meinen, die Schriften des deutschen Reichskanzlers hätten zur Pflichtlektüre der Entscheidungsträger in den Hauptstädten Westeuropas gehört. Bei noch zynischerer Betrachtung dieser Reaktion kommen einem jene Worte in den Sinn, mit denen Winston Churchill am 12. November 1936 die Untätigkeit der Regierung Baldwin angesichts der abzusehenden Bedrohung durch NS-Deutschland geißelte:

> „So they go on, in strange paradox, decided only to be undecided, resolved to be irresolute, adamant for drift, solid for fluidity, all-powerful to be impotent [...]" *(Middlemas/Barnes 1989: 969 f.)*.

Man sagt, dass die Geschichte sich nicht wiederhole. Immerhin aber liefern uns ihre Akteure Sentenzen, über deren heutige Bedeutung nachzudenken gelegentlich recht fruchtbar wäre.

Dass ein solches Nachdenken über lang- und mittelfristige Interessen und Ziele sowie über die zur Verwirklichung dieser Interessen und Ziele notwendigen Mittel den politischen Betrieb in den Hauptstädten Europas vor der Jahresmitte 1991 auffällig gekennzeichnet hätte, darf mit Gewissheit verneint werden. Allenfalls in Wien wurden seit Ende der 1980er Jahre präzise Analysen formuliert, wurde versucht, einen westlichen Konsens über die Behandlung Jugoslawiens zustande zu bringen – allerdings ohne Erfolg (*Frank* 1991). Warum die vielfältigen europäischen Institutionen für ein regionales Krisenmanagement – Konferenz über Sicherheit und Zusammenarbeit in Europa (KSZE), Westeuropäische Union (WEU), Europarat, EG – vor der gewiss schwierigen Aufgabe versagten, in Jugoslawien als streitschlichtender Vermittler, als Garant für ethnischnationale Selbstbestimmung, Minderheitenrechte, staatliche Integrität und stabilen inneren Frieden aufzutreten, wird uns im Einzelnen im nächsten Kapitel noch beschäftigen. Hier soll zunächst einmal der äußere Ereignisrahmen skizziert werden, der – so die Presse – die hilflos auf dem Pulverfass sitzenden Mächte

Keine Ziel-Mittel-Diskussion in Westeuropa

Europas (*Schröder* 1991) über einen Weg voller Dornen (*Perger* 1991) in die jugoslawische Zwickmühle (*Leicht* 1991) führte.

Rolle der EG   Ohne Zweifel kann der EG vorgeworfen werden, keine präventiven politischen Initiativen zur Einhegung und Eindämmung der Nationalitäten-Konflikte in Jugoslawien formuliert zu haben, als dafür möglicherweise noch Zeit gewesen wäre (*Calic* 1993; *Giersch* 1998). Im Lauf des Frühjahres 1991 gaben zwar Brüsseler Beamte verschiedentlich ihrer Beunruhigung über die Lage Ausdruck, verwiesen aber zugleich auf die KSZE als das geeignete Forum zur Bearbeitung der jugoslawischen Konflikte. Noch Anfang April kehrten die Außenminister dreier EG-Staaten aus Belgrad in der Gewissheit zurück, dass die Jugoslawen ihre Meinungsverschiedenheiten friedlich austrügen. Erst Ende Mai wurde der Ansatz direkter: Eine EG-Mission, geführt vom Kommissionspräsidenten Delors und dem luxemburgischen Premier Jacques Santer, zeigte den Jugoslawen Zuckerbrot und Peitsche – Assoziierungsabkommen und Entwicklungskredite, falls Belgrad zur friedlichen Konfliktlösung zurückkehre. Die Peitsche war offensichtlich zu klein, das Zuckerbrot verfehlte seine Wirkung: Delors und Santer kehrten enttäuscht angesichts der harten Haltung der Belgrader Politiker und beunruhigt angesichts der sich verschärfenden ökonomischen Krise Jugoslawiens zurück. Die Eindämmung des Konfliktes scheiterte; nun war Konfliktmanagement angesagt.

Die Intervention der Jugoslawischen Volksarmee in Slowenien im Juni 1991 bewegte Brüssel zu rascherer Gangart, ohne Zweifel gefördert durch den Umstand, dass für den 28. Juni eine Sitzung des Europäischen Rates der EG-Staats- und -Regierungschefs in Luxemburg angesetzt war. Am Vorabend jener Sitzung ließ der luxemburgische Außenminister Jacques Poos als Vertreter der EG-Ratspräsidentschaft verlautbaren, dass die EG die einseitigen Unabhängigkeitserklärungen Sloweniens und Kroatiens nicht anerkennen werde. Als jedoch die Kämpfe in Slowenien begannen, stellte der niederländische Außenminister Hans van den Broek, dessen Land die EG-Ratspräsidentschaft am 1. Juli übernahm, klar, dass die EG nicht bereit sei, die föderale Integrität Jugoslawiens um jeden Preis zu stützen: eine bedeutsame politische Positionsänderung. Die Bundesrepublik und Italien hatten schon vorher zu Konsultationen über die Jugoslawienkrise gedrängt. Ihrer Ansicht nach sollte erneut eine hochrangige EG-Mission nach Belgrad gesandt werden. Der Europäische Rat hatte so in Luxemburg die Wahl zwischen zwei Optionen: Rekurs auf den eben erst errichteten KSZE-Konfliktschlichtungsmechanismus oder Autorisierung einer direkten EG-Intervention mit diplomatischen Mitteln.

Die EG-Troika   Er entschloss sich am 24. Juni, die EG-Troika der Außenminister Italiens, Luxemburgs und der Niederlande auf eine Vermittlungsmission nach Jugoslawien zu entsenden. Zugleich unterstützte er den Vorschlag Österreichs, den KSZE-Krisenmechanismus in Gang zu setzen und jegliche Wirtschaftshilfe an Jugoslawien einzufrieren, falls die bewaffneten Auseinandersetzungen nicht sofort abgebrochen würden. Er forderte ferner Slowenien und Kroatien auf, die praktische Umsetzung ihrer Unabhängigkeitserklärungen zu suspendieren, verlangte von Serbien, die Wahl des Kroaten Stipe Mesic zum Vorsitzenden des jugoslawischen Staatspräsidiums nicht länger zu blockieren, und verlangte von allen Kampfparteien nachdrücklich, das Feuer einzustellen und in ihre Kasernen zurückzukehren.

Die Troikamission produzierte den ersten der kurzlebigen EG-Erfolge im Krisenmanagement: einen Waffenstillstand und ein dreimonatiges Moratorium der Inkraftsetzung der Unabhängigkeitserklärungen Sloweniens und Kroatiens. Dies war der Beginn einer ganzen Kette weiterer Kurzzeiterfolge: Vier Troikareisen nach Jugoslawien, vier Außenministerkonferenzen, unzählige vorbereitende Gespräche allein in den ersten sechs Wochen des virulenten Konfliktes bis Anfang August, die formelle Ratifizierung des auf der Insel Brioni am 7. Juli verhandelten Waffenstillstandes durch die Parlamente Sloweniens und Kroatiens bei gleichzeitiger Akzeptanz durch die jugoslawische Bundesregierung, die Entsendung von 50 EG-Beobachtern nach Slowenien zur Kontrolle der Einhaltung der Waffenstillstandsbestimmungen – all dies konnte den Konflikt, der sich gewaltsam wie ein Flächenbrand weiterfraß, allenfalls für jeweils wenige Tage, wenn nicht gar nur Stunden stoppen. Zwar zog sich die JVA – schlecht vorbereitet und den Widerstand der slowenischen Nationalgarde offensichtlich unterschätzend – Ende Juli aus Slowenien zurück, vom Beginn des August 1991 aber entflammte der Krieg in Kroatien dafür umso heftiger. Dem hatte die EG wenig entgegenzusetzen. Die Androhung einer Blockade und weiterer wirtschaftlicher Sanktionen ließ die Serben kalt, während über der Frage einer diplomatischen Anerkennung Kroatiens und Sloweniens – insbesondere von der Bundesrepublik befürwortet – offener Streit unter den EG-Mitgliedern ausbrach: Frankreich, Spanien und die Niederlande waren dafür prinzipiell nicht zu haben. Das Äußerste, zu dem man sich entschließen konnte, war, wie es der deutsche Außenminister Genscher Anfang August in einer Pressekonferenz formulierte, für den Fall weiterer Kampfhandlungen vorzuschlagen, die Frage einer Anerkennung zu prüfen. Wie sagte Churchill (s. o.): „[...] decided to be undecided [...].“

Es würde zu weit führen, die einzelnen Schritte und Phasen des EG-Konfliktmanagements hier in toto aufzulisten – der gesamte Komplex dürfte Stoff für mehrere Dissertationen liefern (deren Verfasser der Berichterstatter allerdings jetzt schon herzlich bedauert). Im Zeitablauf schälten sich zwei Ansatzebenen für die EG-Konfliktbearbeitungsversuche heraus (*Eisermann* 2000): eine militärisch-humanitär-organisatorische, die unmittelbar der Einhegung der bewaffneten Gewalt und ihrer schlimmsten Auswüchse diente. Bis zur Londoner Konferenz Ende August 1992 zählen wir 19 zumeist durch Vermittlung des EG-Unterhändlers Lord Carrington zwischen den Kriegsgegnern in Kroatien und Bosnien-Herzegowina abgeschlossene Waffenstillstände, die teils nur Stunden hielten und deren Lebensdauer im statistischen Mittel je zweieinhalb Wochen nicht überschritt. Die zweite Ansatzebene war eine politisch-diplomatische, die sich vor allem in Form zweier Friedenskonferenzen manifestierte: der in Haag im September 1991 und der in London Ende August 1992. Letztere wurde seit September unter der gemeinsamen Verantwortung von EG und UNO in Genf fortgesetzt in Form von Dreiecksgesprächen zwischen den Konfliktparteien – das heißt keine direkten, sondern jeweils über zwischengeschaltete diplomatische Vermittler laufende Verhandlungen. Im Sommer 1993 gelangte die Genfer Konferenz in eine entscheidende Phase, als über eine Aufteilung Bosnien-Herzegowinas verhandelt wurde. Die Gespräche wurden jedoch Anfang Septem-

Die Troikamission

EG-Konfliktmanagement: Ansatzebenen

ber 1993 abgebrochen, weil die bosnische Seite die von den Vermittlern vorge-
schlagene Gebietsaufteilung für inakzeptabel hielt, da sie die im Lauf des Krieges von Serben und Kroaten erzielten Gebietsgewinne weitgehend festschrieb
(hierzu später mehr). Eine Verhandlungslösung war also nicht in Sicht.

Haager
Friedenskonferenz

Wenn es denn als Erfolg gewertet werden soll, dass der Gesprächsfaden
zwischen Konfliktparteien bis dahin nicht abriss, dann war das politisch-diplomatische Konfliktmanagement der EG in moderatem Maß erfolgreich. Wenn
Erfolge allerdings nur in substanziellen Ergebnissen erblickt werden, dann hatte
die EG wenig Fortune. Die Haager Verhandlungen wurden Anfang November
1991 nach drei Plenarrunden ad calendas graecas vertagt, weil Serbien und Montenegro sich weigerten, ein von Carringtons Experten vorbereitetes und am 18.
Oktober präsentiertes Arbeitspapier zu akzeptieren: Danach sollte Jugoslawien in
einen lockeren Bund souveräner Staaten umgewandelt werden, überwölbt von
einer Freihandels- und Währungsunion; interne Grenzen hätten nicht durch Gewalt, sondern nur bei Zustimmung aller Parteien auf friedlichem Weg verändert
werden können; die umstrittenen Siedlungsgebiete der ethnischen Minderheiten
hätten unter internationaler Überwachung entmilitarisiert werden sollen, und
Kosovo und Wojvodina hätten ihren autonomen Status zurückerhalten. Dagegen
setzten die Serben die Forderung, dass die ethnischen Minoritäten ihre Siedlungsgebiete kraft Abstimmung von einer zur anderen Republik hätten transferieren können – eine Forderung wiederum, die für Kroatien nicht annehmbar war,
weil ihre Erfüllung die serbischen Geländegewinne entlang der alten österrei-
chisch-ungarischen Militärgrenze zu Bosnien-Herzegowina – dem Hauptsied-
lungsgebiet der kroatischen Serben – legitimiert hätte.

Londoner
Friedenskonferenz

Krieg in Bosnien

Die Londoner Konferenz fand statt vor dem Hintergrund besonders grausa-
mer und brutaler militärischer Auseinandersetzungen zwischen den ethnischen
Gruppen der Serben, Kroaten und Muslime um die Herrschaft und den Besitz
von Teilen Bosnien-Herzegowinas. Auseinandersetzungen, die nahezu zeitgleich
mit der diplomatischen Anerkennung Bosnien-Herzegowinas durch die EG-Staaten am 6. April 1992 begannen, schwerpunktmäßig den Osten Bosniens, die in
Richtung auf die Grenze zu Serbien gelegenen muslimischen Enklaven Tuzla,
Srebrenica, Zepa und Gorazde und die Hauptstadt Sarajevo umfassten und durch
eine auf Vertreibung der muslimischen Zivilbevölkerung aus ethnisch gemisch-
ten Gebieten zielende Politik der „ethnischen Säuberung" einerseits und der
planmäßigen Vergewaltigung und Entehrung Tausender muslimischer Frauen als
besonders perfides neuartiges Instrument der Kriegführung einer ungezügelten
serbischen Soldateska andererseits gekennzeichnet waren (*Rathfelder* 2007;
Kaser 2007).

Verlauf und Mittel dieser Auseinandersetzung beschworen in der veröffent-
lichten Meinung des Westens vielfache Anklänge an die Terrormethoden NS-
Deutschlands im Zweiten Weltkrieg: Eindrücke, die noch vertieft wurden durch
Presse- und Fernsehberichte über serbische Konzentrations- und Vernichtungsla-
ger ebenso wie durch Berichte über den planmäßigen Beschuss und die Zerstörung muslimischer Moscheen durch schwere serbische Artillerie und Bulldozer
als Ausdruck einer auf Auslöschung der muslimischen Identität zielenden Politik.

In der nüchternen Sprache der vom International Institute of Strategic Studies, London, herausgegebenen Strategic Survey 1992–1993 wurden die Auseinandersetzungen folgendermaßen charakterisiert:

> „The fighting in Bosnia-Herzegowina has been especially savage, with civilian suffering of an unusually high degree. The Croats have also been accused by the Muslims of 'ethnic cleansing' in their drive to acquire territory adjacent to Croatia, and mass graves of Serbs have been found in areas overrun by the Muslims. This is no conventional war, and there are no conventional armies, no front lines, no rules of war, merely an armed and radicalized set of ethnic groups" *(IISS 1993: 88).*

Die Ende August 1992 von EG und UNO in London einberufene Friedenskonferenz für Jugoslawien stand so unter wenig Erfolg versprechenden Vorzeichen: anhaltende Kämpfe der Kriegsparteien in Bosnien-Herzegowina, Waffenstillstände, die wie der am 20. Juli 1992 um 18 Uhr in Kraft getretene schon nach einer guten Stunde (präzise: durch Beschießung Sarajevos durch schwere serbische Artillerie um 19.40 Uhr) gebrochen wurden, politisch-quasistaatliche Verselbständigung der serbischen und kroatischen Bevölkerungsgruppen (Gründung der „Serbischen Republik Bosnien-Herzegowina" bereits am 6. April, des „Kroatischen Staates von Herceg-Bosna" in der westlichen Herzegowina am 3. Juli), Ansprüche der bosnischen Serben auf zwei Drittel des bosnisch-herzegowinischen Staatsgebietes (obwohl sie nur ein Drittel der Gesamtbevölkerung Bosnien-Herzegowinas ausmachten). Diesen gravierenden Hypotheken einer künftigen Friedenslösung hatten die Muslime wenig entgegenzusetzen – sie genossen

> „the overwhelming share of the world's sympathy, but had little or nothing to show for it on the ground ..." *(IISS 1993: 88)*!

Die unter der Präsidentschaft des britischen Premiers John Major und des UNO-Generalsekretärs Boutros Boutros-Ghali erarbeiteten, von der Londoner Konferenz verabschiedeten 13 Grundsätze zur Lösung des Jugoslawienkonfliktes lassen im Rückblick denn auch nur ein von bitterer Ironie getränktes Urteil zu, u.a.:

Grundsätze zur Lösung des Konfliktes

- „[...] die Nichtanerkennung jeglicher durch Gewalt oder durch die Schaffung vollendeter Tatsachen erlangter Vorteile [...]",
- „[...] die Achtung der höchsten Werte der Persönlichkeitsrechte und grundlegenden Freiheiten in einer demokratischen Gesellschaft [...]",
- „[...] die Anwendung verfassungsmäßiger Garantien der Menschenrechte und grundlegenden Freiheiten von Angehörigen ethnischer und nationaler Gemeinschaften und Minderheiten [...]",
- „[...] die Förderung von Toleranz und des Rechts auf Selbstbestimmung [...]",
- „[...] die grundsätzliche Verpflichtung zur Respektierung der Unabhängigkeit, Souveränität und territorialen Integrität aller Staaten dieser Region und die Respektierung der Unverletzlichkeit aller Grenzen [...] sowie die Zurückweisung aller Bestrebungen, mit Gewalt Gebietsgewinn durchzusetzen oder Grenzen zu verändern [...]".

Nur selten ist dem Verfasser eine solch umfangreiche Sammlung wohltönender völkerrechtlicher Prinzipien und diplomatischer Formelkompromisse begegnet, die von der brutalen politisch-militärischen Realität schon im Moment ihrer Publikation desavouiert und höhnisch außer Kraft gesetzt wurde! Nur als weltgeschichtliche Fußnote sei hier noch erwähnt, dass die Londoner Friedenskonferenz ein ab 18. September 1992 in Genf tagendes Verhandlungsforum der Kriegsparteien einrichtete, das unter der Leitung des UNO-Vermittlers Cyrus Vance und des EG-Vermittlers Lord Owen trilaterale Gespräche der Konfliktakteure ermöglichen sollte, die sich wesentlich dadurch auszeichneten, dass Muslime und Serben sich weigerten, im selben Raum zu sitzen und miteinander zu verhandeln.

Die in London entwickelten 13 Grundsätze zur Lösung des Jugoslawienkonfliktes haben den Konflikt nicht gelöst – ebenso wenig wie die aktive Vermittlerrolle der EG, die Aushandlung von Waffenstillstandsvereinbarungen und die Enttäuschung von EG-Beobachtern, die die Einhaltung dieser Vereinbarungen überwachen sollten, ferner die kaum noch zu zählenden Appelle an die Konfliktparteien zum Verzicht auf Gewaltanwendung, zur Einhaltung der Grenzveränderungen, Minderheitenrechte und den politischen Pluralismus betreffenden KSZE-Grundsätze, schließlich auch die Ankündigung wirtschaftlicher, finanzieller und militärischer Sanktionsmaßnahmen (über deren Inhalt und Inkraftsetzung im Kreis der EG-Staaten gravierende Meinungsdifferenzen bestanden). Unter erheblichem Handlungsdruck angesichts einer durch die Vorgänge in Jugoslawien sensibilisierten westeuropäischen Öffentlichkeit stehend, versuchte die EG zwar immer wieder Einfluss auf das Geschehen zu nehmen; es zeigte sich aber überdeutlich, dass das ihr zur Verfügung stehende klassische Instrumentarium

- Gewährung bzw. Versagung von Gemeinschaftshilfe,
- Mittel des diplomatischen Dialogs,
- Verfahren der Konfliktschlichtung und friedlichen Streitbeilegung

Voraussetzungen erfolgreicher Vermittlung

in dem Moment an seine Grenzen stieß, in dem die Konfliktparteien Rekurs auf den Einsatz massiver militärischer Gewalt nahmen. Ebendies scheint uns das grundsätzliche Problem aller EG-Initiativen zu sein: Erfolg können sie nur in dem Maße haben, in dem die Konfliktparteien selbst am Frieden interessiert sind, sich der Vermittlung bedienen, um unter Wahrung ihres Gesichtes die Möglichkeiten für einen verhandelbaren Kompromiss, für ein Arrangement des *do ut des* auszuloten. Solange sie jeweils nullsummenspielartige Maximalpositionen schroff gegeneinandersetzen (und den Schleier parallel laufender Verhandlungen gar dazu benutzen, diese Maximalpositionen auszubauen und militärisch abzusichern), so lange besteht auch für das Geschäft des Vermittlers wenig Hoffnung.

Diskrepanz von Zielen und Mitteln der EG-Aktivitäten

Ehrgeizige Ziele, bescheidene Mittel – ganz zu Recht fasste so der Kommentator der Süddeutschen Zeitung Verlauf und Ergebnis der Londoner Konferenz am 26. August 1992 zusammen (*Schneider* 1993). Dieses Urteil mag generell für die EG-Politik gegenüber Jugoslawien gelten: Die Gemeinschaft hat sich insbesondere von den Serben, denen die Friedensbemühungen allenfalls als Vorwand dienten, mit barbarischen militärischen Operationen vollendete Tatsachen zu schaffen, nach allen Regeln der machtpolitischen Kunst vorführen lassen. Freilich ist dieses Urteil in zweierlei Hinsicht zu qualifizieren; setzt es doch einmal voraus, dass der Katalog der von der EG entwickelten Handlungsziele in sich schlüssig, konsistent und realitätsnah gewesen wäre und dass zum anderen die politischen Interessen der einzelstaatlichen EG-Akteure auf einen gemeinsamen Nenner hätten gebracht werden können. In beiden Fällen sind erhebliche Zweifel angebracht!

Zunächst zum Zielkatalog: Er umfasste die Versuche (*Edwards* 1992: 185),

- den Konflikt geografisch auf den kleinstmöglichen Raum zu begrenzen,
- eine Friedenslösung so schnell wie möglich herbeizuführen,
- einen Ausgleich zwischen den offenkundig unvereinbaren Prinzipien der nationalen Selbstbestimmung und der Unbeweglichkeit der Grenzen zu schaffen,
- den Grundsatz durchzusetzen, dass territorialer und politischer Wandel nicht mit gewaltsamen Mitteln herbeigeführt werden darf.

Eine gewisse Konsistenz mag dieser Zielmenge nicht abgesprochen werden – in der Umsetzung allerdings erwies sie sich als wenig geeignet, den Gang der Entwicklung entscheidend zu beeinflussen. Zugegeben: Mit den Vermittlungsaktionen der EG-Troika insbesondere 1991, mit der Entsendung von EG-Monitoren als Ausdruck eines klassischen Peacekeeping-Konzeptes, mit der Förderung des diplomatischen und Expertendialogs auf einer Vielzahl von Verhandlungsebenen entwickelte die EG Instrumente, die über ihr klassisches Arsenal weit hinausgingen (*Bendiek* 2004). Vor dem entscheidenden Schritt aber – Benennung der Serben als Aggressoren, Verhängung einer embargogestützten Wirtschafts-, Verkehrs- und Kommunikationsquarantäne, Ersatz der Beobachtermissionen durch eine WEU-gestützte Friedenserzwingungs- und -sicherungsstreitmacht – schreckte sie jedoch immer wieder zurück. Ihren vielfältigen in diese Richtung zielenden Interventionsdrohungen fehlte ganz entschieden ein Moment, das in der Politik der Abschreckung eine zentrale Rolle spielt: das der Glaubwürdigkeit. Dieses Moment ist zum einen durch die Kriegsparteien selbst hinterfragt und in Zweifel gesetzt worden. Es gelang ihnen, je länger, desto eher, die diplomatische Verhandlungsebene und die Ebene militärischer Auseinandersetzung um territoriale Positionsgewinne gänzlich zu separieren. Der Glaubwürdigkeitsanspruch der EG-Politik litt zum Zweiten aber auch an den offenkundigen Positions- und Interessendivergenzen der EG-Akteure selbst. Als Konsequenz dieser Interessenkonstellation erwies sich die EG mit Blick auf die oben genannten Ziele zwar durchgängig als fähig zur Formulierung von Formelkompromissen, eine reale Handlungsfähigkeit schloss diese Position aber nur selten ein.

Öffentlich besonders deutlich wurde die Divergenz der Akteursinteressen zunächst in der Frage, ob die EG die Verselbständigung der jugoslawischen Teilrepubliken, vornehmlich Sloweniens und Kroatiens, anerkennen oder am Konzept eines jugoslawischen Einheitsstaates festhalten sollte. Während sie zu Jahresbeginn 1991 noch auf einer Position der Nichtanerkennung der Teilrepubliken – und damit auch des Nichtkontaktes mit deren politischen Repräsentanten – verharrte, wandelte sich dieser *acquis politique* im Zuge der gewaltsamen Auflösung des jugoslawischen Bundesstaates nicht zuletzt unter massivem deut-

Glaubwürdigkeitsdefizit der EG-Position

schen Druck in Richtung auf die Infragestellung der Einheit Jugoslawiens und der Anerkennung der Teilrepubliken zu Beginn des Jahres 1992. Die zögerliche Haltung mancher EG-Staaten hatte sicherlich viel zu tun mit den möglicherweise unliebsamen Konsequenzen, die der Vollzug des Rechtes auf nationale Selbstbestimmung mit Blick auf die eigenen Minoritätenprobleme – im Baskenland, in Korsika, in Nordirland – hätte zeitigen können. Sie hatte aber auch manches zu tun mit dem nicht von der Hand zu weisenden Verdacht, dass sich die jugoslawischen Nachfolgestaaten nach der Anerkennung im Gravitationsfeld der Bundesrepublik bewegen würden – ein Verdacht, der zumindest unterschwellig die Politik eines Staates beeinflussen mochte, der wie Frankreich zu den Paten des einstigen großserbischen Königreiches, zu den Garanten des Versailler Vertrages und dessen Staatensystems in Ost- und Südosteuropa und den Siegermächten von 1945 gehörte. Die Revitalisierung der Vorvergangenheit hinterließ auch hier ihre Spuren – stellte sich doch jenseits aller diplomatischen Floskeln und militärischen Massaker schließlich die Frage, ob die Völker Südslawiens unter serbischer Vorherrschaft leben oder ob sie Akteure eines nach Deutschland und Österreich orientierten Mitteleuropas sein sollten. Je nachdem, wie die Antwort auf diese Frage ausfiel, musste sich auch die Haltung in der Anerkennungsfrage gestalten (*Axt* 1993; *Caplan* 2005).

Anerkennungs-problematik

Dass die Konsequenzen einer Anerkennung der jugoslawischen Teilrepubliken als Völkerrechtssubjekte im Übrigen auch bei den Befürwortern dieses Schrittes nicht bis ins Letzte durchdacht worden waren, zeigt das zweite divergente Interessenfeld: Als wichtiger Schritt zur Internationalisierung des Jugoslawienkonfliktes hätte die Anerkennungspolitik dann einen Sinn haben können, wenn die EG bereit und in der Lage gewesen wäre, der serbischen Aggression notfalls durch die Projektion militärischer Macht entgegenzutreten. Dazu war sie aber ernsthaft zu keinem Zeitpunkt des Konfliktes gesinnt. Die Politik Westeuropas geriet zumal nach dem Bekanntwerden der barbarischen Praktiken in den serbischen Gefangenenlagern in eine Betroffenheitsspirale. Dass militärisch eingegriffen werden müsste, forderten zunächst Hinterbänkler in den Parlamenten, dann ehemalige Regierungschefs, dann medienwirksam auch amtierende Entscheidungsträger. In Umkehrung der Regelvermutung mussten sie sich jedoch gerade von ihren Militärs mehrfach vorrechnen lassen, welch hohe Kosten und geringe Erfolgsaussichten eine militärische Intervention gehabt hätte.

Keine Bereitschaft zur militärischen Intervention

Uneinigkeit in der EG

Die auseinanderstrebenden Interessen wurden in diesem Kontext besonders deutlich: Frankreich verfolgte bis weit in das Jahr 1992 hinein eine verhalten pro-serbische Politik, die sich zwar zu ökonomischen Sanktionen, dann auch zu humanitären Interventionen durchrang, eine völlige Isolierung Serbiens aber als lösungskontraproduktiv ablehnte. Großbritannien stand jedem militärischen Engagement, das über UNO-Blauhelmmissionen hinausging, prinzipiell ablehnend gegenüber. Seine auf Vermittlung zwischen den Kriegsparteien ohne deutliche Parteinahme gegen Serbien zielende Politik des „low profile" berücksichtigte die eigenen nordirischen Erfahrungen ebenso wie die Erfahrungswerte, die aus im Verlauf des Entkolonialisierungsprozesses bewältigten ethnonationalen Konflikten abgeleitet werden konnten. Die Bundesrepublik schließlich verfolgte – rein rhetorisch – eine Politik der Stärke gegenüber der serbischen Aggression, freilich im Bewusstsein, dass sie aus offenkundigen historischen, verfassungs-

mäßigen und innenpolitischen Gründen nur über einen beschränkten Handlungsspielraum verfügte. In der Konsequenz meldete sie sich – nachdem sie ihre europäischen Partner in der Anerkennungsfrage kräftig irritiert hatte – aus der Gestaltung einer EG-weit abgestimmten Balkanpolitik ab.

Mehrfach gebrochen und verstärkt wurde die Uneinigkeit über die Jugoslawienpolitik der EG durch den Umstand, dass der Konflikt sich zeitparallel zu den
europäischen Unionsverhandlungen über die Verträge von Maastricht entwickelte. Auch hier waren – um an die Gorbatschow'sche Bildsymbolik vom gemeinsamen europäischen Haus anzuknüpfen – Pläne und Interessen der Bauherren
durchaus unterschiedlich: Frankreich strebte eher danach, den Westflügel dieses
Gebäudes auszubauen, die Bundesrepublik suchte nach Mitteln und Wegen der
Rekonstruktion der östlichen Doppelhaushälfte; Großbritannien saß im Vorwerk
und widmete einen Teil seiner Aufmerksamkeit dem Erhalt der Atlantikbrücke.
Der Jugoslawienkonflikt spitzte diese unterschiedlichen Perspektiven zu. Er
lieferte ein Begründungsmoment, aber auch einen Testfall für die europäische
Außen- und Sicherheitspolitik, deckte aber auch ihre institutionellen und konzep-
tionellen Beschränkungen und Schwächen auf, indem er die Zwölf mit der
Grundsatzfrage konfrontierte, welches denn die geeignetste und effektivste institutionelle Struktur sei, in deren Rahmen und mit deren Mitteln die Sicherheit
Europas geschaffen und garantiert werden könne (*Gow* 1997).

*Parallele Verhand-
lungen über Vertrag
von Maastricht*

Klar war, dass der Konflikt sich außerhalb der geografischen Zuständigkeit
der NATO entwickelte; ebenso klar war, dass er – von der möglichen Involvie-
rung an den Balkan grenzender NATO-Staaten einmal abgesehen – gravierende
potenzielle Bedrohungsmomente in den NATO-Sicherheitsbereich überschwappen ließ. In der französischen Sicht verlangte dies nach einer gemeinsamen EG-
Außenpolitik und einer stärkeren Revitalisierung der Westeuropäischen Union,
weniger aber nach der Eröffnung neuer NATO-Handlungsoptionen. In der britischen Sicht – und in der manch anderer EG-Mitglieder – lagen die Dinge genau
umgekehrt.

Und der Konflikt verdeutlichte, dass sich in Europa im sicherheitspolitischen Bereich eine Vielzahl von in Mitgliedschaft und Kompetenzansprüchen
überlappenden Organisationen entwickelt hatte, die alle konfliktpräventive und
konfliktlösende Rollen für sich reklamierten: von der gesamteuropäischen KSZE
über die EG, die NATO, die WEU zur Pentagonale (Italien, Österreich, Ungarn,
CSR, Jugoslawien) und – seit 1991 – zur Hexagonale (Pentagonale + Polen).
Aus der Perspektive ihrer Mitglieder repräsentierte jede dieser Institutionen einen unterschiedlichen Betroffenheits- und Zuständigkeitsbereich. Zugleich boten
sie je individuell die Gelegenheit, unterschiedliche Einzelinteressen zu verfolgen
und differente Nationalinteressen ebenso wie in verschiedene Richtungen zielende innenpolitisch generierte Politikansprüche zu befriedigen. Dass alle diese
Instrumente nur schwerlich zu einem kompakten sicherheitspolitischen Orchester
zusammenzufassen waren, mag die Handlungsunfähigkeit Westeuropas im Jugoslawienkonflikt teilweise erklären. Letzten Endes aber bleibt der springende
Punkt doch der, den der britische Außenminister Douglas Hurd im September
1991 schon so formuliert hat:

*Unübersichtlichkeit
der sicherheitspoliti-
schen Institutionen*

„I am very anxious that we should not exaggerate what we can do, or pretend that we in Western Europe can substitute for the lack of will for peace in Yugoslavia [...]" *(zit. n. Edwards 1992: 175 f.).*

4 Konfliktbearbeitung: Akteure und Maßnahmen zu Prävention, Intervention, Management, Lösung und Nachsorge

4.1 Einleitung

Aus dem im vorangegangenen Kapitel erläuterten Fallbeispiel Jugoslawien lassen sich bereits einige Erkenntnisse für die Konfliktbearbeitung ableiten. Wir wollen in diesem Kapitel anhand konkreter Beispiele verdeutlichen, welche Maßnahmen in welchen Situationen zum Erfolg geführt und – beinahe noch wichtiger – welche Aktionen die Konfliktsituation noch verschärft oder verschlimmert haben. Welche Lehren sind daraus zu ziehen für die Bearbeitung und auch die Analyse zukünftiger Konflikte?

Wie löst man einen Konflikt? Die unzweideutigste Lösung besteht sicherlich darin, dass eine Konfliktpartei den Konflikt gewinnt, das heißt ihre Ziele gegen das Widerstreben der anderen Konfliktparteien durchsetzt. Im Lauf der Weltgeschichte war dies zweifelsohne die häufigste Form der Konfliktlösung. Sie ging allerdings einher mit Eroberung und Sieg, Niederlage und Unterwerfung und barg damit oft schon den neuen, künftigen Konflikt in sich (vgl. auch Kapitel 1). Insofern sind für die Konfliktforschung jene Konfliktlösungsmuster von größerem Interesse, die den Konfliktparteien dazu verhelfen, ihre Beziehungen in einer solchen Weise zu definieren, dass sie in die Lage versetzt werden, ihre Ziele im Weg der Verhandlung, des Kompromisses und des Ausgleichs konfligierender Ansprüche auf Verfügung über knappe Werte zunehmend gewaltfrei zu verwirklichen oder ihre Ziele so zu definieren, dass sie nicht länger inkompatibel erscheinen (vgl. auch Kapitel 2). Anders ausgedrückt: Ziel der Konfliktforschung ist, nullsummenspielartige Konflikte in nichtnullsummenspielartige Auseinandersetzungen zu transformieren, das ursprünglich nichtkooperative Verhalten der Konfliktparteien in kooperatives Verhalten zu überführen.

Dieses Kapitel behandelt folglich die Konfliktbearbeitung: In Abwandlung des Ansatzes von Harold *Lasswell* (1936: *Politics: Who gets what, when, and how?*) fragen wir insbesondere nach dem „who" und „what", also nach den Akteuren und ihrem Konfliktverhalten. Einleitend befassen wir uns mit den theoretischen Erläuterungsmustern von Konfliktbearbeitungsmodi. Danach werden die verschiedenen Akteure in der Konfliktbearbeitung dargestellt, um anschließend die unterschiedlichen Bearbeitungsweisen vertiefend zu betrachten. Dabei orientieren wir uns an den verschiedenen Phasen und Ausprägungsformen eines Konfliktes und den diesen entsprechenden Konfliktbearbeitungsmodi. Wir unterscheiden im Wesentlichen fünf Stufen:

Fünf Stufen der Konfliktbearbeitung

1.   die Prävention (das heißt die Verhütung oder Vermeidung eines Konfliktes),

2. die Intervention zur Eindämmung eines gewaltsamen Konfliktes (das heißt die Modifikation der Konfliktsituation, beispielsweise durch militärische Eingriffe von außen oder Sanktionen),
3. das Management (die Verrechtlichung des Konfliktaustrages und der Konfliktregelung),
4. die Lösung oder Transformation (verstanden als klassischer Interessenausgleich),
5. die Nachsorge (die Stabilisierung der Situation und damit – s. 1. – Prävention eines neuen Konfliktes bzw. des Wiederaufflammens des alten).

Alle fünf Stufen werden zur Veranschaulichung anhand von Einzelbeispielen erläutert. Dies soll Konfliktbearbeitung nachvollziehbar machen und zeigen, wie sich politische Praxis auf den Inhalt unserer theoretischen Toolbox beziehen lassen kann. Nur so kann die Konfliktforschung auch einen Beitrag zur praktischen Politik leisten: indem sie nicht nur analysiert und kritisiert, sondern auch Handlungsanleitungen für die Zukunft formuliert!

Da die Konfliktforschung vielfach auf spieltheoretische Erwägungen zurückgreift, sollen eingangs einige Grundbegriffe der Spieltheorie knapp erläutert werden.

Problematische Ansätze der Spieltheorie

Die Spieltheorie ist eine formale, mathematische Methode der Untersuchung von Entscheidungsprozessen in Konfliktsituationen. Sie geht von bestimmten Annahmen über das Verhalten der Konfliktparteien aus, die sie in quantitativer Form ausdrückt: Grundannahme ist, dass die Konfliktparteien sich bei ihren Entscheidungen rational verhalten. In der Regel wird das zu entscheidende Problem in der Form einer Matrix dargestellt, in der den verschiedenen möglichen Entscheidungsergebnissen numerische Werte beigemessen werden. Jeder Teilnehmer des Spieles hat zwei Entscheidungsoptionen zur Auswahl, sodass sich – in bewusster Vereinfachung der Realität – für einen Konflikt vier Lösungsmöglichkeiten ergeben. Die Spieler suchen entweder ihre Gewinne zu maximieren oder ihre Verluste zu minimieren. Diese Verhaltensregel ist auch als Minimax-Prinzip bekannt. In der Spieltheorie unterscheiden wir zwischen zwei Haupttypen von Spielen:

Nullsummenspiel

Im Nullsummenspiel (englisch *zero sum game*) ist die Summe der im Spiel getätigten Auszahlungen an die Spieler gleich null. Im Fall eines Zwei-Personen-Nullsummenspieles ist der Gewinn des einen Spielers also gleich dem Verlust des anderen Spielers – eine Struktur I, die sich durch folgende Matrix darstellen lässt:

Zwei-Personen-Nullsummenspiel

Spieler

A	*B*
Gewinn	Verlust
Verlust	Gewinn

Das Nullsummenspiel repräsentiert eine reine Konfliktsituation. Jeder Spieler verfolgt seine Strategien, ohne die Strategie des Mitspielers zu kennen oder in seinem Spielverhalten zu berücksichtigen. Die Motive der Spieler sind antagonistisch, Möglichkeiten zur Kooperation werden nicht in Erwägung gezogen. Eine zweite Klasse von Spielen ist bekannt als Nichtnullsummenspiel (englisch *non-zero sum game*). Hier können die Spieler gleichzeitig Gewinne (englisch *positive sum game*) oder Verluste (englisch *negative sum game*) erzielen.

Nichtnull-summenspiel

Zwei-Personen-Nichtnullsummenspiel

Spieler

A	*B*
Gewinn	Gewinn
Verlust	Verlust

Nichtnullsummenspiele weisen in der Regel partiell deckungsgleiche Motive der Spieler auf. Die Annahme, das Spiel repräsentiere eine reine Konfliktsituation, wird fallengelassen, und Kooperation der Spieler und Koordination ihrer Spielstrategien bieten sich als Alternative zum antagonistischen Konfliktverhalten an. Damit wird allerdings auch die Minimax-Strategie aufgegeben. Die Spieler versuchen typischerweise ihre Gewinne den jeweiligen Umständen des Spieles entsprechend zu optimieren.

Ansatzweise haben diese Überlegungen in einer Theorie der Konfliktlösung ihren Niederschlag gefunden. Grundsätzlich wird dabei zwischen „kompetitiven" – das heißt wettbewerbsmäßigen – und „kooperativen" Lösungsmustern unterschieden. Kompetitive Prozesse sind assoziiert mit nullsummenspielartigem Denken und gegnerschaftlichem Verhalten; kooperative Prozesse zeichnen sich durch positivsummenspielartiges Denken und kooperatives Verhalten aus. Zwischen beiden Polen lässt sich ein Kontinuum von Konfliktlösungsverfahren konstruieren:

„Kompetitive" und „kooperative" Lösungsmuster

Abbildung 3:   Kontinuum von Konfliktlösungsmustern

Kompetitiver Pol

Anwendung tödlicher Gewalt

Drohung mit Gewaltanwendung

Rechtsstreit/Prozess/Urteil

schiedsrichterliches Verfahren

Aussöhnung/Versöhnung

Vermittlung

kollaborative Verhandlung

Interessenausgleich durch Kompromiss

integrative Verhandlung

Kooperativer Pol

Diese obengenannte Zielsetzung der Konfliktforschung impliziert nun allerdings auch eine analytische Perspektive, die über die Betrachtung der Lösung und der Ergebnisse eines Konfliktes weit hinausgehen muss und gleichsam die gesamte Konflikt(prozess)geschichte ins Auge fasst. Insofern untersucht sie nicht nur **Modi der Konfliktbearbeitung** Konfliktlösungen, sondern generell Modi der Konfliktbearbeitung – von der Konfliktvermeidung über die Konfliktprävention und die Konfliktregulierung zur Konfliktlösung. Wir stellen die Sequenz dieser Konfliktbearbeitungsmodi wiederum grafisch dar:

Abbildung 4:   Sequenz von Konfliktbearbeitungsmodi

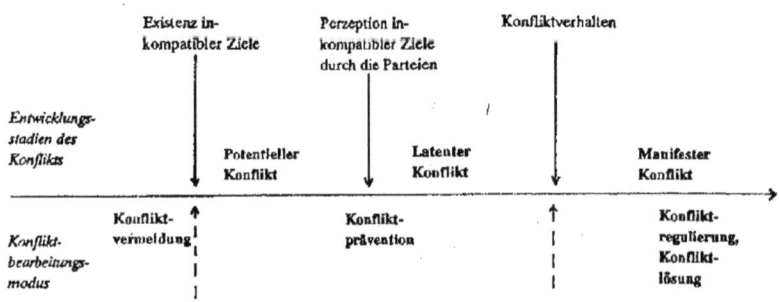

Quelle: *Mitchell* 1981: 256

Wem diese Sequenz zu abstrakt erscheint, dem sei der (Einsatz-)Ort möglicher Konfliktbearbeitungsmodi am Beispiel eines (hypothetischen) Konfliktentwicklungszyklus aus der internationalen Politik demonstriert. Am Anfang des Konfliktzyklus steht in der Regel eine Veränderung der internationalen Umgebung oder der Binnengesellschaft der Konfliktparteien, die sie auf eine potenzielle Bedrohung ihrer Interessen aufmerksam werden lässt. Zugleich ist damit ein potenzieller Konfliktzustand gegeben, der in dem Augenblick latent wird, in dem die Parteien sich nicht nur allgemein über die Bedrohung ihrer Interessen klar werden, sondern insbesondere perzipieren, dass ihre eigenen Ziele mit denen der anderen Konfliktakteure nicht zur Deckung zu bringen sind. In der Phase der Konfliktlatenz mögen die Parteien noch versuchen, ihre Ziele mit den klassischen Methoden (gewaltfreier) Diplomatie (Einflussnahme, Überzeugung, Verhandlung) durchzusetzen; falls sie damit scheitern, mögen sie zu Drohungen, Sanktionen und nichtkriegerischen Zwangsmaßnahmen (Abbruch der Beziehungen, Blockade, Vergeltungsmaßnahmen) greifen, die zugleich die Konfliktsituation polarisieren und zu einer internationalen Krise hinaufschaukeln. Der Konflikt wird in Intensität und Qualität derart zugespitzt, dass er mit überkommenen Lösungstechniken nicht mehr bewältigt werden kann (*Meyers* 1991: 25 ff.). Im Krisenkontext kann der bislang gewaltfrei verlaufene Konflikt umschlagen in einen (angedroht, dann real) gewaltsamen. Schon die Drohung mit der Anwendung von Gewalt kann einen Eskalationsprozess in Gang setzen, der dann in tatsächlich organisierte (das heißt in militärische) Gewaltanwendung zwischen den Konfliktparteien mündet: Krieg. Der Kriegszustand kann unterbrochen werden durch einen Waffenstillstand, aufgehoben durch ein Friedensabkommen. Beide mögen das Ergebnis eines unmittelbaren (ggf. schrittweisen) Ausgleiches der divergierenden Interessen der Konfliktparteien durch diese selbst sein. Häufiger jedoch sind sie Ergebnis einer (unbewaffnet-diplomatischen oder bewaffneten) Intervention Dritter. Konfliktbearbeitung kann mit je spezifischen Modi, Mitteln und Methoden auf jeder dieser Entwicklungsstufen ansetzen, um die weitere Eskalation des Konfliktes zu verhindern. Die Charakteristika der einzelnen Bearbeitungsmodi gehen aus dem Verlaufsschema *Konfliktbearbeitung/Konfliktmanagement* hervor (siehe Anhang S. 233).

Ein Gutteil der hier vorgestellten Konfliktbearbeitungsverfahren ist dem Historiker oder Völkerrechtler schon seit langem vertraut (Überblicke bei *Grewe* 1984; *Johnson* 1987; *Collier/Lowe* 1999; Lehrbuch *Merrills* 1998), insbesondere die, die hier unter dem Modus der Konfliktregulierung aufgeführt werden. Was die Konfliktforschung allerdings in diesem Kontext leistet, ist zweierlei: Einmal versucht sie die bekannten Verfahren zu optimieren, zu einem in sich konsistenten System zu entwickeln, das gleichsam der Eskalationsleiter des Konfliktes eine Eskalationsleiter der Konfliktbearbeitung entgegenstellt, und die bei diesem Unternehmen offenkundig werdenden Leerstellen mit neuentwickelten Konfliktbearbeitungsverfahren aufzufüllen. Zum anderen macht sie sich dabei die Erkenntnisse einer Vielzahl von Fachwissenschaften zunutze. Schwerpunktmäßig konzentriert sie sich dabei auf die Modi der Konfliktvermeidung und Konfliktprävention einerseits und auf die Rollen und Funktionen Dritter bei der Konfliktbeendigung andererseits (Übersichten bei *Ropers/ Debiel* 1995 sowie *Miall u. a.* 1999). Bevor wir genauer auf Konfliktvermeidung, Konfliktprävention, Kon-

fliktregelung, Konfliktlösung und Konfliktnachsorge eingehen, widmen wir uns
den Akteuren der Konfliktbearbeitung.

4.2 Akteure der Konfliktbearbeitung: Handlungsoptionen und Durchsetzungsmöglichkeiten des „Track 1" und „Track 2"

Publikationstitel wie „Turbulent Peace" (*Crocker* u. a. 2001) drücken metaphorisch aus, wovon Konfliktbearbeitung in der Praxis häufig gekennzeichnet ist:
Unübersichtlichkeit und eine Vielzahl unterschiedlicher nebeneinander, gegeneinander und selten miteinander agierender Akteure.

Welche Akteure sind in Konfliktbearbeitungskontexten beteiligt? Wie unterscheiden sie sich voneinander, und worin bestehen ihre jeweiligen Handlungsoptionen und Durchsetzungsmöglichkeiten?

Unterscheidung in „Track 1" und „Track 2"   Als bekannteste Unterscheidung von Konfliktbearbeitungsakteuren und ihren verschiedenen Handlungsoptionen gelten die sogenannten Tracks. „Track 1"
umfasst die Initiativen und Interventionen von Akteuren der Staatenebene wie
einzelne Staaten und ihre Regierungen, Staatenzusammenschlüsse (z. B. EU),
internationale Organisationen (z. B. UNO) und regionale Organisationen (z. B.
Organisation für Sicherheit und Zusammenarbeit in Europa – OSZE). „Track 2"
umfasst die Aktivitäten gesellschaftlicher Akteure wie internationaler oder lokaler Nichtregierungsorganisationen, Forschungsinstitute, kirchlicher Organisationen und Individuen (vgl. *Paffenholz* 2001: 75; *Davies/Kaufman* 2002: 2). Der

Abbildung 5:   Konzept der „Multi-Track"-Diplomatie

Quelle: *Diamond/McDonald* 1996: 15

Begriff „Track" 3 wird nicht einheitlich verwandt; es zeichnet sich jedoch ab,
dass hierunter alle Initiativen gefasst werden, die sich auf der Basisebene bewe-

gen, wie Training, „capacity building", „Ermächtigung" benachteiligter Gruppen oder Traumaarbeit mit vom Konflikt betroffenen Bevölkerungsteilen. Daneben gibt es Mischformen wie Einrichtungen der Wissenschaft oder der Entwicklungszusammenarbeit, die ganz oder überwiegend vom Staat finanziert werden, ihre Ziele und Maßnahmen aber weitgehend unabhängig von ihren staatlichen Geldgebern festlegen können. *Diamond/McDonald* (1996) benennen in ihrem Konzept der „Multi-Track"-Diplomatie sogar 9 „Tracks": Regierungen, NGOs, die Wirtschaft, Privatpersonen, Forschungs-, Trainings- und Bildungseinrichtungen, Aktivisten, Kirchen, Sponsoren und Medien. Medien stellen den wichtigsten aller Akteure dar, da durch Kommunikation alle „Tracks" oder Akteursgruppen miteinander verbunden werden (vgl. *Diamond/McDonald* 1996: 14 f.).

Die *mittlere* Führungsebene besteht aus Personen, die in Konflikten wesentliche Rollen spielen können, deren Einfluss sich aber nicht notwendigerweise durch Verbindungen zur Politik ergibt. Vertreter sind hier respektierte Persönlichkeiten aus Bereichen wie dem Bildungssektor oder der Wirtschaft sowie Personen, die innerhalb bestimmter Netzwerke hohe Positionen bekleiden, beispielsweise in akademischen oder religiösen Einrichtungen. Auch Prominente, wie etwa bekannte Schriftsteller, können Führungspersönlichkeiten dieser mittleren Führungsebene sein (vgl. auch *Rupesinghe* 1995: 317). Das wichtigste Merkmal dieser Ebene ist, dass ihre Anführer sowohl mit der oberen als auch mit der unteren Führungsebene einer Gesellschaft in Verbindung stehen. Ein weiteres Merkmal ist, dass sich die Position von Persönlichkeiten der mittleren Führungsebene nicht aus politischer oder militärischer Macht speist, was ihnen eine größere Handlungsflexibilität verleiht. Das dritte Merkmal dieser Ebene ist, dass diese Akteure besonders häufig über ethnische oder andere Identitätstrennlinien, die innerhalb einer Gesellschaft existieren können, hinweg agieren (vgl. *Lederach* 1997: 41 f.).

Die *untere* Führungsebene, die „Graswurzelebene", schließlich repräsentiert die breite Bevölkerungsmasse. Führungspersönlichkeiten dieser Ebene können Personen aus lokalen Gemeinschaften, Mitglieder lokaler NGOs oder Leiter von Flüchtlingslagern sein. Jeder der drei beschriebenen Ebenen ordnet *Lederach* bestimmte Konfliktbearbeitungsansätze zu, wie in Abbildung 6 zu erkennen ist Insgesamt haben sich Maßnahmen, die auf der mittleren Gesellschaftsebene ansetzen, als am effektivsten erwiesen, was sicherlich an den geschilderten Charakteristika dieser Ebene liegt (vgl. *Voutira/Brown* 1995: 6; *Lange* 1997: 124; *Wolleh* 2001: 32). Akteure der mittleren Führungsebene stehen zudem meist außerhalb des Wahrnehmungsradius der internationalen Medien, was ihnen ein hohes Maß an Flexibilität und Handlungsfreiheit ermöglicht (vgl. *Lederach* 1997: 41 f.).

Abbildung 6:   Konfliktbearbeitungsansätze nach Lederach

Types of Actors

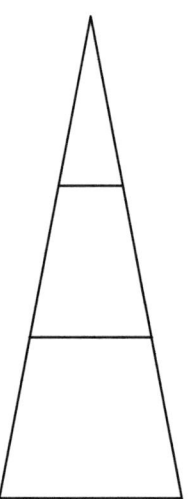

**Approaches to
Building Peace**

Level 1: Top leadership
Military/political/religious
leaders with high visibility

Focus on high-level
negotiations. Emphasize
cease-fire. Led by highly
visible, single mediator.

Level 2: Middle-range leadership
Leaders respected in sectors.
Ethnic/religious leaders.
Academies/intellectuals.
Humanitarian leaders (NGOs)

Problem-solving workshops.
Training in conflict resolution.
Peace commissions.
Insider-partial teams.

Level 3: Grassroots leadership
Local leaders. Leaders of
indigenous NGOs. Community
developers. Local health
officials. Refugee camp leaders.

Local peace commissions.
Grassroot training.
Prejudice reduction.
Psychosocial work in postwar
trauma.

Quelle: *Lederach* 2001: 146

„Track-1"-Initiativen

„Track-1"-Initiativen knüpfen meist an die *obere* Führungsebene der Leder-achschen Pyramide an. Auf der Ebene der offiziellen oder auch stillen Diploma-tie geht es vor allem um die Beilegung der Sachkonflikte und die Vereinbarung von Waffenstillständen und Friedensvereinbarungen. „Track-1"-Akteure können hier auf verschiedene Art und Weise intervenieren. Sie können als Drittparteien „gute Dienste" leisten, sie können Moderations- und Mediationsfunktionen wahrnehmen, sie können Verhandlungen zwischen Konfliktparteien durch einen Verhandlungsführer leiten und unterstützen oder auch Machtmittel mobilisieren. Bei einer solchen Mediation mit Machtmitteln („power mediation") werden Ressourcen oder Druckmittel in den Verhandlungsprozess eingebracht wie etwa die Zusicherung finanzieller Unterstützung oder auch die Androhung militäri-scher Gewalt („financial carrots or military sticks", *Paffenholz* 2001: 77). Ein Beispiel für eine solche Art der Mediation stellt der von den USA erarbeitete Friedensvertrag für Bosnien-Herzegowina im Sommer 1995 dar. Die USA knüpften die Zusage finanzieller Unterstützung zum Wiederaufbau Bosniens an das Zustandekommen eines Friedensabkommens und kündigten gleichzeitig das Bombardement bosnisch-serbischer Artillerie an, falls das Abkommen nicht zustande komme.

Der Ansatz der „Track-1"-Diplomatie ist ergebnisorientiert, und die Inter-ventionen sind meist auf befristete Zeiträume angelegt (vgl. *Davies/Kaufman* 2002: 4). „Track-1"-Initiativen scheinen noch immer ihren Schwerpunkt eher in klassischen Methoden des Konfliktmanagements zu sehen als in nachhaltiger Konfliktbearbeitung, wie auch die Wortschöpfung „conflict handling" des „UK Department for International Development" (vgl. *Aggestam* 2003: 18) nahelegt. Im „Human Development Report 2005" wird auf die starkentwickelten militäri-schen Handlungsoptionen heutiger Sicherheitsstrategien und die vergleichsweise sehr gering entwickelten breiter angelegten Konzepte zur Herstellung „menschlicher Sicherheit" verwiesen (vgl. *UNDP* 2005: 152).

Diese ergebnisorientierte und kurzfristige Art der Konfliktbearbeitung ist im Forschungsdiskurs häufig kritisiert worden. Ein Kritikpunkt stellt darauf ab, dass Staaten sich vor allem auf die Führungsebene der Konfliktparteien konzentrieren und dabei die Relevanz der Akteure anderer gesellschaftlicher Ebenen ignorieren. Gerade in ethnopolitischen Konflikten seien die Machthierarchien oft diffus und unklar (vgl. *Lederach* 2001: 146 f.; *Kumar* 2001: 188 f.). _{Kritik an „Track-1"-Diplomatie}

> „[...] the international community most often seeks out and relates to hierarchical leaders [...], even when, as is often the case, power may be far more diffuse and fractionated. In situations such as Bosnia, Somalia, and Liberia, the degree to which hierarchical power is operational is decidedly unclear" *(Lederach 2001: 147).*

Gerade die Eliten einer Konfliktregion profitieren oft von der Fortführung eines Konfliktes, und Waffenstillstandsverhandlungen und -vereinbarungen sind lediglich Teil ihrer taktischen Manöver (vgl. *Kumar* 2001: 189). Ein weiterer Kritikpunkt an „Track-1"-Initiativen ist, dass staatliche Akteure nicht die Rolle des „neutralen Vermittlers" für sich beanspruchen können, da sie im Sinne staatlicher Interessenpolitik handeln (vgl. *Ropers* 1995: 214). Eine Reihe von Autoren weist schließlich darauf hin, dass ergebnisorientierte Ansätze allein nicht in der Lage seien, tieferliegende Konfliktursachen zu bearbeiten (vgl. *Ropers* 2000: 219; *Hoffman* 1995: 284 ff.; *Lewer* 1999: 6; *Nathan* 2001: 184).

Konfliktbearbeitung des „Track 2" ist nicht als Alternative zu „Track 1"-Initiativen, sondern als komplementäres System zu sehen. Im Gegensatz zum „Track 1" hat der „Track 2" häufig Zugang zu einflussreichen Akteuren der mittleren und unteren Führungsebene. Der mittleren Führungsebene kommt hier als Bindeglied eine elementare Funktion zu. Auf dieser Ebene im Austausch generierte Ideen und Optionen für Friedensprozesse werden an Mitglieder der oberen Führungsebene kommuniziert. Aber auch die Einbindung der unteren Führungsebene, der lokalen Autoritäten, Flüchtlingscampleiter, Anführerinnen lokaler Frauengruppen, ist von großer Bedeutung. Diese Ebene wird tendenziell von den anderen Ebenen isoliert, was ihre Kapazitäten, stabile Voraussetzungen für Frieden zu schaffen, enorm schwächt (vgl. *Davies/Kaufman* 2002: 5 f.). Ohne die Mobilisierung von Akteuren auf der mittleren und unteren Ebene sind politische Vorgaben wenig erfolgversprechend, wie beispielsweise die Erfahrungen mit dem Friedensabkommen von Dayton in Bosnien-Herzegowina zeigen. Die von *Lederach* (vgl. 1997: 29 f.) für die Konfliktbearbeitung geforderte vertikale Verknüpfung von Führungspersönlichkeiten auf unterschiedlichen gesellschaftlichen Ebenen ist daher eine der Schlüsselaufgaben des „Track 2". _{Konfliktbearbeitung des „Track 2"}

Im Gegensatz zu den meist ergebnisorientierten „Track-1"-Aktivitäten sind Maßnahmen des „Track 2" tendenziell längerfristig und prozessorientiert angelegt und zielen stärker auf strukturelle Konfliktursachen ab. Die Aktivitäten von „Track-2"-Akteuren sind dabei so vielseitig wie diese Akteure selbst. Einige Organisationen arbeiten vor allem mit der „Graswurzel"-Bevölkerung einer Krisenregion, z. B. im Rahmen von Jugend-, Frauen-, Medien-, Bildungsprojekten oder Flüchtlingsarbeit. Andere betätigen sich im Bereich des zivilgesellschaftlichen Aufbaus. Sie stehen beispielsweise beratend zur Verfügung bei der Reform des Justizsektors. Wieder andere erarbeiten wissenschaftliche Analysen und Hintergrundberichte und versuchen durch Lobbyarbeit politische Entscheidungsträger zu erreichen. Einige „Track-2"-Akteure bringen sich auch gezielt in Vorverhandlungsprozesse ein, die eigentlich klassisches „Track-1"-Terrain darstellen – ein oft genanntes Beispiel ist die „shuttle diplomacy" der katholischen Nichtregierungsorganisation „Comunità di Sant'Egidio" im Rahmen der Konfliktregelung in Mosambik.

Der „interaktive Problemworkshop" als „Track-2"- Instrument

Das bekannteste „Track-2"-Instrument ist der auf John *Burton*s „Human Needs Theory" (1990: 36 ff.) zurückgehende „interaktive Problemlösungsworkshop". Er wurde in den 1960er Jahren als Gegenreaktion zu den machtpolitischen Prämissen der traditionellen Konfliktbearbeitung entwickelt (vgl. *Hoffman* 1995: 286 f.; *Wolleh* 2001: 29 f.; *Ropers* 2000: 236 f.). Der Ansatz wurde von einer zweiten und dritten Generation von Forschern weiterentwickelt und wird bis heute angewandt (vgl. *Kelman* 2002: 81 ff.). Im Rahmen eines Problemlösungsworkshops werden politisch aktive und einflussreiche Mitglieder der Konfliktparteien in einer neutralen, informellen Umgebung zusammengebracht und sollen in einem von Praktikern und Forschern begleiteten Drei-Stadien-Prozess eine für beide Seiten akzeptable Lösung erarbeiten, die ihre Grundbedürfnisse Sicherheit, Identität und Anerkennung befriedigt. Dazu gehören auch die Um- und Neustrukturierung gesellschaftlicher, politischer, wirtschaftlicher und kultureller Beziehungen (vgl. *Hoffman* 1995: 287 ff.). In der Praxis sind dem Ansatz des „interaktiven Problemlösungsworkshops" Grenzen gesetzt, insbesondere wenn eine asymmetrische Machtverteilung der Konfliktparteien vorliegt. Hinzu kommt die Schwierigkeit, geeignete Teilnehmer für einen Workshop zu finden, die sowohl motiviert sind, den Friedensprozess aktiv mitzugestalten, als auch in der Lage und Position, den Transfer in die praktische Politik zu gewährleisten (vgl. *Rupesinghe* 1995: 309; *Hoffman* 1995: 291 ff.).

Die vorgestellte Unterscheidung der verschiedenen „Tracks" stellt eine grobe Tendenz dar. Es gibt viele Fälle, wo die Grenze zwischen „Track 1" und „Track 2" verschwimmt, wenn beispielsweise staatliche Akteure langfristige Peacebuilding-Projekte wie im Fall des Stabilitätspaktes Südosteuropa oder nichtstaatliche Akteure eine aktive Rolle bei Friedensverhandlungen spielen wie die NGO „Sant'Egidio" in Mosambik.

NGOs als Beispiel für „Track-2"-Akteure

Nichtregierungsorganisationen oder NGOs (Non-Governmental Organizations) übernehmen heute einen großen Teil der Aktivitäten nichtstaatlicher Akteure in der Konfliktbearbeitung und Gewaltprävention (vgl. *Forberg/Terlinden* 2002: 197).

Neue Akteure in der Konfliktbearbeitung

Dabei sind sie in der Konfliktbearbeitung relativ neue Akteure (vgl. *Aall* 2003: 366) – erst seit der ersten Hälfte der 1990er Jahre, im Zuge der steigenden Popularität der NGOs als neuen „Shootingstars" am Medienhimmel (vgl. *Walk* u. a. 2000: 10), spielen sie dort überhaupt eine relevante Rolle. Bis zu diesem Zeitpunkt war NGOs nirgendwo weniger Aufmerksamkeit geschenkt worden als in der Friedens- und Sicherheitspolitik,

> „einem Bereich, der vor allem in den Augen der Regierungen der alleinigen Entscheidungskompetenz des Staates unterworfen ist" *(Atwood 1998: 173).*

Die Welle „neuer Kriege" nach dem Ende des Ost-West-Konfliktes überforderte staatliche Akteure. Die Instrumente der klassischen staatlichen Diplomatie schienen angesichts der komplexen Herausforderungen nicht mehr zu greifen (vgl. *Chojnacki/Eberwein* 2000: 2; *Lüer* 2001: 183; *Matthies* 2000: 18 f.), wie das Scheitern herkömmlicher Konfliktbeilegungskonzepte in Form von Vermittlerdiensten der internationalen Staatengemeinschaft oder dem Einsatz militärischer Gewalt beispielsweise im ehemaligen Jugoslawien und in Somalia gezeigt hat. Zudem fehlte staatlichen Entscheidungsträgern nach dem Ende des Ost-West-Konfliktes häufig schlicht das geopolitische Interesse an Interventionen in peripheren Konfliktgebieten (vgl. *West* 2001: 4). Vor diesem Hintergrund kam es zu einer Umorientierung in Fragen des Friedens und der Sicherheit. Sowohl Wissenschaftler als auch politische Akteure schrieben NGOs ein hohes Potenzial bei der Prävention und Bearbeitung innerstaatlicher Konflikte zu (vgl. *Schrader* 2000: 11). Als besondere Qualitäten dieser Akteure wurden ihre Flexibilität, ihre Effektivität und ihre Nähe zur Gesellschaft und zu den Konfliktparteien sowie ihre Neutralität und ihre Glaubwürdigkeit betont (vgl. *van Tongeren* 2001: 514). Der Überoptimismus von Mitte der 1990er Jahre und die damit verbundene Überschätzung der Potenziale von Konfliktbearbeitungs-NGOs sind inzwischen verflogen und einer nüchterneren, realistischeren Betrachtungsweise gewichen (vgl. *Schrader* 2000: 11).

NGO-Typen in der Konfliktbearbeitung

Aall/Miltenberger/Weiss (2000: 121) schlagen eine begriffliche Unterteilung internationaler NGOs vor, die sich an den Bereichen, in denen sie tätig sind, orientiert: _{Begriffliche Unterteilung internationaler NGOs}

a.   humanitäre NGOs, das heißt NGOs im Bereich der humanitären Nothilfe und Entwicklungszusammenarbeit,
b.   Menschenrechts-NGOs,
c.   NGOs, die sich den Aufbau demokratischer zivilgesellschaftlicher Strukturen zum Ziel gesetzt haben,
d.   Konfliktbearbeitungs-NGOs.[1]

---

[1] In der Forschungsdiskussion wird diese Abgrenzung nicht immer so ausdrücklich vorgenommen, was teilweise daran liegen mag, dass es in der Praxis viele Überschneidungen ihrer Arbeitsbereiche gibt und zudem humanitäre NGOs zunehmend die Notwendigkeit sehen, Konfliktbearbeitung und Gewaltprävention in ihre entwicklungspolitischen Konzepte zu integrieren (vgl. *Forberg/Terlinden* 2002: 17 ff.; *Rotberg* 1996: 263). Auch lässt sich die Kritik an humanitären NGOs zum Teil auf den Typ der Konfliktbearbeitungs-NGOs übertragen (vgl. *Aall* u.a. 2000: 110 f.). Mary B. *Anderson*s

Jedoch weisen die Autoren darauf hin, dass viele NGOs in mehr als eine dieser Kategorien eingeordnet werden können. Selbst der Begriff Konfliktbearbeitungs-NGO, der im Gegensatz zu humanitären NGOs, die Konfliktbearbeitung in zunehmendem Maße in ihre Projekte integrieren, einen NGO-Typ beschreibt, der sich auf Konfliktbearbeitung *spezialisiert* hat, umfasst immer noch ein sehr breites Spektrum an unterschiedlichen Organisationen. Einige Autoren schlagen daher vor, innerhalb des Typs der Konfliktbearbeitungs-NGOs weitere Kategorisierungen vorzunehmen. Angesichts der Vielzahl von Unterscheidungskriterien wie Größe, Einnahmequellen und Budgetvolumen, Philosophie, Methoden sowie geografischen Schwerpunkten erscheint dieses Vorgehen jedoch problematisch. Zudem nimmt oft ein und dieselbe Konfliktbearbeitungs-NGO in unterschiedlichen Kontexten und Konfliktgebieten unterschiedliche Aufgaben wahr oder verfolgt andere Strategien (vgl. *Lange* 1997: 120). Einen funktionalen Ansatz liefern trotz der aufgezeigten Schwierigkeiten *Voutira/Brown* (1995). Als wichtigstes Unterscheidungskriterium betrachten sie die gesellschaftliche Ebene, auf der die NGOs mit ihren Aktivitäten ansetzen. In Anlehnung an das oben vorgestellte Konzept *Lederach*s, das die Gesellschaft in drei pyramidenartig angeordnete Akteursebenen aufteilt, nehmen die Autoren für Konfliktbearbeitungs-NGOs eine Unterscheidung in „Modell-A-NGOs", „Modell-T-NGOs" und „Modell-B-NGOs" vor.

Unterscheidung nach Ansatzpunkten

Abbildung 7:   NGO-Modelle

Modell-A-NGOs
– setzen mit ihren Konfliktbearbeitungsmaßnahmen auf der oberen Führungsebene an;
– verwenden UNO-Vokabular;
– finanzieren sich über Mittel von Regierungen und internationalen Einrichtungen;
– sprechen Konfliktfrühwarnungen auf der Basis akademischer Ressourcen aus;
– entsenden Missionen in die Konfliktgebiete, um Informationen zu sammeln und Netzwerke aufzubauen;
– organisieren „High Profile"-Konferenzen.
– Beispiele: International Crisis Group, Carnegie Commission on Preventing Deadly Conflict, Carter Center, Center for Preventive Action, Conflict Management Group, INCORE, Institute for Multi-Track Diplomacy, Life & Peace Institute.

(1999) Aufforderung „do no harm" beispielsweise gilt für humanitäre und Konfliktbearbeitungs-NGOs gleichermaßen. Es ist jedoch auch eine eigenständige Debatte um Konfliktbearbeitungs-NGOs und ihre Kapazitäten zu beobachten (vgl. *Ropers* 2001: 520; *Windfuhr* 1999: 758).

Modell-T-NGOs

– setzen mit ihren Konfliktbearbeitungsmaßnahmen auf der mittleren Führungsebene an;

– wollen die öffentliche Meinung beeinflussen;

– verwenden das Vokabular aus dem Bereich der Entwicklungszusammenarbeit;

– finanzieren sich über Mitgliedsbeiträge, öffentliche Spenden, kirchliche Gelder und eingeschränkt auch Regierungsmittel;

– betreiben unabhängige Feldforschung in den Konfliktgebieten auf allen gesellschaftlichen Ebenen;

– fördern „Bürgerdiplomatie" und Graswurzel-Aktivitäten, bemühen sich, Führungspersönlichkeiten zu beeinflussen.

– Beispiele: African Centre for the Constructive Resolution of Disputes, Centre for Conflict Resolution, Wilgespruit Fellowship Centre.

Modell-B-NGOs

– setzen mit ihren Konfliktbearbeitungsmaßnahmen auf der Graswurzel-Ebene an;

– verwenden das Vokabular von Friedensaktivisten;

– finanzieren sich über Mitgliedsbeiträge und Mittel von privaten Stiftungen;

– verwenden Methoden der anderen NGO-Typen;

– beziehen sich auf Informationen, die sie auf der Graswurzel-Ebene gesammelt haben.

– Beispiele: Comunità di Sant'Egidio, Responding to Conflict, Transnational Foundation, Unrepresented Nations and Peoples Organisations.

Quelle: auf der Basis von *Voutira/Brown* 1995: 6, und *Lange* 1997: 125, Zusammenstellung Sabine Wagner

NGOs: unter- oder überschätzt?

Wie viele andere Akteure der Konfliktbearbeitung auch befinden sich Konfliktbearbeitungs-NGOs bei ihren Aktivitäten in Konfliktgebieten noch in der „Trial-and-error"-Phase. Für die Einschätzung ihrer Arbeit liegen bislang noch keine einheitlichen Bewertungsparameter vor. Dies liegt zum Teil an der Heterogenität dieser Akteure, zum Teil in der Natur von Konfliktbearbeitung: Gerade die von NGOs am häufigsten durchgeführten Aktivitäten auf der mittleren und unteren gesellschaftlichen Ebene sind eher struktureller, langfristiger Art. Wenn ein Konflikt beendet und einer Nachkriegsgesellschaft der Schritt zu nachhaltigem Frieden gelungen ist, wird eine ganze Bandbreite von Akteuren eine Rolle gespielt haben. Den genauen Anteil, den eine bestimmte NGO daran geleistet hat, ist kaum überprüfbar (vgl. *Aall* 2003: 379). In der Literatur werden meist die generellen Stärken und Schwächen dieser gesellschaftlichen Akteure im Vergleich zu staatlichen Akteuren zusammengetragen. Häufig sind dies die zwei unterschiedlichen Seiten ein und derselben Medaille (vgl. *Ropers* 1998b: 67). Zu Wort meldet sich dabei eine Reihe von Autoren aus der akademischen Welt; zum Teil stammen (kritische) Beiträge auch von Konfliktbearbeitungs-NGOs selbst, in denen sie ihre praktischen Erfahrungen zu reflektieren versuchen (vgl. *Ropers*

Keine einheitlichen Bewertungsparameter

2001: 520 f.). Die verschiedenen hier angerissenen Aspekte sind daher sowohl theoretischer als auch operational-praktischer Art.

Stärken und Vorteile von NGOs

Unabhängigkeit
von NGOs

Als unbestreitbarer Vorteil der Konfliktbearbeitungs-NGOs gilt ihre relativ große Unabhängigkeit von eigennützigen einzelstaatlichen Interessen (vgl. *Windfuhr* 1999: 762; *Matthies* 2000: 77). Zum einen hat dies einen hohen Grad an Glaubwürdigkeit und Akzeptanz ihrer friedenspolitischen Bemühungen vonseiten der Konfliktakteure zur Folge (vgl. *Furtak* 1997: 81; *Matthies* 2000: 77), zum anderen führt es zu mehr Handlungsspielraum bei der Intervention in Krisenregionen (vgl. *Ropers* 1998b: 67; *Marfurt Gerber* 1998: 301). Sie müssen sich nicht im Rahmen vorgefertigter Vermittlungsmuster bewegen, sondern haben die Möglichkeit, unkonventionelle Konzepte der Konfliktbearbeitung und Konfliktbeilegung vorzuschlagen und durchzuführen. Sie können zwischen Konfliktparteien vermitteln, indem sie ihnen einen informellen, inoffiziellen Rahmen für ihre Kommunikation zur Verfügung stellen (vgl. *Furtak* 1997: 81). Zudem werden Konfliktbearbeitungs-NGOs in der Regel nicht von der Presse wahrgenommen, was ihnen Spielraum im Bereich der „shuttle diplomacy" eröffnet (vgl. *Ropers* 1998b: 69). Konfliktbearbeitungs-NGOs können mit ihren Maßnahmen auf allen gesellschaftlichen Ebenen der Lederachschen Pyramide ansetzen, da sie meist einen besseren Zugang zur mittleren und unteren Führungsebene haben als staatliche Akteure (vgl. *van Tongeren* 1998: 23; *Windfuhr* 1999: 762; *Aall* 1996: 439). Dabei können sie eine breite Palette kreativer, innovativer und flexibler Methoden anwenden (vgl. *Matthies* 2000: 77; *Peck* 1999: 41) – Beispiele in diesem Kontext sind die multiethnischen Medienprojekte von „Search for Common Ground" wie die Radiosendungen von „Studio Ijambo" in Burundi und die TV-Kinderserie „Nashe Maalo" in Mazedonien. Die Nutzung lokaler Kapazitäten spielt hier eine wesentliche Rolle, denn erfolgversprechend sind vor allem Medienprojekte, die zwar von außen (zum Beispiel von internationalen Konfliktbearbeitungs-NGOs) finanziert und unterstützt werden, wobei die Gestaltung der Medienprodukte und die konkrete Durchführung des Projektes aber in der Hand lokaler Mitarbeiter liegen:

> „It is altogether not well perceived at all when a bunch of foreigners to the conflict arrive and try to preach their values. This is understandable and implies that the initiative will fail from the get-go. This is why it is imperative that, when media initiatives are set up, they be local. Media initiatives can be foreign-induced, in and as much as a foreign organisation takes the initial lead to start the project. But in order for them to germinate and to have lasting impact, they must be local and involve as many local journalists, editors and technicians as possible, from day one" *(Melone 1998: 194).*

Gerade im Kontext ethnopolitischer Konflikte sind ethnisch gemischte Teams ein hoher Glaubwürdigkeitsfaktor (vgl. *Zint* 2000: 25). Projekte dieser Art können zum einen durch ausgewogene und faire Berichterstattung einen Ausgleich zur Aufstachelung der Bevölkerung durch Medienberichte schaffen, zum anderen auch Informationen in den landesüblichen Kommunikationsmustern vermitteln. In vielen afrikanischen Ländern kommt der mündlichen Kommunikation ein sehr hoher Stellenwert zu. Humor, Radio-Soap-Serien, Erzählungen und Musik können häufig effektiver für die Konfliktbearbeitung genutzt werden, als dies in „westlichen" Kulturen der Fall ist.

Ein wesentlicher Aufgabenbereich internationaler Konfliktbearbeitungs-NGOs ist die Unterstützung sogenannter Friedensallianzen. In Krisengebieten ist häufig zu beobachten, dass sich bei andauernder bewaffneter Gewalt die Zivilgesellschaft zunehmend in die Passivität zurückzieht (vgl. *Rupesinghe* 1995: 319). Es lassen sich jedoch in allen Kriegsgesellschaften

Aufgabenbereich: Unterstützung von Friedensallianzen

> „Menschen und Orte finden, die sich gegen die Politik des Ausschlusses stemmen – Hutu und Tutsi, die sich als Hutsi bezeichneten und ihre Dörfer gegen den Völkermord zu verteidigen suchten; die Nichtnationalisten in den Städten Bosnien-Herzegowinas, insbesondere in Sarajevo und Tuzla, die zivile multikulturelle Werte am Leben erhielten" *(Kaldor 2000: 22)*.

Die Herausforderung internationaler NGOs besteht darin, ihren Zugang zu einer Vielzahl von Akteuren auf unterschiedlichen Ebenen dazu zu nutzen, um Freiräume für diese Friedenswilligen zu schaffen, sie zu unterstützen und miteinander zu vernetzen. Internationale Konfliktbearbeitungs-NGOs können auf diese Weise helfen, „Friedensallianzen" („peace constituencies", *Rupesinghe* 1995: 319) aufzubauen (vgl. *van Tongeren* 1998: 22; *Windfuhr* 1999: 763). Der Begriff Friedensallianz beschreibt ein verzweigtes Netz gesellschaftspolitischer Akteure, die sich im Bereich der Gewaltprävention und zivilen Konfliktbearbeitung engagieren. Charakteristisch für dieses Netz ist, dass es nicht nur gesellschaftliche, sondern auch staatliche Organisationen umfassen kann und alle Ebenen der Gesellschaft einbindet (vgl. *Wolleh* 2001: 32).

Eine weitere Stärke der Konfliktbearbeitungs-NGOs ist, dass sie oft früher in Krisengebieten sind als staatliche Akteure. Sie sind in der Lage, die Weltöffentlichkeit für „vergessene" Konflikte zu sensibilisieren und über den Druck der öffentlichen Meinung politischen Handlungswillen zu erzeugen (vgl. *Ropers* 1998b: 4). Durch ihre frühe Präsenz und ihre Nähe zu der Bevölkerung in Krisengebieten sind sie in einer guten Ausgangsposition, um Frühwarnung bei eskalierenden Konflikten zu geben (vgl. *Krummenacher* u. a. 1999: 80 f.; *van Tongeren* 1998: 22; *Aall* 1996: 437 f.) und der internationalen Gemeinschaft durch die Weitergabe von Informationen an Medien, die Herausgabe von Hintergrundberichten sowie die Berichterstattung an Regierungen und internationale Organisationen als „eyes and ears" *(Hara* 1999: 144) zu dienen. Konfliktbearbeitungs-NGOs sind jedoch nicht nur häufig früher in Konfliktgebieten als staatliche Akteure, sie bleiben oft auch länger (vgl. *Ropers* 1998b: 68) und kommen damit der Forderung nach längerfristig angelegten Konfliktbearbeitungsmaßnahmen nach.

Frühzeitig in Krisengebieten

Eine weitere Stärke der NGOs ist ihre Fähigkeit, Expertisen zu entwickeln (vgl. *Carnegie Commission* 1997: 114). Staatlichen Akteuren fehlt es oft an zeitlichen Ressourcen, um einen Konflikt umfassend zu analysieren. Konfliktbearbeitungs-NGOs können, insbesondere wenn sie sich auf bestimmte Regionen spezialisiert haben, Analysen und Berichte von hoher Qualität erstellen. Ein positives Beispiel stellen die Publikationen der in Brüssel ansässigen „Internati-

Bereitstellung von Expertisen

onal Crisis Group" dar, die in knapper und präziser Form ausgewogene Hintergrundinformationen zu Konfliktsituationen liefert und diese mit konkreten und realitätsnahen Handlungsempfehlungen an politische Entscheidungsträger verbindet.

Schwächen der NGOs und Problemkreise

Neben diesen Stärken gibt es allerdings auch eine Reihe von Stolpersteinen und Schwächen dieser nichtstaatlichen Akteure. Als Schwäche der internationalen Konfliktbearbeitungs-NGOs wird immer wieder ihre relativ schmale Ressourcenbasis angeführt. Dieser Mangel führt dazu, dass sie im Vergleich zu staatlichen Akteuren über relativ wenig politisches Gewicht verfügen (vgl. *Matthies* 2000: 77; *Peck* 1999: 42). Ihnen fehlen Druckmittel wie wirtschaftliche, militärische oder politische Sanktionen, um von den Konfliktparteien die Erfüllung eingegangener Verpflichtungen und Zusagen zu fordern (vgl. *Furtak* 1997: 83). Jedoch wird diese Tatsache nicht von allen Autoren als Nachteil bewertet. Michael *Windfuhr* (1999: 762) beispielsweise betrachtet das Fehlen eines Machtmittels als einen Teil der Glaubwürdigkeit dieser Akteure.

Mangel an politischem Gewicht

Eine weitere Schwäche internationaler Konfliktbearbeitungs-NGOs, aber auch vieler staatlicher Akteure stellt die häufig anzutreffende Diskontinuität ihrer Arbeit dar (vgl. *Matthies* 2000: 78). Es ist nicht ausreichend Personal vorhanden, das sich zu einem längerfristigen Einsatz in Konfliktgebieten verpflichten will. Die hohe Fluktuation an NGO-Personal führt dazu, dass wertvolles Praxiswissen sowie mühevoll aufgebaute Kontakte und Vertrauensverhältnisse zu den Zielgruppen verlorengehen (vgl. *Marfurt Gerber* 1998: 302). Die „im Feld" arbeitenden Personen weisen zudem nicht immer den Grad an Professionalität auf, den die anspruchsvollen Aufgaben erfordern (vgl. *Matthies* 2000: 78; *Furtak* 1997: 83), beispielsweise spezifische Fähigkeiten aus dem Bereich der Konflikterkennung und -analyse, die Kenntnis spezieller Techniken (Mediation) sowie ein hohes Maß an sozialer interkultureller Kompetenz und psychischer Belastbarkeit, die die Arbeit in einem Krisengebiet verlangt (vgl. *Forberg/Terlinden* 2002: 113 ff.). Es wurde deshalb eine Reihe von Trainingskonzepten für „Peacebuilder" entwickelt (vgl. beispielsweise *Truger* 2001; *Forberg/Terlinden* 2002: 121 f.); zudem ist in den letzten Jahren eine Reihe praxisnaher Peacebuilding-Handbücher erschienen.

Diskontinuität der Arbeitsweise

Pamela *Aall* (2003: 378) wirft vor dem Hintergrund der Situation in Ruanda und Somalia, wo NGOs ein politisches Vakuum gefüllt und Aufgaben übernommen haben, die sonst dem Staat obliegen, die Frage auf, wem gegenüber sich internationale Nichtregierungsorganisationen in ihrem Handeln eigentlich verantworten müssen: ihren lokalen Zielgruppen, anderen Drittparteien, der internationalen Gemeinschaft, dem Land, in dem sich ihr Hauptsitz befindet, ihrem Vorstand, ihren Spendern und Förderern oder allen zusammen? An diesen Aspekt knüpft auch Ropers an, der feststellt, dass es Konfliktbearbeitungs-NGOs – wie auch anderen Akteuren der Zivilgesellschaft – an hinreichender Legitimität mangele, und zwar sowohl im Hinblick auf den potenziellen Einfluss, den sie auf eine Konfliktgesellschaft haben können, als auch hinsichtlich ihrer intern häufig

Frage der Legitimität

undemokratischen Struktur. Je „mächtiger" eine NGO werde, desto größer sei auch die Gefahr, dass sie ihrer Selbsterhaltung und dem Erhalt von Arbeitsplätzen Vorrang vor der selbstkritischen Reflexion ihrer Nützlichkeit gebe (vgl. *Ropers* 1998a: 107). Bezüglich der „externen" Legitimität stellen einige Autoren jedoch fest, dass dieser Kritikpunkt im staatsrechtlichen Sinn nicht zu rechtfertigen sei: Der Begriff „Legitimität" beziehe sich eigentlich auf die Staatsgewalt, denn legitimieren müsse sich und seine Aktivitäten in offenen, pluralistischen Gesellschaften nur ein Akteur, der kollektiv bindende Entscheidungen treffe und autoritativ Herrschaft ausübe (vgl. *Beisheim* 1997: 21). Konfliktbearbeitungs-NGOs sind nicht in der Lage, solche bindenden Entscheidungen zu fällen (vgl. *Ropers* 1998a: 108). NGOs haben im Gegensatz zu politischen Parteien auch nicht den Anspruch, Repräsentanten des „Volkswillens" zu sein (*Merkel* 1998: 34; *Beisheim* 1997: 21, 23):

> „Insofern ist ihr Mut zur Legitimationslücke ein integraler Bestandteil des Selbstverständnisses" *(Merkel 1998: 34).*

Allerdings weisen *Ropers* (1998b: 108) und *Beisheim* (1997: 22) darauf hin, dass zumindest diejenigen NGOs, die in der Lage seien, erhebliche Mittel zu mobilisieren, um ihre Vorstellungen auch gegen Widerstände in die Praxis umzusetzen, sich kritischen Fragen nach ihrer Legitimität stellen müssten. Auf Konfliktbearbeitungs-NGOs treffe dies allerdings eher selten zu.

Auch die Tatsache, dass die Szene der Konfliktbearbeitungs-NGOs von einer starken Dominanz „westlicher" Akteure und deren Peacebuilding-Konzepten charakterisiert wird, ist Gegenstand der Kritik (vgl. *Schrader* 2000: 15; *Matthies* 2000: 78; *Ropers* 2001: 526–527). Elise *Boulding* (2000: 198) beispielsweise stellt fest, dass internationale NGOs häufig nicht die nötige Sensibilität für die lokalen Bedürfnisse in den Empfängerländern mitbringen. Gefordert wird in diesem Kontext, dass Konfliktbearbeitungs-NGOs

„Dominanz"
westlicher Akteure

> „die unterschiedlichen kulturellen Prägungen ihrer eigenen und anderer Gesellschaften sensibel zur Kenntnis nehmen und in ihrem Handeln berücksichtigen" *(Schrader 2000: 15).*

„Cultural Awareness" und interkulturelle Kompetenz sind daher unabdingbare Voraussetzungen der Arbeit von NGO-Mitarbeitern (vgl. *Avruch* 2002: 75 ff.; *Woodrow/Moore* 2002: 89 ff.). Insbesondere die unterschiedlichen Kommunikationsmuster der NGO-Mitarbeiter und der Zielgruppe müssen berücksichtigt werden (vgl. *Spelten* 2001: 50 ff.; *Avruch* 2002: 83 ff.). Verschiedene Autoren weisen darauf hin, dass internationale Konfliktbearbeitungs-NGOs in den „Empfängerländern" nicht immer positiv wahrgenommen werden. Ähnlich wie NGOs im Bereich der Entwicklungszusammenarbeit laufen auch Konfliktbearbeitungs-NGOs Gefahr, als Träger einer neuen Form der Kolonialisierung wahrgenommen zu werden, wie die Erfahrungen von Amr Abdullah vom „Institute for Conflict Analysis and Resolution" der George Mason University verdeutlichen:

> „I found that the people in Egypt were not too excited about the role of NGOs in their country. I found the same messages when I went to Rwanda and Burundi […].

In Rwanda, one person called it the 'new colonization', which I later read in an article as well. [...] The Westerners felt that they were trying to do something good and refused to believe that their work was under suspicion, while the Africans and Egyptians had a different attitude. Those who worked with the NGOs enjoyed having a 'good job', while the population itself was not as attached to the cause or the service that was being provided as it was to the money and surroundings that came with it" *(Abdullah 2001: 2).*

Kooperationen mit lokalen Partnern

Durch Schulungsmaßnahmen können NGO-Mitarbeiter auf die Arbeit in einer multikulturellen Umgebung vorbereitet werden. Trotzdem ist es für Konfliktbearbeitungs-NGOs notwendig, sowohl über MitarbeiterInnen aus den jeweiligen Konfliktgebieten zu verfügen als auch mit lokalen Partner-NGOs zusammenzuarbeiten (vgl. *Carnegie Commission* 1997: 113; *van Tongeren* 2001: 516). Durch diese Art von Kooperation können zwei Fliegen mit einer Klappe geschlagen werden: Zum einen erhalten internationale Konfliktbearbeitungs-NGOs dringend benötigte Insiderinformationen über lokale Strukturen, kulturelle Gepflogenheiten und Machtstrukturen. Zum anderen können lokale Friedensinitiativen und zivilgesellschaftliche Konfliktbearbeitungspotenziale unterstützt werden, statt durch Initiativen internationaler NGOs ersetzt zu werden. In diesem Kontext wird allerdings kritisiert, dass internationale Konfliktbearbeitungs-NGOs sich häufig nicht genug Zeit nehmen, um ihre lokalen Partner sorgfältig genug auszuwählen (vgl. *Forberg/Terlinden* 2002: 116, 154 ff.). Lokale NGOs sind manchmal nur schwach in der Bevölkerung verankert oder vertreten elitäre Interessen (vgl. *Lange* 1997: 118). Wenn die lokalen NGOs nicht über eine hinreichende soziale Basis verfügen, werden fragmentierte, künstliche Zivilgesellschaften geschaffen. Zudem kann in Krisensituationen die Förderung lokaler NGOs zur Aushöhlung der ohnehin nur schwach in der Gesellschaft verankerten staatlichen Institutionen führen (vgl. *Ropers* 1998b: 104). Einige lokale NGOs gründen sich erst aus dem materiellen Anreiz einer Förderung durch Geber-NGOs. Bei diesen „lokalen Partner-NGOs" handelt es sich dann meist um kommerziell ausgerichtete Organisationen, die ungeeignete Partnerorganisationen für die Gewaltprävention darstellen (vgl. *Forberg/Terlinden* 2002: 155).

Unzureichende Analyse der Konflikte

Ein weiterer Kritikpunkt an internationalen Konfliktbearbeitungs-NGOs ist, dass sie die Konflikte, in die sie intervenieren, nur unzureichend analysieren. Diese Kritik wurde ursprünglich vor allem an humanitären NGOs geübt, kann aber teilweise auf Konfliktbearbeitungs-NGOs übertragen werden (vgl. *Aall* 1996: 443; *Lewer* 1999: 3). Dies gilt insbesondere für NGOs, die keine längerfristigen Peacebuilding-Programme durchführen („long-term commitment"), sondern sich auf kurzfristige Einsätze nach dem Prinzip „hit and run" beschränken (vgl. *van Tongeren* 2001: 517). Ebenfalls aus dem Bereich der humanitären Hilfe stammt

Jegliche Intervention beeinflusst den Konflikt

die Aufforderung „do no harm". Sie beruht auf der Erkenntnis, dass jede Art von Intervention einen Einfluss auf einen Konflikt hat. Das kurzfristige Lindern der Leiden von Menschen in Not kann einen Konflikt gegebenenfalls in die Länge ziehen (vgl. *Anderson* 1999: 37 ff.; *Aall* u. a. 2000: 110 f.; *Annan* 1998: Abschnitt 59). Auf die „Besteuerung" humanitärer Hilfstransporte sowie den Raub dieser Güter durch die Konfliktparteien ist bereits verwiesen worden. Die Aufforderung „do no harm" gilt auch für Konfliktbearbeitungs-NGOs, denn auch ihre Aktivitäten können sich kontraproduktiv auswirken, etwa dadurch, dass dem öffentlichen Sektor qualifizierte Mitarbeiter entzogen werden, wenn diese einen Job bei einer internationalen NGO annehmen, die bessere Löhne zahlen kann als lokale Arbeitgeber. Das Lohnniveau kann durch die Präsenz internationaler Arbeitgeber aus dem Gleichgewicht geraten, was wiederum zu Spannungen zwischen verschiedenen Gruppierungen im Konfliktgebiet führen kann (vgl. *Anderson* 1999: 43).

Gravierende Probleme entstehen auch hinsichtlich der Sicherheitsprinzipien der Konfliktbearbeitungs-NGOs. Mitarbeiter europäischer und amerikanischer Konfliktbearbeitungs-NGOs werden in der Regel evakuiert, wenn die Lage im Land zu gefährlich wird. Ihre lokalen Mitarbeiter, die dann nicht selten als „Verräter" stigmatisiert werden, bleiben im Land zurück. Jede intervenierende NGO sollte sich daher

Probleme bei Sicherheitsprinzipien

> „auch über die nicht intendierten Folgen ihres Engagements Klarheit verschaffen" *(Schrader 2000: 15).*

Aus diesem Grund fordern immer mehr Autoren, aber auch Sponsoren, dass internationale Konfliktbearbeitungs-NGOs auf regelmäßiger Basis ein „Peace and Conflict Impact Assessment" (PCIA) vornehmen sollten (vgl. *Davies/Kaufman* 2002: 8).

Eine Reihe von Konfliktbearbeitungs-NGOs ist dieser Forderung ansatzweise nachgekommen. Es stehen jedoch noch keine einheitlichen Bewertungskriterien zur Verfügung. Qualität, Tiefe und Regelmäßigkeit des PCIA hängen also stark von den Fähigkeiten sowie den zeitlichen und finanziellen Ressourcen des Evaluationsteams ab (vgl. *Reychler* 2000: 46–52). Neben Evaluationen haben einige Konfliktbearbeitungs-NGOs wie „International Alert" (1998) oder das „Institute for Multi-Track Diplomacy" im Sinne eines „Hippocratic Oath of Aid" (*Ropers* 2001: 522) für ihre Organisation Leitprinzipien („Code of Conduct") festgelegt, nach denen ihre Aktivitäten ausgerichtet werden sollen.

Derselben Argumentationslinie folgt auch die Diskussion um die Neutralität internationaler Konfliktbearbeitungs-NGOs. Diese müssten auf jeden Fall ihre Neutralität bewahren, da sie sonst ihre Glaubwürdigkeit als Mediatoren, ihre Fähigkeit, Dialoge zu initiieren, sowie die Sicherheit ihrer Mitarbeiter gefährdeten (vgl. *Aall* u. a. 2000: 106). Jedoch scheint dies in der Praxis eine große Herausforderung darzustellen. Je mehr sich Mitarbeiter von Konfliktbearbeitungs-NGOs in die Konfliktbearbeitung einbringen, desto mehr Einfluss nehmen sie auf den Konfliktverlauf und desto größer ist die Gefahr, dass sie selbst zu einem Teil des Konfliktes werden (vgl. *Ropers* 2001: 524; *MacFarlane* 1998: 247; *Hara* 1999). *Voutira/Brown* (1995: 27) stellen fest, dass auch die Unterstützung lokaler Gruppen es Konfliktbearbeitungs-NGOs unmöglich macht, unparteiisch und neutral zu bleiben.

Einen weiteren Kritikpunkt stellt die Tendenz der Konfliktbearbeitungs-NGOs dar, Fragen von Macht und Kontrolle auszublenden (vgl. *Voutira/Brown* 1995: 6). Sie unterstellen, dass sich Konfliktparteien durch Aufklärung „über das wohlverstandene, langfristige Eigeninteresse" (*Ropers* 1998a: 99) von einer friedlichen Konfliktbearbeitung überzeugen lassen. Dabei vernachlässigen sie, dass die gewaltsame Austragung von Konflikten aus Sicht einzelner Akteure

Ausblenden von Macht und Kontrolle

durchaus rationales Kalkül sein kann (vgl. *Ropers* 1998a: 99; *Voutira/Brown* 1995: 6). In Kreisen der Konfliktbearbeitungs-NGOs wird dieser Aspekt jedoch zunehmend miteinbezogen:

> „[...] it may be wise for NGOs to ask themselves whether they should become deeper entangled in the mechanisms and culture and way of thinking of the traditional world of power politics. Formulating a clear analysis and strategy, even if these bear the risk of the organization becoming alienated from one or more parties in a conflict, may turn out to be a very good starting point. If you don't turn to realpolitik, one could argue, realpolitik will turn to you. It may face you and your NGO with harsh dilemmas as it already did in the Great Lakes District in the mid-nineties" *(Havermans 1998: Abschnitt 15)*.

Konkurrenzverhalten untereinander

Ein schwerwiegendes Problem stellen das massive Konkurrenzverhalten der NGOs untereinander und die daraus resultierende mangelnde Kooperation und Koordination dar. Dieses Konkurrenzverhältnis löst bei den Zielgruppen der NGO-Arbeit Unverständnis und Frustration aus. Zudem führt der Kampf um Fonds und Spenden häufig dazu, dass NGOs, statt sich im Sinne einer Arbeitsteilung auf ein spezielles Gebiet (regional oder inhaltlich) zu konzentrieren, ein möglichst breites Feld an Aktivitäten abzudecken versuchen, um möglichst viele Fördergelder zu erhalten. Statt einer sinnvollen Arbeitsteilung kommt es zum „Alle-machen-alles"-Phänomen. Das Beantragen von Geldern nimmt zudem gerade bei kleineren NGOs einen beträchtlichen Teil ihrer zeitlichen Kapazitäten ein (*MacFarlane* 1998: 248).

„Track 1" und „Track 2" – auf dem Weg zu mehr Kohärenz in der Konfliktbearbeitung?

Interdependenzen zwischen den Tracks

Staatliche und nichtstaatliche Akteure erkennen zunehmend, dass die eigenen Handlungsoptionen lückenhaft sind und die andere Seite jeweils komparative Vorteile hat, die für alle nutzbar gemacht werden könnten. In der Praxis bestehen längst vielfältige Interdependenzen zwischen den verschiedenen Tracks. Regierungen greifen auf die Expertise von Nichtregierungsorganisationen zurück, Nichtregierungsorganisationen arbeiten teilweise unter dem Schutz militärischer Peacekeeping-Kräfte. *Wolleh* (2001: 36) weist in diesem Zusammenhang darauf hin, dass die zunehmende Vernetzung von gesellschaftlichen und staatlichen Akteuren zwar für alle Beteiligten neue Handlungsräume eröffne, aber auch die Gefahr bestehe, dass sich außenpolitisch motivierte Beschränkungen auf gesellschaftliche Akteure übertrügen.

Eine Koordination der verschiedenen Aktivitäten und eine effiziente Arbeitsteilung sind jedoch noch immer relativ schwach ausgeprägt. Häufig findet die Zusammenarbeit auf einer „Ad-hoc"-Basis statt oder beschränkt sich auf den Austausch von Informationen. Was benötigt wird, um dieser Zusammenarbeit einen stabilen Sockel zu geben, ist eine gemeinsame Vision von den Zielen von Konfliktprävention und Konfliktbearbeitung (vgl. *Mehler* 2005: 7). Aus einer solchen Vision könnten Entwicklungsschritte hin zu einer arbeitsteiligen und kohärenten Konfliktbearbeitungsstrategie abgeleitet werden.

4.3 Konfliktverhütung durch Prävention?

4.3.1 Begriff und Geschichte

Der Begriff Prävention (aus dem Lateinischen: Zuvorkommen, Verhütung) ist uns aus vielen gesellschaftlichen Problemfeldern bekannt. Der Gedanke findet sich beispielsweise in der Verbrechensvorbeugung oder der Gewaltprävention an Schulen, im gesundheitlich-sozialen Bereich (Vorsorgeuntersuchung, Altersvorsorge) und auch bei der Katastrophenvorbeugung wieder. Die Gewalt- und Krisenprävention einschließlich der Verhütung von Kriegen lässt sich unter dem Begriff Konfliktprävention zusammenfassen.

Auf internationaler Ebene hat die Konfliktprävention in den 1990er Jahren eine Renaissance erlebt: nicht nur durch die Institutionalisierung der OSZE als einer ständigen, festen Organisation oder die „Agenda for Peace" des UNO-Generalsekretärs Boutros Boutros-Ghali, sondern im negativen Sinn auch durch die bittere Erkenntnis, dass Krisenmanagement in vielen Fällen zu kurz gegriffen hat und die gewaltsamen Auseinandersetzungen bei inner- und interstaatlichen Konflikten beispielsweise in Europa und auf dem afrikanischen Kontinent nicht verhindert werden konnten. Wie bei der (zu späten) Einsicht nach der Tsunami-Katastrophe im Dezember 2004 – nämlich dass eine derartige Katastrophe mit entsprechenden Präventionsmaßnahmen hätte vermieden werden können – gilt auch hier, dass ein effektives Frühwarnsystem manchen Konflikt rechtzeitig hätte entschärfen können. *（Internationale (Rück-)Besinnung auf das Präventionsprinzip）*

Charakteristika, Erscheinungsformen und Ursachen von Konflikten haben wir bereits in Kapitel 2 erörtert. An dieser Stelle deshalb nur ein kurzer Rückblick: Allgemein gilt ein Konflikt als eine destruktive Situation, in welcher die Positionen der Konfliktparteien verhärtet sind und die Weiterentwicklung nicht abschätzbar bzw. nicht wünschenswert ist. Es gibt aber auch Konflikte, die nicht vermieden oder verhütet werden müssen, da ihr (gewaltfreier!) Austrag fruchtbar und konstruktiv für die Weiterentwicklung der Beziehung zwischen Gruppen oder Staaten ist. Die Unterdrückung eines „positiven" Konfliktes könnte im Extremfall einen echten, fundamentaleren Konflikt heraufbeschwören. Prävention zielt demnach primär auf die Vermeidung eines gewaltsamen Konfliktaustrages ab und umfasst die folgenden Elemente:

> „Actions, policies, procedures or institutions utilized in vulnerable places and times to keep states or groups from threatening or using armed force and related forms of coercion to settle disputes. Conflict prevention also means actions taken after a violent conflict to avoid its recurrence" *(Lund/Votaw West 1998)*. *（Definition Konfliktprävention）*

Die längste Tradition im Bereich der Konfliktprävention hat die UNO: Bereits unter Generalsekretär Dag Hammarskjøld hatte die UNO in den 1950er Jahren den Begriff präventiver Diplomatie geprägt. Die 1992 veröffentlichte „Agenda for Peace" des damaligen UNO-Generalsekretärs Boutros-Ghali stellte die Präventivdiplomatie wieder in den Vordergrund und fokussierte das Interesse der Staatengemeinschaft auf die Konfliktprävention. Dies ist zum einen als Antwort auf die veränderten Strukturen nach dem Ende des Ost-West-Konfliktes zu sehen, andererseits drückt sich hier der globale Schock über die Ereignisse in den frühen 1990er Jahren in Afrika und auf dem Balkan aus. Sie beförderten die Erkenntnis, dass

a.   das klassische Krisenmanagement nicht mehr allein tauglich und ausreichend ist und

b.   neue Formen gefunden werden müssen, um derartige Konflikte frühzeitig zu deeskalieren.

Die Rückbesinnung auf die Volksweisheit „Vorbeugen ist besser als Heilen" hat sich auf die vorderen Plätze der politischen, aber auch gesellschaftlichen Agenda gedrängt und fordert seither entschieden Berücksichtigung und Anwendung von Politik, Wissenschaft und Gesellschaft (*Matthies* 2000: 1 f.).

Das Beispiel Jugoslawien hatte gezeigt, dass eine Vielzahl von Anzeichen lange ignoriert bzw. die eigene „Zuständigkeit" verkannt oder verleugnet worden war und dass ohne ein deeskalierendes Konfliktagieren tatsächlich geschehen konnte, was bis dato als unvorstellbar galt: Vertreibungen, Plünderungen, ethnische Säuberungen, Völkermord. Die logische Folgerung musste also sein, das „unbefriedigende Reagieren auf akute Krisen in eine präemptive Politik" zu überführen (*Farwick* 1994: 247). Die Carnegie-Kommission zur Verhütung tödlicher Konflikte forderte in ihrem wegweisenden Abschlussbericht 1997, die historische Aufgabe anzunehmen, dem Prinzip der Prävention mehr Gewicht zukommen zu lassen, um so eine Kultur der Prävention zu entwickeln.

Die Hochkonjunktur des Präventionsprinzips erklärt sich aber nicht nur durch die veränderte weltpolitische Konstellation und die ihr entspringende Politik der Kooperation Anfang der 1990er Jahre, sondern auch durch die positiven Erfahrungen mit der Vermeidung größerer Gewaltanwendung (z. B. Südafrika, Mazedonien) und die negativen Erkenntnisse durch die mangelhafte Konfliktbearbeitung wie in Ruanda oder Bosnien. Dazu kommt die Einsicht in die Tatsache, dass ungelöste Konflikte alle bis dahin von innen und von außen aufgewandten Entwicklungsressourcen regelrecht auffressen, mühsam aufgebaute und geförderte Strukturen zerstören und enorme (Neu-)Kosten durch Militäreinsätze und Wiederaufbaumaßnahmen verursachen. Für ganze Regionen können sie durch Massenflucht und Spill-over-Effekte ein vor allem destabilisierendes Element sein (*Matthies* 2000: 21).

Drei Hauptargumente
für Prävention
Für eine konsequente Politik der Konfliktprävention gibt es eine Reihe von Argumenten, die sich im Wesentlichen in drei Bereiche gliedern lassen. Im Vordergrund steht das *humanitäre Argument*: Prävention hilft Blutvergießen vermeiden und rettet Menschenleben. Aber auch das *politische Argument* hat in den 1990er Jahren an Gewicht gewonnen: Prävention befördert die Durchsetzung von Menschenrechten, Demokratie und Rechtssicherheit (im Gegensatz zum bewährten – und jetzt überholten? – Prinzip der Nichteinmischung in die inneren Angelegenheiten eines Staates). Last, but not least ist das *finanzielle Argument*

anzuführen: Stark verkürzt ausgedrückt, bedeuten Konflikte eine Verschwendung von Ressourcen, denn reaktive Maßnahmen wie Militäreinsätze, Wiederaufbau, zivile und technische Unterstützung bei der Wiederherstellung von Staats- und Gesellschaftsstrukturen sind äußerst kostenintensiv.

Allerdings wird der Konfliktprävention in vielerlei Hinsicht immer noch nicht genügend Platz in der staatlichen Politik eingeräumt. Um die notwendigen finanziellen und Humanressourcen zu erhalten, muss ein klares „Commitment" vorhanden sein. Wie kann man aber als Politiker die finanzielle und personelle Unterstützung für eine Politik fordern und veranschlagen, deren Ergebnisse tatsächlich im besten Fall nicht sichtbar, präsentierbar und messbar sind? Eine erfolgreiche Konfliktprävention liefert zumindest auf den ersten Blick keine politisch verwertbaren Resultate, da das Ergebnis im Zweifelsfall ist, dass *nichts* passiert – was wiederum eine populäre und materielle Aufwertung der Konfliktprävention nur schwer rechtfertigen lässt. Überspitzt formuliert, ließe sich auch mit *Kleijssen* sagen: **„Conflict prevention doesn't sell"**

> „Fireproof doors and carpets are much less fascinating than a roaring fire engine" *(Kleijssen 2004: 448).*

Der Wandel von einer „Kultur der Reaktion" hin zu einer „Kultur der Prävention" ist noch ein langer Weg. Ein Meilenstein auf diesem Weg ist die Veränderung der Denkweise, in der Konfliktprävention wie folgt erfasst wird, nämlich nahezu als:

> „wishful thinking: a state of mind, perhaps even a culture that permeates the activities of all those engaged in the implementation of preventive policy – be they NGOs, states or regional and global organisations" *(Carment/Schnabel 2000).*

Idealiter entstehen solche gewaltträchtigen Konflikte gar nicht erst, und wenn sie entstehen, finden sie ihren Ausdruck in einer konstruktiven Austragungsform. Eine effektive Konfliktprävention zielt auf die Veränderung des Konfliktverhaltens der beteiligten Parteien sowie auf die Änderung der Perzeption des Gegenübers.

Wenn man unter Konfliktprävention die „Entschärfung" von Konfliktsituationen versteht, die zu unerwünschtem Konfliktverhalten führen, so ist die Konfliktvermeidung dieser noch vorgeschaltet, indem sie darauf abzielt, Situationen aus dem Weg zu räumen, in denen Ziel-, Werte- oder Interesseninkompatibilitäten entstehen. Allerdings sind die Mittel dafür recht begrenzt. Im Wesentlichen gibt es nur zwei Möglichkeiten: zum einen die Verfügbarmachung von ausreichenden Mengen der knappen Werte, die von den unterschiedlichen Parteien beansprucht werden (beispielsweise Ressourcen, Arbeitsplätze, Siedlungsfläche), und zum anderen die Förderung und das Training von Verhaltensweisen, die das Streben nach inkompatiblen Zielen sanktionieren oder unterbinden. Eine „Abart" der Konfliktvermeidung ist die Unterdrückung des Konfliktes durch (die Drohung mit oder) die Anwendung von Zwang. Abart deswegen, weil ein unterdrückter Konflikt früher oder später Gefahr läuft, neu aufzubrechen – möglicherweise in stärkerem Maß als ursprünglich angenommen. **Zwei Möglichkeiten der Konfliktvermeidung**

Zu Recht muss also die Frage gestellt werden, ob Konfliktvermeidung im tatsächlichen Sinn zielführend ist. Wenn man Konflikte als rein negative, das Wertegefüge störende und die Gesellschaft destabilisierende Elemente empfindet, ist Unterdrückung vermutlich der einzige Weg zur Konfliktvermeidung – der jedoch in letzter Konsequenz zum gesellschaftlichen Stillstand und zum Unterdrücken von Trennendem führt. Versteht man Konflikte jedoch als soziale Notwendigkeit, welche als konstruktives Element der Weiterentwicklung innerhalb einer Gesellschaft oder eines Beziehungsgeflechtes durchaus positive Effekte entfalten kann, ist die absolute Vermeidung eines Konfliktes auf lange Sicht nicht wünschenswert. In diesem Sinn geht es also bei Konfliktprävention weniger um die Verhütung von Konflikten im Allgemeinen, sondern um die Verhinderung einer gewaltsamen Austragung von Konflikten (*Matthies* 2000: 30).

Die folgende Abbildung soll die Charakteristika der Konfliktvermeidung noch einmal genauer erfassen und sie abgrenzen zu Modus, Ziel und Mitteln der Konfliktprävention, auf die wir im Anschluss genauer eingehen wollen.

Abbildung 8:   Konfliktvermeidung/Konfliktprävention

Modus

Konfliktvermeidung	*Konfliktprävention*
Ziel	
Vermeidung von Situationen der Ziel-, Werte- oder Interessen- inkompatibilität	Verhinderung der Konfliktsituationen, die zu unerwünschtem Konflikt- verhalten führen
Mittel	
1. Vorhaltung einer den Ansprüchen aller Parteien genügenden Menge knapper Werte 2. Förderung von Verhaltenseinstellungen, die das Streben nach inkompatiblen Zielen sanktionieren oder unterbinden	1. Konfliktregulierung: Konfliktaustrag in einem anerkannten Regelsystem 2. Konfliktunterdrückung: Verhinderung unerwünschten Konfliktverhaltens durch Drohung mit oder Anwendung von Zwang

Konfliktprävention – terminologischer Dschungel

Über den Terminus Konfliktprävention, insbesondere in der Abgrenzung zum Begriff Krisenmanagement, herrscht seit geraumer Zeit ein wissenschaftlicher Meinungsstreit, dessen Ende nicht in Sicht ist. Im terminologischen Dschungel der Krisenreaktionsmechanismen finden sich Begriffe wie Konfliktprävention, Krisenmanagement, Konfliktvermeidung, präventive Diplomatie, Peacebuilding und weitere, die alle nicht trennscharf voneinander zu unterscheiden sind bzw. deren Trennlinien unterschiedlich gesetzt werden. Eine feiner verästelte Definition grenzt zudem noch militärisches und ziviles Krisenmanagement voneinander ab und ordnet militärischen und zivilen Akteuren jeweils verschiedene Begrifflichkeiten zu (*Hagman* 2003: 116). Problematisch ist auch, dass jeder internationale Akteur auf dem Gebiet eine eigene Definition zu prägen scheint. So versteht beispielsweise die UNO unter „peacemaking" diplomatische und nichtmilitärische Maßnahmen zur Konfliktlösung, während die EU darunter zusätzlich auch militärische Aktionen fasst – was wiederum im UNO-Verständnis als „peace enforcement" bezeichnet wird. Außerdem unterscheidet die EU in ihrer Kommunikation zur Konfliktprävention erstmals zwischen kurz-, mittel- und langfristigen Maßnahmen wie Vermittlungsdiensten und politischem Dialog, technischer Unterstützung oder Entwicklungshilfe (Commission of the European Communities COM(2001) 211 final). Dementsprechend befassen sich auf EU-Kommisions-Ebene allein mehrere Generaldirektionen mittelbar mit Konfliktprävention. Dies sind nur einige Beispiele dafür, dass eine Standardisierung der Terminologie noch lange nicht erreicht ist, weder in der (internationalen) Politik noch in der Konfliktforschung.

Eine Orientierungshilfe aus dem Begriffsdschungel gibt die recht einfache Unterscheidung der *International Crisis Group* an die Hand:

> „We describe the overall enterprise as 'crisis response', and draw a distinction within that between strategies directed toward (a) conflict prevention – what can and should you do to prevent conflict breaking out, or (if it has ceased) to prevent it recurring, and (b) conflict management – what can and should you do to respond to a crisis that has crossed the threshold into armed conflict, to prevent it escalating and to bring it to a conclusion" *(ICG 2001a: 2).*

Konfliktpräventionsmaßnahmen sind demnach:

> „Actions, policies, procedures or institutions utilized in vulnerable places and times to keep states or groups from threatening or using armed force and related forms of coercion to settle disputes. Conflict prevention also means actions taken after a violent conflict to avoid its recurrence" *(Lund/Votaw West 1998).*

Ausgehend von einem idealtypischen Verlauf von Gewaltkonflikten hat sich mittlerweile ein dynamisch orientiertes Verständnis herausgebildet, nach dem Prävention sich im Wesentlichen in drei Phasen abspielt:

Abbildung 9:   Präventionsphasen

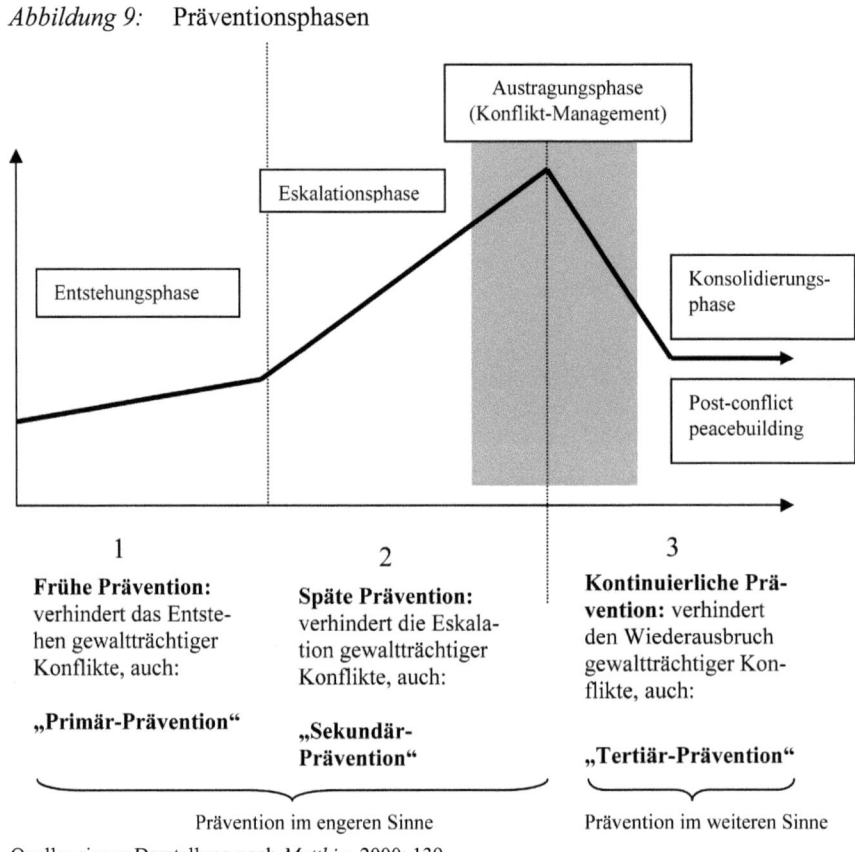

Quelle: eigene Darstellung nach *Matthies* 2000: 139

"Strukturorientierte Prävention"

Insbesondere für Gewaltkonflikte ist die Ursachenforschung von entscheidender Bedeutung, woraus sich der folgende Ansatz für präventives Handeln ableiten lässt: die im deutschen Sprachraum so genannte Strukturorientierte Prävention (in Anlehnung an *Ropers* 1995), die im englischen Sprachgebrauch auch "structural prevention", "deep prevention" oder "peacebuilding" genannt wird. Diese Herangehensweise konzentriert sich vor allem auf die tieferliegenden Ursachen (die sogenannten "root causes for conflict", siehe auch Kapitel 2.2), um bei diesem gewaltträchtigen Nährboden und den gesellschaftlichen Strukturen anzusetzen (*Matthies* 2000: 38 f.). Dem gegenüber steht als zweite Herangehensweise

"Prozessorientierte Prävention"

die "Prozessorientierte Prävention" (im Englischen auch "operational prevention", "light prevention" oder "direct prevention"), welche in einem Konflikt das gewaltbereite Verhalten beeinflussen und im besten Fall eindämmen und umleiten will (*Miall* u. a. 1999). In der Zusammenfassung unterscheiden sich beide Ansätze wie folgt:

„Die erstere zielt weltweit auf eine stetige Verbesserung allgemeiner friedenspoliti-
scher Rahmenbedingungen und ist Gegenstand einer breit gefächerten globalen
Struktur-, Entwicklungs- und Friedenspolitik. Die letztere hingegen will in räumlich
und zeitlich klar identifizierten, konkreten und spezifischen Krisenlagen der absch-
baren Eskalation von Gewalt vorbeugen, notfalls im letzten Moment, und gewaltbereite Akteure zu einem friedfertigen Verhalten bewegen" *(Matthies 2000: 39).*

Es gibt zahlreiche (potenzielle) Akteure in der Krisenprävention. Zwar herrscht
in der Präventionsforschung Konsens darüber, dass die wichtigsten Akteure die
involvierten lokalen oder regionalen Konfliktparteien sind bzw. diejenigen Akteure, welche die konfligierenden Personen und Gruppen kennen und beeinflussen können. Der amerikanischen Carnegie-Kommission zur Verhütung tödlicher
Konflikte zufolge sollte daher

Akteure in der Krisenprävention

„anerkannter Grundsatz sein, dass diejenigen mit der größten Handlungsfähigkeit
auch die größte Verantwortung zum Handeln tragen. Diejenigen Führer, Regierungen und Menschen, die möglichen gewaltsamen Situationen am nächsten sind, tragen die Hauptverantwortung, präventive Maßnahmen zu unternehmen" *(Carnegie
Commission 1997).*

Allerdings fokussieren Wissenschaft und Politik doch mehr auf Akteure der
internationalen Gemeinschaft, also einzelne Staaten, Gruppen von Staaten, zwischenstaatliche Zusammenschlüsse, aber auch internationale Organisationen.
Weitere Akteure, die vor allem seit Mitte der 1990er Jahre erheblich an Einfluss
und Bedeutung gewonnen haben, sind Nichtregierungsorganisationen (NGOs)
und lokale/gesellschaftliche Handlungsträger.

Der Vorteil internationaler staatlicher Akteure ist, dass sie über einen hohen
Grad an Akzeptanz und Einfluss verfügen und zugleich mit entsprechenden Ressourcen handeln können. Allerdings stehen dem individuelle Machtpositionen
und das Durchsetzen subjektiver Interessen entgegen. Zudem ist diesen Akteuren
der Zugang zu nichtstaatlichen Akteuren verwehrt oder zumindest nicht er-
schlossen. Dieser Zugang wiederum ist nichtstaatlichen Akteuren und Organisationen eröffnet, die so den Friedensprozess „von unten" fördern und *in* die Gesellschaft hinein wirken können.

Elementar wichtig ist aber, dass das Vorgehen verschiedener Akteure ge-
bündelt und zusammengefasst wird, um so eine kohärente Konfliktprävention zu
erreichen. Analog zur Entwicklungszusammenarbeit gilt auch im Bereich der
Prävention der Grundsatz, dass es sich um eine Querschnittsaufgabe handelt, die
entscheidend von einer guten Koordination abhängt.

Durch das Einschalten Dritter ist es zudem möglich, eine Konfliktpartei von
„neutraler" Seite mit Argumenten dazu zu bewegen, die Position der Gegenseite
zu überdenken und nachzuvollziehen (Empathiebildung). Die so erzielten kognitiven Ergebnisse können dazu beitragen, dass die Besinnung auf Gemeinsamkeiten erfolgt und ein gütlicher Interessenausgleich bewirkt werden kann.

Intervention Dritter

Es gibt zwei Phasen im Entwicklungszyklus eines Konfliktes, in denen die
Wahrscheinlichkeit seiner Lösung relativ hoch ist: zu Beginn, das heißt zu einem
Zeitpunkt, zu dem die Einstellungen der Konfliktparteien noch nicht allzu verfes-
tigt sind und ihr Verhalten noch kein zu großes Maß an Feindseligkeit aufweist –

dies ist die Phase der Konfliktvermeidung und Prävention. Die zweite Phase repräsentiert einen sehr viel späteren Entwicklungsstand: Der Konflikt muss in ein kostspieliges Patt geraten, seine Parteien müssen erschöpft sein (*Miall* 1992: 61) – dies ist in aller Regel eine Phase, in der die guten Dienste Dritter vonnöten sind, entweder weil die Konfliktparteien die Kommunikation zwischen sich haben abreißen lassen oder weil sie aus ihrer Konflikt(eskalations)falle nicht mehr herausfinden, ohne ihr Gesicht zu verlieren; schließlich vielleicht auch, weil eine der Parteien trotz ihrer allgemeinen Erschöpfung immer noch hofft, gegenüber der anderen leichte Positionsgewinne sichern zu können. Die Möglichkeiten durch die Intervention Dritter sollen in der folgenden Tabelle verdeutlicht werden.

Konfliktbearbeitung durch die Intervention Dritter

Modus	
Konfliktbeendigung	*Konfliktlösung*
Ziel	
Beendigung des Konfliktverhaltens der Parteien, Erzielen einer Kompromisslösung	Modifizierung mehrerer oder aller Konfliktaspekte mit der Intention, eine selbsttragende Lösung zu formulieren
Mittel	
1. Intervention (bewaffnet/unbewaffnet) 2. zwangsweise Beendigung der Feindseligkeiten (Peace Enforcement) 3. Peacekeeping 4. gute Dienste, Vermittlung, Streitschlichtung, Vergleich, richterliche Streitentscheidung, das heißt in der Summe: Verfahren der friedlichen Streitbeilegung	1. Förderung von Empathiebildung und gegenseitiger Perspektivenübernahme 2. Kommunikationskontrolle 3. Anwendung von Konfliktlösungstechniken aus der Sozialarbeit, Eheberatung, Arbeitgeber-Arbeitnehmer-Beziehungen, Rassenbeziehungen, Sozialpädagogik

Im Prinzip müsste eine konfliktlösende Intervention Dritter bei den Konfliktparteien einen Lernprozess in Gang setzen, in dessen Verlauf die Parteien allmählich herausfinden, welche ihrer Interessen, Werte und Ziele für die andere Seite jeweils akzeptabel sind. Schnelle Konfliktlösungen sind durch solche Interventionen Dritter also höchst selten zu erwarten. Diese Überlegung mag ein wenig den gelegentlichen Enthusiasmus dämpfen, der mit der Übertragung von Konfliktlösungsmustern aus anderen Bereichen vor allem in das Feld zwischenstaatlicher Konflikte verknüpft wird. Kennzeichen der Intervention und Mediation Dritter sind daher

> „long and patient positional bargaining, combined with a quest for package deals and a willingness to use leverage. It is often successful but, as with the intervention of UN organs, it tends to be deployed effectively when situations have already reached a stalemate and the parties are willing to compromise, or when one party is near to admitting defeat. Positional bargaining may be less successful in identifying solutions and averting conflicts at an early stage" *(Miall 1992: 72).*

Welche Maßnahmen bieten sich also in der Konfliktprävention an, und zu welchem Zeitpunkt sind sie notwendig oder sinnvoll? Die nachfolgende Grafik stellt einen typischen Konfliktzyklus dar, in dem unterschiedliche Ziele und Instrumente der Konfliktprävention entsprechend der Konfliktphase empfohlen werden.

Abbildung 10: The Conflict Cycle and EU Measures of Crisis Prevention in the Understanding of the EU

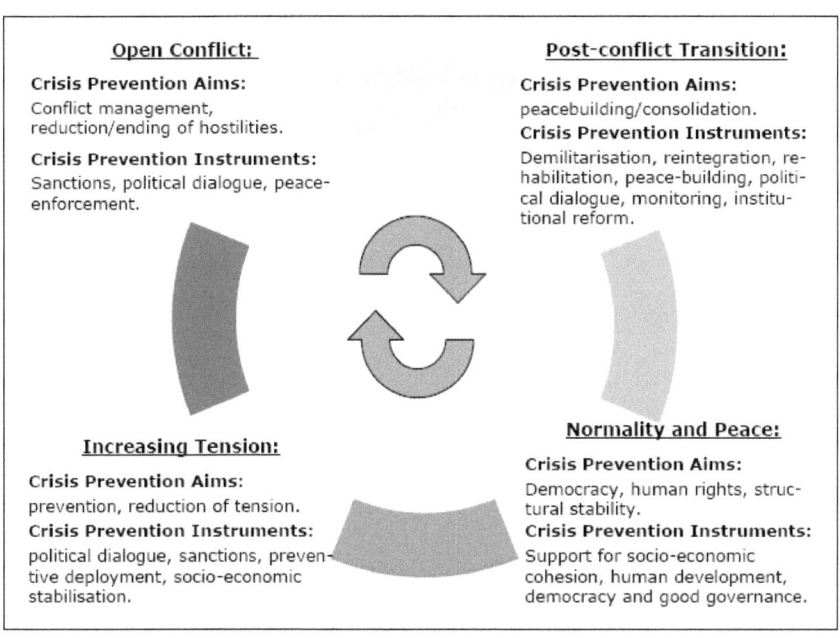

Quelle: eigene Darstellung nach *Costy/Gilbert* 1998

Entgegen der weitverbreiteten Annahme, dass Konfliktprävention nur *vor* einem Konflikt in Aktion treten kann, zeigt obenstehende Grafik die vielfältigen Instrumente der Prävention, die in quasi jeder Konfliktphase – also Aufbau von Spannungen, offener Konflikt, Post-Konflikt-Transition und Normalzustand – praktiziert werden können. Konfliktprävention sollte zu jeder Konfliktphase als Frühwarnmechanismus eingesetzt werden, um mögliche Konflikte frühzeitig zu erkennen und in geregelte Bahnen zu lenken. Um in der oben vorgestellten Terminologie zu bleiben, griffe in der Phase „Increasing Tension" und „Open Conflict" eher eine Prozessorientierte Prävention, während die Phasen „Normality and Peace" sowie „Post-Conflict Transition" auf die Verbesserung der Strukturbedingungen abzielen und somit eher der Strukturorientierten Prävention zuzuordnen wären.

In der Normalzustandsphase zeigt sich zudem, welche Grundvoraussetzungen gegeben sein sollten, um das Ausbrechen eines Konfliktes zu vermeiden. Wie bereits in Kapitel 2 ausführlich erläutert, unterscheidet man im Wesentlichen vier Grundursachen („root causes"), die zu Konflikten führen:

- Ungleichgewicht von politischen, sozioökonomischen oder kulturellen Mögichkeiten und Chancen für verschiedene (beispielsweise ethnische, religiöse, soziale, regionale) Identitätsgruppen,
- Mangel an demokratischer Legitimität und effizienter Durchsetzungsfähigkeit einer Regierung,
- Fehlen funktionierender politischer und gesellschaftlicher Mechanismen und demokratischer Strukturen, um verschiedene Gruppeninteressen in Einklang zu bringen und Trennlinien zu überwinden,
- Mangel einer aktiven, engagierten Zivilgesellschaft.

Eine „reine" Grundursache für einen Konflikt ist selten gegeben; oft handelt es sich um eine Kombination aus mehreren Ursachen, welche dann zum Konfliktausbruch führen. Für eine detaillierte Unterscheidung verweisen wir auf Kapitel 2.

Strategien für eine erfolgreiche Prävention

Strategien für eine erfolgreiche Konfliktprävention müssen sich also nicht nur an den aktuellen Konfliktgegenständen orientieren, sondern sollten auch eine Analyse ihrer tiefergehenden Gründe und Ursachen anstrengen. So lassen sich Verhaltensmuster interpretieren und im besten Fall auch vorhersagen sowie weitere zukünftige Aktionen entsprechend ausrichten.

Auch wenn die hier aufgeführten Strategieansätze (vgl. Tabelle 9) stark vereinfacht sind, so geben sie doch klare Anhaltspunkte für eine effektive Konfliktprävention. Als „checklist" für Konfliktpräventionsoperationen – sowohl vor als auch nach einer Mission – können sie als Leitlinien und Richtschnur dienen, an denen das Ergebnis einer solchen Mission bewertet werden kann. Entscheidend ist hier nicht nur der strategische, sondern auch der langfristig angelegte Ansatz, der den Akzent auf die Nachhaltigkeit einer Prävention setzt. Dies wird insbesondere deutlich bei den Punkten 1, 3 und 7: Um einen Konflikt nachhaltig lösen zu können, ist ein Verständnis seiner Geschichte unabdingbar (1). Die Einbindung der nationalen Kräfte ist essenziell, um einen Konflikt auch nach Auszug der vermittelnden Parteien nicht wieder aufflackern zu lassen. Eine rein von außen gesteuerte Operation wird im Zweifelsfall von der betroffenen Bevölkerung nicht akzeptiert werden – was eine Konfliktpräventionsoperation spätestens an ihrem Ende obsolet macht. Ein balancierter, abgestimmter Ansatz mit lokalen, regionalen und nationalen Akteuren erleichtert die Rückkehr zur Normalität (3). Die Koordinierung der einzelnen Aktionen ist für die Glaubwürdigkeit, aber auch für die Effizienz der Konfliktpräventionsstrategie elementar wichtig (7).

Werden die unten angeführten Punkte bei der Entwicklung der Strategie berücksichtigt, so kann ein Konflikt erfolgreich gelöst werden – durch die Ausarbeitung eines gegenseitig akzeptierten Aktionsplanes werden im Idealfall die Inkompatibilitäten bei Werten, Zielen und Interessen aufgehoben und durch neue, kompatible und gegenseitig anerkannte Aktionen ersetzt.

Tabelle 9:   Developing Effective Conflict Prevention Strategies

1.	**Track national transitions.** Conflict prevention and mitigation are not generic. Moving a country towards durable peace begins with a clear understanding of the sources and nature of local conflicts.
2.	**Set goals.** Policy-makers must choose strategic priorities and establish conflict prevention goals and objectives.
3.	**Assess national needs and tasks.** Policy-makers must pinpoint the key policy sectors in which to concentrate and the tasks associated with achieving the specified goals.
4.	**Choose tools.** Policy-makers must determine the mix of policy options each goal requires, assessing what indigenous and outside efforts are doing harm and can do good, and determining where new initiatives must fill gaps.
5.	**Identify implementing partners.** Policy-makers must determine which internal and external partners might best implement policy interventions in light of each implementor's strengths and weaknesses.
6.	**Time interventions.** Policy options vary according to the stage of conflict; some must be carefully sequenced to achieve their intended effect.
7.	**Coordinate responses.** Coordinating regional and international responses maximizes results while minimizing chances of intervenors worsens the conflict. Explicitly spelling out actors' responsibilities and mandates can help maximize scarce resources.
8.	**Plan the exit strategy.** Conflict prevention strategies must be planned over time and, for third parties, must define criteria for disengagement.

Quelle: *Lund/Votaw West* 1998

Die Wissenschaft hat sich seit vielen Jahren mit der Bedeutung von Feindbildern, Stereotypen, Vorurteilen und Einstellungen ebenso befasst wie mit dem Umgang mit ihnen (*Jervis* 1970; *Steinweg* 1980; *Tajfel* 1982; *Ostermann/Nicklas* 1984; *Weller* 1993; *Nicholson* 1992; *Gurr* 2001). Gemeinsam ist allen diesen psychologischen Handlungseinflüssen die Erkenntnis, dass sich im Prozess der individuellen, gesellschaftlichen und politischen Sozialisation von Konfliktparteien stereotypische Wahrnehmungsmuster ausbilden, welche die Selektion aktueller Informationen in einem Konflikt steuern und die Interpretation derselben lenken. Diese politischen Einstellungen sind sozial vermittelt, beispielsweise durch Erziehung und Massenmedien, und charakterisieren sich als

> „latente, geistige Bereitschaftszustände, die sich auf gesellschaftliche und politische Erfahrungen stützen, während sich politisches Verhalten in Reaktionen auf politische Objekte und Situationen niederschlägt" *(Kevenhörster 2003: 73).*

Anhand dieser erlernten und vermittelten Einstellungen und Interpretationsmuster bilden die Mitglieder einer Konfliktpartei Urteile und Meinungen über Werte, Ziele und Verhalten der anderen Konfliktpartei(en) aus. Diese vorgefassten Urteile erleichtern die Information und Orientierung, dienen aber auch als „Zugehörigkeitsmerkmal" zu einer bestimmten Gruppe. Da diese Wahrnehmungs- und Interpretationsmuster auch die Perzeption des Konfliktes determinieren, wohnt ihnen auch ein konfliktgestaltendes und konfliktveränderndes Moment inne.

Einstellungen und Interpretationsmuster

Deshalb spielen diese Muster insbesondere bei Konfliktprävention und Konfliktbehandlung eine hervorgehobene Rolle.

Beeinflussung des
Konfliktverhaltens

Eine ebenso wichtige Rolle kommt der Beeinflussung des Verhaltens der
Konfliktparteien zu. Wie Deutsch bereits frühzeitig erläuterte, tendieren Kon-
fliktparteien dazu, ihre jeweiligen Konfliktzüge spiegelbildlich nachzuahmen
(*Deutsch* 1973): Anwendung von Zwang provoziert in der Regel Anwendung
von Zwang, Kooperation wiederum erzeugt Kooperation. Der gegenseitige
Rückgriff zunächst auf die Androhung und später die Anwendung von Zwangs-
maßnahmen durch die Parteien ist der Einstieg in die Eskalationsspirale eines
Konfliktes. An einem gewissen Punkt in dieser Spirale (des „Sich-gegenseitig-
Aufschaukelns") können die Konfliktparteien nicht mehr zurück und suchen die
Lösung des Konfliktes in der bewaffneten Auseinandersetzung.

Das Prinzip der
Verhaltenssteuerung

Die Konfliktforschung strebt deshalb danach, den Parteien Auswege aus der
Spirale zu zeigen, noch bevor sie am „point of no return" angelangt sind, also
sich unumkehrbar verrannt haben. Prominentestes Beispiel für diese Verhaltenssteuerung, die im besten Fall deeskalierend, in den meisten Fällen aber eher rein
eskalationshemmend ist, ist die Politik der kooperativen Rüstungssteuerung
zwischen den Nuklearmächten (*Schelling/Halperin* 1985; *Russett* 1983; *Thränert*
1986; *Jensen* 1988; *Miall* u. a. 1999). Das Prinzip der Verhaltenssteuerung hebt
vor allem die Bedeutung Kooperationswilligkeit signalisierender Zeichen hervor,
die zunächst unilateral gesendet werden, aber ein klares Signal setzen für die
Bereitschaft zur Abkehr von Gewaltandrohung bzw. -anwendung. Ein reziprokes
Verhalten der Gegenseite kann so die Deeskalationsspirale in Gang setzen. Als
ein erster Notbehelf können auch Zeichen in Bereichen gegeben werden, die mit
dem eigentlichen Konfliktgegenstand nichts zu tun haben, aber als Ausdruck des
Goodwill verstanden werden können, ohne als Indikator für zu schnelles Nachgeben gewertet zu werden. So können zum Beispiel Kommunikationsverbindun-
gen eingerichtet, Handelsverträge in Aussicht gestellt, konsularische und diplomatische Beziehungen (wieder) aufgenommen, politische Gefangene freigelas-
sen werden etc. Sollte der Konflikt schon ein Stadium erreicht haben, in dem
beiden Seiten bereits Kosten entstanden sind, könnte ein gemeinsames Interesse
auch die Vermeidung weiterer Kosten sein. Paradoxerweise kann es aber auch
eine Form der Konfliktprävention sein, einem Konflikt im Anfangsstadium zum
Ausbruch zu verhelfen, um den Konfliktparteien die möglichen Kosten einer
Eskalation zu demonstrieren. Allerdings ist hier die Gefahr hoch, dass die
Hemmschwelle zur Gewaltanwendung zu leichtfertig, da nur zu „Demonstrati-
onszwecken" überschritten wird und so ein im negativen Sinn ermutigendes
Signal an die Konfliktparteien gesendet wird.

Eine weitere Überlegung wäre noch anzuschließen: Es hängt nicht zuletzt
von der Struktur des Konfliktes ab, ob er den hier erörterten Mechanismen weitgehend zugänglich ist. Anatol *Rapoport* (1974) hat in dieser Hinsicht schon vor
über drei Jahrzehnten eine deutliche Position vertreten, an deren Aktualität auch
heute noch keine Abstriche zu machen sind:

> „In symmetric conflicts, techniques of conflict resolution seem to be most relevant.
> The interests of two or more parties clash. Each knows that the resort to force will
> incur costs far in excess of any benefits of 'victory'. It seems eminently reasonable

to seek ways of compromise, of improving 'communication' in order to avoid mis-
perceptions of other's intentions, etc. The relevance of the conflict resolution approach depends crucially on the assumption of symmetry. Symmetric conflicts are
the most viable and understandable in the framework of thought governing the tradi-
tional concepts of international relations. [...] However, the symmetric conception of
conflict either ignores or misperceives other types of conflict that have only recently
come to the forefront of attention – distinctly asymmetric conflicts whose genesis is
not 'issues' to be 'settled' but the very structure of a situation that cannot be elimi-
nated or modified without conflict. Indeed, the suspension of conflict or making
conflict impossible is in these instances entirely in the interests of one of the parties
– the dominant one. Here, 'peace' is equated to 'pacification'."

4.3.2 Der Konfliktpräventionszyklus am Beispiel Mazedonien

Zur Zusammenfassung und Verdeutlichung stellen wir im Folgenden ein Beispiel der Konfliktprävention und des Krisenmanagements vor, welches die zuvor
erläuterten Maßnahmen und möglichen Handlungsansätze im Konfliktpräventi-
onszyklus zeigen soll.

Mazedonien ist eine kleine Republik auf der Balkanhalbinsel in Südosteuropa und die ehemals südlichste Republik der ehemaligen Sozialistischen Föderalen Republik Jugoslawien. Das heutige Mazedonien grenzt im Norden an Serbien-Montenegro und Kosovo, im Südwesten an Albanien, im Süden an Griechenland und im Osten an Bulgarien. Durch diese geografische Lage, aber auch
durch die erklärte Unabhängigkeit 1991 hat sich Mazedonien frühzeitig aus den
innerjugoslawischen Kriegen herausgehalten. Zwar wurde dem „neuen" Mazedonien durch einen Namensstreit mit Griechenland (wegen der gleichlautenden
Provinz Makedonien und befürchteter Gebietsansprüche) lange Zeit der Name
verwehrt, eine (provisorische) Lösung fand man aber durch die Anerkennung der
„Ehemaligen jugoslawischen Republik Mazedonien" durch die UNO 1993. Das
Zusammenleben der knapp zwei Millionen Einwohner – vor allem slawische
Mazedonier (über 60 Prozent) und Albaner (rund 25 Prozent) – verlief bis ins
Jahr 1999 relativ friedlich und blieb unberührt von den Kämpfen in den weiter
nördlich liegenden Gebieten. Weshalb es bis zur Jahrtausendwende gelang, ein
Überschwappen der Kriegshandlungen zu vermeiden, und wieso es dann doch
kurzzeitig zu Blutvergießen und gewaltsamem Konfliktaustrag kam, soll im
Folgenden erläutert werden.

Normality and Peace → Increasing Tension

Mazedonien war bis zum Ende der 1990er Jahre der einzige Staat, der nicht direkt in die gewaltsamen Auseinandersetzungen und Kriege in Exjugoslawien
involviert war. Für lange Zeit galt Mazedonien als „Oase des Friedens" (*Oschlies*
2003: 1), weil es gelang, innerhalb des Staates den Frieden zu bewahren. *Schneckener* führt hierfür vier Gründe an:

„Oase des Friedens"

1. die funktionierende Regierungszusammenarbeit der beiden Volksgruppen, der slawischen Mazedonier und der (überwiegend muslimischen) Albaner,
2. den herrschenden Einfluss moderater Kräfte,
3. die fehlende Unterstützung der Rebellen durch einen Nachbarstaat und
4. die bereits fortgeschrittene multilaterale Einbindung Mazedoniens (z. B. durch die Aufnahme ins PfP-Programm der NATO) (*Schneckener* 2001: 48).

In Mazedonien war es bislang nicht zu interethnischen Kriegen zwischen den beiden größten ethnischen Gruppen gekommen: den christlich-orthodoxen mazedonischen Slawen und den muslimischen Albanern (*Frckoski* 2001: 39). Verankert im südlichen Balkan und Staat der jugoslawischen Föderation, zeichnete sich Mazedonien nach Ansicht mancher lange Zeit durch eine beispielhafte interethnische Politik aus, in der die ethnischen Gruppen friedlich koexistierten (*ebd.*). Andere Stimmen kritisierten jedoch, das interethnische Verhältnis sei seit den 1980er Jahren „far from being relaxed" (*Schneckener* 2002: 25). Ganz gleich, wie die Bewertungen ausfallen: mit der Proklamation eines mazedonischen Nationalstaates 1989 durch die slawische Mehrheit schien für die albanische Minderheit (zunächst) kein Platz mehr zu sein. Das Referendum von 1991 ergab eine fast einstimmige Zustimmung zur Unabhängigkeit (wobei die ethnischen Serben und die Albaner die Wahlurnen boykottierten), welche Mazedonien

Die neue Verfassung   dann Ende 1991 ausrief. Die neue Verfassung von 1991 wurde im darauffolgen-
von 1991   den Jahr um ein äußerst umstrittenes Bürgerrecht erweitert, welches trotz des Zugeständnisses von Grundrechten an die ethnischen Minderheiten die albanische Minderheit benachteiligte. Die Hauptursachen des Konfliktes waren Vorgaben in der neuen Konstitution, welche andere Sprachen als das Mazedonische und andere Religionen als die mazedonische orthodoxe Kirche völlig ignorierten. Obwohl die Unabhängigkeit ohne Blutvergießen erreicht wurde, waren Komplikationen zu erwarten, nicht nur von Nachbarländern wie Albanien, sondern auch von Ländern mit einer gemeinsamen Geschichte wie Griechenland, Bulgarien und Serbien (*Arbatova* 2001: 16). Zudem korrespondierte die albanische Beteiligung an Regierung und Parlament nicht mit der tatsächlichen Bevölkerungszahl (nach unterschiedlichen Quellen lag der albanische Anteil zwischen 25 und 40 Prozent), und das langsame Tempo der Reformen führte dazu, dass die Albaner lange Zeit in Polizei, Militär und öffentlichem Dienst unterrepräsentiert waren. 1998 verschlechterte sich die Situation: Der UNO-Sicherheitsrat hatte aufgrund diplomatischer Auseinandersetzungen zwischen Peking und Skopje[2] Schwierigkeiten, das Mandat der UNPREDEP (vor 1995 die UNPROFOR [United Nations Protection Force], seit 1995 die United Nations Preventive Deployment Force)

---

[2] Die Diskussion um die Neumandatierung der UNO-Mission wurde abrupt beendet, nachdem Skopje Taiwan (= Republik China) anerkannt hatte (im Gegenzug für Langzeitinvestitionen und wirtschaftliche Unterstützung). Die Volksrepublik China hingegen brach aufgrund der Anerkennung Taiwans die diplomatischen Beziehungen zu Skopje ab und legte im Sicherheitsrat der UNO ein Veto gegen die Fortführung der Mission ein. Um die Mission dennoch weiterführen zu können, hielten die USA ihre nationalen UNPREDEP-Truppen in Mazedonien, modifizierten die Mission und stellten die Truppen unter NATO-Führung (*Eldridge* 2002: 57).

zu verlängern und zu modifizieren. Wegen ökonomischer Probleme und nationalistischer Strömungen wurde die Lage in Mazedonien immer instabiler (*Eldridge* 2002: 56). Die Kosovokrise und die NATO-Intervention von 1999 haben möglicherweise noch dazu beigetragen, dass die radikaleren ethnischen Albaner ihre Interessen verstärkt mit mehr Gewalt durchzusetzen versucht haben.

Idealtypische Konfliktprävention sollte in dieser Phase auf Spannungsabbau zielen: durch politischen Dialog zwischen den Konfliktparteien oder die Vermittlung guter Dienste durch Dritte. Sozioökonomische Stabilisierung zielt auf die Beseitigung möglicher struktureller Konfliktursachen. Schärfere Maßnahmen sind dann beispielsweise Wirtschaftssanktionen oder aber präventive Truppenverlegungen zum Auseinanderhalten der gewaltbereiten Konfliktparteien und zum Schutz der zivilen Bevölkerung.

Die tatsächliche Konfliktprävention in Mazedonien wurde auf verschiedenen Ebenen und von verschiedenen Akteuren realisiert: Die internationale Gemeinschaft war in Mazedonien seit dem Ausbruch der angrenzenden jugoslawischen Kriege und seit der steigenden Spannung innerhalb des Landes präsent. Bereits 1991 hatte die EG eine Vermittlungskommission unter Leitung des französischen Verfassungsrichters Robert Badinter eingesetzt, welche sich mit den rechtlichen Fragen der Auflösung der Jugoslawischen Republik befasste. In einem Annex setzte die Kommission Kriterien für die Anerkennung der ehemaligen Jugoslawischen Republiken durch die EG-Staaten fest. Dies war jedoch nur ein formaler Erfolg. In der Praxis erkannte Deutschland im Alleingang Slowenien und Kroatien ohne vorherige Konsultation mit den EG-Partnern an.

Von 1992 bis 1998 führte die UNO eine Peacekeeping-Mission in der Region durch (UNPROFOR und UNPREDEP), um Spill-over-Effekte der Gewaltausbrüche in den Nachbarstaaten zu verhindern. Zur Verbesserung der interethnischen Beziehungen existierte seit 1992 eine Langzeitmission der OSZE in Skopje. Die EU beschloss 1996 schließlich, dass Mazedonien die Kriterien für das PHARE-Programm[3] erfüllte, und unterstützte das Land seitdem mit finanziellen Mitteln. 1997 entwickelte der EU-Ministerrat einen Policy-Mix aus politischen und ökonomischen Bedingungen, an welche die Unterstützung geknüpft war. Im Bild des Konfliktzyklus sind diese Kriterien eine Mischung aus Sanktionen, politischem Dialog und sozioökonomischer Stabilisierung. In dieser Phase war das EU-Krisenmanagement nicht in der Lage, unabhängig zu handeln und mehr Unterstützung für die Sicherheit in der Region zu bieten. Die enge Zusammenarbeit mit anderen internationalen Organisationen vor Ort ist essenziell und unerlässlich. Allerdings zeigen die Auswirkungen des diplomatischen Verwirrspiels innerhalb des UNO-Sicherheitsrates (siehe Fußnote 2), dass eine kohärentere Politik der internationalen Akteure notwendig ist, um so weitere Spannungen zu vermeiden. Das schließt auch Folge- oder Ersatzmissionen ein, die in gemeinsamer Abstimmung innerhalb der internationalen Gemeinschaft erfolgen sollten, um so effektiv einen Konflikt zu vermeiden (und ihn nicht als Ergebnis diplomatischer Auseinandersetzungen und Inkohärenz zuzulassen).

Konfliktprävention in
Mazedonien

---

[3] PHARE (Pologne, Hongrie, Assistance à la reconstruction économique) steht für das Hilfsprogramm der Europäischen Union, welches ursprünglich für die ersten Erweiterungskandidaten entwickelt und später als allgemeines Unterstützungsprogramm der EU beibehalten wurde.

„Open Conflict" (Februar bis April 2001)

Seit Februar/März 2001 hatte die „Doppelkrise Südserbien" (*Schneckener* 2001: 45) stetig die Situation in Mazedonien und im Preševotal, welches an Serbien angrenzt, verschlechtert. Die Hauptursachen, die den Konflikt schließlich zum Ausbruch brachten, waren bereits seit einiger Zeit bekannt: Verfassungsfragen, Zentralisierung, Bevölkerungszahlen und -anteile, angemessene Repräsentierung der albanischen Vertreter und Minderheiten, Status der albanischen Universität sowie Zugang zu öffentlichen Ämtern. Diese ungelösten Probleme wurden zudem von drei Faktoren verstärkt: der Konzentration der internationalen Gemeinschaft auf das Postkonfliktmanagement des Kosovokrieges, dem Mangel an internem politischen Druck nach der Lösung des Konfliktes mit Griechenland (und somit das Ende einer Gefahr von außen) sowie der „Chance" für albanische Extremisten, nach dem Kosovokrieg für ihre Sache aktiv zu werden. Die Ground Safety Zone, die von der NATO aufgebaut worden war, und das Grenzabkommen zwischen Belgrad und Skopje vereinfachten die Aufgabe der mazedonischen Armee, Grenzkontrollen durchzuführen. Dennoch gewannen extremistische Albaner die Kontrolle über Tanusevci im Februar. Mitte März nahmen albanische Extremisten gezielt Polizei- und Armeeeinheiten in der Stadt Tetovo unter Beschuss. Diese Kämpfer erklärten sich zur Nationalen Befreiungsarmee (UČK, das gleiche Akronym wie ihr Pendant im Kosovo) und forderten nationale Selbstbestimmung. Was bis dahin noch als „small scale local violence" in der Grenzregion gewertet worden war, rückte tatsächlich immer näher an den Rand eines „full-fledged civil war" (*Schneckener* 2002: 24).

> Forderung nach nationaler Selbstbestimmung albanischer Extremisten

Wenn wir auch in dieser Konfliktphase den Konfliktzyklus als analytisches Instrument verwenden, wird deutlich, dass Konfliktprävention in einer offenen Konfliktphase vor allem auf die Vermeidung weiterer Feindseligkeiten und Waffengewalt zielen sollte. Geeignete Mittel dafür sind verschärfte Sanktionen, verstärkter politischer Dialog und – als letztes Mittel – Peace Enforcement, also die Beendigung der gewaltsamen Auseinandersetzung und die „Erzwingung" von Frieden.

> Rolle der EU in der Konfliktprävention

Die EU war insbesondere in den ersten beiden Feldern aktiv. Als die Krise ausbrach, entwickelte sie eine intensive „Shuttle Diplomacy" zwischen Brüssel und Skopje mit verschiedenen hochrangigen EU-Vertretern wie Generalsekretär Javier Solana[4]. Im Rahmen der Neuschaffung einer kohärenten EU-Außenpolitik (GASP = Gemeinsame Außen- und Sicherheitspolitik) hat die EU sich nun von relativer Untätigkeit in diesem Feld zu einem Akteur entwickelt, dem verschiedene Mechanismen zur Verfügung stehen.

> „Rather than pompous and ineffective statements from the Council of Ministers, Europe is now sending in Javier Solana. [...] the more systemic approach of Euro-

---

[4] Der Spanier Javier Solana, der zuvor NATO-Generalsekretär war, bekleidet seit 1999 das Amt des ersten Hohen Vertreters für die neugeschaffene EU-Außenpolitik. Zugleich ist er Generalsekretär des Rates der EU. Er ist damit der ranghöchste Vertreter und das „Gesicht" der EU in außenpolitischen Angelegenheiten.

pean integration has become the dominant paradigm for a successful approach to the problems of the region" *(Whyte 2001: 4).*

Ein Teil dieses Ansatzes der EU war der Stabilisierungs- und Assoziierungsprozess (SAP) für fünf Länder in Südosteuropa. 1999 beendete die EU eine Machbarkeitsstudie zu SAP und eröffnete die Verhandlungen mit Mazedonien. Diese endeten am 9. April 2001 mit dem offiziellen Abschluss des „Stabilisation and Association Agreement" (SAA). Die erfolgreiche Umsetzung des SAA ist zudem eine Voraussetzung für die weitere Bewertung des Entwicklungsstandes möglicher zukünftiger Beitrittskandidaten zur EU – auch wenn es rein formal keinen Zusammenhang zwischen dem SAA und den Beitrittsverhandlungen gibt. Der Hauptzweck dieses Agreements ist, finanzielle und technische Unterstützung im Gegenzug für das Respektieren von Grundrechten und die Geltung des Rechtes zu liefern. Dieser Ansatz ist gewissermaßen als „Zuckerbrot-und-Peitsche"-Politik zu verstehen – die Sanktion für die Nichtbeachtung von Grundrechten und Rechtsordnung ist der Entzug der Unterstützung. Dies ist eines der stärksten Politikinstrumente, welche der EU zur Verfügung stehen.

Ein weiteres Politikinstrument, welches die EU geschaffen hat, ist das Amt des Sonderbeauftragten. Der Generalsekretär/Hohe Repräsentant kann für Krisenregionen einen Vermittler ernennen, der, mit einem Mandat des Rates der Europäischen Union ausgestattet, Mediatorendienste anbietet und die EU-Politik vor Ort vertritt.

Obwohl die mazedonische Krise nicht in einen Bürgerkrieg mündete wie in anderen Balkanländern in den 1990er Jahren, kann der Zeitraum vom Frühjahr 2001 an doch als der Beginn einer offenen Konfliktphase bezeichnet werden. Angesichts der Tatsache, dass die steigenden Spannungen immer mehr in Richtung eines bewaffneten Konfliktes wiesen, waren weitere Maßnahmen zur Deeskalation notwendig. Die EU verfolgte dabei einen doppelten Ansatz. Auf der einen Seite verurteilte sie die blutigen terroristischen Anschläge und begrüßte die Reaktion der Regierung. Auf der anderen Seite versuchte sie die Konfliktparteien davon zu überzeugen, dass weitere Gewaltanwendung in jedem Fall vermieden und der politische Dialog gefördert werden müsse. Diese Strategie wurde auch beim Europäischen Rat in Stockholm vorgeschlagen, bei dem der mazedonische Präsident Boris Trajkovski anwesend war. Javier Solana betonte, die Rolle der EU beschränke sich darauf, den politischen Dialog zu ermöglichen und zu erleichtern, könne aber nicht die Mediation des Konfliktes einschließen. Beteiligte Diplomaten hoben hervor, dass das wichtigste Element des Konfliktmanagements in Mazedonien zu diesem Zeitpunkt die Betonung und Anwendung des „ownership principle" und der Primat der Politik waren. Das bedeutet, dass die Regierung des betroffenen Landes die Initiative ergreift und die Verantwortung für die Krisenmanagementoperation übernimmt. Damit wird die lokale Regierung stark in den gesamten Prozess eingebunden. Insofern sind Solanas nüchterne Worte vom Ratstreffen in Stockholm (siehe oben) vielmehr als realistische Einschätzung der Möglichkeiten, aber auch der Chancen des europäischen Krisenmanagements zu sehen.

„Open Conflict" (April bis August 2001)

Trotz der recht positiven Zwischenbilanz führten die Anstrengungen der EU und
der internationalen Gemeinschaft nicht zu einem endgültigen „Erfolg": Ende
April 2001 flackerte der Konflikt zwischen der slawischen Mehrheit und der
überwiegend albanischen Minderheit bereits wieder auf. Die Kämpfe zwischen
der mazedonischen Armee und der UČK wurden nun begleitet von Aufständen
und Gewalt gegen Minderheiten, während der politische Dialog festgefahren
war. Diese Situation wurde noch verschärft durch die ultranationalistischen Äu-
ßerungen Premierminister Georgievskis. Trotz des Engagements der EU und der
internationalen Gemeinschaft befanden sich im Sommer 2001 fast 100000 Mazedonier vor den albanischen Gräueltaten auf der Flucht. Die UNO-Resolution
1345 vom 21. März 2001 verurteilte nachdrücklich die Gewalthandlungen und
autorisierte insbesondere die KFOR, ihre Anstrengungen zur Eindämmung
grenzüberschreitender Waffenlieferungen zu verstärken (vgl. UNO-Resolution
1345, § 10). Insbesondere NATO-Generalsekretär Lord Robertson und der Hohe
Repräsentant für Außen- und Sicherheitspolitik der EU, Javier Solana, bemühten
sich um eine politische Lösung des Konfliktes und warben für eine Allparteien-
regierung sowie Verhandlungen über die Entwaffnung der UČK. Negativer Höhepunkt war im Juni 2001 die Drohung der UČK-Kämpfer, die Stadt Aracinovo
einzunehmen.

Bitte um
Unterstützung
durch die NATO

Als die Anstrengungen des gemäßigten Präsidenten Boris Trajkovski und
der KFOR nicht mehr ausreichten, um einen drohenden Bürgerkrieg abzuwenden, richtete der mazedonische Präsident am 14. Juni 2001 einen Brief an den
Generalsekretär der NATO und bat um deren Unterstützung. Mazedonien war zu
diesem Zeitpunkt bereits ein verlässlicher Partner der Allianz geworden (vor
allem während des Kosovokrieges) und zudem Mitglied im MAP, dem Kandida-
tenprogramm der NATO. Am 29. Juni 2001 beschloss der Nordatlantikrat die
Operation „Essential Harvest" mit 3500 Soldaten, welche die vorrangige Aufgabe hatten, die ethnischen Gruppen zu entwaffnen und diese Waffen zu zerstören.
Diese dreißigtägige Mission sollte zudem den Weg zu einem Rahmenabkommen
mit allen Konfliktparteien ebnen.

Um den politischen Dialog weiter voranzutreiben, begann eine Gruppe von
Mediatoren[5] damit, Vorschläge für ein zukünftiges Rahmenabkommen zu entwickeln. Obwohl die Auseinandersetzungen zwischen Premierminister Georgievski
und dem Westen anhielten, konnten die Verhandlungen an einem Ort außerhalb
von Skopje, in Ohrid, fortgeführt werden, da in der Hauptstadt immer wieder
Kämpfe aufflackerten. In Ohrid einigten sich die Konfliktparteien am 13. August
auf ein Rahmenabkommen, welches die Demokratie in Mazedonien sichern
sollte und die enge Kooperation mit der euro-atlantischen Gemeinschaft vorsah.
Des Weiteren legte das Ohrid-Abkommen fest, der albanischen Bevölkerung
eine angemessenere Repräsentation zu garantieren sowie ihre Sprache und Reli-

---

[5] Unter anderen unter Mitwirkung des ehemaligen französischen Verfassungsrichters Robert Badinter
und des EU-Sonderbeauftragten und früheren französischen Verteidigungsministers François Léotard.

gion anzuerkennen. Neben weiteren Verfassungsänderungen und Änderungsvorschlägen enthielt das Abkommen zudem konkrete Maßnahmen zu Implementierung und Wiederaufbau, legte die Details für die NATO-Operation „Essential Harvest" fest und sah eine Amnestie für die Kämpfer vor, die freiwillig ihre Waffen abgaben.

Auch wenn das Krisenmanagement in Mazedonien im Endergebnis erfolgreich war, wie das Abkommen von Ohrid deutlich zeigt, wird es insbesondere für die Aktion der EU bisweilen kritisch bewertet. Denn es sollte nicht in Vergessenheit geraten, dass der Ohrid-Prozess zu einer Aufwertung und nachträglichen Legitimierung der UČK geführt hat, die mit Gewalt ans Ziel gelangt ist (*Calic* 2002: 2). Das Ergebnis kann dennoch als beispielhaft gewertet werden angesichts des relativ glimpflichen Ausganges im Vergleich zu anderen Krisenherden auf dem Balkan.

„Post-Conflict Transition" – von „Allied Harmony" zu „Proxima"

Die Phase der Transition nach einem Konflikt kann im Sinne des Konfliktzyklus am Tag nach dem Abschluss des Ohrid-Abkommens angesetzt werden. Die internationalen Krisenmanagementaktivitäten waren trotz einer Eindämmung der gewaltsamen Auseinandersetzungen noch nicht beendet. Vielmehr benötigte die Vereinbarung in der noch instabilen Region internationalen Schutz. Auf Anfrage des mazedonischen Präsidenten Trajkovski autorisierte der Nordatlantikrat am 15. August 2001 die „Task Force Harvest", die als Vorauskommando mit rund 400 französischen, britischen und tschechischen Soldaten die Vorbereitung der Operation beginnen sollte. Am 27. August 2001 begann die „Essential-Harvest"-Truppe mit dem Einsammeln und Vernichten der Waffen. Die Gründe für die Fortsetzung der Mission lagen auf der Hand: Wenn die NATO ihre Truppen gleich nach dem erfolgreichen Einsammeln und Vernichten der rund 3300 Waffen abgezogen hätte, wäre ein gefährliches Sicherheitsvakuum entstanden, das ein Wiederaufflackern des Konfliktes begünstigt hätte. Aus diesem Grund und angesichts der nach wie vor instabilen Sicherheitslage sandte Präsident Trajkovski am 19. September erneut ein formales Gesuch an die NATO, um mit Friedenstruppen die internationalen Beobachter vor Ort zu schützen. Kurz darauf wurde die „Task Force Fox" gebildet, die wiederum als Vorauskommando die Operation „Amber Fox" vorbereiten und den Übernahmeprozess von der als erfolgreich beendet erklärten Operation „Essential Harvest" beginnen sollte. „Amber Fox" startete am 27. September 2001 mit rund 700 Soldaten und war zunächst für drei Monate angesetzt.

Die Aktivitäten der NATO verfolgten in dieser Phase des Konfliktzyklus die Krisenpräventionsziele Demilitarisierung und Peacebuilding. Nur so konnte ein sicheres und stabiles Umfeld geschaffen werden, in dem eine friedliche Transformation und Umsetzung des Rahmenabkommens konsolidiert werden konnte. Die EU hingegen verstärkte ihre Tätigkeiten hinsichtlich der erfolgreichen Implementierung des Ohrid-Abkommens. Das Mandat des Sondergesandten wurde verlängert, und auf den ehemaligen französischen Verteidigungsminister Léotard folgte nun Alain LeRoy, der vormals als französischer Koordinator

Vernichtung von Waffen durch „Essential Harvest"

Operation „Amber Fox" beginnt

des Stabilitätspaktes für Südosteuropa tätig war. Am 16. November 2001 verabschiedete das mazedonische Parlament nach internationaler Vermittlung das Verhandlungspaket zur Verfassung.

Parallel zu diesen diplomatischen Bemühungen, welche die klassischen Konfliktpräventionsinstrumente der Reintegration und Rehabilitierung, des politischen Dialogs, des Monitorings und der institutionellen Reform umfassten, engagierte sich die EU weiterhin technisch und finanziell. Mit dem neuen CARDS-Förderprogramm (Community Assistance for Reconstruction, Development and Stabilisation) konnte die EU-Hilfe für Mazedonien freigegeben werden und einen festen Bestandteil der postkonfliktiven Unterstützung bilden.

Die Situation im Frühjahr 2002 war im Vergleich zu 2001 wesentlich besser, aber es herrschte bald Einigkeit darüber, dass auch 2002 eine internationale militärische Präsenz vonnöten sein werde, um die Lage zu stabilisieren. Die EU diskutierte auf ihrem Außenministergipfel im spanischen Cáceres 2002 erstmals die Option einer Übernahme der NATO-Operation „Amber Fox". Kurz darauf, auf dem Gipfel von Sevilla, erteilte der Rat dem Hohen Repräsentanten und Generalsekretär ein Mandat, um die notwendigen Schritte einzuleiten und die entsprechenden Abkommen vorzubereiten. Um dieses ehrgeizige, hauptsächlich politische Ziel zu erreichen, mussten die Bemühungen zum Aufbau einer unabhängigen EU-Einsatztruppe erneut verstärkt werden. Auf dem EU-Gipfel im belgischen Laeken im Dezember 2001 war die Schnelle Eingreiftruppe für beschränkt einsatzbereit erklärt worden. Allerdings bedurfte es noch einer besseren Funktionsfähigkeit der EU-eigenen Strukturen und des Abschlusses des sogenannten Berlin-Plus-Abkommens zwischen EU und NATO zum Aufbau permanenter Kooperationsmechanismen. Ende 2002 konnte dieses Abkommen final

Übernahme der „Amber Fox" durch die EU

verhandelt werden und 2003 schließlich die Einsatzfähigkeit einer EU-Truppe bestätigt werden. Am 1. April 2003 übernahm die EU-Mission „Concordia" schließlich die Aufgaben der NATO-Mission. Grundlage hierfür war zum einen das Abkommen zwischen NATO und EU zur gegenseitigen Unterstützung und Übernahme der Infrastruktur durch die EU; zum anderen bedarf eine derartige Mission der Zustimmung des betroffenen Staates: Bereits im Januar 2003 hatte Präsident Trajkovski daher in einem formellen Gesuch um die Unterstützung der EU gebeten.

Das Mandat der EU-Schutztruppe umfasst im Wesentlichen dieselben Elemente wie das der NATO-Vorgängermission: die Unterstützung für eine stabile und sichere Umgebung, um vor allem die Umsetzung des Ohrid-Abkommens zu gewährleisten (Council Joint Action 2003/92/CFSP; Council Decision 2003/202/CFSP).

Erfolgreiche Durchführung von Wahlen

In Mazedonien stabilisierte sich die Situation weiter durch die erfolgreiche Durchführung von Wahlen im September 2002. Nach harten Verhandlungen trat schließlich am 1. November die sogenannte Guns-and-Roses-Koalition ihr Amt an, welche aus der Partei des ehemaligen UÇK-Führers Ahmeti und der sozialdemokratischen Partei Branko Crvenkovskis die neue Regierung bildete. Trotz nationalistischer Töne während der Wahlkampagne setzte sich die neue Regierung voll für die Umsetzung des Ohrid-Abkommens ein.

Trotz der Stabilisierung der Lage in Mazedonien und der erfolgreichen Übernahme der Krisenmanagementmission durch die EU im Frühjahr 2003 bleiben weitere Herausforderungen bestehen: Die ökonomische Lage ist desolat und führt immer wieder zu Spannungen, während die Umsetzung des Rahmenabkommens sich vor allem bei der gleichmäßigen Besetzung der Posten im öffentlichen Dienst als besonders schwierig erweist. Die offizielle Arbeitslosenquote liegt bei ca. 30 Prozent; tatsächlich muss wohl von etwa 50 Prozent ausgegangen werden.

Während der EU-Mission „Concordia" gab es zunächst zahlreiche positive Indikatoren wie die neue Regierung oder den Fortschritt bei der Implementierung des Ohrid-Abkommens, welche zu der Annahme führten, die Operation sei erfolgreich und werde bald beendet. Allerdings ist auch heute noch nicht garantiert, dass die Situation in Mazedonien stabil bleiben wird. So kann beispielsweise die Minderheitenproblematik wieder in den Mittelpunkt des Interesses geraten. Weitere Probleme sind die Sezessionspläne des früheren Premierministers Georgievski und die immer wieder vorkommenden Drohungen, Entführungen, Anschläge und Morde. Deshalb wurde nach der erfolgreichen Beendigung der EU-Mission „Concordia" die EU-Polizeimission „Proxima" gestartet, um kein Sicherheitsvakuum entstehen zu lassen. Das Mandat umfasst vor allem Aktivitäten im Bereich der Polizeiausbildung, innere Angelegenheiten, ein integriertes Grenzmanagement, vertrauenbildende Maßnahmen und die Konsolidierung von Recht und Gesetz.

Ohrid-Abkommen

EU-Polizeimission „Proxima"

Auch im Jahr 2004, in dem die offizielle Einreichung der Kandidatur für die Aufnahme in die EU durch den tragischen Tod des mazedonischen Präsidenten Trajkovski verzögert wurde, gab es „no room for complacency" (*ICG* 2003): Die Diskussion um die Dezentralisierung und somit Neustrukturierung der überwiegend slawisch und der überwiegend albanisch geprägten Regionen hat im November 2004 zu erheblichen Demonstrationen und Auseinandersetzungen geführt, die ein Ende des Konfliktes nicht in Sicht scheinen lassen.

Wie im Konfliktzyklus deutlich wird, ist auch die postkonfliktive Phase von erheblicher Bedeutung. Auch wenn Mazedonien auf gutem Weg zu „normality and peace" ist, bleibt doch noch eine Reihe von Aktivitätsfeldern für Konfliktprävention offen.

Die Bewertung der Performance der EU als Krisenmanager und Konfliktpräventionsorganisation fällt insgesamt relativ positiv aus. „Concordia" als erste EU-geführte militärische Mission fand inmitten einer anderen internationalen Krise statt. Die Frage nach dem Umgang mit der vorgeblichen Bedrohung durch Massenvernichtungswaffen im Irak und nach der Unterstützung einer US-Intervention entzweite sowohl die EU-Mitgliedstaaten als auch die damaligen Kandidatenländer. Dennoch kann die Krisenpräventionspolitik der EU in und für Mazedonien durchaus als Erfolg bezeichnet werden. Die mazedonische Bevölkerung war durch die Anwendung des „ownership principle" an der Wiederherstellung des Friedens beteiligt und erfuhr die Unterstützung von zukünftigen Partnern in der EU zur Sicherung der Stabilität im Balkan. Außerdem zeigte sich, dass die EU einen effektiven Policy-Mix als Instrument zur Verfügung hat, der in einer Kombination von harten und weichen Maßnahmen besteht und so Mittel zur erfolgreichen Prävention sein kann.

Bewertung des Krisenmanagements

Insgesamt kann das internationale Krisenmanagement in Mazedonien positiver bewertet werden als in vorangegangenen Krisen. Insbesondere die Koordinierung und Zusammenarbeit zwischen EU, UNO und NATO war und ist elementar für eine kohärente und effektive Krisenprävention. Zentrale Punkte dabei sind die Weiterentwicklung eines effizienten Frühwarnsystems, die stetige Verbesserung von Decision-making- und Decision-shaping-Strukturen sowie die verbesserte Koordinierung einer internationalen Reaktion auf Konflikte.

4.4 Konfliktvermeidung durch unterschiedliche Formen der Intervention und Abschreckung?

4.4.1 Einleitung

Abschreckung: allgemeine Definition

Als Bemühen, den Willen eines potenziellen Gegenspielers dahingehend zu beeinflussen, dass er auf eine mögliche Handlung verzichtet, weil deren Risiko unkalkulierbar ist, ist Abschreckung ein ubiquitäres Moment jeder sozialen Beziehung. Sie lässt sich in Zweier- ebenso wie in Gruppenbeziehungen nachweisen und gewinnt Bedeutung im Erziehungsprozess ebenso wie im Rechtssystem oder in der internationalen Politik: als Drohung mit Strafe im Fall inakzeptablen, gesellschaftliche Konventionen oder etablierte Normen verletzenden Verhaltens. Abschreckung rekurriert ausschließlich auf *negative* Sanktionen. Sie ist daher ein typisches Moment konflikthafter, nicht aber kooperativer Beziehungen. Und sie ist auch ein typisches Moment jeder Machtbeziehung – das heißt jeden Versuches, den eigenen Willen gegen den Widerstand der Betroffenen durchzusetzen.

Passive und aktive Form der Abschreckung

Eine genauere Analyse des Abschreckungsphänomens hätte allerdings zwischen einer eher passiven und einer eher aktiven Form von Abschreckung zu unterscheiden. Thomas *Schelling* (1976: 78 ff.) belegte diese Formen einmal mit dem Begriffspaar *Deterrence/ Compellence* (Abschreckung/Zwangsanwendung). In dieser Differenzierung

- verfolgt Abschreckung das Ziel, einen Status quo zu erhalten, indem unerwünschte den Status quo verändernde Handlungen des Gegners verhindert werden,
- verfolgt Compellence/Zwangsanwendung das Ziel, den Status quo durch das Herbeiführen bestimmter Handlungen des Gegenspielers (gegen seinen Willen) zu verändern.

Beide Formen des Abschreckungshandelns machen in ihrer Gesamtheit die Abschreckungspolitik aus. Die in Diskussionen über Abschreckung oft zu beobachtende Vermischung von passiven und aktiven Abschreckungsformen trägt nicht unerheblich zu jenem unsauberen Argumentationsduktus bei, der diese Diskussionen vielfach kennzeichnet.

Abschreckung als Kriegsverhütungs-doktrin

Im engeren Sinn bezeichnet der Begriff Abschreckung eine militärische Konflikt- oder Kriegsverhütungsdoktrin. Ziel militärischer Vorbereitungen für einen möglichen Ernstfall soll nicht sein, Krieg zu führen, sondern diesen durch eine Bandbreite von Abschreckungsmaßnahmen zu verhindern (*pre-war-deterrence*) oder ihn, falls er gleichwohl ausbricht, auf einer möglichst niedrigen Eskalations- und Schadensstufe einzufangen und einzugrenzen (*intra-war-*

deterrence). Dabei werden zwei Abschreckungsvarianten unterschieden – je nachdem ob sie vor oder nach dem Ausbruch des zu verhütenden Konfliktes wirksam werden: Varianten der Abschreckung

- *Abschreckung durch Verweigerung* (vor Konfliktausbruch): Dem potenziellen Gegner wird damit gedroht, dass geeignete eigene militärische Maßnahmen den Erfolg eines möglichen Angriffs zunichte machen werden.
- *Abschreckung durch Vergeltung/Bestrafung* (nach Konfliktausbruch): Dem potenziellen Gegner wird damit gedroht, dass seine Konflikthandlungen Vergeltungsmaßnahmen zur Folge haben werden, deren Kosten für den Gegner so hoch sind, dass sie seine Gewinne aus der ursprünglichen Aggressionshandlung aufzehren und/oder übersteigen.

Vom Begriff Abschreckung zu unterscheiden ist der Begriff *Abhaltung*, der in den 1970er und 1980er Jahren vor allem im Kontext der Debatte um alternative bzw. Defensivverteidigungskonzepte entwickelt wurde (vgl. *Meyers* 1990; *Record* 2004). Abhaltung ist eine Spielart der auf Verweigerung rekurrierenden Abschreckungsvariante: Wie diese will auch eine Politik der Abhaltung dem potenziellen Gegner vor Konfliktausbruch vermitteln, dass das Risiko einer Aggression kalkuliert untragbar ist. Sie beschränkt sich jedoch darauf, dem Gegner einen die Gewinne aus seiner Aggressionshaltung übersteigenden „Eintritts- und Aufenthaltspreis" aufzuerlegen, ohne Vorkehrungen für Maßnahmen der Präemption oder Vergeltung zu treffen. Eine Gegeninvasion in das gegnerischen Territorium ist daher ebenso wenig vorgesehen wie der Einsatz nuklearer Massenvernichtungswaffen gegen insbesondere zivile gegnerische Ziele.

Der Erfolg der Abschreckungs- wie Abhaltungspolitik ist gleichermaßen von drei Voraussetzungen abhängig: Erfolgsbedingungen der Abschreckung

1. der Fähigkeit des Abschreckers, dem Gegner einen von diesem als inakzeptabel empfundenen Schaden zuzufügen (*capability*),
2. der Möglichkeit, dem Gegner eine solche Drohung zu übermitteln (*communication*),
3. dem Geschick, den Gegner eine solche Drohung glauben zu machen (*credibility*).

Generelle Erfolgsprämisse von Abschreckung und Abhaltung ist darüber hinaus die Annahme, der Gegner werde auf jeden Fall rational handeln, insbesondere die Erfolgsaussichten seiner Handlungen im Rahmen eines rationalen Kosten-Nutzen-Kalküls beurteilen und, sofern ihm dieses Kalkül zeigt, dass die Kosten seiner intendierten Handlung den zu erwartenden Nutzen übersteigen, von seinen Intentionen Abstand nehmen. Trifft der Rationalitätsvorbehalt nicht zu – das heißt kann rational-funktionales Kosten-Nutzen-Denken beim Gegner nicht vorausgesetzt werden –, ist das Scheitern jeglicher Form von Abschreckungs-/Abhaltungspolitik programmiert.

Abschreckungspolitik ist als solche kein ausschließliches Spezifikum des Nuklearzeitalters. Seit Thukydides die Geschichte des Peloponnesischen Krieges geschrieben hat, durchzieht der Abschreckungsgedanke das Schrifttum über Abschreckung als altbekanntes historisches Phänomen

Militärwesen und internationale Politik. Wie unten noch zu zeigen sein wird, ist er Kernprädikat der Gleichgewichtspolitik, der Politik der kollektiven Verteidigung und der Politik der kollektiven Sicherheit. Was ihm allerdings seit 1945 eine neue – und in der Intensität gesteigerte – Qualität verleiht, ist der Umstand, dass die Entwicklung nuklearer Massenvernichtungswaffen in der Tat die erste der drei Erfolgsvoraussetzungen der Abschreckung – die Fähigkeit, dem Gegner einen für diesen inakzeptablen Schaden zuzufügen – mit einem ganz neuen, potenziell apokalyptischen Inhalt erfüllt. Was ihm vermittels einer solchen umfassenden nuklearen Bedrohung der Menschheit zusätzlich neue Qualität verleiht, ist der Umstand, dass er sich seit Anfang der 1960er Jahre in einer Form

Zweitschlags- befähigung präsentiert, die sich auf die abgesicherte Kapazität zur gegenseitig gesicherten (nuklearen Total-) Zerstörung (*mutual assured destruction*, MAD) verlässt: Wer als Erster schießt, stirbt als Zweiter!

Problem der Abschreckung: Rationalitätsvorbehalt Welche Probleme kennzeichnen Abschreckung im Allgemeinen und nukleare Abschreckung im Besonderen? An erster Stelle ist der Rationalitätsvorbehalt der Abschreckungspolitik zu nennen. Das eigene ebenso wie das gegnerische Kosten-Nutzen-Kalkül muss, indem es nach den Kosten einer möglichen militärischen Aktion fragt, insbesondere jeweils die Wahrscheinlichkeit möglicher Reaktionen der Gegenseite ergründen. Oder anders: Die eigene Risikokalkulation wird bestimmt von Annahmen über die Risikokalkulation der Gegenseite – das heißt aber von Annahmen über Annahmen. Daraus resultiert ein von Unsicherheit geprägtes politisch-psychologisches Interdependenzverhältnis der sich gegenseitig abschreckenden Akteure. Die möglichen Reaktionen der Gegenseite können eben nicht mit letztendlicher Sicherheit vorausgesagt werden: Abschreckung basiert damit auf einer Kalkulation, die ein Element nicht berechenbaren Zufalls in sich birgt.

Problem der Glaubwürdigkeit Von gleicher Bedeutung in der Abschreckungsanalyse ist die Frage nach der Glaubwürdigkeit insbesondere nuklear, biologisch oder chemisch gesteuerter Abschreckung. Diese ist aufseiten des Abschreckers abhängig von der Fähigkeit abzuschrecken und vom Willen, diese Fähigkeit im Ernstfall auch zu nutzen. Zudem muss sich der Abgeschreckte dessen bewusst sein, dass der Abschrecker sowohl über die Fähigkeit als auch den Willen zur Abschreckung verfügt. Henry *Kissinger* (1974: 112 ff.) hat dargelegt, dass Abschreckung nicht aus der Summe, sondern aus dem Produkt dieser Faktoren entsteht. Geht einer der Faktoren gegen null, so verliert Abschreckung ihre Wirkung. Eine weitere Überlegung kommt hinzu: In einem System gegenseitiger Abschreckung ist die Glaubwürdigkeit der Abschreckung zunächst einmal eine Funktion der Fähigkeit (und des Willens) zur Abschreckung. Verfeinert man den Mix der Abschreckungsmittel und erhöht man die Zahl der verfügbaren Einsatzoptionen durch die Strategie der flexiblen Erwiderung, wird zunächst die Abschreckung zunehmen, da der Abschrecker nicht länger allein auf den Einsatz massiver nuklearer, chemischer oder biologischer Potenziale angewiesen ist.

Rationalitätsdilemma Zugleich gerät Abschreckung aber auch in ein Rationalitätsdilemma: Für den Gegner wird das Risiko bestimmter Aktionen kalkulierbar, und seine Furcht vor nuklearer Vergeltung sinkt. Droht man andererseits in allen Fällen gegnerischer Aktion mit massiver nuklearer Reaktion, erhöht man zwar das Risiko der Gegenseite, zugleich aber gerät Abschreckung in ein ihre Glaubwürdigkeit reduzierendes Irrationalitätsdilemma. Die Gefahr der Selbstvernichtung durch den gegnerischen Zweitschlag steigt in dem Maße, in dem das Arsenal der eigenen Optionen auf die Drohung mit massiver Vergeltung reduziert wird.

Was ist eigentlich die Funktion der Abschreckung? In welchen Kontexten operiert Abschreckung? Wann hat Abschreckung Aussicht auf Erfolg? Mit Blick auf die Funktion der Abschreckung ist der auch heute noch überwiegend gültige wissenschaftliche Konsens schon 1945 durch eine programmatische Äußerung Bernard *Brodie*s (zu *Brodie* siehe *Booth* 1991) formuliert worden: *Funktion der Abschreckung*

> „[...] the first and most vital step in any American security program for the age of atomic bombs is to take measures to guarantee to ourselves in case of attack the possibility of retaliation in kind. The writer in making that statement is not for the moment concerned about who will win the next war in which atomic bombs are used. Thus far the chief purpose of our military establishment has been to win wars. From now on its chief purpose must be to avert them. It can have almost no other useful purpose" *(zitiert nach Booth 1991: 24).*

Mit anderen Worten: Die Funktion der Abschreckung ist eine politische. Nur, auf welcher Ebene kann sie greifen? Die Antwort hat der französische General *Beaufre* schon in den 1960er Jahren angedeutet (*Beaufre* 1966: 34 ff.), indem er als Wirkebenen der Abschreckung die Ebenen des Kalten Krieges, des klassischen Krieges und des atomaren Krieges unterschied. Auf all diesen Ebenen sei eine Dialektik der Aktion und der Abschreckung gegeben, die die Aktion in dem Maße beschränkte, wie Abschreckung zur Geltung komme. Aus der Perspektive weiterer Jahrzehnte, die seit *Beaufre*s Hinweis vergangen sind, müssen wir die Ebenen allerdings etwas anders umschreiben:

1. die interkontinentalstrategische Ebene zwischen den Supermächten, *Abschreckungs-ebenen*
2. die Ebene konventioneller, begrenzter Kriege,
3. die Ebene des Krisenmanagements bzw. der Krisenprävention,
4. die Ebene der neuen Kriege.

Unsere These wäre nun, dass die kriegverhütende Wirkung der Abschreckung je nach Wirkungsebene unterschiedlich beurteilt werden muss: Auf der interkontinentalen Ebene zwischen Supermächten hat die MAD-gestützte Abschreckung in der Phase der Zuspitzung des Kalten Krieges, später flankiert durch kooperative Rüstungssteuerung, den ihr gedachten Zweck sicherlich erfüllt. Es ist gerade diese Abschreckungsebene aufgrund der ihr innewohnenden Bedrohungspotenziale, der die Aufmerksamkeit der Wissenschaft überwiegend galt. Daher gibt es nicht nur eine Fülle differenzierter und ausgebauter Erkenntnisse und Theorien über strategische Abschreckung, sondern auch ein dem Kriegsverhütungszweck dienendes reichhaltiges praktisch-politisches Instrumentarium (Übersichten über Entwicklung und Strategiediskussion bei *Freedman* 1989; *Newhouse* 1989). *Strategische Abschreckung*

Auf der Ebene konventioneller, geografisch-räumlicher und rüstungstechnologisch beschränkter Kriegführung spricht der empirische Befund gegen die Wirksamkeit des Abschreckungsprinzips: Bürgerkriege zwischen rivalisierenden politischen und/oder ethnischen Gruppen, Konflikte über die Grenzen zwischen einander benachbarten Territorien, Unabhängigkeits- und Guerillakriege sind *Konventionelle Abschreckung* mittlerweile die häufigsten Konfliktformen. Für alle diese Konflikte gibt es keine Abschreckungstheorien und keine darauf gestützte Abschreckungspolitik – mit einer Ausnahme: der Analyse und Kontrolle möglicher Eskalationsprozesse. Die Supermächte waren daran interessiert, das Übergreifen militärischer Konflikte von der konventionellen auf die strategische Ebene zu verhindern – und darin waren sie durchaus erfolgreich, selbst um den Preis, die eine oder andere Auseinandersetzung in der Form von Stellvertreterkriegen auszutragen. In diesen Kontexten ist Abschreckungspolitik weitgehend wirkungslos (*O'Loughlin/van der Wusten* 1993).

Abschreckung und Krisenmanagement

Auf der Ebene des Krisenmanagements und der Krisenprävention ist Abschreckung zu begreifen als Drohung mit der Dislozierung (das heißt räumlichen Verlagerung) und/oder dem Einsatz militärischer Mittel zur Bewältigung oder Verhinderung diplomatischer Krisen und/oder zwischenstaatlicher, in aller Regel politischer Konflikte. Konventionelle Abschreckung findet hier ein traditionelles Betätigungsfeld, deckt sich aber weitestgehend mit den klassischen Verfahren der Projektion militärischer Macht zur Durchsetzung politischer Ziele. Was sie von den Prämissen der klassischen Kriegskunst, wie sie etwa *Clausewitz* definiert, jedoch abhebt, ist ihr bewusster Rekurs auf das Element der Zeichensetzung („signalling"):

> „military posturing in time of crisis can be a surrogate of display with tests of nerve and will in line of combat [...]" *(Gray 1990: 128).*

Zentrales Mittel einer solchen Abschreckungsstrategie sind eher diplomatische denn militärische Manöver, unterstützt von der Drohung mit die Gegenseite schädigenden Handlungen. Insoweit ist die Dimension konventioneller Abschreckung als Mittel des Krisenmanagements eher eine psychologische als eine militärische. Ihr Problem besteht darin, im Sinne einer „art of winning without actually fighting" (*Reynolds* 1989: 92) die Glaubwürdigkeit ihrer Drohung dem Gegner derart überzeugend zu vermitteln, dass er gar nicht erst auf den Gedanken kommt, diese Drohung für einen Bluff zu halten und den Willen des Abschreckers, seine Drohung auch in die Tat umzusetzen, zu testen! Sollte der Gegner jedoch die Überzeugung gewonnen haben, dass er den Konflikt zu seinen Gunsten entscheiden kann, ist Abschreckung auch in diesem Fall wirkungslos.

Abschreckung und neue Kriege

Schließlich hat die Abschreckung auf der Ebene der neuen Kriege zunehmende Bedeutung. Hier wäre zunächst darauf zu verweisen, dass sich der Stellenwert der Abschreckung als einer politisch-militärischen Strategie ändert je nach dem vom Beobachter gewählten Betrachtungsausschnitt der Internationalen Beziehungen. In der *Internationalen Politik* – also auf der Ausschnittsebene der Handlungszusammenhänge zwischen Staaten und IGOs (Intergovernmental Organizations) – richtete sich der analytische Fokus während des Kalten Krieges auf das politisch-militärische Konfliktverhältnis zwischen den Supermächten, dessen Stabilisierung durch Maßnahmen der Rüstungskontrolle, vertrauenbildende Maßnahmen und die Schaffung eines beiderseitigen Zustandes struktureller Angriffsunfähigkeit reguliert wurde. Im Bereich der *Transnationalen Politik* bzw. *Sicherheitspolitik* – also der Ausschnittsebene politischer Prozesse zwischen nationalstaatlichen Regierungen und/oder gesellschaftlichen Akteuren und nationalstaatlichen Regierungen – spiegelt sich dieser Gedanke im Prinzip der kollektiven Verteidigung und Sicherheit unter den Bedingungen von Konsens und Einstimmigkeit in einem (transatlantischen) Bündnis. Unter Erfüllung der genannten Bedingungen richtet sich die Politik des Bündnisses gegen einen in der Kalkulation von vornherein feststehenden Gegner, um diesen mittels einer Politik der Abschreckung vom Einsatz militärischer Gewaltmittel abzuhalten. Mit der Zunahme transnationaler Sicherheitsbedrohungen und deren Verlagerung auf den Bereich der *Transnationalen Beziehungen* – das heißt die Ausschnitts-ebene der Handlungszusammenhänge zwischen a) einzelnen Akteuren verschiedener Nationalität, b) einzelnen Akteuren und ausländischen Regierungen und c) einzelnen Akteuren und IGOs – geht aber auch ein weitreichender Wandel für die Bedeutung, Funktion und Wirksamkeit der Abschreckung einher (vgl. *Tabelle 10*: Bedeutung, Funktion und Wirksamkeit der Abschreckung).

Die neue Abschreckungsstrategie der westlichen Industrienationen besteht im Prinzip darin, den Gegner durch erhöhten, permanenten Verfolgungsdruck (militärisch/polizeilich) zur Unterlassung von Handlungen oder zu Fehlern zu zwingen und ihn damit zur Einschränkung seiner Handlungsfähigkeit bzw. zur Handlungsunfähigkeit zu führen. In Parallelität zur Definition der *neuen Kriege* unterscheidet sich diese *neue Abschreckung* von der klassischen Abschreckungsdoktrin insbesondere auf der Ebene der Akteure, ihrer jeweiligen Motive und Absichten (*Schwarz* 2005). Der Hauptgrund für das Scheitern der klassischen Abschreckungsstrategie unter den Sicherheitsherausforderungen des 21. Jahrhunderts ist sicher darin zu sehen, dass der Gegenseite eine aufklärerisch-rationale, Zieldefinition, Mitteleinsatz und Handlungsergebnisse miteinander verknüpfende rechenhafte Kalkulation der Handlungsoptionen nicht mehr unhinterfragt unterstellt werden kann: Wem das Paradies 64 Jungfrauen verspricht, der sprengt sich selbst auch gern an einer belebten Bushaltestelle in Tel Aviv in die Luft (zur kontroversen Diskussion *Booth/Dunne* 2002).

Wie stellt sich die *neue Abschreckung* dar? Die mit dem Ende des Kalten Krieges überwunden geglaubte Notwendigkeit abschreckender Aufrüstung und die damit einhergehenden realpolitischen Doktrinen kehren mit der Bedrohung durch den internationalen Terrorismus in Form der Bush-Doktrin, die den Präventivkrieg als militärische Option bewusst vorsieht, zurück (*Bush* 2002, *Rice* 2000). Der Unterschied zwischen *doves* und *hawks*, Idealisten und Realisten, liegt dabei weniger in den Auffassungen über die Motive und die Legitimität eines globalen hegemonialen Internationalismus der USA, sondern vielmehr in der Frage, mit welchen Mitteln und in welchen Regionen dieser Führungsanspruch umgesetzt werden soll (vgl. *Kupchan* 2003). Dem stehen die europäischen Debatten um Strategien zur Einhegung des Hegemons USA und zum Aufbau einer multipolaren Weltordnung diametral gegenüber (vgl. *Moravcsik* 2003; vgl. *Keohane* 2002).

Realpolitischer Ausgangspunkt der neuen Abschreckung

Vor dem Hintergrund der *klassischen* und der *neuen Abschreckung* in ihren unterschiedlichen Formen gibt es dementsprechend unterschiedliche Interventionsformen (*Kempen/Hillgruber* 2007; *Herdegen* 2007). Nicht nur die Intervention in Bosnien-Herzegowina, sondern auch die NATO-Intervention im Kosovo kann als Beispiel einer misslungenen Abschreckung herangezogen werden, weil

Beispiele einer misslungenen Abschreckung

a. weder die eine noch die andere der weiter oben genannten Formen der Abschreckung (Verweigerung oder Vergeltung) Anwendung fand und weil

b. bevor Abschreckung hätte theoretisch einsetzen können, bereits ein Rationalitätsdilemma zwischen den Kombattanten gegeben war.

Letzteres erklärt sich dadurch, dass im Vorfeld der NATO-Intervention im Kosovo abzusehen war, dass der Einsatz vor allem in Form eines Luftkrieges stattfinden werde mit dem aus innenpolitischen Erwägungen der NATO-Staaten anvisierten Ziel, die Zahl der eigenen (militärischen) Opfer gering zu halten. Zugleich wurden hohe Opferzahlen in der Zivilbevölkerung der Gegenseite in Kauf genommen. Somit war für Milošević das Risiko bestimmter Aktionen, insbesondere des Einsatzes von NATO-Bodentruppen, kalkulierbar geworden. Ob Erklärung a) oder b) zutrifft, beeinflusst das Ergebnis der Intervention nicht. Im Ergebnis führt eine erfolglose Abschreckung immer zur Intervention. Unterschiedliche Hintergrundbedingungen einer erfolglosen Abschreckung können jedoch zu unterschiedlichen Interventionsformen führen (zur kritischen Diskussion *Loquai* 2000; *Joetze* 2001).

Tabelle 10: Bedeutung, Funktion und Wirksamkeit der Abschreckung

	Klassische Abschreckung	**Neue Abschreckung**
Akteure (Subjekt/Objekt)	Staaten und IGOs	Einzelne Akteure verschiedener Nationalität, einzelne Akteure und ausländische Regierungen, einzelne Akteure und IGOs
Abschreckungsmotiv	Selbsthilfe	Selbstverteidigung sowie polizeiliche und nachrichtendienstliche (auch präventive) Verbrechensbekämpfung der einen, Hass, Selbstaufgabe und Streben nach Macht bzw. Macht(um)verteilung der anderen
Abschreckungsfunktion	Machterhalt, Machtgewinn und Machtdemonstration	Legitimation des Handelns auf religiöser Basis einerseits, Neuentdeckung des Staates zur Wahrung der universellen Werte der Zivilisation andererseits
Abschreckungsmittel	Militärische, politische Größe	Herstellen von Unsicherheit, Verbreitung von Angst durch Terror einerseits, Kriegserklärung gegenüber den Terroristen, quantitative und qualitative Aufrüstung der Geheim- und Nachrichtendienste andererseits
Abschreckungswirksamkeit	Hoch	Hoch

Wir wollen versuchen, einige der oben angestellten Erwägungen für die Analyse ausgewählter Aspekte des Jugoslawienkonfliktes nutzbar zu machen. Doch wirft die Erörterung der Prinzipien und Formen einer Politik der Konfliktvermeidung durch Abschreckung einige Fragen auf, insbesondere solche nach ihrer Durchsetzung, den zur Durchsetzung zur Verfügung stehenden Mitteln und den Erfolgsaussichten solcherart Konflikte zu vermeiden suchenden Handelns. Jede Antwort auf die Frage nach der Durchsetzbarkeit konfliktvermeidender Abschreckungspolitik wird zunächst auf die Durchsetzungsmittel abstellen müssen, die das Völkerrecht den Staaten und internationalen Organisationen als den Hauptakteuren der internationalen Politik zubilligt. Das internationale System ist immer noch dadurch gekennzeichnet, dass es keine übergeordnete, mit dem Monopol legitimer physischer Gewaltsamkeit ausgestattete Zentralgewalt gibt. An diesem Grundzug der internationalen Politik hat auch die Institutionalisierung des Prinzips der kollektiven Sicherheit oder der Versuch, die Effizienz des Völkerrechtes zu steigern (*Klein* 2007), nur wenig geändert. Das kollektive Sicherheitssystem zunächst des Völkerbundes und seit dem Zweiten Weltkrieg der Vereinten Nationen hat die traditionelle dezentralisierte Rechtsdurchsetzung durch einzelstaatliche Selbsthilfe nicht ersetzt, sondern allenfalls durch neue Mittel und Prozeduren ergänzt. Allerdings scheidet dabei aufgrund des Gewaltverbotes des Art. 2 Abs. 4 der UNO-Charta „jede gegen die territoriale Unversehrtheit oder eine politische Unabhängigkeit eines Staates gerichtete oder sonst mit den Zielen der Vereinten Nationen unvereinbare Androhung oder Anwendung von Gewalt" als Mittel der Rechtsdurchsetzung in den internationalen Beziehungen aus, sofern sie nicht ausnahmsweise – etwa durch das Selbstverteidigungsrecht des Art. 51 der UNO-Charta – zu rechtfertigen ist oder als vom Sicherheitsrat bei Bedrohung oder Bruch des Friedens und bei Angriffshandlungen beschlossene Maßnahme durch Art. 42 der UNO-Charta legitimiert wird.

Mit diesen Einschränkungen können wir zunächst individuelle und kollektive Durchsetzungsmittel – gemeinhin auch Sanktionen genannt – unterscheiden. Die individuellen Durchsetzungsmittel gliedern sich in die der defensiven wie Notwehr und Nothilfe und die aktiven der Retorsion, der Repressalie, der Nichterfüllung eines völkerrechtlichen Vertrages wegen dessen Verletzung durch Dritte und der Nichtanerkennung völkerrechtswidriger Akte seitens des durch diese Akte verletzten Staates. Die kollektiven Durchsetzungsmittel wurden durch Kap. VII der UNO-Charta normiert: Sie umfassen Empfehlungen nach Art. 39, vorläufige Maßnahmen nach Art. 40 und Maßnahmen nichtmilitärischer Art nach Art. 42.

Auf die kollektiven Durchsetzungsmittel werden wir später noch eingehen. Die individuellen Durchsetzungsmittel seien an dieser Stelle näher erläutert:

Individuelle Durchsetzungsmittel

Unter *Notwehr* ist die gewaltsame Abwehr eines gegenwärtigen oder unmittelbar bevorstehenden rechtswidrigen Angriffs zu verstehen, während Nothilfe den Beistand umfasst, den Dritte – sei es aus freiem Entschluss, sei es aufgrund von Bündnisverpflichtungen – einem solcherart Angegriffenen leisten. Innerhalb bestimmter Grenzen (hierzu *Verdross/Simma* 1976: 237–248) sind beide durch Art. 51 der UNO-Charta legitimiert.

Eine *Retorsion* besteht aus einem dem Völkerrecht zwar nicht widersprechenden, aber seinem Charakter nach unfreundlichen Akt – Abbruch der diplomatischen Beziehungen, Einreiseverbot, Einstellung einseitig gewährter (Entwicklungs-) Hilfe u. v. a. m. Die Retorsion ist das mildeste der völkerrechtlichen Durchsetzungsmittel. Sie beruht auf dem das Völkerrecht durchziehenden Gedanken der Gegenseitigkeit (in der Gewährung von Vorteilen ebenso wie in der Zufügung von Nachteilen). Vom Gewaltverbot abgesehen, unterliegt sie keinerlei rechtlichen Einschränkungen, ist allerdings in Umfang und Intensität in aller Regel von realpolitischen Interessenkalkülen abhängig.

Mit dem Begriff *Repressalie* bezeichnet das Völkerrecht den Eingriff eines in seinen Rechten verletzten Staates in einzelne Rechtsgüter des Rechtsverletzers. Sie ist als Beugemittel gedacht und soll den Rechtsverletzer zur Beendigung der Rechtsverletzung und/oder Wiedergutmachung des aus der Rechtsverletzung entstandenen Schadens bewegen. Vorausgehen muss ihr daher die Forderung nach Wiedergutmachung des gesetzten Unrechtstatbestandes; gebunden ist sie an das Prinzip der Verhältnismäßigkeit (das, wenn es durch Übermaß verletzt wird, zur Gegenrepressalie berechtigt) und an das Gebot der Nichteinwirkung auf Dritte; schließlich unterbindet die UNO-Charta Repressalien mit militärischen Mitteln, lässt aber im Umkehrschluss politische und ökonomische Mittel zu. Da die Repression keine Straf-, sondern eine Erzwingungsmaßnahme ist, ist sie einzustellen, sobald sie ihr Ziel erreicht hat.

Kapitel VII der Uno-Charta: Maßnahmen bei Bedrohung oder Bruch des Friedens und bei Angriffshandlungen

Artikel 39

Der Sicherheitsrat stellt fest, ob eine Bedrohung oder ein Bruch des Friedens oder eine Angriffshandlung vorliegt; er gibt Empfehlungen ab oder beschließt, welche Maßnahmen aufgrund der Art. 41 und 42 zu treffen sind, um den Weltfrieden und die internationale Sicherheit zu wahren oder wiederherzustellen.

Artikel 40

Um einer Verschärfung der Lage vorzubeugen, kann der Sicherheitsrat, bevor er nach Art. 39 Empfehlungen abgibt oder Maßnahmen beschließt, die beteiligten Parteien auffordern, den von ihm für notwendig oder erwünscht erachteten Maßnahmen Folge zu leisten. Diese vorläufigen Maßnahmen lassen die Rechte, die Ansprüche und die Stellung der beteiligten Parteien unberührt. Wird den vorläufigen Maßnahmen nicht Folge geleistet, so trägt der Sicherheitsrat diesem Versagen gebührend Rechnung.

Artikel 41

Der Sicherheitsrat kann beschließen, welche Maßnahmen – unter Ausschluss von Waffengewalt – zu ergreifen sind, um seinen Beschlüssen Wirksamkeit zu verleihen; er kann die Mitglieder der Vereinten Nationen auffordern, diese Maßnahmen durchzuführen. Sie können die vollständige oder teilweise Unterbrechung der Wirtschaftsbeziehungen, des Eisenbahn-, See- und Luftverkehrs, der Post-, Telegraphen- und Funkverbindungen sowie sonstiger Verkehrsmöglichkeiten und den Abbruch der diplomatischen Beziehungen einschließen.

Artikel 42

Ist der Sicherheitsrat der Meinung, dass die in Art. 41 vorgesehenen Maßnahmen unzulänglich sein werden oder sich als unzulänglich erwiesen haben, so kann er mit Luft-, See- und Landstreitkräften die zur Wahrung oder Wiederherstellung des Weltfriedens und der internationalen Sicherheit erforderlichen Maßnahmen durchführen. Sie können Demonstrationen, Blockaden und sonstige Einsätze der Luft-, See- und Landstreitkräfte von Mitgliedern der Vereinten Nationen einschließen.

Repressalien können sich sowohl gegen den Rechtsverletzer selbst als auch gegen seine Staatsangehörigen und deren Eigentum richten: Beispiele wären das Ergreifen von Schiffen und Flugzeugen, von Waren oder Menschen, die sich auf dem Gebiet des Anwenders befinden, der Eingriff in Vertragsverhältnisse, das Einfrieren von Bankguthaben usw.

Eine spezifische Repressalienform ist das *Embargo*, ursprünglich die Zurückhaltung von Schiffen des Rechtsverletzers und/oder seiner Staatsangehörigen in eigenen Häfen, später dann auch die Kontrolle oder Unterbindung der Zufuhr aller oder bestimmter (strategisch wichtiger oder Rüstungs-) Güter nach einem bestimmten Land.

Völkerrechtlich umstritten ist dagegen das Mittel der *Blockade*, das in aller Regel auf der Drohung mit oder Anwendung von Gewalt gegenüber jedem Staat beruht, zu dessen Küsten oder Grenzen der Zugang (nicht für Dritte) gesperrt wird.

Ebenso umstritten ist das Mittel der *Quarantäne* (wie sie etwa die USA 1962 über Kuba verhängten), das (im Weigerungsfall mit Gewalt durchgesetzte) Anhalten, Durchsuchen und Aufbringen von Schiffen und Luftfahrzeugen, soweit sie im Verdacht stehen, unter die Quarantänebestimmungen fallende Güter (oder Personen) zu transportieren.

Dem Grund nach gehört auch die *Intervention* – das heißt jeder Eingriff eines Staates oder einer Gruppe von Staaten in die einem anderen Staat kraft des Souveränitätsprinzips zustehenden Rechte – zum Repressalienkatalog, zumindest dann, wenn ihr kraft allgemeinen Völkerrechtes oder kraft besonderen Vertragsrechts ein Rechtfertigungsgrund zugrunde liegt. Wir werden diesen Fall jedoch ebenfalls später gesondert behandeln.

Im klassischen Völkerrecht rechnet auch noch der *Krieg* zu den individuellen (je nach Sachlage defensiven oder offensiven) Durchsetzungsmitteln: als Notwehrkrieg gegen einen bewaffneten Angriff, als Exekutionskrieg zur Durchsetzung von Rechtsansprüchen, als Koalitionskrieg zur Wiederherstellung des Gleichgewichtes der Mächte (der dann allerdings seine Legitimation eher aus politischen denn aus völkerrechtlichen Erwägungen erfuhr). An die Kriegführung als Ausdruck des Selbsthilferechtes souveräner Akteure hat sich allerdings über Jahrhunderte hinweg eine lebhafte theologisch-ethische und rechtliche Diskussion geknüpft (*Meyers* 1991: 89 ff.), die sowohl das Ziel verfolgte, den Krieg durch die Eingrenzung des *ius ad bellum*, das heißt der Berechtigung zur Kriegführung, als Mittel der Konfliktregelung fortschreitend zu delegitimieren, als auch dort, wo sich dieses Ziel nicht verwirklichen ließ, zumindest seine Führung rechtlich einzuhegen, das heißt durch den Ausbau des *ius in bello* seiner Praxis Grenzen und Beschränkungen zu setzen. Hinsichtlich des Selbsthilfegedankens von besonderer Bedeutung sind dabei erst jene Entwicklungen, die sich mit der Institutionalisierung des Prinzips der kollektiven Sicherheit nach dem Ersten Weltkrieg verbanden. Art. VII und XV der Satzung des Völkerbundes verboten jeden Krieg vor Durchführung eines friedlichen Streiterledigungsverfahrens oder gegen einen ergangenen Schieds- oder Urteilsspruch, gegen einen einstimmig gefassten Beschluss des Völkerbundrates oder gegen einen alle Ratsmitglieder umfassenden Beschluss der Völkerbundversammlung, ebenso laut Art. X, sofern er einen Eroberungs- oder Unterdrückungskrieg darstellte. Dieses partielle Kriegsverbot wurde durch den nahezu weltweit ratifizierten Briand-Kellogg-Pakt vom 27. 8. 1927 erweitert, der den Krieg als Mittel der nationalen Politik grundsätzlich ächtete und ihn allenfalls noch in Ausübung des Selbstverteidigungsrechtes legitimierte.

Gewaltverbot der UNO

Das Kriegsverbot der Zwischenkriegszeit erfuhr mit der Gründung der Vereinten Nationen einen weiteren Ausbau zum umfassenden Gewaltverbot: Dieses erstreckt sich auch auf die sogenannten nichtkriegerischen Gewaltmaßnahmen und lässt Ausnahmen nur für die Selbstverteidigung im Fall eines bewaffneten Angriffs (Art. 51 UNO-Charta) und für kollektive Friedenssicherungsmaßnahmen der UNO und ihrer regionalen Organisationen zu (Art. 42; Art. 52 Abs. 1 UNO-Charta). Gewalt als Mittel zur Selbsthilfe bzw. zur Durchsetzung von Rechtsansprüchen scheidet somit aus dem Katalog legitimer Handlungsoptionen aus. Dass gegen diese Norm in der Staatenpraxis noch zu häufig verstoßen wird, gehört zu den Paradoxien einer Völkerrechtsordnung, die Friedenssicherung zwar vom Begriff der Kriegsverhütung und Konfliktregulierung her bestimmt, zu ihrem Funktionieren aber auf die Sicherheit der Rechtsgenossen angewiesen ist – wobei Sicherheit zumindest bis zum Beginn der 1990er Jahre in den Kategorien einer auf nukleare Abschreckung gestützten pragmatischen Machtbalance zwischen den Blöcken definiert wurde.

Insoweit wäre eine Antwort auf die Frage nach der Wirksamkeit der hier knapp erörterten völkerrechtlich-konventionellen Durchsetzungsmittel der Konfliktvermeidung an jene Argumente zurückzubinden, die wir bereits bei der Analyse von Abschreckungspolitik kennen gelernt haben. Wie bei allen Formen dieser Politikart ist auch der Erfolg der Drohung mit oder des Einsatzes von Sanktionen letztlich abhängig von ihrer Glaubwürdigkeit und dem durch sie beim Bedrohten ausgelösten Kosten-Nutzen-Kalkül, dem zufolge der durch Sanktionen ausgelöste Schaden größer ist als der durch die intendierte oder ausgeführte Rechtsverletzung erwartete Gewinn. Ins Spiel kommt auch noch der für Abschreckungspolitik allgemein geltende Rationalitätsvorbehalt: In dem Maße, in dem aufseiten des mit Sanktionen Bedrohten rationales Entscheidungsverhalten nicht erwartet werden kann, in dem Maße werden Sanktionen nicht nur wirkungslos bleiben; sie könnten vielmehr kontraproduktive Eskalationsprozesse auslösen (Gegenrepressalien!), die den Konflikt eher noch verschärfen. Im Folgenden werden diese Überlegungen anhand zweier Fälle aus dem Jugoslawienkonflikt in den 1990er Jahren erörtert.

4.4.2 Wirtschaftssanktionen als probates Mittel zur Konfliktvermeidung?

Die Nutzung wirtschaftlicher Sanktionen als Instrument der zwangsweisen Durchsetzung außenpolitischer Ziele ist so alt wie die Außenpolitik und der Fernhandel selbst: Eines der ersten uns bekannten Handelsembargos erließ der Stadtstaat Athen 445 vor Christus gegen die Nachbarstadt Megara wenige Jahre vor dem Ausbrechen des Peloponnesischen Krieges. Die Stadt sollte das Bündnis mit den Gegnern Athens aufgeben, deshalb wurde den Athenern der Import von Waren aus Megara untersagt. 433 beschloss die attische Volksversammlung den Ausschluss Megaras von allen Häfen der attischen Arche und lieferte mit dieser Repressalie zugleich ein Beispiel für die kontraproduktive, eskalationssteigernde Wirkung von Sanktionen, da sich nicht zuletzt deshalb der Peloponnesische Bund bildete, der kurz darauf den Krieg gegen Athen beschloss.

Weitere bekannte Embargofälle sind die von Napoleon 1806 gegen England verhängte Kontinentalsperre, die Sanktionen des Völkerbundes gegen die Besetzung Abessiniens durch Italien 1935, die UNO-Resolution gegen Rhodesien 1966–1979 als Folge der einseitigen Unabhängigkeitserklärung der weißen Minderheit, schließlich die im Jahr 1962 verhängten Sanktionen gegen Südafrika wegen seiner Apartheidpolitik (*Hufbauer/Schott/ Kimberley* 1990).

Was diese Fälle gemein haben, ist der Umstand, dass sie zur Verwirklichung der ihnen vorgeordneten Ziele der die Sanktionen verhängenden Parteien nur wenig beitrugen. Die Kontinentalsperre förderte die Entstehung eines blühenden Schmuggelwesens, zwang England aber wirtschaftlich nicht in die Knie; die Sanktionen des Völkerbundes gegen Italien machten vor der schärfsten der möglichen Waffen – dem Ölboykott – halt, wurden zunehmend von der ökonomischen Kooperation Mussolinis mit NS-Deutschland unterwandert und bildeten einen der Gründe für das Entstehen der Achse Berlin-Rom im Oktober 1936; die Sanktionen gegen Rhodesien wurden vom zweitgrößten Handelspartner – Südafrika – ebenso wie von anglo-amerikanischen Ölmultis aktiv unterlaufen, und der Wandel in Südafrika wurde von der aufgrund der Sanktionen sich ausbildenden Festungsmentalität der Weißen eher verzögert denn beschleunigt. Selbst die 1990 von der UNO beschlossenen Sanktionen gegen den Irak mit dem Ziel, den Abzug des Iraks aus Kuwait zu erreichen, erwiesen sich allein nicht als produktiv: Das Ziel war deutlich zu ambitioniert, und tatsächlich wurde der Irak weiterhin beliefert (*Wellner* 1991).

Der wissenschaftliche Konsens beurteilt daher die Erfolgsaussichten von Wirtschaftssanktionen äußerst skeptisch. Die Studie von *Hufbauer/Schott/Kimberley* (1990) hat bereits früh zeigen können, dass Wirtschaftssanktionen das ihnen gesetzte Ziel in allenfalls einem Drittel der untersuchten Fälle verwirklicht haben. Für die Lösung aktueller Krisensituationen eignen sie sich nur selten. Von politischen Entscheidungsträgern wurden sie oft überschätzt; sie sind eine „sanfte" Waffe, deren Anwendung vor allem eines erfordert: Geduld. Am ehesten noch können sie zum Erfolg der vorgeordneten Politik beitragen, wenn ihre Ziele bescheiden formuliert sind und der Sanktionsadressat tatsächlich verwundbar ist, ferner, wenn bei diesem ein gewisser Grad an Einsicht und Vernunft vorausgesetzt werden kann. Paradoxerweise wirken Sanktionen so eher im Verhältnis von Verbündeten untereinander: Der Rückzug Großbritanniens und Frankreichs von

Beschränkte Wirksamkeit von Sanktionen

der Sinaihalbinsel in der Suezkrise des Jahres 1965 wird unter anderem auf US-amerikanische Sanktionen gegen die Konfliktakteure zurückgeführt (Versuch einer fallbasierten spieltheoretischen Untermauerung von Sanktionen bei *Drezner* 1999).

Anwendungsgebiete   Trotz aller Einwände erfreuen sich Wirtschaftssanktionen als Mittel der Außenpolitik, der „wirtschaftlichen Staatskunst" (*Baldwin* 1985), der kollektiven Sicherheitspolitik, der Abschreckung im Kalten Krieg (COCOM-Listen: westliches Embargo rüstungssensitiver Hightechgüter gegen die RGW-Staaten) und der Konflikteindämmung, weiterhin der Zuwendung politischer Entscheidungsträger. *Kaempfer/ Lowenberg* (1992) identifizieren daher drei typische Anwendungsbereiche:

1. als Maßnahme eines Staates oder einer Gruppe von Staaten gegenüber einem Rechtsbrecher, dessen Politik die Sicherheit oder die wirtschaftliche Wohlfahrt der Sanktionsanwender und/oder ihrer Verbündeten (direkt) gefährdet,
2. als Mittel zur Verwirklichung ethisch-moralischer oder weltanschaulich-ideologischer oder humanitärer Ziele (wie etwa die Sanktionen des Westens gegen die Volksrepublik China in Erwiderung der mit dem Tiananmenplatz-Zwischenfall verbundenen Menschenrechtsverletzungen),
3. als Routineinstrumente der internationalen Wirtschaftsbeziehungen (etwa im Verhältnis EG/EU – USA oft angewandt).

Der oben referierte, die mangelnde Wirksamkeit von Sanktionen betreffende Konsens stützt sich nun auf eine Prämisse, nämlich die Auffassung, dass Sanktionen deshalb wirken, weil sie dem Sanktionsadressaten wirtschaftlichen Schaden zufügen. Die Ineffizienz von Sanktionen erklärt sich in dieser Sicht daraus, dass der dem Adressaten zugefügte Schaden nicht hoch genug war oder ist. Verantwortlich sind dafür letztlich die Strukturen der internationalen Waren- und Kapitalmärkte: Sie ermöglichen dem Sanktionsadressaten, alternative Bezugsquellen für Waren oder Kapital sowie alternative Märkte zum Absatz der eigenen Produkte zu erschließen (und sie ermöglichen in aller Regel den an diesen sanktionsunterlaufenden Geschäften Beteiligten die Erzielung eines Extraprofits, der das Risiko des „Ertapptwerdens" aufwiegt). Mit anderen Worten: Ohne die volle und entschiedene Mitarbeit aller tatsächlichen und potenziellen Handelspartner des Sanktionsadressaten bei der Durchsetzung von Sanktionen tendiert die Chance der Verwirklichung der mit den Sanktionen beabsichtigten Wirkung gegen null.

Ein weiteres Argument kommt hinzu: Sanktionen sollten zwar dem Adressaten schnell erhebliche Kosten verursachen, sie sollten aber dem Sanktionsanwender keinen Schaden zufügen. Diese Bedingung lässt sich in aller Regel nicht halten – aufgrund einer einfachen Überlegung aus dem Bereich der (Welt-)Handelstheorie. Sie geht davon aus, dass in einem System internationaler Arbeitsteilung und komparativer Standort- und Kostenvorteile nur der Freihandel für eine effiziente Allokation von Ressourcen und die daraus resultierende Wohlfahrt der Akteure sorgt. Jede Beschränkung des Freihandels – sei es in Form von Import- und Exportsteuern, nichttarifären Handelshemmnissen, Quotensystemen oder politisch gewollten Embargo- und Boykottmaßnahmen – reduziert die Wohlfahrt aller beteiligten Akteure – und selbst wenn einzelne Produzenten- und Verbrauchergruppen von solchen Maßnahmen profitieren, wiegt deren Profit doch den Verlust der Gesamtheit aller ökonomischen Akteure nicht auf. Die Erklärung der Popularität von Sanktionen muss also in anderen Bereichen als denen der Verwirklichung unmittelbar vorgegebener Ziele gesucht werden (gute Übersicht zur Diskussion *Rudolf* 2006). Bevor wir diese Erklärung formulieren, fassen wir den traditionell skeptisch beurteilten Wirkmechanismus von Sanktionen schematisch zusammen:

Abbildung 11: Wirkmechanismus von Sanktionen – traditionelle Sicht

> ➢ Lagebeurteilung und (außen-/wirtschafts-)politische Zieldefinition durch politische Entscheidungsträger eines Staates oder einer Gruppe von Staaten
>
> ➢ Handels-, Kapitalverkehrs- und Investmentsanktionen
>
> ➢ Wirtschaftlicher Schaden beim Adressaten
>
> ➢ Änderung der Politik des Adressaten durch seine politischen Entscheidungsträger

Über diese traditionelle Sichtweise hinaus wird zwischen dem symbolischen und dem politisch-faktischen Wert von Sanktionen unterschieden. Sanktionen wie etwa das US-amerikanische Getreideembargo oder der Boykott der Olympischen Spiele in Moskau 1980 als Folge der sowjetischen Invasion in Afghanistan im Dezember 1979 können ein deutliches Zeichen der Empörung setzen, das den Adressaten als Ausgestoßenen der Weltgesellschaft brandmarken soll. Als politisches Druckmittel, das den Rückzug der UdSSR aus Afghanistan bewirken sollte, erwiesen sie sich als ungeeignet.

Symbolischer und politisch-faktischer Wert

In diesem Kontext kann das Setzen von Zeichen („signalling") durch Sanktionen vor allem Teil der diplomatischen oder Abschreckungsstrategie des Zeichensetzers sein. Er will mit den Sanktionen vielleicht nicht so sehr eine Verhaltensänderung des Adressaten erzwingen als vielmehr ihm (und seiner eigenen Öffentlichkeit) deutlich machen, dass er bestimmte Aktionen in seiner eigenen Interessensphäre nicht akzeptieren wird. Damit ist zugleich ein weiterer Wirkungsbereich von Sanktionen angesprochen, der der öffentlichkeitswirksamen Binnenwirkung im eigenen gesellschaftlichen oder im eigenen Bündnissystem. Die Ausgestaltung von Sanktionen

> „is often determined more by domestic political considerations within the sanctioning nations than by any desire to generate the most cost-effective policy change in the target" *(Kaempfer/ Lowenberg 1992: 9).*

Eine Weiterentwicklung dieser Überlegung müsste davon Abstand nehmen, im Sinne des klassischen Realismus (*Meyers* 1993: 235 ff.) die Staaten und ihre Entscheidungsträger als monolithisch-einheitliche internationale Akteure zu betrachten, die ein einem rationalen Zweck-Mittel-Kalkül verpflichtetes gewinnmaximierendes oder zumindest gewinnoptimierendes Entscheidungsverhalten pflegen (Übersicht *Meyers* 1984: insbes. 122 ff.).

Vielmehr wäre davon auszugehen, dass im Sinne eines bürokratischen Politikmodells jede Politik Ergebnis eines Tausch- und Verhandlungsprozesses zwischen den verschiedenen Komponenten einer Bürokratie ist, die über die Grenzen des Regierungsapparates hinaus Koalitionen mit gleiche oder ähnliche Interessen verfolgenden gesellschaftlichen (Pressure-)Gruppen eingehen. Die Politik eines Staates reflektiert demgemäß die kollektiven Entscheidungsaspekte von Gruppen- und Einzelakteuren; sie repräsentiert weder ein auf ethisch-abstrakten Prämissen basierendes Gemeinwohl noch eine für die jeweilige Situation maßgeschneiderte Abwägung zwischen Zielen und Mitteln, sondern das Zusammen- und Gegenspiel unterschiedlichster bürokratischer, gesellschaftlicher, politischer und ökonomischer Interessen. Die nach den verschiedenen Richtungen zielenden Interessengruppen produzieren letztlich Entscheidungen und Ergebnisse, deren Ausrichtung sich in aller Regel mit keiner der von den Gruppen ursprünglich verfolgten Interessenrichtungen mehr deckt (*Wallensteen* 2005; *Lektzian* 2003).

Sanktionen als Konsequenz des Druckes von Interessengruppen — Dieses Modell beantwortet auch die Frage besser, warum Sanktionen in der internationalen Politik trotz bescheidener Erfolge immer wieder Anwendung finden: Sie können – zumal dann, wenn ihr Einsatzbereich zwischenstaatliche ökonomische Konflikte sind – als Politikmittel begriffen werden, deren Anwendung Konsequenz des Druckes von Interessengruppen in den Sanktionsstaaten selbst ist:

> „[...] sanctions, like any other regulatory policy, are enacted not with a view to maximizing social welfare, either globally or in the sanctioning nation. Instead, the policy is motivated by interest group lobbying, and the ultimate result will reflect the relative political influence of the competing groups [...]" *(Kaempfer/Lowenberg 1992: 46)*. ... „Therefore, in order to explain the use of sanctions as instruments of foreign policy and to predict the mode of sanctions that will be adopted under different circumstances, it is important to examine the motivation of the policymakers within the sanctioning countries in terms of the political and economic pressures affecting their decisions. Sanctions might be adopted as a way to signal moral and political positions on the part of interest groups or individuals wanting to take a stand on certain issues or even in response to narrow pecuniary interests regarding commercial policies. Furthermore, [...] bureaucrats and politicians often pursue their own interests in defiance of the interests of their constituents. They might seek sanctions for their own purposes, perhaps to be seen to be tackling a high-visibility foreign policy issue or to adopt a reputation-enhancing strategy in international disputes..." *(ebd., 43 f.)*.

Mithin kann die Binnenwirkung von Sanktionen oft höher eingeschätzt werden als die Außenwirkung.

Interessanterweise lässt sich das gleiche Modell auch auf den Sanktionsadressaten übertragen – und damit eröffnet sich gleichsam ein Nebenweg, der Sanktionen selbst dann noch zu (Teil-)Erfolgen verhelfen kann, wenn die anfängliche Antwort der politischen Entscheidungsträger des Sanktionsadressaten genau das Gegenteil von dem meint, was die Sanktionsanwender erreichen wollten. Sowohl die Regierung, mehr aber noch die Interessengruppen des/der Sanktionsanwender(s) können mit gesellschaftlichen Gruppen im Sanktionsadressaten

unmittelbar (oder mittelbar durch Wirkung der Sanktionen auf die gesellschaftlichen Gruppen) in Beziehung treten und diese Gruppen veranlassen, sich für eine
Änderung der ursprünglichen sanktionsauslösenden Politik des Adressaten stark
zu machen. Es sind gerade diese Umweg- und Nebeneffekte, die in einer Vielzahl erfolgreicher Sanktionsfälle den Durchbruch erwirkt haben (*Kaempfer/
Lowenberg* 1992).

Im Prinzip ließe sich das vorgetragene Erklärungsschema auch auf die
Sanktionspolitik der EG gegenüber Jugoslawien übertragen. Rekapitulieren wir
zunächst: Als Antwort auf die serbische Ablehnung der von der EG-Friedenskonferenz unter dem Vorsitz Lord Carringtons ab 7. September 1991 ausgearbei-
teten Friedenspläne verabschiedet die EG Anfang Oktober 1991 einen Sanktio-
nenkatalog, der die Aussetzung des Kooperationsabkommens mit Jugoslawien,
die Wiederherstellung quantitativer Beschränkungen im Textilhandel, den Ausschluss Jugoslawiens aus dem Kreis der Begünstigten des allgemeinen Präfe-
renzsystems und schließlich auch dessen Ausschluss aus dem EG-Förderpro-
gramm PHARE zum Inhalt hat. Das schon am 5. Juli 1991 von den EG-Außenministern gegen Jugoslawien beschlossene Waffenembargo wird vom UNO-
Sicherheitsrat am 25. September 1991 ausgedehnt und verschärft; die eben genannten Sanktionen wurden gegen Serbien am 8. November 1991 bei Gelegenheit des NATO-Gipfels in Rom von den EG-Außenministern in Kraft gesetzt.
Die Wirtschaftssanktionen gegen Slowenien, Kroatien, Bosnien und Mazedonien
hebt die EG am 2. Dezember 1991 auf. Am 27. April 1992 proklamieren Serbien
und Montenegro einen neuen, international nicht anerkannten Staat („Restjugoslawien"). Gegen diesen einigt sich die EG auf ein Handels- und Ölembargo und
fordert den Sicherheitsrat der UNO am 28. Mai 1992 auf, einen entsprechenden
Beschluss zu fassen. Der Sicherheitsrat beschließt wirtschaftliche Sanktionen
und ein Flugembargo gegen Serbien und Montenegro am 30. Mai 1992. Anfang
Juni beschließt die WEU, das Embargo durch Kriegsschiffe und Flugzeuge der
Mitgliedstaaten überwachen zu lassen, und einen Monat später beschließen die
KSZE-Staaten in Helsinki, sich mit Kriegsschiffen an dieser Embargoüberwa-
chung zu beteiligen. Schließlich beschließt die Londoner Konferenz Ende Au-
gust 1992, die Sanktionen gegen Serbien so lange fortzuführen, bis Serbien die
Forderungen der Konferenz erfüllt habe (*Giersch* 1998; *Edwards* 1992). „Dieser
Beschluss hat ebenso wie alle anderen vorangegangenen Beschlüsse die ihm
zugedachte Wirkung offensichtlich verfehlt." Warum?

Mit Blick auf unsere früher vorgetragenen abschreckungsanalytischen Erwägungen müssten wir der EG-Sanktionspolitik sowohl ein Glaubwürdigkeitsdefizit bescheinigen als auch das Unvermögen, ihrem Adressaten einen untragbaren
Schaden zuzufügen (*Drezner* 1999). Mit Blick auf die serbische Aggression
müssten wir davon ausgehen, dass die Sanktionen entweder kein rationales Kosten-Nutzen-Kalkül in Gang gesetzt haben oder dass der von der serbischen Seite
erwartete Gewinn durch eine territoriale Ausdehnung Serbiens zumindest in der
serbischen Perzeption den dafür zu entrichtenden ökonomischen Preis vielfach
aufwiegt. Mit Blick auf unsere sanktionsanalytischen Erwägungen schließlich
können wir vermuten, dass die – symbolische – EG-Binnenwirkung der Sanktionen – die Antwort auf die Forderung „Man muss doch irgendetwas tun!" – Form
und Abwicklung der Sanktionen entscheidend geprägt hat. Insbesondere der

Die Sanktionspolitik
der EG gegenüber
Jugoslawien

Umstand, dass die militärischen Auseinandersetzungen in Slowenien Ende Juni 1991 ausbrachen, der Sicherheitsrat aber erst elf Monate später, Ende Mai 1992, unter Bezug auf seine Kompetenzen nach Art. 41 der UNO-Charta in die Sanktionspolitik der EG einbezogen wurde (und erst mit der Einschaltung des Sicherheitsrates die völkerrechtlich gebotenen Schritte zur Verhängung eines strikten Embargos getan wurden), lassen diese Vermutung plausibel erscheinen. Wir können sie aufgrund des verfügbaren Quellenmaterials noch nicht beweisen; insofern müssen wir uns auf einige Anmerkungen zu den ersten beiden Argumenten beschränken.

Wirksamkeit der EG-Sanktionen

Zunächst zur Wirksamkeit der EG-Sanktionen: Ganz eindeutig wäre diese abhängig gewesen vom Konsens der EG über Form, Inhalt, Reichweite und „Timing" der Sanktionspolitik ebenso wie von ihrem entschlossenen, auch nach außen demonstrierten gemeinsamen Durchsetzungswillen. Die gesamte Verlaufsgeschichte der EG-Sanktionspolitik ist aber weniger von entschlossenem Durchgreifen denn von zögerlicher Unentschlossenheit gekennzeichnet: Sanktionsmaßnahmen wurden vollmundig angekündigt, dann mit Hinweis auf die jeweils nächste Verhandlungsrunde der EG-Friedenskonferenz für Jugoslawien in der Hoffnung auf serbisches Einlenken vorerst ausgesetzt, schließlich doch in Kraft gesetzt, dies aber zu einem Zeitpunkt, als die militärischen Auseinandersetzungen der Konfliktparteien längst weiter eskaliert waren und die Signalwirkung der ursprünglich beschlossenen Maßnahmen angesichts der neuen militärischen Lage im Konfliktgebiet wirkungslos verpuffte. Die Zeit zwischen Ankündigung und Umsetzung von Sanktionen nutzten die Zwölf Anfang der 1990er Jahre nicht zur Demonstration gemeinsamer Stärke, sondern zu internen Positionsstreitigkeiten, die den Sanktionsadressaten alles andere als ein Bild geschlossenen Auftretens vermittelten.

Uneinigkeit unter den Zwölf

Die Anfänge der EG-Sanktionspolitik waren darüber hinaus belastet durch den EG-internen Streit über die künftig Jugoslawien gegenüber einzunehmende Haltung: Noch bis zum Herbst 1991 hielt die EG-Mehrheit gegen weitergehende, auf Anerkennung der Teilrepubliken drängende deutsche Forderungen daran fest, dass die Gemeinschaft in der Rolle des unparteiischen Vermittlers auftreten und die bundesstaatliche Einheit Jugoslawiens bewahren sollte. Sanktionen anzudrohen und diese auch umzusetzen wäre nach Meinung der Mehrheit der EG-Staaten als Eingeständnis zu verstehen gewesen, dass die EG an die Zukunft eines jugoslawischen Bundesstaates nicht mehr glauben und Partei gegen die Aggressoren ergreifen (damit aber auch ihre neutrale Vermittlerrolle aufgeben) wollte. Zugleich hätte die Umsetzung von Sanktionen auch die implizite Anerkennung der Teilrepubliken bedeutet – ein Schritt, zu dem sich die EG bekanntlich erst zur Jahreswende 1991/92 entschließen konnte (*Schneider* 1993).

In der Frage eines Öl- und Handelsembargos gegen „Restjugoslawien" wird die Uneinigkeit der Zwölf besonders deutlich: Insbesondere Griechenland – in seinen Verbindungen zur EG abhängig von den durch Jugoslawien führenden Verkehrswegen – sträubte sich hartnäckig dagegen, teilweise unterstützt von Frankreich und Spanien, die möglichen Sanktionen als einheitlichen Maßnahmenblock umzusetzen. Dabei wäre aus der Geschichte der Sanktionen – konkret aus dem Scheitern der Sanktionspolitik des Völkerbundes gegenüber Mussolini 1935/36 – eine eindeutige Lehre zu ziehen gewesen: Die moderne, bewegliche und insbesondere auf Panzertruppen gestützte Kriegführung ist mehr denn je vom Treibstoffnachschub abhängig; allein eine erfolgreiche Unterbindung der Ölzufuhr zum Aggressor vermag daher auf das weitere militärische Geschehen Einfluss zu nehmen. Ein Ölembargo hätte allerdings die frühzeitige Einschaltung des Sicherheitsrates gefordert, zumal sich am Embargo die nicht der EG angehörenden Nachbarstaaten Jugoslawiens beteiligen mussten, um seinen Erfolg zu sichern. Stattdessen verließ sich die EG auf diplomatische Gesten und symbolische Boykotthandlungen, die zwar die prekäre Lage Belgrads verschärften, dem Kriegsgeschehen jedoch keinen Abbruch taten.

Die Verhängung des UNO-Embargos gegen Serbien und Montenegro Ende Mai 1992 hätte nun als Möglichkeit erkannt werden können, in der Umsetzung der UNO-Forderungen Handelsembargo, Ölembargo, Unterbindung des Flugverkehrs mit Belgrad, Einfrieren von Auslandsguthaben und Unterbindung des Kapitalverkehrs, Abbruch aller staatlichen und kulturellen Kontakte (hier sicher besonders wirksam: Ausschluss Jugoslawiens von der Fußball-EM 1992!) eine deutlich härtere Position zu beziehen.

Zu dieser Position hätte vor allem auch die physische Unterbrechung der Verkehrsverbindungen zu Serbien und Montenegro gehören müssen – und eben dies wurde von den Sanktionsanwendern de facto nicht betrieben. Schon wenige Wochen nach dem Sicherheitsratsbeschluss häuften sich die Pressemeldungen, dass das UNO-Embargo vor allem von Rumänien und Griechenland umgangen werde. Aber auch deutsche Firmen, insbesondere der Bekleidungsindustrie, bedienten sich eines von den Embargobrechern weithin angewandten Tricks: Sie nutzten von den Serben gefälschte Frachtpapiere, die den Serben bei der Besetzung Bosniens und Kroatiens in die Hände gefallen und mit bosnischen und kroatischen Originalstempeln versehen waren, sodass Ursprung und Bestimmungsort der Fracht verschleiert werden konnten. Das UNO-Embargo war folglich so dicht wie ein Sieb (vgl. *Süddeutsche Zeitung* 1992a). Weder den Ölnachschub noch die Lieferung von Rüstungsgütern an die Kriegsparteien (vgl. *Süddeutsche Zeitung* 1992b) konnte es ernstlich beeinträchtigen. Dem stand auch nicht entgegen, dass NATO und WEU im November 1992 eine Seeblockade gegen montenegrinische Häfen verhängten und mit militärischen Mitteln überwachten. Wesentlich wurde das Embargo auf dem Landweg und auf der Donau unterlaufen, deren Status als internationales Gewässer gemäß der Pariser Donaukonvention vom 23. 7. 1921 und der Belgrader Donaukonvention vom 18. 8. 1948 Kontrollen des Schiffsverkehrs durch die Anrainerstaaten und internationale Organisationen ausschließt.

(Randnotiz: Umgehung des UNO-Embargos*)*

Die Embargopolitiken von EG und UNO – so ein sarkastischer Pressekommentar vom 28. 4. 1992 – dienten folglich

> „eher der Wirtschaftsförderung, als daß sie den Handel verhindert hätten: In Belgrad erreichten Bankiers und Kaufleute im Schatten des Embargos Gewinnmargen, von denen sie zu Friedenszeiten nie zu träumen gewagt hätten" *(Schneider 1993).*

Der Sicherheitsrat sah sich deshalb am 16. November 1992 gezwungen, sein Embargo vom Mai zu verschärfen und zur Verhinderung der „Umleitung" die Durchfuhr von Rohöl und Erdölprodukten, Kohle, Metallen und Energieanlagen

(Randnotiz: Verschärfung des Embargos*)*

sowie Kfz-Ausrüstungsgütern durch Jugoslawien gänzlich zu untersagen sowie die Durchführung dieser Maßnahmen durch die Stationierung von Beobachtern sicherzustellen. Der Erfolg blieb diesem Beschluss ebenso versagt wie dem Embargo vom Mai: Beide stützten sich zwar auf Art. 39 und 41 der UNO-Charta, sahen aber keine (militärischen) Zwangsmaßnahmen nach Art. 42 der Charta vor. Gleiches gilt für die am 17./18. April 1993 mit Wirkung zum 27. April 1993 beschlossenen erneut verschärften Embargobestimmungen.

Ganz offensichtlich haben auch diese „scharfen" Sanktionen zwar zu einer weiteren Verschlechterung der wirtschaftlichen Lage in Restjugoslawien geführt, ihr Ziel aber – die Beendigung des Krieges – nicht erreicht. Vielmehr schienen sich tradierte Verhaltensmuster fortzusetzen. Im Juni 1993 kritisierte der Sanktionsausschuss des UNO-Sicherheitsrates Griechenland und Mazedonien in scharfer Form, weil sie den Eisenbahn- und Lkw-Transport von Öl, Chemikalien, Konsum- und Industriegütern von Griechenland nach Serbien über Mazedonien weiterhin zuließen (vgl. *Süddeutsche Zeitung* 1993). Serbien hatte die Zeit seit der Verhängung des UNO-Embargos dazu genutzt, den gesamten Balkan mit einem blockadebrechenden Firmennetz zu überspannen (*Der Spiegel* 1993: 137). Bulgarien und Rumänien beklagten einen durch die Sanktionsanwendung erlittenen Schaden, der sich bis Ende Mai 1993 auf je etwa 1,8 Milliarden Dollar belaufen sollte. Ungarn machte allein für 1992 einen Einnahmenausfall im Eisenbahntransitverkehr in Höhe von 75 Mio. Dollar geltend. Von einer Entschädigung der durch die Anwendung von Sanktionen unmittelbar belasteten Anrainerstaaten Jugoslawiens durch EG und UNO war bis dato kaum die Rede.

Wir brechen die Darstellung hier einstweilen ab. Genese und Entwicklungsverlauf der Sanktionspolitik gegenüber Jugoslawien scheinen die Skepsis, mit der die Wissenschaft die politisch-praktischen Erfolgsaussichten von Sanktionen bei der Vermeidung und/oder Eindämmung von Konflikten bewertet, voll zu bestätigen. Gleichwohl ließe sich argumentieren, dass in unserem Fall ein Embargo das richtige Mittel zur falschen Zeit repräsentierte (*Schneider* 1993): Eine quarantäneartige Totalblockade Jugoslawiens – das heißt die wirksame physische Unterbrechung aller Land-, Luft-, See- und Telekommunikationsverbindungen, der Abbruch jeglichen Handelsaustausches und Zahlungsverkehrs, vor allem aber der Einsatz jener Waffe, die Aggressoren noch am empfindlichsten trifft: die Blockierung der Ölzufuhr – hätte die Entwicklung vielleicht zu einem früheren Konfliktzeitpunkt noch in eine andere Richtung treiben können, zwar nicht in die der Konfliktvermeidung, aber in die des Konfliktaushungerns – so wie man ein Feuer aushungert, dem man den Sauerstoff entzieht. Das Argument, die UNO sei in Jugoslawien erst nach der Internationalisierung des Konfliktes durch die diplomatische Anerkennung der Teilrepubliken um die Jahreswende 1991/92 „zuständig" geworden, überzeugt in diesem Kontext nicht: Art. 39 der UNO-Charta knüpft Bedrohung oder Bruch des Friedens als Anlass für das Einschreiten der UNO eben nicht daran, dass nur der Frieden zwischen Staaten bedroht sei.

Wie bereits referiert, haben sich die EG-Staaten mehrheitlich solche Überlegungen nicht zu eigen gemacht, obwohl sie die Beschränktheit ihrer diplomatisch-ökonomischen Konflikteindämmungsstrategie schon im Sommer 1991 hätten erkennen können. Unsere These lautet daher, dass der Wankelmut der EG-

Akteure – ihre Politik der vollmundigen Ankündigungen, denen dann keine Taten folgten, sondern sich wiederholende „letztmalige" Fristsetzungen für serbische Verhaltensänderungen, zeitweise Stornierungen und/oder Rücknahmen einmal gefasster Beschlüsse – eine Kardinalregel jeglicher Abschreckungspolitik missachtete, nämlich die, dass man einem potenziellen Gegner nur dann mit für ihn schädlichen Konsequenzen drohen sollte, wenn man von den eigenen Kapazitäten her zur Umsetzung der Drohung in der Lage ist, auf der Grundlage eines rationalen Kosten-Nutzen-Kalküls und der Abwägung der Folgen möglicher Handlungsoptionen die Drohung umsetzen will und Handlungsfähigkeit und Handlungswillen der Gegenseite auch glaubhaft vermitteln kann. Ist eines dieser drei Elemente defizitär, erleidet eine sich auf Sanktionen stützende Politik der Abschreckung selbst einen kalkuliert untragbaren Schaden: Im Sinne der symbolischen Binnenwirkung von Sanktionen ist sie dann allenfalls noch für das Interessenkonfliktmanagement im eigenen Lager brauchbar.

An dieser grundsätzlichen Einschätzung ändert auch die Tatsache nichts, dass die Europäische Union nicht zuletzt in Anwendung der Erfahrungen aus dem Jugoslawienkonflikt im GASP-Kontext ein recht differenziertes und abgestuftes Sanktionsinstrumentarium entwickelt hat, das versucht, die Sanktionswirkungen auf die Friedensstörer und/oder Menschenrechtsverletzer zu maximieren, während unbeteiligte Dritte oder die Zivilbevölkerung des Sanktionen unterworfenen Staates gleichzeitig von den Sanktionswirkungen so weit als eben möglich verschont bleiben sollen. Sie folgt damit einer seit den 90er Jahren auch in der Politik der Vereinten Nationen zu beobachtenden Entwicklung, Sanktionen als „smart sanctions" abzustufen und gleichsam chirurgisch zu dosieren (Übersicht: http://ec.europa. eu/external_relations/cfsp/sanctions/index.htm) und zur UNO Cortright/Lopez 2002a). Wie die Vereinten Nationen selbst steht sie dabei jedoch vor einer Reihe fortwirkender Probleme: 1. Mangels eigener Exekutivorgane oder Exekutivkompetenzen sind beide Organisationen darauf angewiesen, sich zur Umsetzung von Sanktionsbeschlüssen auf die Mitgliedstaaten zu verlassen (Paul/Akhtar 1998). 2. Die Bedingungen, unter denen Sanktionen effektiv eingesetzt werden können, sind unklar: Was können sie überhaupt leisten, wie wirken sie? 3. Sanktionen unterliegen den gleichen Wirkmechanismen und Randbedingungen wie die Politik der Abschreckung: Um wirksam zu sein, benötigen sie zunächst einen Adressaten, der sich von ihnen auch beeindrucken lässt. Kurz:

> „World leaders often decide that the most obvious alternatives to economic sanctions are unsatisfactory – military action would be too massive, and diplomatic protest too meager. Sanctions can provide a satisfying theatrical display, yet avoid the high costs of war. This is not to say that sanctions are costless, just that they are often less costly than the alternatives" *(Elliott/Hufbauer 2007: 3).*

4.4.3   Fallbeispiel: militärische Intervention im Kosovo als Folge misslungener Abschreckung

Verpasste Prävention

Der Kern des Kosovokonfliktes war der Streit um den politischen Status der Provinz bzw. der Streit um die albanische Frage (vgl. *Hatschikjan* 2001: 23 f.). Die Kosovaren strebten nach Unabhängigkeit, während die Bundesrepublik Jugoslawien die Region als Bestandteil Serbiens betrachtete (vgl. *Calic* 1999c: 6).

> Die *albanische Frage* beinhaltet die Auseinandersetzung mit ca. 5,6 Millionen Albanern, die außerhalb der Grenzen ihres Titularstaates, aber in direkter Nachbarschaft des Nationalstaates Albanien leben. Hinzu kommen Minderheiten in den Ländern Italien, Türkei, Ukraine und Bulgarien sowie die albanischen Emigranten in Nordamerika und Westeuropa, hier vor allem in Deutschland, Österreich, der Schweiz und Schweden, sowie in Osteuropa (vgl. *Troebst* 2000: 15). Die albanische Frage als Anspruch auf die Zusammenführung aller Siedlungsgebiete in einem Staat wird von vielen Politikern und zahlreichen einflussreichen Intellektuellen aus Albanien sowie von Politikern und Intellektuellen albanischer Nationalität aus benachbarten Provinzen und Staaten (vor allem aus dem Kosovo und aus Mazedonien) aufgeworfen (vgl. *Hatschikjan* 2001: 23 f.). Die Entwicklung eskalierte in den 1980er Jahren im Kosovo – nicht zuletzt brandstifterisch befördert durch Milošević, der in der Instrumentalisierung des Konfliktes zwischen Serben und Albanern ein Mittel zur Durchsetzung eigener Machtansprüche sah. Im Sommer 1988 war der Konflikt um den Kosovo so weit vorangeschritten, dass er zu einer ernstlichen Staatskrise führte. Demonstrationen der serbischen Bevölkerung im Kosovo veranlassten die Republik Serbien dazu, durch Änderung ihrer Verfassung den autonomen Status des Kosovos und der Wojwodina aufzuheben. Durch die Änderung der jugoslawischen Bundesverfassung Ende 1988 und der serbischen Republikverfassung im März 1989 verlor der Kosovo alle politischen Rechte (vgl. *Gajevic* 1998: 8 ff.). Serbien erhielt Einfluss auf Justiz, Kultur, Außenpolitik und Wirtschaft im Kosovo. Nach Aufhebung des Ausnahmezustandes im April 1990 übernahm Serbien zudem die vollständige Polizeigewalt. Im Juni 1990 verabschiedete das serbische Parlament ein Gesetz, das die albanischen Autoritäten in der Provinz Kosovo weitgehend entmachtete und durch serbische Vertreter ersetzte. Im Juli 1990 erklärten mehr als einhundert albanischstämmige Abgeordnete des Kosovparlamentes die Unabhängigkeit. Mehr als 90 Prozent der Kosovo-Albaner stimmten im September 1991 im Untergrund ebenfalls für die Unabhängigkeit. Am 24. Mai 1992 wurde Ibrahim Rugova, der Führer der Demokratischen Liga Kosovo, zum ersten Präsidenten der „Republik Kosova" gewählt (vgl. *Gajevic* 1998: 15).

Ausklammerung der Kosovofrage in Dayton

Bei den Verhandlungen in Dayton (1995) wurde nicht nur die Kosovofrage, sondern auch die Problematik des Sandschaks bewusst ausgeklammert:

> „Versuche, das Kosovo-Problem unter das Dach der Dayton-Verhandlungen zu bringen, wurden von vornherein abgeblockt – und dies letztlich wohl zu Recht, denn eine Überfrachtung der Dayton-Verhandlungen mit der Kosovo-Frage hätte alle Bemühungen um eine politisch-diplomatische Lösung zu diesem Zeitpunkt mit Sicherheit zunichte gemacht" *(Oeter 1999: 491)*.

Infolge des Daytoner Abkommens erkannten sich die Bundesrepublik Jugoslawien, Kroatien, Bosnien-Herzegowina und Mazedonien – sofern dies noch nicht geschehen war – im Verlauf des Jahres 1996 gegenseitig an. Daraufhin begannen auch zahlreiche europäische und außereuropäische Staaten ihre diplomatischen Beziehungen zur Bundesrepublik Jugoslawien wiederaufzunehmen. Auf der Grundlage einer gemeinsamen Entscheidung vom 9. April 1996 erkannten die EU-Staaten die Bundesrepublik Jugoslawien auf bilateraler Ebene an. Die EU war und ist dazu völkerrechtlich nicht befugt (vgl. *Calic* 1999a: 23 f.). Im darauffolgenden Jahr, am 29. April 1997, beschloss die EU trotz der eskalierenden Situation in der Bundesrepublik Jugoslawien die Ausdehnung von autonomen Handelspräferenzen (vgl. *Auswärtiges Amt* 1998b: 320).

Ein ganzheitlicher Ansatz der Konfliktbeilegung seitens der EU wurde zugunsten einer Führungsrolle der westlichen Hauptmächte bereits mit der Bildung der Kontaktgruppe im April/Mai 1994 aufgegeben und formalisiert. Teils mit, teils ohne Russland, ab Januar 1996 auch mit Italien, entwickelte sich die Kontaktgruppe zu einem zentralen Steuerungsinstrument der Jugoslawienpolitik der internationalen Gemeinschaft. Die politische Initiative zur Lösung des Konfliktes war damit einem Ansatz der klassischen Diplomatie der „großen Mächte" gewichen. Die Bosnien-Kontaktgruppe (bestehend aus Vertretern der USA, Russlands, Frankreichs, Großbritanniens, Deutschlands und Italiens) forderte aufgrund der eskalierenden innenpolitischen Situation zwar eine weitgehende Autonomie für den Kosovo innerhalb der Bundesrepublik Jugoslawien, andererseits waren – ex post betrachtet – alle Reaktivierungsversuche zur Konfliktbeilegung der Kontaktgruppe gescheitert, weil sie sich nicht auf eine übereinstimmende Wahrnehmung der Konfliktstruktur sowie eine Strategie zur Konfliktbearbeitung einigen konnte (vgl. *Dammann* 2000: 46 ff.). Wenngleich die Bearbeitung des Kosovokonfliktes, anders als noch während des Bosnienkrieges, von einem breiten internationalen Konsens getragen wurde,

Fehlender ganzheitlicher Konfliktbeilegungsansatz

> „ließen die Forderungen nach der Beachtung der Rechte der Kosovoalbaner und einer Lösung innerhalb der Grenzen der Bundesrepublik Jugoslawien einzelnen Staaten genügend Spielraum, nach Gesichtspunkten nationaler Opportunität zu handeln" *(Dammann 2000: 70).*

Entstehung der NATO-Intervention

Der Konflikt um den Kosovo eskalierte, als Ende Februar und Anfang März 1998 bei Massakern serbischer Sicherheitskräfte mindestens 80 Albaner getötet wurden, darunter Frauen, Kinder und ganze Familien. Nicht allein die Ereignisse in dem albanischen Dorf Raçak im Mittelkosovo vom 15. Januar 1999 waren ausschlaggebend für das spätere Eingreifen der NATO in den Konflikt um den Kosovo. Vielmehr schwenkten die Kosovaren von ihrem langjährigen gewaltfreien Widerstand zur Unterstützung der Befreiungsarmee des Kosovos (UÇK) um, die seit 1996 öffentlich in Erscheinung trat und sich als bis dahin unbekannte albanische Befreiungsarmee zu Anschlägen gegen serbische Polizisten und

„albanische Kollaborateure" bekannte (Vorgeschichte und Verlauf des Konfliktes in *Dammann* 2000; *Petritsch/Pichler* 2004; *Kreidl* 2006).

Konflikteskalation und Aktivierung der Kontaktgruppe

In Anbetracht der eskalierenden Situation einigte sich die Bosnien-Kontakt-
gruppe am 9. März 1998 auf einen Aktionsplan, der unter anderem ein durch den
UNO-Sicherheitsrat zu verhängendes Waffenembargo gegen Serbien einschloss.
Auch einigte sich der Ministerrat der Europäischen Union am 24. März 1998 auf
eine Reihe von Maßnahmen (u. a. ein Waffenembargo, die Verweigerung der
Lieferung von Material, das für interne Unterdrückungsmaßnahmen oder für
Terrorakte genutzt werden könnte, ein Moratorium für Ausfuhrkredite sowie ein
Visumverbot für eine Anzahl serbischer Amtsträger), mit denen Druck auf Bel-
grad ausgeübt werden sollte, um doch noch zu einer friedlichen Lösung des Ko-
sovoproblems zu gelangen (vgl. *Auswärtiges Amt* 1998b: 341). Mit der Resolution 1160 vom 31. März 1998 beschloss der UNO-Sicherheitsrat mit sofortiger
Wirkung ein Waffenembargo gegen Jugoslawien. Nach Abhaltung von Luftma-
növern über Albanien und Mazedonien im Juni und August 1998 beschloss der
NATO-Rat als weitere Drohung gegen Jugoslawien am 24. September 1998 die
Activation Warning. Dass der Sicherheitsrat aus seiner Resolution vom 24. Oktober 1998, in der eine im Kosovo den Weltfrieden gefährdende Entwicklung
festgestellt wurde, keine Konsequenzen zog, war schlicht auf die enge Verbindung Russlands mit dem in Serbien-Jugoslawien herrschenden Regime zurück-
zuführen (vgl. *Schmierer* 1999: 538).

Die NATO drohte jedoch am 9. Oktober 1998 mit Luftschlägen, falls Milošević nicht binnen 96 Stunden die UNO-Resolution erfüllen werde. Am 13.
Oktober 1998 lenkte Milošević nach Gesprächen mit US-Vermittler Holbrooke
ein und stimmte der Entsendung einer OSZE-Beobachtergruppe sowie unbewaffneten Kontroll- und Aufklärungsflügen zu. Angesichts der fortdauernden
Kämpfe und des schleppenden Abzugs der serbischen Sondereinheiten erhöhte
die NATO am 16. Oktober 1998 den Druck durch die Mobilmachung und setzte
mit dem 27. Oktober 1998 ein neues Ultimatum. Tatsächlich beschleunigte Jugoslawien den Abzug der Sondereinheiten von Polizei und Militär aus dem Kosovo. Nach Ablauf des Ultimatums beschloss der NATO-Rat die Aufrechterhaltung des Aktivierungsbefehls für Luftschläge gegen Jugoslawien auf unbestimmte Dauer.

Massenexekutionen im Dorf Raçak

Berichte über Massenexekutionen und die Fortsetzung systematischer Vertreibungen veranlassten die Kontaktgruppe, am 29. Januar 1999 neue Friedensverhandlungen aufzunehmen (vgl. *Rohloff* 2000: 139–148). Am 6. Februar 1999
begannen auf Beschluss der Kontaktgruppe die Friedensverhandlungen zwischen
Kosovo-Albanern und Serben. Nach Ablauf des gesetzten Ultimatums am 20.
Februar 1999 konnte keine Einigung erzielt werden, woraufhin das Ultimatum
bis zum 23. Februar verlängert wurde. Wiederholte Vermittlungsversuche am 1.
März 1999 durch den OSZE-Ratspräsidenten Knut Vollebaek (Norwegen) und
am 8. März 1999 durch den deutschen Außenminister Joschka Fischer scheiter-
ten ebenfalls. Selbst die Vermittlungsversuche durch US-Vermittler Richard
Holbrooke und den russischen Außenminister Igor Iwanow brachten keinen
Erfolg. Am 15. März 1999 wurden die Verhandlungen in Paris wiederaufge-
nommen, während die Kämpfe zwischen der jugoslawischen Armee und der
UÇK im Kosovo weiter anhielten. Die Kosovo-Friedenskonferenz in Paris blieb

ergebnislos, da die Serben sich weigerten, das Abkommen von Rambouillet zu unterschreiben und vor allem der Stationierung einer internationalen Friedenstruppe im Kosovo zuzustimmen. Nach dem Scheitern der Verhandlungen mussten Ende März 1999 alle OSZE-Beobachter aus dem Kosovo abziehen. Während die Kosovo-Albaner das Rambouillet-Abkommen unterzeichnet hatten, entsandte Belgrad Soldaten in den Kosovo, um eine neue Offensive zu starten. Aufgrund der Repressionsmaßnahmen der serbischen Streitkräfte verloren mehr als 250000 Kosovaren ihr Obdach, mehr als ein Fünftel der Bevölkerung des Kosovos war geflohen bzw. vertrieben worden. In den Schlussfolgerungen des Rates der EU vom 24. und 25. März 1999 heißt es hierzu:

> „An der Schwelle zum 21. Jahrhundert darf Europa eine humanitäre Katastrophe in seiner Mitte nicht tolerieren. Inmitten Europas ist es nicht zuzulassen, daß die zahlenmäßig stärkste Volksgruppe im Kosovo kollektiv entrechtet wird und schwere Menschenrechtsverletzungen gegen sie verübt werden. Wir, die Länder der Europäischen Union, sind moralisch verpflichtet sicherzustellen, daß Willkür und Gewalt, greifbar geworden durch das Massaker in Racak im Januar 1999, sich nicht wiederholen. Wir tragen auch die Verantwortung, daß Hunderttausende von Flüchtlingen und Vertriebenen an ihre Heimatorte zurückkehren können. Aggression darf sich nicht lohnen. Ein Aggressor muß wissen, daß er einen hohen Preis bezahlen muß. Das ist die Lehre des 20. Jahrhunderts."

Weil die EU im akuten Krisenmanagement handlungsunfähig war, verlagerten sich ihre Bemühungen zum einen auf die Entwicklung einer langfristigen Friedenskonsolidierungsstrategie im Rahmen der United Nations Interim Administration Mission in Kosovo (UNMIK) und zum anderen auf den Handlungskontext der NATO im Rahmen der KFOR. Ob die eingesetzten militärischen Mittel legitimerweise zur Wahrung oder Wiederherstellung eines lokalen, innerstaatlichen Friedens und zur Garantie menschenrechtlicher Mindeststandards eingesetzt werden durften, wurde im Hinblick auf den Charakter der NATO-Intervention unter FriedenswissenschaftlerInnen kontrovers diskutiert. Europa hat viel aus den Dayton-Erfahrungen lernen können; jedoch hat es den Kosovokrieg nicht verhindern können. Zweifellos wirkte der Kosovo als Katalysator für den Ausbau einer ESVP im Rahmen der GASP, jedoch verfügte Europa in der Kosovokrise 1998/99 über keine geeigneten Strukturen, Instrumente und keinen Handlungswillen zum Konfliktmanagement. Die Gipfelbeschlüsse von Köln (Juni 1999), Helsinki (Dezember 1999), Santa de Feira (Juni 2000) und Nizza (2000) und nicht zuletzt die Entwicklung einer europäischen Sicherheitsstrategie (Dezember 2003) sind Ansätze zum Ausbau einer zivilen und militärischen Handlungsfähigkeit der Europäischen Union, die insbesondere im Bereich der Friedenskonsolidierung im Rahmen des Stabilitätspaktes für Südosteuropa zum Tragen kommen.

Verpasste Prävention im Kosovo

Der Charakter der NATO-Intervention

Ohne eine offizielle Ermächtigung des UNO-Sicherheitsrates abzuwarten, begann die NATO am 24. März 1999 mit Luftangriffen auf Jugoslawien. Das Ziel, die Gewalt in der Provinz zu stoppen und eine „humanitäre Katastrophe" abzuwenden, hatte die NATO in den Kriegswochen verfehlt. Nach dem Beginn der Luftangriffe wurden mehrere tausend Kosovo-Albaner getötet, und etwa 800000 flohen oder wurden aus der Provinz vertrieben (vgl. *UNHCR* 2000/2001: 266 f.). Trotz massiver Zerstörungen durch die NATO in der Bundesrepublik Jugoslawien begingen serbische Kräfte gröbste Menschenrechtsverletzungen, indem sie binnen kürzester Zeit den Kosovo zu entvölkern versuchten. Innerhalb weniger Wochen befand sich die Mehrheit der Kosovaren auf der Flucht. Die Vertreibung war eindeutig Zweck der serbischen Kriegführung, um die westliche Kriegführung nicht nur praktisch zu stören, sondern auch ihren Begründungszusammenhang zu untergraben (vgl. Schaukasten)

Vertreibung als Zweck der Kriegführung

> „Erklärter Zweck der NATO-Intervention war ja die Verhinderung einer ‚humanitären Katastrophe'. Dennoch wurde von vornherein der Einsatz von Bodentruppen ausgeschlossen. Der potentielle Widerspruch zwischen erklärtem Zweck und vorgesehenen Mitteln musste sich in dem Maße verschärfen, wie die eingesetzten Mittel die Vertreibungen nicht nur nicht verhindern konnten, sondern sogar noch zu beschleunigen schienen. Es bleibt also wahr, dass im Kosovo zwei verschiedene Kriege geführt wurden, die sich gegenseitig nicht trafen: ein serbischer am Boden gegen die albanische Bevölkerung des Kosovo und einer der NATO aus der Luft gegen die serbisch-jugoslawische Infrastruktur, auf die sich dieser Bodenkrieg stützte. Aber ganz richtig ist diese Auffassung nicht: Die Vertreibungen sollten die Moral der westlichen Öffentlichkeit treffen, um der NATO-Intervention in den eigenen Gesellschaften den Boden zu entziehen, während sie die serbische Gesellschaft offensichtlich kalt ließen. Das Kalkül war: Während die westliche Öffentlichkeit sich zunehmend durch alle Opfer des Krieges moralisch belastet fühlen musste und ja auch zunehmend daran Anstoß nahm, dass die Folgen, die die Bombenangriffe für die serbische Bevölkerung hatten, die Vertreibungen nicht stoppen konnten, verließ sich das Regime darauf, dass die serbische Gesellschaft keinen Zusammenhang zwischen ihrer Verantwortung für die Gräueltaten im Kosovo und den Bombardierungen in Serbien herstellen würde und sich einmal mehr in der Opfer- und Heldenrolle zugleich sehen würde, unschuldig und tapfer der ganzen Welt gegenüber" *(Schmierer 1999: 537).*

Spill-over von Instabilitäten auf die gesamte Region

Die Ausweitung des Konfliktes auf die ganze Region (Spill-over-Effekt) brachte eine neue geopolitische Konfliktdimension mit sich. Die mazedonischen Behörden schlossen sogar Anfang 1999 vorübergehend die Grenze zum Kosovo und verweigerten mehreren zehntausend Kosovo-Albanern den Zugang zu ihrem Territorium. Angesichts von Spannungen im Zusammenhang mit ihrer eigenen albanischen Minderheit befürchtete die mazedonische Regierung, ein so großer Zustrom von Kosovo-Albanern werde das Land destabilisieren. Um die Zahl der Flüchtlinge im eigenen Land zu verringern, forderte Mazedonien ein System der internationalen Lastenverteilung und die Evakuierung oder Verlegung eines Teiles der Flüchtlinge in Drittländer. Die NATO, die für ihre weitere Präsenz auf mazedonischem Territorium auf die Zustimmung der mazedonischen Regierung angewiesen war, unterlag einem beträchtlichen Druck (vgl. *UNHCR* 2000/2001: 266 f.). Wegen der eskalierenden Gewalt und anwachsender Flüchtlingsströme musste die NATO ihre politischen Ziele umformulieren. Am 2. April schlug NATO-Generalsekretär Javier Solana dem UNHCR vor, die Hilfsoperationen für die Flüchtlinge zu unterstützen. Die Unterstützung umfasste die Organisation der Luftbrücke, mit der Hilfsgüter nach Albanien und Mazedonien gebracht wurden, die Bereitstellung von Hilfe beim Transport der Flüchtlinge und logistische Unterstützung bei der Einrichtung von Flüchtlingslagern. Darüber hinaus wurde es möglich gemacht, Flüchtlingen aus dem Kosovo Zugang zu Drittländern zu gewähren (vgl. *UNHCR* 2000/2001: 268).

Unterstützung der Hilfsoperationen für Flüchtlinge

Die NATO-Intervention März bis Juni 1999 mit 35129 Lufteinsätzen führte nach westlichen Schätzungen zu etwa 5000 Todesopfern in Jugoslawien und verschärfte die Diskussionen über die Legitimität der Intervention (vgl. *Vetter/Melcis* 1999: 525 f.). Darüber hinaus ließen die *collateral damages* (Kollateralschäden), z. B. die irrtümliche Bombardierung der chinesischen Botschaft in Belgrad oder auch des staatlichen Fernsehens (RTS) in Belgrad, die Zweifel an der Rechtmäßigkeit der Intervention wachsen. Die Folge war, dass der innenpolitische Druck auf die westlichen Regierungen wuchs. Am 8. April einigte sich der Rat der EU auf einen Forderungenkatalog, den später die NATO und der Generalsekretär der UNO übernahmen. Verlangt wurden die sofortige Beendigung der Gewalt, der Rückzug aller militärischen Kräfte, die Stationierung internationaler Truppen zur Friedenserhaltung, die Flüchtlingsrückkehr und politische Verhandlungen auf der Grundlage des Friedensplanes von Rambouillet (vgl. *Calic* 1999a: 29).

Ausweitung von Kollateralschäden

Unter bundesdeutscher EU-Ratspräsidentschaft präsentierte das Auswärtige Amt am 14. April einen von Außenminister Joschka Fischer erstellten Friedensplan, der die Umsetzung der Forderungen erleichtern sollte. Auf dieser Grundlage verständigten sich die Staats- und Regierungschefs auf Eckpunkte einer Übergangsordnung im Kosovo, aufbauend auf dem Rambouillet-*Acquis*, der eine substanzielle Autonomie im Rahmen der Grenzen der Bundesrepublik Jugoslawien vorsah. Es dauerte mehr als elf Wochen, vom 4. März bis zum 9. Juni 1999, bis sich zuerst die G-8-Staaten untereinander und dann auch der jugoslawische Präsident und die NATO auf der Grundlage des Fischer-Planes auf die Modalitäten des jugoslawischen Truppenrückzuges und die Einstellung der Luftangriffe einigen konnten (vgl. *Friis/Murphy* 2000). Das am 9. Juni 1999 im mazedonischen Kumanovo unterzeichnete „militärisch-technische Abkommen" kam der Forderung einer bedingungslosen Kapitulation Belgrads gleich. Letztlich bewirkten vermutlich nur die immensen Zerstörungen serbischer Infrastruktur und die offenbar bevorstehende Entscheidung über einen Bodenkrieg einen Sinneswandel in Belgrad (vgl. *Dammann* 2000: 68 f.). Auf der Grundlage der UNO-Resolution 1244 vom 10. Juni sowie des Berichtes des Generalsekretärs vom 12. Juni 1999 marschierte schließlich die NATO-geführte Kosovo Force (KFOR) in die Krisenprovinz ein. Die Sicherheitsresolution 1244 vom 10. Juni 1999 autorisierte den UNO-Generalsekretär zur Schaffung einer zivilen Übergangsverwaltung im Kosovo, der *United Nations Interim Administration Mission in Kosovo* (UNMIK). So konnte die Intervention mit dem Sicherheitsratsbeschluss aufgrund

EU-Ratspräsidentschaft und Fischer-Plan

einer erneuten Änderung der Mächtekonstellation wieder in den Rahmen eines UNO-gemäßen Verfahrens überführt werden:

> „Russland konnte nämlich inzwischen sein Interesse an dem in Serbien-Jugoslawien herrschenden Regime mit der Absicht, mäßigenden Einfluss auf seine politischen Taten zu nehmen, wieder unter einen Hut bringen, weil die NATO-Intervention Wirkung gezeigt hatte und zugleich ein Eingreifen auf dem Boden nicht mehr ganz ausgeschlossen schien. Diese neue Konstellation bestimmt die Nachkriegssituation: Indem sich die NATO gegenüber dem serbischen Regime als handlungsfähig erwies, brachte sie Russland in eine Position, in der es auf Milošević wieder Einfluss nehmen kann. Damit sie erhalten bleibt, musste die KFOR nach der Übernahme der militärischen Gewalt im Kosovo auf der vereinbarten Demilitarisierung der UÇK bestehen. Diese Nachkriegssituation ist äußerst kompliziert und fragil [...]" *(Schmierer 1999: 539).*

Abbildung 12: Organisatorische Struktur des UNO-Mandates

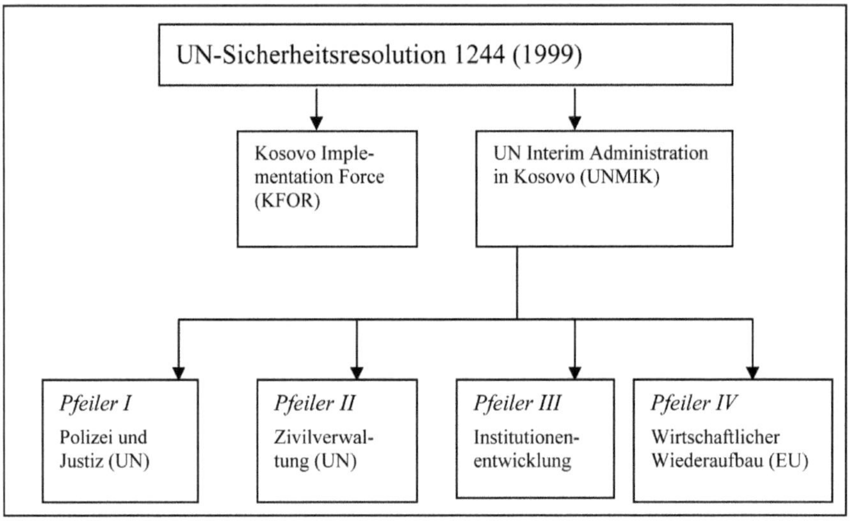

Quelle: http://library.fes.de/images/digbib/01142001.gif (Zugriff 8. 2. 2007)

Vor diesem Hintergrund soll nicht unerwähnt bleiben, dass bereits beim Aufbau des Protektorates das bosnische Durcheinander konkurrierender internationaler Regierungs- und Nichtregierungsorganisationen übertroffen wurde. Darüber hinaus fehlte es an klaren Kompetenzen und einer integrierten militärisch-zivilen Führungs- und Kommandostruktur. So wurden trotz Kriegsende nach Angaben des UNHCR mehr als 170000 Serben, Roma und andere nichtalbanische Volksgruppen vertrieben (vgl. *Calic* 1999a: 29). Bei gewalttätigen Ausbrüchen im März 2004 kam es im gesamten Kosovo bei Ausschreitungen zu 19 Todesopfern, rund 1000 Verletzten und fast 4000 Vertriebenen. Die Ausschreitungen waren ein schwerer Rückschlag für das Ziel eines stabilen und demokratischen Kosovos. Sie haben erneut deutlich werden lassen, wie unverzichtbar die internationale Präsenz einschließlich militärischer und polizeilicher Kräfte im Kosovo ist.

Mängel im militärisch-zivilen Wiederaufbau

Kosovo: Chronologie der letzten Phasen vor dem Eingreifen der NATO

23. 9. 1998: UNO-Resolution 1199: sofortiger Waffenstillstand, Rückzug der serbischen Sondereinheiten.

9. 10. 1998: Die NATO droht mit Luftschlägen, falls Milošević nicht innerhalb von 96 Stunden die UNO-Resolution 1199 erfüllt.

13. 10. 1998: Milošević lenkt nach Gesprächen mit US-Vermittler Holbrooke ein und stimmt auch der Entsendung einer OSZE-Beobachtergruppe sowie unbewaffneten Kontroll- und Aufklärungsflügen zu.

16. 10. 1998: Angesichts der fortdauernden Kämpfe und des schleppenden Abzuges der serbischen Sondereinheiten erhöht die NATO den Druck durch „activation order" und setzt mit dem 27. Oktober ein neues Ultimatum. Der Deutsche Bundestag stimmt einer Beteiligung der Bundeswehr an möglichen Luftschlägen gegen Jugoslawien zu.

26. 10. 1998: Jugoslawien beschleunigt den Abzug der Sondereinheiten von Polizei und Militär aus dem Kosovo.

27. 10. 1998: Nach Ablauf des Ultimatums beschließt der NATO-Rat die Aufrechterhaltung des Aktivierungsbefehls für Luftschläge gegen Jugoslawien auf unbestimmte Zeit.

17. 1. 1999: Massaker an 45 albanischen Zivilisten durch serbische Polizei. OSZE-Chef Walker wird aufgefordert, das Land zu verlassen. Aufmarsch der jugoslawischen Armee.

19. 1. 1999: NATO-Oberbefehlshaber Clark und Military-Committee-Vorsitzender Naumann fordern in Belgrad Milošević auf, sich bedingungslos zu den UNO-Resolutionen zu bekennen und die Verantwortlichen des Massakers vor Gericht zu bringen.

6. 2. 1999: In Rambouillet bei Paris beginnen auf Beschluss der Balkan-Kontaktgruppe vom 29. 1. 1999 Friedensverhandlungen zwischen Kosovo-Albanern und Serben.

20. 2. 1999, 12.00: Das von der Balkan-Kontaktgruppe gesetzte Ultimatum läuft ab, keine Einigung in Rambouillet.

23. 2. 1999, 15.00: Zweites Ultimatum läuft ab. Verhandlungen vertagt.

1. 3. 1999: OSZE-Ratspräsident Knut Vollebaek (Norwegen) wird bei seinem Vermittlungsgespräch in Belgrad von Milošević verhöhnt und beschimpft.

8. 3. 1999: Auch die Mission von Außenminister Fischer in seiner Eigenschaft als EU-Ratspräsident in Belgrad scheitert; Milošević bleibt beim Nein zur Stationierung einer NATO-Friedenstruppe im Kosovo.

11./12. 3. 1999: US-Vermittler Richard Holbrooke und der russische Außenminister Igor Iwanow versuchen nacheinander in Belgrad Milošević zur Annahme des Rambouillet-Friedensplanes zu bewegen. Beide Missionen scheitern.

15. 3. 1999: Wiederaufnahme der Verhandlungen in Paris. Die Kämpfe im Kosovo halten an.

19. 3. 1999: Die Kosovo-Friedenskonferenz in Paris scheitert am Widerstand der Serben, die nicht bereit sind, das Abkommen der Balkan-Kontaktgruppe zu unterschreiben, und vor allem die Stationierung einer internationalen Friedenstruppe im Kosovo ablehnen.

23. 3. 1999: Alle OSZE-Beobachter verlassen den Kosovo. Die serbische Armee beginnt eine Großoffensive. Die NATO setzt ihre Vorwarnzeit auf wenige Stunden herab. US-Sonderbotschafter Holbrooke überbringt in Belgrad Milošević eine letzte Warnung. Auch diese Mission scheitert.

24. 3. 1999: Die NATO beginnt mit Luftangriffen auf Jugoslawien.

4.5 Konfliktmanagement durch Verrechtlichung?

4.5.1 Einleitung

Wenn Sanktionen gewaltsame Konflikte in aller Regel weder verhindern noch
eindämmen, weil sie nur zu oft nicht konsequent genug und nicht zum rechten
Zeitpunkt eingesetzt werden, wenn die Drohung mit militärischer Intervention
Konfliktparteien nicht abschreckt, weil entweder die Drohung nicht glaubwürdig
ist oder die Konfliktparteien den bei der Verwirklichung der Drohung zu erwartenden Schaden für geringer halten als die aus dem Konflikt für sie möglicherweise erwachsenden Vorteile, wenn also – knapp formuliert – konventionelle,
unterhalb der Ebene der (nuklearen) Supermächteauseinandersetzung angesiedel-
te Abschreckung als Mittel der Konfliktprävention zumindest fragwürdig sein
sollte, dann muss sich uns die Frage stellen, mit welchen Mitteln sich Konflikte
einhegen, begrenzen, regeln und regulieren lassen. Denn wenn wir den Ausbruch
von Konflikten nicht verhindern können, sollte doch zumindest ihr Austrag – im
Sinne einer reduzierten unmittelbaren Gewaltanwendung – kontrollierbar sein.
Wenn wir schon die Genese und Entwicklung der den Konflikt bestimmenden
inhaltlich-materiellen Interessendivergenzen und Widersprüche weder aufheben
noch unterdrücken können, dann sollten wir zumindest dämpfend auf Intensität
und Form ihrer Auseinandersetzung einwirken. Mit anderen Worten: Wir suchen

Zivilisierung des
Konfliktaustrages

nach Mitteln und Wegen, den Konfliktaustrag zu zivilisieren. Die Entwicklung
der internationalen Beziehungen sollte langfristig von einer spezifischen Tendenz gekennzeichnet sein, nämlich der Einhegung und Verrechtlichung des
Krieges, der Zivilisierung militärischer Gewaltanwendung und der Wandlung
des Friedens von einem labilen Zustand ruhender Gewalttätigkeit zu einem historischen Prozess, in dem sich

> „Formen der internationalen Konfliktbearbeitung durchsetzen, die sich zunehmend
> von der Anwendung organisierter militärischer Gewalt befreien" *(Czempiel 1990:
> 7)*.

Diese These lässt sich zumindest vordergründig belegen. Im frühneuzeitlichen
Europa war nicht der Friede, sondern der Krieg der tatsächliche Regelfall internationaler Beziehungen. Vom späten 15. Jahrhundert bis zum Ende des 18. Jahrhunderts gab es in Europa rund 250 Kriege, an denen weit über 500 Parteien
beteiligt waren *(Repgen* 1988: 87 f.). Demgegenüber fanden in der Zeit von 1815
bis zum Falklandkrieg 1982 nur noch 61 zwischenstaatliche Kriege statt. Die
Anzahl der Kriegsparteien sank auf 217, von denen sich 47 an einem zum Zeitpunkt ihres Kriegsbeitrittes ohnehin schon bestehenden Konflikt beteiligten
(Domke 1988: 61 ff.). Dass die Anzahl der klassischen zwischenstaatlichen
Kriege inzwischen noch weiter zurückgegangen ist, haben wir ja auch bei der
knappen Diskussion des *Human Security Report* 2005 zu Anfang des Studienbriefes schon kommentiert.

Rückgang der Zahl
bewaffneter Konflikte

Diese und ähnliche Beobachtungen geben Anlass zu der Vermutung, dass
zumindest langfristig gesehen der Austrag zwischenstaatlicher Konflikte durch
einen Prozess der Zurückdrängung und Aufhebung militärischer Gewaltanwen-

dung gekennzeichnet ist, dass also nicht nur der Krieg als Mittel der Politik formal geächtet wurde, sondern dass auch die Bearbeitung von Konflikten insgesamt zunehmend in rechtlich regulierten und institutionalisierten Formen verläuft, die dem Gedanken der gewaltfreien Streitbeilegung verpflichtet sind. Eben dies kann als Zivilisierung des Konfliktes bezeichnet werden.

Zivilisierung des Konfliktes

Wir verstehen unter Zivilisierung zunächst den Prozess der zunehmenden Bändigung der Affekte des Menschen durch den Menschen in der Gesellschaft. Wir begreifen diesen Prozess als eine fortschreitende Rationalisierung und Intellektualisierung der Daseinsbewältigung, als den Weg von einer impulsiv-naiven zu einer kontrolliert-reflektierten Auseinandersetzung mit unserer natürlichen und gesellschaftlichen Umwelt. Norbert Elias hat diesen Prozess einmal treffend als den der „Anhebung der Peinlichkeitsschwelle" bezeichnet – in unserem Sinn als einen Prozess des Peinlichwerdens der Anwendung von Gewalt im Konfliktaustrag. Wenn uns die Anwendung von Gewalt erst peinlich ist, werden wir nach Mitteln und Wegen suchen, der Peinlichkeit zu entgehen: durch Verzicht auf Gewaltanwendung (*Elias* 1998a, b). Vielleicht noch wichtiger: Elias zeigt auch, dass die Ausbildung des modernen Territorialstaates mit einem Zivilisierungsschub einhergeht, in dem sich Affektökonomie und Verhaltensstandards des Menschen grundlegend ändern. Es verstärkt sich die emotionale Selbstkontrolle des Menschen, und die Mechanismen dieser Selbstkontrolle werden stärker verinnerlicht. Beruhte die Kontrolle menschlicher Affekte vordem auf einer zwangsgestützten Fremdkontrolle, verwandeln sich im Prozess der Zivilisation zwischenmenschliche Fremdzwänge in einzelmenschliche Selbstzwänge. Dies führt dazu,

Affektkontrolle und Selbstzwang

> „dass viele Affektimpulse weniger spontan auslebbar sind. Die derart im Zusammenleben erzeugten selbsttätigen, individuellen Selbstkontrollen, etwa das ‚rationale Denken' oder das ‚moralische Gewissen', schieben sich nun stärker und fester gebaut als je zuvor zwischen Trieb- und Gefühlsimpulse auf der einen Seite, die Skelettmuskeln auf der anderen Seite ein und hindern die ersteren mit größerer Strenge daran, die letzteren, das Handeln, direkt, also ohne Zulassung durch diese Kontrollapparaturen, zu steuern" *(Elias 1989a: LXI).*

Affektkontrolle und Selbstzwang führen zu größerer Sicherheit: Der sich selbst beherrschende und regulierende Mensch vergrößert die Autonomie gegenüber seiner eigenen Triebnatur, kontrolliert seine Affekte selbst, muss nicht von außen gewaltsam eingeschränkt werden. Andererseits:

> „Die Bedrohung, die der Mensch für den Menschen darstellt, ist durch die Bildung von Gewaltmonopolen einer strengeren Regelung unterworfen und wird dadurch berechenbarer. [...] Die Gewalttat ist kaserniert; [...] die ganze Monopolorganisation der Gewalttat [...] steht jetzt nur noch am Rande des gesellschaftlichen Alltags Wache als eine Kontrollorganisation für das Verhalten des Einzelnen [...] und zwingt die waffenlosen Menschen in den befriedeten Räumen zu einer Zurückhaltung durch

eigene Voraussicht oder Überlegung; sie zwingt diese Menschen mit einem Wort in geringerem oder höherem Maße zur Selbstbeherrschung" *(Elias 1989b: 325 ff.)*.

Im übertragenen Sinn hat vor allem Dieter Senghaas die Relevanz des Prozesses der Zivilisation für die Einhegung und Überwindung der Gewaltanwendung in zwischengesellschaftlichen Beziehungen dargelegt:

Tendenz: institutionelle Regelung von Konflikten

„Im internationalen System lassen sich zwei Prozesse von langer Dauer beobachten: Machtrivalitäten unterschiedlicher Reichweite sowie Vernetzungen (Interdependenz) unterschiedlicher Dichte. Mit beiden Erscheinungen beschäftigt sich die Friedensforschung: Mit Machtrivalitäten, weil aus ihnen Gewalt, im Ernstfall Kriege, erwachsen können; mit Interdependenzen, weil sie Machtrivalitäten unterlaufen oder überwölben sollen. Zwischen beiden Erscheinungen besteht ein dialektischer Zusammenhang: Je unverstellter die Machtrivalitäten, um so weniger haben die Interdependenzen Chancen, Konflikte abfedern zu helfen; je ausgeprägter die Interdependenzen, um so größer die Wahrscheinlichkeit, Machtrivalitäten in den Hintergrund zu drängen sowie unvermeidliche Interessenkonflikte in friedliche Bahnen zu lenken. Potentiell gewalttätige und vor allem kriegerische Machtrivalitäten in eine friedliche Konfliktregelung zu überführen, ist Inhalt des Zivilisationsprozesses. In ihm geht es also um die Transformation von Konflikten. Dabei wird Macht nicht eliminiert, sondern eingegrenzt. Sie wird durch die Verrechtlichung der Auseinandersetzung eingehegt. Eine solche Verzivilisierung von Machtrivalitäten und damit von Politik hat zunächst unterhalb des internationalen Systems im klassischen westlichen Territorialstaat stattgefunden. In ihm kam es zu einer stufenweisen Monopolisierung von Gewalt und zur Herausbildung einer arbeitsteiligen Gesellschaft und Wirtschaft. Die Entwicklung eines legitimen staatlichen Gewaltmonopols führte zur Entprivatisierung von Gewalt; eine weitflächige Vernetzung unter Wettbewerbsbedingungen machte zweckrationales ökonomisches Handeln zum Imperativ. Beides mäßigte praktisches Verhalten. Überdies provozierte die Monopolisierung von politischer Macht und ökonomischer Verfügungsgewalt im Laufe der Zeit die Forderung nach demokratischer Teilhabe von breiten Bevölkerungsschichten. So entwickelte sich schrittweise in jahrhundertelangen gesellschaftlichen Konflikten der demokratische Rechtsstaat. In ihm werden Konflikte institutionell geregelt" *(Senghaas 1988: 167 f.)*.

Zusammengefasst: Der Zivilisationsprozess trägt zur Überwindung kollektiver Gewalt bei. Er ist das Ergebnis langfristiger Wandlungen der politischen Struktur und der sozioökonomischen Existenzbedingungen von Gesellschaften und Individuen. In seinem Verlauf wird jener kulturelle Wandel immer bedeutsamer, der zur moralischen Delegitimierung von Gewalt führt oder zumindest Art und Anzahl jener Fälle, in denen Gewalt noch als legitim angesehen werden darf, einschränkt. Dabei können folgende Konstitutionskriterien für den Zivilisierungsprozess benannt werden (nach *Senghaas* 1992b):

Konstitutionskriterien für den Zivilisierungsprozess

1. die Entprivatisierung von Gewalt und die Herausbildung eines Gewaltmonopols,
2. die Demokratisierung des Gewaltmonopols und die Herausbildung von Rechtsstaatlichkeit,
3. die Entwicklung einer konstruktiven politischen Konfliktkultur,

4.	die Herausbildung von Interdependenzen, verbunden mit einer erfolgreichen Affektkontrolle.

Die Geschichte der Bindung des Gewaltmonopols an rechtsstaatliche Prinzipien ist zugleich auch die Geschichte der Ausbildung des bürgerlich-liberalen Verfassungsstaates und der Demokratie in den beiden letzten Jahrhunderten. Denn erfahrungsgemäß wird das Gewaltmonopol nur dann akzeptiert, wenn es durch Recht und Gesetz eingehegt wird; Gesellschaften aber, in denen Recht und Gesetz herrschen, verfügen über eine Fülle rechtsförmlicher und durch Verfassung oder durch Gewohnheit und gesellschaftlichen Konsens legitimierter institutionalisierter Formen der Konfliktartikulation, des Konfliktmanagements, der Konfliktregelung und der Konfliktlösung. Erfolgreiche – das heißt zunächst gewaltfreie – Konfliktbearbeitung können diese Formen allerdings nur dann ermöglichen, wenn sie von einer politischen (Streit-)Kultur getragen werden, die die Legitimität von (Interessen- oder Identitäts-)Konflikten anerkennt und bereit ist, sich mit den in ihnen zum Austrag gebrachten Interessen und Positionen produktiv auseinanderzusetzen, und zwar in aller Regel (das heißt wenn es sich nicht um Konflikte über die Anwendung bestehender Rechtsnormen handelt) nicht mit dem Ziel, der einen Seite zum Sieg und der anderen Seite zum Untergang zu verhelfen, sondern mit dem Ziel, die widerstreitenden Parteien im Kompromiss miteinander zu versöhnen, These und Antithese des Konfliktes in einer historischen wie qualitativen Fortschritt darstellenden Synthese aufzuheben.

Die Möglichkeit der Übertragung des Konzeptes einer auf Verrechtlichung des Konfliktaustrages basierenden Zivilisierung von Konflikten in den Bereich der internationalen Politik bedarf nun einer Vorbedingung, nämlich der, dass die Staatengesellschaft nicht länger begriffen werden muss als eine den von Thomas *Hobbes* beschriebenen Naturzustand des Krieges aller gegen alle im zwischenstaatlichen Verkehr spiegelnde, nullsummenspielartig strukturierte, Rechts- und Machtansprüche je individuell durch bewaffnete Selbsthilfe der Akteure durchsetzende Konkurrenzgesellschaft (zur Ableitung dieses Paradigmas *Meyers* 1993: 265 ff.). Vielmehr müsste sie begriffen werden als eine durch Konfrontation und Kooperation der Akteure gleichermaßen gekennzeichnete, rechtlich geordnete Staatengesellschaft, in der zwar kein den Staaten übergeordnetes Gewaltmonopol die Durchsetzung von Rechtsansprüchen erzwingen kann, in der aber gleichwohl schon das aufgeklärte, rationale Eigeninteresse der Staaten an der Geltung des Prinzips der Gegenseitigkeit von Verpflichtungen und der Einhaltung von Verträgen die Umsetzung von Rechtsnormen auf der Basis des Konsenses der an der Geltung dieser Normen interessierten Akteure erlaubt. Oder anders formuliert: Die Prozesse der Zivilisierung des Konfliktaustrages und der Entwicklung, Verfestigung, Kodifizierung und Ausdifferenzierung des Völkerrechtes gehen Hand in Hand.

Die rechtlich verfasste Staatengesellschaft

Paradigma der
rechtlich verfassten
Staatengesellschaft

Vor dem ideengeschichtlichen Hintergrund der Entwicklung des Völkerrechtes (hierzu Überblick bei *Grewe* 1984) lässt sich das Paradigma der rechtlich verfassten Staatengesellschaft sowohl durch den Verweis auf seine Akteure bestimmen – nämlich die mit eigener Rechtspersönlichkeit ausgestatteten Staaten bzw. die zur Vertretung ihrer Staaten nach außen legitimierten politischen Entscheidungsträger – als auch durch den Verweis auf sein Milieu: das einer vertikal, das heißt territorial segmentierten Staatengesellschaft, die von einem weithin anerkannten Korpus von Verhaltensnormen überwölbt wird. Der die Natur der Beziehungen zwischen den Akteuren fassende Begriff internationale Politik begreift diese nicht als Nullsummenspiel in einem Milieu der internationalen Anarchie, sondern als rechtlich geregelte Verkehrsform der Staaten, die sowohl deren Konflikt als auch deren Kooperation umfasst. Obgleich die Staaten als Hauptakteure im internationalen Milieu keiner höheren Gewalt unterworfen sind, bilden sie doch eine auf dem Solidaritätsgedanken fußende (*Bull* 1969: 52), das Prinzip der menschlichen Soziabilität (Umgänglichkeit) auf die zwischenstaatliche Organisationsebene transponierende (*Murphy* 1982), an der Verwirklichung internationaler Rechtsnormen interessierte Gesellschaft. Diese repräsentiert – unähnlich dem Hobbesschen Konzept – keine Fiktion. Ihre Existenz wird in den Verfahrensweisen der Diplomatie, den Regeln des Völkerrechtes, dem System des Gleichgewichtes oder dem Konzert der Mächte fassbar. In dieser Sicht sind die gegenseitigen Beziehungen der Staaten nicht frei von moralischen oder rechtlichen Schranken; vielmehr unterliegen sie den Normen jener internationalen Gesellschaft, zu der die Staaten sich genossenschaftlich verbunden haben und an deren Fortdauer sie lebhaft interessiert sind (zur Ableitung des Paradigmas *Meyers* 1991: 112 ff.).

4.5.2 Friedenssicherung durch die Vereinten Nationen: Rückblick

Grundgedanke der
Gründung der UNO

Nach den Schrecken des Zweiten Weltkrieges sollte die Gründung der Vereinten Nationen durch die Staaten der Anti-Hitler-Koalition unter maßgeblicher Beteiligung der Vereinigten Staaten, Großbritanniens, der Sowjetunion und Chinas zum Grundstein einer neuen Weltordnung werden, deren oberstes Ziel die Bewahrung des Friedens und der internationalen Sicherheit war. Die Vereinten Nationen, gegründet am 24. Oktober 1945 durch insgesamt 51 Gründerstaaten, sollten eine Antwort auf das Scheitern des Völkerbundes sein und eine internationale Gemeinschaft konstituieren. Die Vereinten Nationen sind „fest entschlossen, künftige Geschlechter vor der Geißel des Krieges zu bewahren", und sollen Bedingungen schaffen, „unter denen Gerechtigkeit und die Achtung vor den Verpflichtungen aus den Verträgen und anderen Quellen des Völkerrechts gewahrt werden können" (Präambel der Charta der UNO). Als Bedingungen sind beispielsweise zu nennen: Universalität, souveräne Gleichheit ihrer Mitglieder, der Grundsatz der kollektiven Sicherheit und dessen Voraussetzung, nämlich das Gewaltverbot in den internationalen Beziehungen, das Verbot der Intervention in die inneren Angelegenheiten eines anderen Staates sowie die Verantwortung des

Sicherheitsrates für die Wahrung der internationalen Sicherheit und des Friedens (neuere Übersicht: *Krasno* 2004).

Die UNO zählt sechs Hauptorgane: die Generalversammlung, den Sicher- Organe der UNO
heitsrat, den Wirtschafts- und Sozialrat, den Treuhandrat, den Internationalen
Gerichtshof und das Generalsekretariat. Zentral sind dabei die Generalversammlung und der Sicherheitsrat sowie die Rolle des UNO-Generalsekretärs. In der
Generalversammlung sind mittlerweile 191 Staaten vertreten, die nach dem Prinzip „one state – one vote" über die Zusammensetzung der anderen Organe und
den Haushalt entscheiden. Der Sicherheitsrat besteht zurzeit aus 15 Mitgliedern;
von denen sind die USA, Großbritannien, Russland, Frankreich und China ständige Mitglieder. Der Generalsekretär, zurzeit Ban Ki Moon aus Südkorea, ist der
höchste Beamte der UNO und kann die Aufmerksamkeit des Sicherheitsrates auf
ein bestimmtes Thema lenken. Der Generalsekretär ist verantwortlich für die
Ausführung der Peacekeeping-Operationen. Die folgenden Generalsekretäre
prägten die Politik der UNO:

Tabelle 11: UNO-Generalsekretäre

Zeitraum	Generalsekretär	Land
1946–1953	Trygve Lie	Norwegen
1953–1961	Dag Hammarskjöld	Schweden
1961–1971	U Thant	Burma
1972–1981	Kurt Waldheim	Österreich
1982–1991	Javier Pérez de Cuéllar	Peru
1992–1996	Boutros Boutros-Ghali	Ägypten
1997-2006	Kofi Annan	Ghana
Ab 2006	Ban Ki-moon	Südkorea

Quelle: eigene Darstellung

In mancherlei Hinsicht ließe sich zur Charakterisierung der Politik der Friedenssicherung der Vereinten Nationen das berühmte Clausewitzsche Diktum vom
Krieg als Fortsetzung der Politik unter Einmischung anderer Mittel umkehren:
Konfliktprävention (hierzu *Sriram/Wermester* 2003) und Friedenssicherung
(„peacekeeping") mögen begriffen werden als Ersetzung militärischer Auseinandersetzungen durch politische Verhandlungen unter zusätzlicher Verwendung
militärischer Instrumente, Verfahren und militärischen Personals für nichtkriege-
rische Zwecke (*Arnold* 1993: 35).

Dem Typus nach ist die Politik der Friedenssicherung Krisenmanagement: Drei Formen der
Ihr Grundgedanke ist der der Deeskalation von Konflikten. Traditionellerweise   Friedenssicherung
lassen sich drei Formen der Friedenssicherung unterscheiden:

„Die erste Möglichkeit ist so alt wie die UN selbst. Ihr in der Charta (Kapitel I) fest-
gelegtes Ziel ist, ‚den Weltfrieden und die internationale Sicherheit zu wahren' und
zu diesem Zweck wirksame Kollektivmaßnahmen zu treffen. Als solche sieht Kapi-   Friedliche Beilegung
tel VI der Charta zunächst Verfahren zur friedlichen Beilegung von Streitigkeiten   von Streitigkeiten
vor. In Kapitel VII sind weitergehende ‚Maßnahmen bei Bedrohung oder Bruch des

Friedens und bei Angriffshandlungen' aufgeführt. Sie reichen von der Feststellung der Friedensverletzung über Aufforderungen und Boykottmaßnahmen bis zu militärischen Maßnahmen, die sich unmittelbar gegen den Friedensbrecher richten. Nach dem in jüngster Zeit häufig zitierten Artikel 42 in Kapitel VII der Charta kann der UN-Sicherheitsrat mit ‚Luft-, See- oder Landstreitkräften' alle zur Wahrung oder Wiederherstellung des Friedens ‚erforderlichen Maßnahmen' durchführen. Diese ‚können Demonstrationen, Blockaden und sonstige Einsätze' der ‚Streitkräfte von Mitgliedern der Vereinten Nationen einschließen'. Der Sicherheitsrat kann also gegebenenfalls gegen einen Friedensstörer auch einen Krieg führen. Für alle militärischen Aufgaben ist ihm gemäß Artikel 47 der Charta ein aus den Generalstabschefs der fünf ständigen Mitglieder des Sicherheitsrates gebildeter Generalstabsausschuss beigegeben. Die eingesetzten militärischen Verbände der Mitgliedsstaaten sollen unter der Oberhoheit des Sicherheitsrates einem UN-Oberkommando unterstehen" *(Arnold 1993: 33)*.

Diese ursprüngliche, dem Anspruch wie dem Verfahren nach dem Gedanken der kollektiven Sicherheit verpflichtete Form der Friedenssicherung ist angesichts der Entwicklung und Verschärfung des Kalten Krieges bis in die 1990er Jahre nicht umgesetzt worden.

Militärische Friedenssicherung

„Die zweite Möglichkeit einer militärischen Friedenssicherung im Rahmen der UN hat nur eine lockere Verbindung mit der Weltorganisation. Bei ihr ist die UN bzw. deren Sicherheitsrat nur das Entscheidungsgremium und nicht, wie in der UN-Charta vorgesehen, auch der handelnde Entscheidungsträger. [...] Militärische Kampfeinsätze im Rahmen der UN waren somit bisher immer vom Sicherheitsrat sanktionierte Einsätze nach dem Willen, unter Beteiligung von Streitkräften und unter dem Oberkommando der USA. Ihre Grundlage war [...] weniger eine Teilnahme des UN-Mitglieds USA am System der UN für ein Krisenmanagement, sondern mehr ein Kooperationsverhältnis zwischen der Supermacht USA und den UN [...]. Der amerikanische Grundsatz, eigene Truppen nur unter eigenem Oberbefehl einzusetzen, dürfte dabei eine wichtige, aber nicht die entscheidende Rolle gespielt haben. Entscheidend dürfte das amerikanische Selbstverständnis von einer auch in multilateralen Zusammenhängen grundsätzlich unilateral konzipierten amerikanischen Außenpolitik sein" *(Arnold 1993: 34)*.

Peacekeeping

Die dritte Form der Friedenssicherung durch die Vereinten Nationen – das Peacekeeping – entwickelte sich in den 1950er Jahren, angeregt und gefördert durch den Generalsekretär Dag Hammarskjöld, gleichsam als zweitbeste Lösung, als Antwort auf die Nichtverfolgung des Prinzips der kollektiven Sicherheit durch die Blockakteure des Kalten Krieges. Insofern ist diese Form expressis verbis durch Bestimmungen der UNO-Charta auch nicht abgedeckt, wenn man einmal von der Kompetenz des Generalsekretärs absieht, gemäß Artikel 99

„die Aufmerksamkeit des Sicherheitsrats auf jede Angelegenheit zu lenken, die nach seinem Dafürhalten geeignet ist, die Wahrung des Weltfriedens und der internationalen Sicherheit zu gefährden".

Im Gegensatz zur Politik kollektiver Sicherheit geht Peacekeeping denn auch nicht davon aus, dass ein Konflikt ein völkerrechtswidriger Akt sei, in dem es einen Schuldigen – den Aggressor – und ein oder mehrere Opfer gebe. Es vertritt vielmehr ein relativistisches Konfliktkonzept, dem zufolge alle Konfliktparteien Opfer des Konfliktes sind. In eine solche Situation hinein intervenieren UNO-Truppen nicht mit dem Ziel, den Aggressor zu bekämpfen, sondern die Konfliktparteien voneinander zu trennen („dissoziative Konfliktbearbeitung"), eine neutrale Pufferzone zwischen sie zu schieben, die Einhaltung von Waffenstillständen zu gewährleisten, durch die Stabilisierung der Beziehungen zwischen den Konfliktparteien den Konflikt als Voraussetzung seiner Deeskalation einzuhegen und so vor allem Zeit für konfliktregulierende und konfliktlösende diplomatische Verhandlungen zu gewinnen. Eine Peacekeeping-Operation ist demgemäß nicht primär eine militärische, sondern eine politische: Sie bietet den Konfliktparteien die Möglichkeit, unter Wahrung ihrer Rechts- und Interessenstandpunkte, vor allem aber unter Wahrung ihres Gesichtes die militärischen Auseinandersetzungen zwischen sich zu beenden – weshalb Peacekeeping gelegentlich auch als „peaceable intervention" bezeichnet wird.

Die klassische Funktion von Peacekeeping-Operationen ist also nicht die Prävention zwischenstaatlicher Konflikte, sondern die Konsolidierung der Konfliktbeendigung. Als Methode des Krisen- und Konfliktmanagements sind sie „generally low risk, but also low in coercive or protective power" (*Roberts* 1993: 19) – dies nicht zuletzt deshalb, weil die Mitglieder des Sicherheitsrates durchgängig wenig Bereitschaft an den Tag legten, sich in Aktionen verwickeln zu lassen, die einen hohen Preis an Menschenleben und Material erfordert hätten. Voraussetzung für ein erfolgreiches Peacekeeping sind nicht zuletzt Geduld, Beharrlichkeit, Zähigkeit und Verhandlungsgeschick der UNO-Akteure. Für einen schnellen, umfassenden „surgical strike" bewaffneter Verbände bieten Peacekeeping-Operationen keinen Rahmen (deswegen auch die gelegentliche Praxis des Sicherheitsrates, eine „Militärkoalition" unter US-Führung zur Aggressionseindämmung zu beauftragen). Ihr „Low-risk/low-coercion"-Profil ist aber sicherlich auch Ausdruck ihrer Nichtverankerung in der Charta (es sei denn, man stützte sie auf Art. 40): Typische Grundzüge der Operationen sind ja gerade ihr Ad-hoc-Charakter, ihre Finanzierung weitgehend durch freiwillige Beiträge der UNO-Mitglieder, ihre Stützung auf Truppen und Material der mittleren und kleinen Mächte.

Zugleich hat das Ende des Kalten Krieges aber auch die frühere (Selbst-)Blockade der ständigen Mitglieder des Sicherheitsrates – Ausdruck ihres weltpolitischen Interessenantagonismus – aufgehoben. Der Schwerpunkt verschiebt sich nun von der Friedenssicherung zur Friedensstiftung (*Tomuschat* 1992: 46 f.), und die „Wachstumsindustrie Friedenssicherung" (*Boutros-Ghali* 1992: 89) nähert sich in den sie kennzeichnenden Debatten um das Konzept eines „robusten Peacekeeping" angesichts ethnonationaler Konflikte wie auch angesichts von Konflikten, die weniger zwischenstaatlich, sondern eher eine Mischform inner- und zwischenstaatlicher Konflikte sind (*Kühne* 1993), allmählich den ursprünglichen Intentionen des Kapitels VII der UNO-Charta, das heißt dem Gedanken kollektiver Sicherheit, an. In diesem Kontext hat insbesondere die vom damaligen UNO-Generalsekretär Boutros Boutros-Ghali 1992 vorgelegte „Agenda für den Frieden" die Diskussion um die Zukunft der Vereinten Nationen ebenso wie um die Zukunft einer Politik der Friedenssicherung vorangetrieben.

Von der Friedenssicherung zur Friedensstiftung

Bis zu den 1990er Jahren wurde mit dem „UNO-Peacekeeping" immer nur in Konflikte eingegriffen, in denen klar definierte Staaten oder politische Kräfte miteinander in einen einigermaßen eingrenzbaren politischen und militärischen Konflikt gerieten, dann aber doch bereit waren, im beiderseitigen Einvernehmen mit einem Waffenstillstand das UNO-Regelwerk zu akzeptieren. Es bestand also immer ein Minimum an Konsens, die internationalen Spielregeln nicht völlig zu negieren. In Jugoslawien hatte sich der Konflikt mit atavistischer Brutalität zu einer Mischung aus Stammesfehde und ungezügeltem Eroberungskrieg entwickelt. Die kaum mehr nachzählbaren „Waffenstillstände" hatten dabei nie „UNO-Qualität", sondern waren immer nur taktischer Teil der serbischen Eroberungsstrategie. Auf einem anderen Blatt steht, dass sich die latente Haltung der kroatischen Führung von diesem Vorgehen kaum unterschieden hat. Und: Während die EU zwar im Interesse einer Friedensschaffung eingreifwillig war, ihr aber die notwendigen Machtmittel fehlten, traf es die NATO genau umgekehrt – Konsequenz: „the resulting conflicts were dumped on a reluctant United Nations" (*Biermann/Vadset* 1998).

Während die „Agenda für den Frieden" von 1992 noch die Befriedung zwischenstaatlicher Konflikte als Hauptaufgabe formuliert hat, kristallisierten sich vor dem Hintergrund der neuen Konflikte und Kriege auch ein neues Selbstverständnis und damit einhergehend auch eine Optimierung des Peacekeeping – oder zumindest ein Streben danach – heraus. Die Friedensschaffung nach ausgekämpften Bürgerkriegen wurde zum immer wichtigeren Geschäftszweig der UNO (*Paris* 2004), und wenn der Friede einmal erreicht war, galt es ihn auch zu bewahren und aufrechtzuerhalten (statt *Peacekeeping* nun *Peacemaintenance* – vgl. *Chopra* 1998). Die konzeptionellen, personellen, materiellen und logistischen Anforderungen dieses Unternehmens sind komplex und zeitraubend: Umso mehr ist eine ausgefeilte Planung vonnöten („Handbuch" dazu *Reychler/Paffenholz* 2001).

4.5.3 Peacekeeping durch die Vereinten Nationen zur Jahrtausendwende

Am Beispiel der UNO zeigt sich deutlich, an welche Grenzen eine internationale Politik der Krisenprävention und Friedenssicherung stößt. Zwischen Souveränitätsvorbehalten der Mitgliedstaaten, Selektionszwängen angesichts der Vielzahl potenziell gewaltsamer Konflikte weltweit und Selbstüberschätzung mit Hinblick auf die formulierten Ziele muss sich eine derartige Politik erst einmal behaupten (*Meyer* 1999: 243 ff.).

Die aktuellen Peacekeeping-Operationen der UNO sind auf der folgenden Karte zusammengefasst (Stand: April 2005):

Abbildung 13: Ongoing UN Peacekeeping Missions

ONGOING UN PEACEKEEPING MISSIONS

| UNAMSIL 1999 – | MINURSO 1991 – | UNMIK 1999 – | UNOMIG 1993 – | UNIFIL 1978 – | UNAMA* 2002 – | UNMISET 2002 – |
| | | UNFICYP 1964 – | | UNDOF 1974 – | UNMOGIP 1949 – | |

UNMIS 2005 –
UNOCI 2004 –   ONUB 2004 –

| MINUSTAH 2004 – | UNMIL 2003 – | MONUC 1999 – | UNMEE 2000 – | UNTSO 1948 – |

Map No. 4000(E) R26   UNITED NATIONS
April 2005

* Political mission directed and supported by
the Department of Peacekeeping Operations

Department of Peacekeeping Operations
Cartographic Section

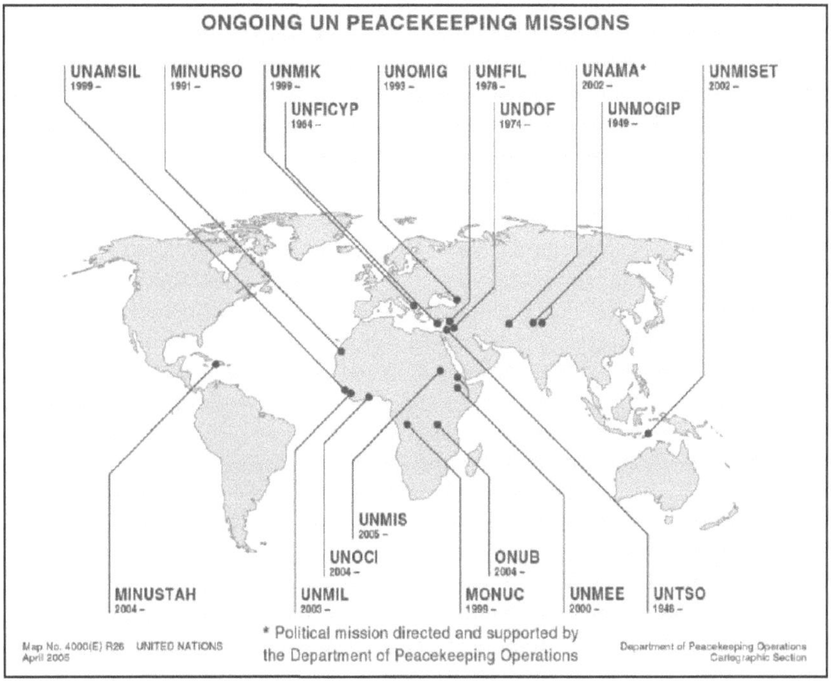

Quelle: *United Nations* 2005; umfassendere Abbildung im Anhang

Für eine verbesserte Planung und Ausführung von Peacekeeping-Operationen
der UNO strebte der damalige Generalsekretär der UNO, Kofi Annan, Anfang
2000 eine verständliche Zusammenfassung und Bewertung sämtlicher Peacekeeping-Operationen der UNO an und betraute den früheren algerischen Außenminister Lakhdar Brahimi mit dieser Aufgabe. Brahimi wurde in dieser Tätigkeit
von einem internationalen Team unterstützt (J. Brian Atwood, Botschafter Colin
Granderson, Dame Ann Hercus, Richard Monk, General Klaus Naumann, Hisa-
ko Shimura, Botschafter Vladimir Shustov, General Philip Sibanda und Dr. Cor-
nelio Sommaruga) und begann die Arbeiten gemeinsam mit diesem Panel. Ein
knappes halbes Jahr später, im Herbst 2000, legte die Gruppe ihren Bericht vor,
der nach Aussage des damaligen UNO-Generalsekretärs Kofi Annan „ehrlich,
aber fair [...] und mit weitreichenden Empfehlungen, aber zugleich behutsam
und praktisch" sei. Dieser sogenannte Brahimi-Report kam zu folgenden Ergebnissen und Empfehlungen:

Die Vereinten Nationen wurden von ihren Gründungsvätern vor allem ins   Der Brahimi-Report
Leben gerufen, um die nachfolgenden Generationen vor der „Geißel des Krie-
ges" zu bewahren. Diese Herausforderung anzunehmen ist die wichtigste Aufgabe der Organisation, und zu einem nicht unerheblichen Teil wird sie daran von
den Menschen gemessen, für die sie tätig ist. Im letzten Jahrzehnt ist die UNO an
diesem Ziel verschiedentlich gescheitert und wird möglicherweise auch in Zukunft immer wieder an dieser Herausforderung scheitern. Ohne eine Erneuerung
des Engagements und der Verpflichtung der Mitgliedstaaten – insbesondere bei

den institutionellen Reformen und der Erhöhung der finanziellen Unterstützung –
wird die UNO nicht in der Lage sein, die kritischen Peacekeeping- und Peacebu-
ilding-Aufgaben zu erfüllen, welche die Mitgliedstaaten ihr in den nächsten
Monaten und Jahren auftragen werden. Es gibt viele Aufgaben, welche dem
Auftrag der UNO-Friedenstruppen nicht gerecht werden, und es gibt viele Orte,
zu denen sie besser nicht gehen sollten. Aber wenn die UNO ihre Friedenstruppen schickt, um den Frieden aufrechtzuerhalten, dann müssen sie vorbereitet und
ausgerüstet sein, um langwierigen Kriegen, Konflikten und anhaltender Gewalt
zu begegnen, sich ihnen entgegenzustellen und sie zu bekämpfen.

Kofi Annan hat das Panel der UNO-Peacekeeping-Operationen, welches
sich aus Experten mit einschlägiger Erfahrung in den verschiedenen Aspekten
der Konfliktprävention, der Friedenssicherung und des Peacebuilding zusam-
mensetzt, um die Bewertung der Mängel des bestehenden Systems gebeten und
um ehrliche, konkrete und realistische Empfehlungen zur Veränderung ersucht.
Die Veränderungen der Gruppe haben sich in der Folge nicht nur auf Politik und
Strategien, sondern auch – und vielleicht umso mehr – auf operationelle und
organisatorische Fragen konzentriert, die wichtig erschienen.

Damit vorbeugende Maßnahmen Erfolg haben sowie Spannung und aufstei-
gende Konflikte reduzieren können, benötigt Kofi Annan klare, starke und nachhaltige politische Unterstützung von den Mitgliedstaaten. Darüber hinaus, und
das war die bittere Erfahrung der UNO über die letzten Jahre, können noch so
gute Absichten nicht die fundamental wichtige Notwendigkeit glaubhafter militärischer Stärke ersetzen, die notwendig ist, um komplexe Peacekeeping-
Aufgaben zu erfüllen. Aber militärische Stärke allein kann keinen Frieden erzeugen; Stärke kann nur den Raum bereiten, in dem Frieden aufgebaut werden kann.
Die Veränderungen, die vom Panel der UNO-Peacekeeping-Operationen vorgeschlagen wurden, werden nur dann langanhaltende Wirkung haben, wenn die
Mitgliedstaaten den gemeinsamen politischen Willen erklären, die UNO politisch, finanziell und operationell zu unterstützen, damit diese schließlich absolut
glaubwürdig als Stärke und Macht des Friedens wirken kann.

Jede der Empfehlungen, die der Brahimi-Bericht enthält, ist so angelegt,
dass sie auf ein ernstliches Problem in strategischer Richtung, Entscheidungsfin-
dung, schneller Truppenverlegung, Operationsplanung und -unterstützung und
den Gebrauch moderner Informationstechnologien abzielt. Schlüsselbewertun-
gen und Empfehlungen sind dabei hervorgehoben.

Die Erfahrung der Vergangenheit

Es hätte niemanden überraschen sollen, dass einige der UNO-Missionen des
letzten Jahrzehnts extrem schwer zu erfüllen waren: Sie fanden in Gebieten
statt, wo der Konflikt nicht in dem Sieg für eine Seite endete, wo ein militärisches Patt oder internationaler Druck oder beides die Kampfhandlungen zwar
zwischenzeitlich stoppte, aber wo zumindest einige der Konfliktparteien nicht
ernsthaft an einem Ende der Konfrontation interessiert waren. Die UNO-Operationen waren nicht eingesetzt worden, um Postkonfliktsituationen zu lösen, sondern sie zunächst einmal herzustellen. In derart komplexen Operationen ist die

Aufgabe der „Peacekeeper" die Sicherung einer lokalen Umgebung, während „Peacebuilder"[6] versuchen, dieser Umgebung zur Selbstverwirklichung zu verhelfen. Nur eine sichere Umgebung kann einen Ausstieg für Friedenstruppen ermöglichen und macht „Peacekeeper" und „Peacebuilder" zu einer untrennbaren Einheit.

Auswirkungen auf Prävention und Peacebuilding: die Notwendigkeit einer Strategie und entsprechender Unterstützung

Die UNO und ihre Mitglieder geraten unter einen immer höheren Druck, um effektivere Strategien der Konfliktprävention aufzubauen, die sowohl kurz- als auch langfristig angelegt sein können. In diesem Zusammenhang hat das Panel der UNO-Peacekeeping-Operationen die Auffassungen Kofi Annans unterstützt, weitere Fact-Finding-Missionen in kritischen Gebieten einzusetzen, um so kurzzeitige Krisenpräventionsaktionen zu unterstützen.

Des Weiteren haben Kofi Annan und der Sonderausschuss für Peacekeeping-Operationen der UNO die Schlüsselrolle des Peacebuilding in komplexen Friedensoperationen anerkannt. Das erfordert aber wiederum, die bestehenden Missstände im Bereich der Vorstellung, Finanzierung und Umsetzung von Peacebuilding-Strategien und -Aktivitäten zu beheben. Deshalb empfiehlt das Panel weitere unterstützende Maßnahmen zur Entwicklung von effektiven Friedenssicherungsstrategien sowie zu ihrer Umsetzung.

Maßnahmen zur Entwicklung/ Umsetzung von Friedenssicherung

Das Panel der UNO-Peacekeeping-Operationen schlägt dabei unter anderem vor:

1. einen Paradigmenwechsel hin zu mehr Einsatz von Zivilpolizei,
2. die Anwendung bzw. Geltendmachung der „rule of law", um Menschenrechte und die Geltung des Gesetzes in einer Gesellschaft besser zu unterstützen und so die nationale Versöhnung zu ermöglichen,
3. die Konsolidierung der Entwaffnung und Demobilisierung,
4. Reintegrationsprogramme insbesondere zu Beginn einer komplexen Friedensoperation.

Als wichtig wird auch erachtet, dass die Leiter der UNO-Friedensoperationen schnelle und wirkungsvolle Projekte finanzieren können, um so eine schnelle Verbesserung der Lebensumstände herbeizuführen, und die Integration einer verbesserten Wahlhilfe zur besseren Unterstützung der regierenden Institutionen.

---

[6] Im deutschen Sprachgebrauch unterscheide man zwischen jemandem, der den erreichten Frieden (Waffenstillstand, Friedensabkommen) zu wahren und aufrechtzuerhalten versucht und jemandem, der als „Peacebuilder" die Grundvoraussetzungen für diesen Frieden zunächst einmal schafft.

Auswirkungen auf das Peacekeeping: die Notwendigkeit einer robusten Doktrin und eines realistischen Mandates

Das Panel der UNO-Peacekeeping-Operationen ist der Meinung, dass

a. die Zustimmung lokaler Gruppierungen,

Kernprinzipien des Peacekeepings

b. die Unparteilichkeit und

c. die Anwendung militärischer Gewalt nur zur Selbstverteidigung

die Kernprinzipien des Peacekeeping bilden sollten. Die Erfahrung hat gezeigt, dass im Zusammenhang mit intrastaatlichen/transnationalen Konflikten Übereinstimmung auf vielerlei Weise manipuliert werden kann. Unparteilichkeit der UNO-Operationen ist deshalb ein klares Bekenntnis zu den Prinzipien der Charta: Dort, wo eine Partei eines Friedensabkommens klar und unwiderlegbar die Grundsätze verletzt, kann die Fortführung einer Gleichbehandlung aller Parteien durch die UNO im besten Fall zu Ineffektivität und im schlimmsten Fall zum Vorwurf der Komplizenschaft mit dem Feind führen. Kein Scheitern hat der Position und Glaubwürdigkeit der UNO-Peacekeeping-Operationen in den 1990er Jahren mehr Schaden zugefügt als die Unfähigkeit, Opfer und Aggressor zu unterscheiden.

In der Vergangenheit war die UNO oft nicht in der Lage, auf diese Herausforderungen angemessen zu reagieren. Deshalb hatte der Brahimi-Bericht auch zum Ziel, diese Herausforderungen zu identifizieren und angemessene Lösungsstrategien zu entwickeln. Denn wenn die UNO-Friedenstruppen erst im Einsatz sind, dann müssen sie auch in der Lage sein, ihr Mandat professionell und erfolgreich auszuführen. Das bedeutet, dass die militärischen Einheiten der UNO in der Lage sein müssen, sich selbst, andere Bestandteile der Mission und das Mandat der Mission zu verteidigen. Die Regeln für einen Einsatz sollten daher ausreichend robust sein und dürfen die UNO-Kontingente nicht zwingen, die Initiative den Angreifern zu überlassen.

Das bedeutet wiederum, dass das Sekretariat nicht nur „Best-case"-Planungen vornehmen darf in Fällen, in denen die lokalen Beteiligten in der Vergangenheit eher ein „Worst-case"-Verhalten an den Tag gelegt haben! Es bedeutet auch, dass Mandate so festgelegt werden sollten, dass sie klare Bedingungen und Voraussetzungen für die Anwendung militärischer Gewalt enthalten. Das bedeutet größere Verbände, mehr Ausrüstung und auch mehr Kosten, aber auch eine größere Glaubwürdigkeit der Abschreckung. Insbesondere deshalb sollten UNO Truppen bei komplexen Operationen mit einer Feldaufklärung und anderen militärischen Fähigkeiten ausgestattet werden, die sie benötigen, um sich effektiv gegen gewaltbereite Herausforderer zur Wehr setzen zu können.

Militärischen und polizeilichen UNO-Friedenstruppen sollte, wenn sie Zeuge von Gewalt gegen Zivilisten werden, die Autorität zugesprochen werden, diesen Gewalthandlungen Einhalt zu gebieten – im Rahmen ihrer Möglichkeiten und im Sinne der UNO-Prinzipien. Allerdings müssen Operationen dann auch mit einem breiten und expliziten Mandat mit Zuständigkeit für den Schutz der Zivilbevölkerung ausgestattet sein und zudem über die entsprechenden Ressourcen zur Ausübung eines solchen Mandates verfügen.

Das Sekretariat muss dem Sicherheitsrat sämtliche Auskünfte über das geben, was er wissen muss – und nicht unbedingt nur über Dinge, die er hören will. Das gilt insbesondere für solche Situationen, bei denen die Nutzung von Streitkräften und anderen Ressourcen für eine neue Mission empfohlen wird. Hierfür müssen realistische Planungen vorgenommen werden, die auch mögliche Bedrohungen und Herausforderungen deutlich ansprechen. Sicherheitsratsmandate müssen wiederum die Klarheit widerspiegeln, welche die Peacekeeping-Operationen für ihr Gelingen benötigen, wenn sie in einer potenziell gefährlichen Situation gestartet werden.

Die gegenwärtige Praxis sieht vor, dass der UNO-Generalsekretär vom Sicherheitsrat eine Ratsentschließung erhält, welche die Truppenstärken auf dem Papier spezifiziert. Dabei ist unklar, ob er die Truppen und das weitere Personal, welche für ein reibungsloses Funktionieren der Mission unabdingbar sind, überhaupt bekommen wird oder ob die Truppen ausreichend ausgestattet sein werden. Das Panel der UNO-Peacekeeping-Operationen ist daher zu dem Schluss gekommen, dass, sobald realistische Missionsanforderungen festgelegt und abgestimmt wurden, die autorisierende Resolution für den UNO-Generalsekretär noch so lange als „Entwurf" zurückgehalten wird, bis er bestätigt, dass er die benötigten Truppenstärken und weitere Zusagen („Commitments") der Mitgliedstaaten tatsächlich und in ausreichender Form in Aussicht gestellt bekommen hat.

Mitgliedstaaten, die militärische Einheiten für eine Operation entsenden, sind aufgefordert, mit den Mitgliedern des Sicherheitsrates die Mandatsformulierung zu beraten. Eine derartige Beratung kann äußerst hilfreich sein, wenn sie beispielsweise als Ad-hoc-Unterorgan des Rates institutionalisiert werden kann (siehe Art. 29 der Charta). Mitgliedstaaten, die Truppen zur Verfügung stellen, sollten zudem zu Sekretariatsbriefings des Sicherheitsrates eingeladen werden, wenn diese sich mit der Sicherheit und dem Schutz von Missionspersonal befassen oder um beispielsweise eine Reinterpretation des Mandates hinsichtlich der Anwendung militärischer Gewalt vorzunehmen.

Neue Kapazitäten im Hauptquartier für Informations-management und strategische Analyse

Das Panel der UNO-Peacekeeping-Operationen empfahl, eine neue Informationsbeschaffungs- und Analyseeinheit zur Unterstützung des UNO-Generalsekretärs und des ECPS (Executive Committee on Peace and Security) zu bilden. Ohne eine derartige Einheit bleibt das Sekretariat eine reaktive Institution, welche nicht in der Lage ist, über die täglichen Entwicklungen hinauszuschauen. Ein derartiges EISAS (ECPS Information and Strategic Analysis Secretariat) könnte eine umfassende Datenbank zu Friedens- und Sicherheitsthemen aufbauen, diese Informationen effizient im UNO-System verbreiten, Policy-Analysen vornehmen und die Aufmerksamkeit des ECPS auf schwelende Krisen lenken. Außerdem könnte es die Agenda für das ECPS selbst vorschlagen und verwalten und es so zu dem Entscheidungsträgergremium machen, als das es ursprünglich entwickelt worden war. Deshalb wurde vorgeschlagen, dieses System auf dem bestehenden

Situation Centre des Departments of Peacekeeping Operations (DPKO) aufzubauen, mit einem kleinen Team von Policy-Planning-Einheiten, militärischen
Analysten, Experten für internationale kriminelle Netzwerke und Informations-
systemspezialisten. EISAS sollte den Informationsbedürfnissen aller Mitglieder
des ECPS dienen.

Verbesserte Missionsleitung und -führung

Das Panel der UNO-Peacekeeping-Operationen war der Auffassung, dass es von
fundamentaler Bedeutung ist, die Führung einer neuen Mission so früh wie möglich im UNO-Hauptquartier zu versammeln, um sie am Aufbau des Konzeptes
der Mission ebenso zu beteiligen wie an ihrem Unterstützungsplan, ihrem Haushalt, ihren Mitarbeitern und der übergeordneten Leitung durch das Hauptquartier.
Zu diesem Zweck wurde der UNO-Generalsekretär aufgefordert, systematisch
und mit dem Input der Mitgliedstaaten eine umfassende Liste von Sondergesandten des UNO-Generalsekretärs zu erstellen, die auch Namen von Truppenkom-
mandeuren, Zivilpolizeikommissaren und ihren möglichen Vertretern und potenziellen Leitern anderer Missionselemente enthält und eine breite geografische
und gleichberechtigte Verteilung berücksichtigt.

Schnelle Truppenentsendestandards und „On Call"-Expertise

Die ersten sechs bis zwölf Wochen nach einem Waffenstillstand oder einem
Friedensabkommen sind oft der entscheidende Zeitraum, um einen stabilen Frieden ebenso zu gewährleisten wie die Glaubwürdigkeit einer neuen Operation.
Chancen, die in einer solchen Phase verspielt werden, sind später schwer auszugleichen.
    Das Panel der UNO-Peacekeeping-Operationen empfahl deshalb, eine
Schnelle Eingreiftruppe zu definieren mit dem Ziel, traditionelles Peacekeeping
innerhalb von 30 Tagen durchzuführen, nachdem der UNO-Sicherheitsrat den
Aufbau einer derartigen Mission mit einer Resolution angenommen hat. Für
komplexe Peacekeeping-Operationen soll ein Zeitraum von 90 Tagen vorgesehen
werden.
    Deshalb hat das Panel der UNO-Peacekeeping-Operationen empfohlen, dass
die Stand by-Arrangement-Systeme (UNSAS) weiterentwickelt werden, um
verschiedene kohärente multinationale Streitkräfte in Brigadestärke sowie entsprechende Unterstützungstruppen aufzubauen, um so besser die Bedürfnisse für
ein robustes Peacekeeping erfüllen zu können. Außerdem soll ein Team vom
Sekretariat eingesetzt werden, um die potenziellen Truppen mit entsprechendem
UNO-Training und Ausstattungsbedingungen vertraut zu machen, bevor sie
entsendet werden. Einheiten, die diese Standards nicht einhalten können, werden
nicht entsendet.
    Um eine derartige Schnelle Eingreiftruppe zu unterstützen, soll zudem eine
„On-call"-Liste von ca. 100 abrufbereiten erfahrenen, qualifizierten Offizieren
erstellt werden, die vom DPKO akzeptiert wurden und die im Rahmen von UN-

SAS aufgebaut werden. Teams, die auf der Basis dieser Liste zusammengestellt werden und die innerhalb sieben Tagen einsatzbereit sind, haben die Aufgabe, weitgefasste strategische im Hauptquartier erstellte Missionskonzepte vor Missionsstart in konkrete operationelle und taktische Pläne zu übersetzen und als Teil eines „Start-up-Teams" zur Verfügung zu stehen.

Parallel dazu sollten „On-call"-Listen von Zivilpolizei, internationalen Rechtsexperten, Strafrechtsexperten und Menschenrechtsspezialisten erstellt werden, um in ausreichender Zahl Unterstützung für die „Rule-of-law"-Institutionen zu gewährleisten. Speziell geschulte Teams könnten dann ebenfalls mithilfe dieser Liste aufgestellt werden, um so als Vorhut einer späteren Zivilpolizei und ähnlicher Teams für eine neue Mission entsendet werden zu können. So kann schnell und effektiv von Beginn an eine „Recht-und-Ordnung"-Komponente in die Missionen eingebaut werden.

Das Panel der Peacekeeping-Operationen rief des Weiteren dazu auf, erweiterte nationale Pools von Polizeioffizieren und weiteren Experten zu erstellen, welche für die Entsendung zu UNO-Peacekeeping-Operationen vorgesehen sind. So kann die hohe Nachfrage nach Zivilpolizei und Strafrecht/„Rule-of-law"-Expertise in Friedensoperationen im innerstaatlichen Bereich abgedeckt werden. Mithilfe gemeinsamer regionaler Partnerschaften und Programme können Mitglieder einer derartigen Liste gemeinsam trainiert und ausgebildet werden, um die Vorgaben der UNO-Zivilpolizeistandards zu erfüllen.

Das Sekretariat sollte zudem die dringendsten Notwendigkeiten nennen, also beispielsweise einen Mechanismus zur transparenten und dezentralisierten Anwerbung neuen zivilen Trainingspersonals aufzubauen, das dann abrufbereit ist und schnellstmöglich in neuen Missionen eingesetzt werden kann.

Schließlich empfahl das Panel der UNO-Peacekeeping-Operationen, dass das Sekretariat radikal die Systeme und Prozeduren für das Peacekeeping-Beschaffungswesen verändern solle. Die Verantwortlichkeit für Peacekeeping-Budgets und -Beschaffungswesen sollte beim DPKO angesiedelt werden. Eine neue Organisationseinheit, welche einheitliche Beschaffungsregeln und -prozeduren praktiziert, ist ebenso notwendig wie ein schnelleres Delegieren von Beschaffungsautorität an die Missionsbeauftragten und eine größere Flexibilität für die Budgetverantwortung – dies mithilfe einer globalen logistischen Unterstützungsstrategie, welche für die Lagerung von Ausstattungsreserven zuständig ist und zudem feste Verträge mit dem privaten Sektor hat. In der Zwischenzeit bis zum Aufbau eines solchen globalen Ansatzes sollten Startpakete mit den notwendigsten Ausstattungen in Brindisi in der UNO-Logistikstelle gelagert werden. Des Weiteren ist unerlässlich, dass der UNO-Generalsekretär die Möglichkeit und die Autorisierung vom Beratungskomitee für Verwaltungs- und budgetäre Fragen (ACABQ) erhält, um bis zu 50 Millionen US-Dollar schon vor der möglichen Verabschiedung einer Resolution durch den Sicherheitsrat zur Verfügung zu stellen, sobald deutlich wird, dass eine Mission aller Wahrscheinlichkeit nach aufgebaut wird.

Verbesserung der Planungs- und Unterstützungskapazitäten des Hauptquartiers

Das Panel der UNO-Peacekeeping-Operationen empfahl außerdem, die Verbesserung der Unterstützungskapazitäten des Hauptquartiers zu einer der Prioritäten zu machen. Das zusätzliche Ressourcenmanagement sollte dabei über das reguläre Budget der Organisation erfolgen. Die Abteilung für Peacekeeping-Operationen (DPKO) und die weiteren Abteilungen, welche für die Planung und Unterstützung von Peacekeeping zuständig sind, werden momentan durch den Unterstützungsfonds finanziert, welcher jedes Jahr erneuert wird und nur die temporären Stellen finanziert. Dieser Ansatz für die Finanzierung und die Personalpolitik verwechselt die Natur spezifischer Operationen mit der bei Peacekeeping und anderen Aktivitäten von Friedensoperationen offensichtlichen Kontinuität, wobei die Letzteren die Hauptaktivitäten der UNO sind.

Die Gesamtkosten für das DPKO und die zugeordneten Peacekeeping-Unterstützungsbüros des Hauptquartiers liegen nicht höher als 50 Millionen US-Dollar pro Jahr oder bei ungefähr zwei Prozent der Gesamtkosten für Peacekeeping-Operationen. Zusätzliche Ressourcen für diese Büros werden dringend benötigt, um sicherzustellen, dass die über zwei Milliarden US-Dollar, die beispielsweise im Jahr 2001 für Peacekeeping ausgegeben wurden, gut angelegt sind. Die konkreten Notwendigkeiten für die Peacekeeping-Administration sollten daher geprüft und aufgelistet werden, um so eine verbesserte Planung für die Zukunft zu ermöglichen.

Eine Überprüfung des Managements des DPKO sollte daher dringend durcheführt werden. Bereits jetzt ist offensichtlich, dass in gewissen Bereichen zu wenig Personal zur Verfügung steht. Beispielsweise ist es nicht ausreichend, nur 32 Mitarbeiter für militärische Planung und Führung von 27000 Truppen im Feld zu haben, neun Zivilpolizisten für die Identifikation, Analyse und Führung von bis zu 8600 Polizisten und 15 politische Administratoren für alle laufenden Peacekeeping-Operationen. Ebenso wenig ist es haltbar, nur 1,25 Prozent der Gesamtkosten für Peacekeeping dem Hauptquartier und seiner administrativen und logistischen Unterstützung zukommen zu lassen.

Aufbau *Integrierter Mission Task Forces* für die Missionsplanung und -unterstützung

Integrierte Mission Task Forces (IMTFs) sollten aufgebaut werden, unterstützt durch Personal des gesamten UNO-Systems, um so neue Missionen zu planen und zu ihrer Realisierung beizutragen und insgesamt die Unterstützung des Hauptquartiers für die Mission im Feld zu verbessern und zu vergrößern. Zum Zeitpunkt der Untersuchung (2000) gab es keine integrierte Planungs- oder Unterstützungszelle im Sekretariat, welche diejenigen zusammenbringt, die verantwortlich sind für politische Analyse, militärische Operationen, Zivilpolizei, Wahlhilfe, Menschenrechte, Entwicklung, humanitäre Hilfe, Flüchtlinge und Vertriebene, öffentliche Information, Logistik, Finanzierung und Ausbildung.

Strukturelle Verbesserungen sind ebenso notwendig in anderen Bereichen des DPKO, insbesondere bei den Einheiten für militärische und zivile Polizei, welche in zwei verschiedenen Abteilungen reorganisiert werden sollten. Das Gleiche gilt für die „Field Administration and Logistics Division" (FALD), welche ebenfalls in zwei verschiedene Abteilungen aufgesplittet werden könnte. Die Abteilung, die für die Bewertung und Auswertung der Operationen zuständig ist („Lessons Learned Unit"), sollte verstärkt werden und dem DPKO-Operationsbüro zugeordnet werden. Die im Hauptquartier ansässige Abteilung für öffentliche Informationsplanung und Unterstützung sollte ebenso verstärkt werden wie die Abteilung für politische Angelegenheiten, insbesondere die Einheit für Wahlen. Außerhalb des Sekretariates sollten die Kompetenzen des UNO-Hochkommissars für Menschenrechte verstärkt werden, um die Menschenrechtskomponente von Friedensoperationen zu unterstützen.

Des Weiteren sollte überlegt werden, einen dritten beigeordneten UNO-Generalsekretär dem DPKO zuzuordnen und einen der drei zum leitenden beigeordneten UNO-Generalsekretär zu ernennen, welcher als Stellvertreter des Untergeneralsekretärs fungiert.

Anpassung von Friedensoperationen an das Informationszeitalter

Moderne und intelligent angewandte Informationstechnologie (IT) ist ein Schlüssel zu vielen der obengenannten Herausforderungen und Ziele. Aber Lücken bei Strategie, Politik und Praxis behindern ihre effektive Verwendung. Insbesondere fehlte dem UNO-Hauptquartier ein ausreichend starkes Verantwortungszentrum für eine anwenderfreundliche IT-Strategie und -Politik bei Friedensoperationen. Ein hochrangiger Beamter sollte diese Zuständigkeit für den Friedens- und Sicherheitsbereich erhalten und entsprechende Ansprechpartner und Kontaktstellen in jeder Friedensoperation der UNO haben.

Feldmissionen sollten über ein substanzielles globales Friedensoperationen-Extranet (Peacekeepingextranet) verfügen, welches ihnen den Zugang zu den verschiedenen Datenbanken und den „lessons learned" erlaubt.

Herausforderungen bei der Umsetzung von Friedensoperationen

Alle bisher genannten Empfehlungen befinden sich im Rahmen dessen, was vernünftigerweise von den Mitgliedstaaten verlangt werden kann. Die Umsetzung dieser Empfehlungen bedeutet einige zusätzliche Ressourcen für die Organisation. Dabei ist aber auch klar, dass die Herausforderungen, vor denen die UNO steht, nicht allein durch weitere Mittelzuwendung gemeistert werden können. In gewisser Weise könnte man sogar sagen, dass kein Geld ausreichend wäre, um die signifikanten, notwendigen Veränderungen durchzuführen, die in der Kultur der Organisation nötig geworden sind.

Das Sekretariat sollte den UNO-Generalsekretär bei den Bemühungen unterstützen, die Institutionen der Zivilgesellschaft zu erreichen: Es muss jederzeit das Bewusstsein vorhanden sein, dass die UNO, der sie dienen, *die* universale Organisation ist. Die Menschen auf der ganzen Welt haben das Recht, sie als *ihre* Organisation anzusehen und deshalb auch ihre Aktivitäten und Umsetzungen zu bewerten und zu beurteilen.

Des Weiteren bestehen erhebliche Unterschiede in der Qualität des Personals, was oftmals zuallererst von den Zuständigen im System der UNO bemerkt wird. Diejenigen, die gute Leistungen erbringen, werden mit unvernünftig viel zusätzlicher Arbeit belastet, um die Mängel der weniger Leistungsstarken zu kompensieren. Solange die UNO sich nicht zu einem klaren Leistungssystem bekennt, wird sie nicht in der Lage sein, den alarmierenden Trend zu stoppen, dass insbesondere junge und fähige Mitarbeiter die Organisation verlassen bzw. keinerlei Anreiz haben, der Organisation beizutreten. Solange das Führungspersonal auf allen Ebenen, angefangen mit dem UNO-Generalsekretär und seinem Stab, diese Problematik nicht ernsthaft angeht, Exzellenz belohnt und Inkompetenz abbaut, werden Ressourcen verschwendet und eine anhaltende Reform verhindert.

Auch die Mitgliedstaaten haben erkannt, dass sie ihre Arbeitskultur und -methoden verbessern müssen. Es obliegt den UNO-Sicherheitsrat-Mitgliedern und im weitesten Sinne auch den weiteren Mitgliedern, den Worten, die sie produzieren, auch Leben einzuhauchen. Ein Beispiel dafür gab es, als eine Delegation des Sicherheitsrates zu Beginn der Osttimorkrise 1999 nach Jakarta und Dili geflogen ist. Für die Zukunft gilt dieses Beispiel für eine effektive Ratsaktivität im besten Sinn: *res, non verba* – Taten, nicht Worte.

Taten und nicht nur Worte sind auch bei der dringend notwendigen Reform der UNO vonnöten. So stehen seit Jahren eine Verbesserung der Entscheidungsstrukturen und eine eindeutigere Mandatierung bei den Peacekeeping-Operationen im Mittelpunkt der wissenschaftlichen, aber auch der politischen Diskussionen. So war insbesondere die Reform des UNO-Sicherheitsrates Hauptaufgabe des Gipfeltreffens im September 2005 gewesen, welche aber für den Moment als ein gescheitertes Unterfangen bezeichnet werden muss.

4.5.4 Ansätze zur Konfliktverregelung außerhalb der Vereinten Nationen: die OSZE

Probleme der UNO-Friedenssicherung

Die Zweifel an der Fähigkeit der UNO, ihren friedensichernden Funktionen in dem durch die gesteigerte Konflikthaftigkeit der Weltpolitik nach dem Ende des Kalten Krieges notwendigen Umfang gerecht zu werden, gründen vor allem auf zwei Beobachtungen: Einmal sind die neuen Friedenssicherungsoperationen ungleich personalintensiver als die klassischen: Seit 1948 wurden 56 „friedenerhaltende oder friedenstiftende" Maßnahmen beschlossen, davon 38 allein im Zeitraum von 1991 bis 2004 (*Fischer* 2007: 550). Insbesondere nach dem Ende des Ost-West-Konfliktes zeichnet sich ein Zusatzbedarf ab, der eine Umschichtung der Ressourcen unabdingbar macht: Mittelmächte wie Kanada, Schweden oder Dänemark und die kleinen Staaten wie Nepal, die Fidschiinseln und andere, die schon aufgrund ihrer neutralen Position zwischen den Blöcken bevorzugt zur Abstellung von Friedenstruppen herangezogen wurden, können die wachsenden Neuanforderungen seit den 1990er Jahren allein nicht erfüllen. Der andererseits mögliche Rückgriff auf Truppen der ständigen Sicherheitsratsmitglieder scheitert oftmals an der Abwägung zwischen dem Einsatz für die kollektive Sicherheit einerseits und den jeweiligen nationalen Interessen andererseits. Der (zögerlich diskutierte) Einsatz amerikanischer Bodentruppen im ehemaligen Jugoslawien in der Amtszeit Bill Clintons ist ein Beispiel für diese Abwägung, die viel stärker als bei den Neutralen vorgenommen wird.

Angesichts der divergierenden Interessenlagen im Sicherheitsrat sowie der budgetären Einschränkungen der UNO wird das Augenmerk zunehmend auf die Rolle und Bedeutung von regionalen Organisationen wie die OSZE oder seit wenigen Jahren auch die EU gerichtet, um Peacekeeping-Aufgaben zu übernehmen (*Carr/Callan* 2002). In Übereinstimmung mit Art. 52 der UNO-Charta ist die OSZE eine regionale Organisation, welche sich insbesondere im Bereich der Konfliktprävention und des Krisenmanagements seit Mitte der 1990er Jahre einen Namen gemacht hat. Aus der damaligen „Managementagentur" des Ost-West-Konfliktes hat sich die ursprüngliche KSZE zu einer funktionsfähigen Organisation mit festen Strukturen herausgebildet, die intern jedoch nach wie vor mit der Interessendivergenz ihrer Mitglieder unter dem Zwang des Konsenses zu kämpfen hat. Eine weit größere Herausforderung sind aber die klare Aufgabendefinition im Rahmen der europäischen Sicherheitsstruktur und die dringend notwendige inhaltliche Abgrenzung zu den konkurrierenden Sicherheitsorganisationen und „Konfliktmanagementagenturen" in und für Europa.

(Marginalie: Regionalisierung der Friedenssicherung)

Um das Wirken der heute 56 Mitglieder zählenden OSZE – alle europäischen Staaten, aber auch die USA und Kanada – verstehen und bewerten zu können, ist ein Rückblick auf die Entstehung der Vorgängerorganisation – der KSZE – unabdingbar. Ein kurzer (Rück-) Blick auf die Geschichte (zur Klärung dessen, was sie eigentlich war und ist), auf die entwickelten Mechanismen und Optionen zur Streitbeilegung und auf die zukünftigen Herausforderungen soll das Verständnis erleichtern.

Einen ersten Einblick ermöglichen die zahlreichen Treffen und Vereinbarungen, die im Rahmen der KSZE und später der OSZE erarbeitet wurden.

Die Schlüsseltreffen und Kernvereinbarungen der KSZE/OSZE

1973	Eröffnung der KSZE	*Helsinki*
1975	KSZE-Schlussakte (Prinzipien-Dekalog, 3 „Körbe")	*Helsinki*
1977–1978	Erstes Folgetreffen	*Belgrad*
1980–1983	Zweites Folgetreffen	*Madrid*
1984–1986	Konferenz für Vertrauenbildende Maßnahmen und Abrüstung in Europa (KVAE)	*Stockholm*
1986–1989	Drittes Folgetreffen	*Wien*
1990	Treffen NATO – Warschauer Pakt: Vertrag über konventionelle Streitkräfte in Europa; „Charta von Paris für ein neues Europa"	*Paris*

1990/1992/ 1994/1999	Wiener Dokumente über Vertrauen- und Sicherheitbildende Maßnahmen und Abrüstung	*Wien*
1992	Viertes Folgetreffen; Vertrag über den Offenen Himmel	*Helsinki*
1994	Gipfeltreffen, Umbenennung von KSZE zu OSZE	*Budapest*
1995	Gründungssitzung des OSZE-Vergleichs- und Schiedsgerichtshofes	*Genf*
1999	Gipfeltreffen, „Europäische Sicherheitscharta"	*Istanbul*
2000	Dokument über Kleinwaffen und leichte Waffen	*Wien*
2005	Gipfeltreffen	*Ljubljana*

Für eine detaillierte Darstellung und Analyse sämtlicher Zusammenkünfte und Dokumente ist an dieser Stelle kein Platz; deshalb werden hier nur die zentralen und wichtigsten genannt, welche freilich von einer Reihe weiterer Treffen von Staats- und Regierungschefs sowie anderen Veranstaltungen eingerahmt wurden: Expertentreffen (beispielsweise 1978 in Montreux über friedliche Streitbeilegung), Seminare (z. B. über wirtschaftliche, wissenschaftliche und kulturelle Zusammenarbeit im Mittelmeerraum in Venedig 1984), Vorbereitungstreffen (z. B. 1983 für die Konferenz für Vertrauenbildende Maßnahmen und Abrüstung in Helsinki), verschiedene Fora und thematische Konferenzen vervollständigen das Bild.

Eigenanspruch und Grundprinzipien

Der Anspruch der KSZE hat sich mit den „Entwicklungsschüben und Rückschlägen" des Ost-West-Konfliktes weiterentwickelt und angepasst, ohne die ursprünglichen Werte und Grundsätze zu vernachlässigen.

Die heutige OSZE verfolgt nach wie vor den einheitlichen Ansatz der unteilbaren Sicherheit, dem ein *umfassendes* und *kooperatives* Konzept zugrunde liegt: umfassend, weil es nicht nur die politisch-militärische Komponente enthält, sondern auch ökonomisch-ökologische und menschliche Elemente einbezieht. Das bedeutet, dass sich die OSZE mit einer breiten Palette von Sicherheitsthemen befasst, allgemein mit Konfliktbewältigung und Krisenmanagement und im Einzelnen mit Rüstungskontrolle, Respektierung von Menschenrechten, Terrorismusbekämpfung, Aufbau demokratischer Institutionen, Wirtschafts- und Umweltbelangen und weiteren. Kooperativ ist der Ansatz insofern, als alle 56 Mitglieder gleichberechtigt sind und nach dem Konsensprinzip entscheiden. Die von der OSZE gefassten Beschlüsse sind zwar nicht völkerrechtlich bindend (was die Sanktionierung der Nichteinhaltung erschwert), aber politischer (und mittlerweile beinahe moralisch-verpflichtender) Natur.

Vorab: Was die KSZE von den anderen überstaatlichen Einrichtungen aus der Zeit des Kalten Krieges in Europa unterschied, war zudem, dass sie eine *gesamteuropäische* Veranstaltung war, die die beiden Konfliktlager nicht gegeneinander abschotten, sondern unter der Prämisse intersystemarer Kooperation zusammenführen wollte:

„Dabei dienten die jeweiligen KSZE-Treffen sowohl der Implementierungskontrolle als auch der Vereinbarung neuer Maßnahmen, wobei der KSZE-Prozess bis 1989/1990 das einzige blockübergreifende politische Kooperationsforum für Europa und zwischen 1983–1986 auch das einzige Kooperationsforum für die amerikanisch-sowjetischen Beziehungen darstellte" *(Seidelmann 1992: 175 f.).*

Dabei entwickelte sich die KSZE von der Konferenz (1973–1975) zum Prozess (1975–1989) und schließlich zu einer regionalen internationalen Organisation nach Art. 52 der UNO-Charta.

Die Entwicklungsgeschichte der „alten" KSZE spannt sich zwischen zwei historischen Höhepunkten: der Unterzeichnung der Schlussakte beim KSZE-Gipfel in Helsinki 1975, die einen erträglichen Modus vivendi der Staaten Europas bei fortdauernder Teilung des Kontinentes begründete, und der Unterzeichnung der Charta für ein neues Europa durch die Staats- und Regierungschefs der NATO- und Warschauer-Pakt-Staaten in Paris 1990: Der Konflikt wurde für beendet erklärt und die Teilung des Kontinentes feierlich aufgehoben.

Rückblick:
Die „alte" KSZE

Die KSZE wurde am 3. Juli 1973 mit einem Außenministertreffen eröffnet und am 1. August 1975 mit der Unterzeichnung der „Schlussakte von Helsinki" durch 35 Staats- und Regierungschefs beschlossen. Das Dokument enthält einen sogenannten Dekalog mit zehn Leitprinzipien für die gemeinsamen Beziehungen und gliedert sich in drei Teile oder „Körbe". Korb I (Fragen der Sicherheit in Europa) befasst sich mit vertrauenbildenden Maßnahmen und militärischen Fragen. Korb II enthält Richtlinien für die Zusammenarbeit in Wirtschaft, Wissenschaft, Technik und Umwelt, während Korb III – der lange Zeit umstritten war – Fragen der menschlichen Beziehungen sowie Fragen des Kultur- und Informationsaustausch behandelt. Durch die Veröffentlichung der Schlussakte verpflichteten sich die Unterzeichner zur Einhaltung der gemeinsam vereinbarten Standards, welche beim ersten KSZE-Folgetreffen in Belgrad (1977–1978) jedoch infrage gestellt wurden. Insgesamt lässt sich sagen,

> „der Versuch, diesem Prozess durch ein auf Europa bezogenes Regelwerk Kontinuität und Impulse zu verleihen, war abhängig von der übergeordneten Entwicklung der Ost-West-Beziehungen" *(Lübkemeier 2000: 365).*

Die KSZE fungierte zwischen den Blöcken zeitgleich oder nacheinander als Vehikel einer antagonistischen Kooperation, als Rahmen für die Milderung der Ost-West-Teilung, strebte aber zugleich nicht explizit die Überwindung als Endziel an, sondern fokussierte sich auf Zusammenarbeit. Zugleich wurde in diesem Spannungsfeld die ideologische Auseinandersetzung weitergeführt. Die KSZE fungierte insofern als Medium ideologischer – insbesondere die Durchsetzung von Menschenrechten im Ostblock durch den Westen offensiv instrumentalisierender – Systemkonkurrenz und letztlich auch als Auffangbecken für die Liquidation des Ost-West-Konfliktes, die sich seit Mitte der 1980er Jahre mit dem zum Regimewechsel führenden radikalen soziopolitischen Umschwung in den Ländern des Warschauer Paktes abzeichnete. Somit hat die KSZE entscheidend dazu beigetragen, dass der Wandel im europäischen Regional-, aber auch im internationalen System in friedlichen Bahnen gehalten und dass insbesondere das mit diesem Wandel einhergehende Konfrontationspotenzial absorbiert werden konnte.

Insofern ist die „alte" KSZE

> „ein beeindruckendes Zeugnis für die normativ-institutionelle Eigendynamik multi-
> lateraler Verhandlungen: Aus völlig unterschiedlichen Teilinteressen heraus entstan-
> den, hat sie sich über die ursprünglichen Absichten der wichtigsten Gründerstaaten
> längst hinweggesetzt: Für die USA als Instrument der ideologischen Kriegsführung
> gegen Menschenrechtsverletzungen in Osteuropa von Interesse, für die Sowjetunion
> zur Zementierung ihrer Position in Europa (,Unverletzlichkeit der Grenzen') von
> Nutzen, konnte sich die KSZE zur wichtigsten Institution bei der Überwindung des
> Status quo in Europa von der Blockkonfrontation hin zur gemeinsamen Organisation
> von Sicherheit weiterentwickeln. Deutlicher als viele andere Fälle der Institutionali-
> sierung von Kooperationsstrukturen stellt der KSZE-Prozeß die Eigendynamik insti-
> tutioneller Rahmenbedingungen staatlichen Handelns unter Beweis" *(Wolf
> 1992: 26).*

Der „KSZE-Prozess"

Diese Eigendynamik der institutionellen Rahmenbedingungen lässt sich vor allem in jener Entwicklungsphase der KSZE fassen, die vom Ende der Konferenz von Helsinki bis zum Pariser Gipfel reichte und unter der Bezeichnung KSZE-Prozess bekannt wurde.

Die reine Anzahl der Treffen der KSZE im Rahmen dieses Prozesses spiegelt bei weitem nicht die massive transnationale Wirkung wider, die der Prozess in seiner Gesamtheit ausübte: Jenseits der Sphäre politischer und diplomatischer Geschäftigkeit hat sich eine informelle Öffentlichkeit herausgebildet, in der neben Regierungsvertretern auch Journalisten, Wissenschaftler, Künstler und Angehörige der verschiedensten anderen Berufe über Gegenstände ihres Interesses, ihrer Lebens- und Berufswelten mit der Intention diskutierten, durch Austausch der verschiedenen Standpunkte die Konfrontationsatmosphäre des Ost-West-Konflikte „kleinzuarbeiten" und damit zum systemübergreifenden Modus vivendi beizutragen. Die Förderung dieses – auch kontrovers geführten – Dialogs ist sicher einer der mittelbaren KSZE-Erfolge; die Gesprächspartner aus den beteiligten Staaten waren sichtlich darum bemüht, den durch den Prozess geknüpften Gesprächsfaden nicht abreißen zu lassen. Insofern hat auch und gerade zu Zeiten einer wieder auflebenden Blockkonfrontation – etwa nach der Invasion Afghanistans durch die UdSSR – die KSZE

> „mit ihrem charakteristischen Folgemechanismus regelmäßiger Konferenzen und
> Expertentreffen auch Rückschläge im Entspannungsprozeß verdaut und stand jeder-
> zeit als Forum für die Aufnahme und Weiterführung der Kommunikation zwischen
> den Kontrahenten bereit. Von ihr ging stets ein Kooperationsangebot aus" *(Wolf
> 1992: 26).*

Was bei der Verregelung der Interessenkonflikte half, war sicherlich der Umstand, dass die thematischen Verhandlungsbereiche der Schlussakte – die sogenannten Körbe – die Möglichkeit zu kompromissorientierten Paketlösungen boten: Der Verhandlungsvorteil der einen Seite in einem Korb wurde durch Verhandlungsvorteile der anderen Seite in einem anderen Korb ausgeglichen. In der Regel ergaben sich für alle Beteiligten nichtnullsummenspielartige positive Linkage-Effekte zwischen folgenden Interessengebieten:

Positive
Linkage-Effekte

- aus der UdSSR-Perspektive die Anerkennung des Status quo in Europa durch den Westen, vor allem die Bundesrepublik, im Tausch gegen die Einbindung der Sowjetunion und der DDR in einen Konfliktverregelungsmechanismus unter Wahrung der jeweiligen Rechtsposition (Ostverträge) sowie der Anerkennung und Respektierung der Menschenrechte;
- nach westlichem Verständnis der Ausbau der Wirtschaftsbeziehungen zur Eröffnung neuer Märkte in Mittel- und Osteuropa mit der impliziten Hoffnung auf einen „Wandel durch Handel" gegen den Versuch der Modernisierung der sozialistischen Ökonomien unter Vermeidung politischer und gesellschaftlicher Reformen;
- insgesamt: Verbindung der politischen, militärischen, ökonomischen und menschlichen Dimensionen in den europäischen Ost-West-Beziehungen durch die „Einheitlichkeit" des KSZE-Prozesses und das umfassende Sicherheitsverständnis.

Das positive Linkage-Denken und -Verhandeln des KSZE-Prozesses überlagerte sogar den entspannungspolitischen Grunddissens zwischen den Blöcken, wie er insbesondere in der Parallelität der Grundprinzipien des Korbes I der Schlussakte (Achtung der staatlichen Souveränität, Unverletzlichkeit der Grenzen, Nichteinmischung in innere Angelegenheiten) und des Korbes III (Wahrung der Menschenrechte und Grundfreiheiten) deutlich wird. Unterfüttert wurde dieser Grunddissens durch den Widerstreit westlicher und östlicher Entspannungsauffassungen: Der Osten, aber auch die eher sozialdemokratisch ausgerichteten Akteure des Westens strebten auf der Grundlage des Status quo nach Verständigung und Interessenausgleich durch ein ausgewogenes Leistung-Gegenleistung-System mit qualitativ vergleichbaren Zugeständnissen. Der Westen – vor allem die USA, aber auch die eher konservativ ausgerichteten europäischen Akteure – zielte auf eine eher einseitige Veränderung der östlichen Position, induziert durch in Aussicht gestellte materielle Anreize, notfalls aber auch erzwungen durch das Instrumentarium der Menschenrechtspolitik. Der Osten hingegen maß den Fortschritt des KSZE-Prozesses am gegenseitigen Vorteil (selbstverständlich unter Einbeziehung des *eigenen* Vorteils), der Westen eher am Maßstab eigener Ziele. Aufgrund der durch diesen Dissens stets unterschwellig erzeugten Sorge, die jeweils andere Seite werde aus dem Instrumentarium des KSZE-Prozesses einseitig Vorteile ziehen, existierte der Prozess eben nur als Prozess, gleichsam auf Widerruf – seine institutionelle Verfestigung ist erst durch die Überwindung des Ost-West-Konfliktes möglich geworden.

Spannungsverhältnis zwischen den Körben

Dennoch hat die KSZE strukturverändernd gewirkt und so den Ost-West-Konflikt beeinflusst:

„Als Vorstufe einer Internationalen Organisation übte die KSZE schon einen kontextverändernden Einfluss aus, der zwar den Konflikt nicht löste und die Gefahr militärischer Auseinandersetzung nicht endgültig bannte. Indem er aber die wechselseitige Akzeptanz demonstrierte und auf ‚Inseln der Kooperation' auch verwirklichte und intensivierte, reduzierte er die Gefahr des militärischen Austrags, verschob ihn hin zu gewaltgeminderten, gegebenenfalls sogar gewaltfreien Modi. In diesem Sinne hat die KSZE den Umbruch von 1989/1990 vorbereitet" *(Czempiel 1998: 143 f.)*.

Von der KSZE
zur OSZE

Mit dem Zusammenbruch des Wrscheuer Pakts und der Überwindung der Teilung Europas schien für einige auch das Ende der „Managementagentur des Ost-West-Konfliktes" gekommen zu sein:

> „[...] die KSZE und die verschiedenen Folgetreffen und kleinen Foren haben eine wichtige Rolle in der Zähmung des Ost-West-Konfliktes gespielt, und sie haben auch ein Instrument bei seiner Überwindung abgegeben; aber damit, mit diesen beiden Erfolgen, haben sie ihren Wirkungskreis erfüllt" *(von Bredow 1992: 171).*

Anders ausgedrückt, könnte man argumentieren, dass dem KSZE-Prozess und seiner Philosophie – nämlich die Ost-West-Konfrontation zu verregeln und einzuhegen – die Grundlage entzogen wurde. Jeglicher Kritik und Auflösungsphantasie zum Trotz hat die KSZE im Dickicht mit Sicherheit befasster europäischer Regime durch die „Veredelung" in eine Organisation eine Nische besetzt, die ihr nur schwerlich streitig gemacht werden kann:

> „Seit dem Ende des Ost-West-Konfliktes hat sich die Funktion der KSZE insofern geändert, dass die Sicherheit in Europa nicht mehr durch das Gegeneinander von zwei Blöcken maßgeblich gewährleistet wird, sondern dass die 1995 in OSZE umbenannte Organisation vor allem die Aufgabe besitzt, Sicherheit gemeinsam zu gestalten und abzustützen" *(Woyke 2004: 380).*

Diese Zielsetzung findet sich auch in der institutionellen Neuorganisation, die mit den 1990er Jahren begann und zur heutigen Organisationsstruktur geführt hat (siehe Abbildung 14).

Gremien und
Aufgaben

Zu den einzelnen Gremien eine kurze Erläuterung: Der **Ständige Rat** ist das wichtigste ständige Gremium der OSZE, welches wöchentlich tagt und das Forum für politische Konsultation und Beschlussfassung bildet. Das **Forum für Sicherheitskooperation**, zuständig für Rüstungskontrollmaßnahmen und VSBM („Wiener Dokumente"), und die **Gemeinsame Beratungsgruppe**, zuständig für die Einhaltung des Vertrages über Konventionelle Streitkräfte in Europa (KSE), treffen ebenfalls regelmäßig in Wien zusammen. Jährlich kommen die Außenminister der 55 Teilnehmerstaaten im sogenannten **Ministerratstreffen** zusammen, außer in den Jahren, in denen ein **Gipfeltreffen** der Staats- und Regierungschefs stattfindet. Das letzte Gipfeltreffen fand 1999 in Istanbul statt und schloss mit der „Charta für Europäische Sicherheit".

Jedes Jahr übernimmt ein anderes Land den Vorsitz; der Außenminister agiert als **Amtierender Vorsitzender** mit Unterstützung des Vorgänger- und Nachfolgervorsitzes, der **Troika**. Des Weiteren kann der amtierende Vorsitzende **Persönliche Beauftragte** für bestimmte Fragen ernennen – sozusagen als eine Art „Feuerwehrmann" in aktuellen Konfliktsituationen (*Lübkemeier* 2000: 368). Unterstützt wird der Vorsitz durch das **Sekretariat** und den für drei Jahre ernannten **Generalsekretär**, der auch als Vertreter des Vorsitzenden agieren kann. Das Sekretariat ist die operative und administrative Unterstützung für die Organisation und umfasst neben den Gruppen für Strategische Polizeiangelegenheiten, Terrorismusbekämpfung und Bekämpfung des Menschenhandels auch das **Konfliktpräventionszentrum**, das Büro des Koordinators für ökonomische und

ökologische Aktivitäten der OSZE, und erfährt zudem Unterstützung vom Prager
Büro in Sachen Dokumentation und Information.

Abbildung 14: Die Organisationsstruktur der OSZE

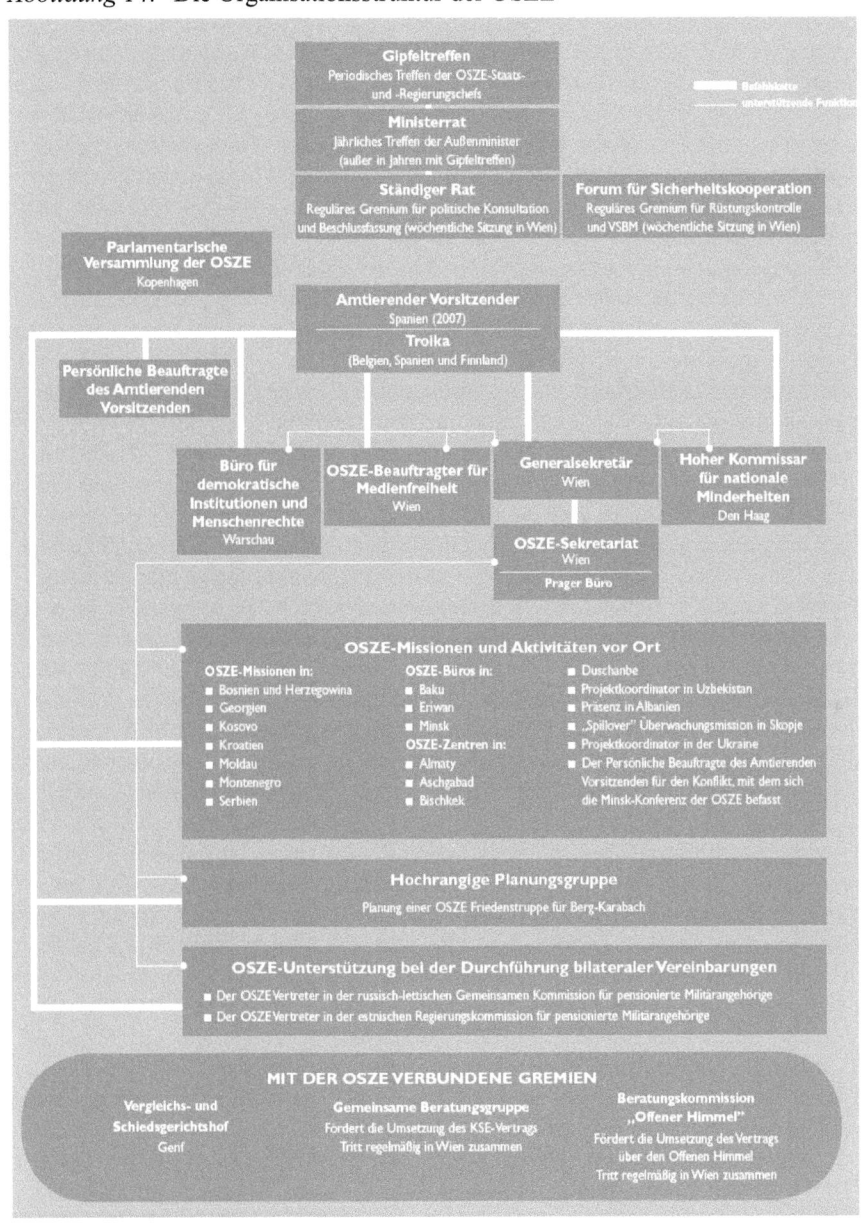

Quelle: *OSZE Factsheet, www.osce.org*

Die **Parlamentarische Versammlung** ist ein aus mehr als 300 Parlamentariern der Mitgliedstaaten zusammengesetztes eigenständiges Gremium zur Einbindung von Parlamentariern in die Aktivitäten der Organisation.

Für die Umsetzung ihrer Aufgaben im Bereich Frühwarnung und Konfliktprävention, Konfliktmanagement und Konfliktnachsorge sind in den 1990er Jahren wichtige ständige Sonderinstrumente geschaffen worden: Das **Büro für demokratische Institutionen und Menschenrechte** (BDIMR) ist für Wahlbeobachtung (wie in der Ukraine 2005) und Fortbildungen für Justiz und Verwaltung zuständig. Der **Hohe Kommissar für nationale Minderheiten** analysiert konfliktträchtige Minoritätsthemen und hat zudem die Aufgabe, durch frühzeitige „gute Dienste" für die Entschärfung von Konflikten zu sorgen (der erste Minderheitskommissar Max van der Stoel hat die Ausgestaltung dieses Amtes erheblich mitgeprägt und weiterentwickelt; *Bakker* 2004: 405). Die jüngste OSZE-Institution ist das Büro des **Beauftragten für Medienfreiheit**, welches 1997 ins Leben gerufen wurde und für die Überwachung von journalistischen Freiheiten in den Mitgliedstaaten zuständig ist.

Streitschlichtungs- und Dringlichkeits- mechanismus

Ende der 1980er Jahre war im Rahmen der Effizienzsteigerung der Zusammenarbeit ein besonderes Augenmerk auf die friedliche Konfliktregelung gelegt worden. In verschiedenen Konferenzen wurde ein gesonderter Streitschlichtungsmechanismus entwickelt, welcher in erster Linie aus einer Liste von Streitfällen bestand, bei denen eine neutrale Instanz hinzuzuziehen ist, sowie der Entwicklung entsprechender Verfahren für die Schlichtung von Streitigkeiten zwischen den Teilnehmerstaaten. Das Gebot der Nichteinmischung in innere Angelegenheiten zeigte sich als eine entscheidende Schwäche zu Beginn des Jugoslawienkonfliktes. Wohl aufgrund der Schwerfälligkeit des Mechanismus wurde 1991 ein verbesserter „Dringlichkeitsmechanismus" mit Unterstützung des Konfliktpräventionszentrums aufgebaut, welcher das Konsensprinzip einschränkte, damit erstmals eine Erklärung zur inneren Lage eines Landes (des später suspendierten Jugoslawiens) ermöglichte und klare Schritte für die Zusammenarbeit in dringlichen Situationen festlegte. Allerdings ist dieser Mechanismus – wie bei allen internationalen Organisationen – nur so effektiv und stark, wie die Mitgliedstaaten ihn sein lassen. Zwischen dem Konfliktsteuerungsanspruch und der politischen Wirklichkeit klafft oftmals eine Lücke; beispielhaft hierfür sind die Fälle Tschetschenien und Kosovo. Auch das 1992 eingeführte „Konsens-minuseins"-Prinzip, welches besagt, dass bei groben Verletzungen von KSZE-Verpflichtungen angemessene Maßnahmen auch ohne Zustimmung des betroffenen Staates ergriffen werden können, kann diese Lücke nicht annähernd schließen.

Budget

Mit der Weiterentwicklung der operationellen Fähigkeiten seit Mitte der 1990er Jahre ist auch das Budget der Organisation gewachsen: im Vergleich zu 21 Mio. Euro im Jahr 1994 auf nunmehr 168,6 Mio. Euro bei einer relativ schlanken Verwaltung mit nur rund 430 Mitarbeitern.

Herzstück der OSZE-Aktivitäten: Missionen

Weitere 3000 Mitarbeiter sind „im Feld" tätig und arbeiten in den zurzeit (2007) 19 Missionen, Zentren und Büros. Diese Langzeitmissionen und Einsätze sind sozusagen die „Augen und Ohren" der OSZE im Feld, füllen die Lücke zwischen Kurzzeitmissionen und traditionellem Peacekeeping und stellen insofern eine eigene, neue Form der Konfliktprävention dar (*Bakker* 2004: 397 f.). Die Entscheidung über die Missionen obliegt dem Ständigen Rat, welcher über

Mandat, Mitarbeiter und Budget entscheidet (offiziöser Überblick: OSCE Handbook 2007, unter www.osce.org/publications/sg/2007/22286_ 1002_on.pdf).

Arbeitsbeispiel: OSZE-Mission in Moldawien

Hintergrund: Das nur 4,2 Mio. Einwohner zählende südeuropäische Land Moldawien grenzt an Rumänien und die Ukraine. Nach der Unabhängigkeitserklärung vom 27. August 1990 wurde Moldawien zu einer international anerkannten Republik. Die Bevölkerung ist zu knapp zwei Dritteln moldawisch, Ukrainer und Russen stellen jeweils ca. 13 Prozent. Parallel zum Prozess der Emanzipation Moldawiens von der UdSSR in den frühen 1990er Jahren hat sich in den Regionen mit überwiegend nichtmoldawischer Bevölkerung eine Protestbewegung gebildet, die im Wesentlichen gegen die geplante Wiedervereinigung mit Rumänien war. Die Situation eskalierte im August 1990 mit einem neuen Sprachgesetz, welches Rumänisch als offizielle Sprache deklarierte. Die gagausische Minderheit und die transnistrische Bevölkerung kündigten daraufhin ihre Unabhängigkeit an und wählten noch im selben Jahr eigene Parlamente und Präsidenten, welche von den Autoritäten im moldawischen Chisinau nicht anerkannt wurden. Als Reaktion auf die Unabhängigkeitserklärung Moldawiens strebte die transnistrische „Regierung" 1991 die Wiedervereinigung mit der UdSSR an. Links des Dnjestr eskalierte der Konflikt in bewaffnete Auseinandersetzungen zwischen transnistrischen Separatisten und moldawischer Polizei, welche zur Verhängung des Notstandes in Moldawien führten. Ihren negativen Höhepunkt erreichten die Kämpfe im Juni 1992, als die linke Dnjestrseite vermutlich durch die 14. Russische Armee unterstützt wurde, Hunderte Menschen ums Leben kamen und Hunderttausende fliehen mussten.

Internationale Aktion: Nach verschiedenen gescheiterten Versuchen der internationalen Gemeinschaft den Konflikt einzuhegen gelang es schließlich im Juli 1992, eine Vereinbarung zwischen Moldawien und Russland zu erreichen, die die Prinzipien für die friedliche Lösung des Konfliktes festlegte. Neben einem sofortigen Waffenstillstand sah die Vereinbarung zudem eine entmilitarisierte Sicherheitszone von zehn Kilometer links und rechts des Dnjestr vor sowie die Anerkennung der Souveränität Moldawiens, die Notwendigkeit eines Sonderstatus für die transnistrische Region und das Selbstbestimmungsrecht seiner Bevölkerung für den Fall der Wiedervereinigung Moldawiens mit Rumänien.

Zentrale Probleme: Im Fokus steht die ungelöste Frage nach dem Status Transnistriens, welche wiederum mit einer Reihe anderer Probleme einhergeht, vor allem mit dem der Sprachenanerkennung (Moldawisch/Rumänisch, Russisch, Ukrainisch, Gagausisch), dem der Wiedervereinigung mit Rumänien sowie dem des Abzuges ausländischer Truppen, insbesondere der 14. Russischen Armee.

OSZE-Mission: Die Mission in Moldawien wurde im Februar 1993 als eine der ersten OSZE-Missionen gestartet und seitdem jährlich per Ratsbeschluss verlängert. Neben der Konfliktmediation konzentriert sich die Mission in Moldawien vor allem auf Vertrauensbildung und militärische Transparenz. Im Fokus der Mission steht die Diskussion um den finalen Status der transnistrischen Republik, welche gemeinsam mit Moldawien, der Ukraine, Russland und der OSZE geführt wird. Dieses **Fünf-Parteien-Forum** diskutiert die Möglichkeiten eines zukünftigen Status der transnistrischen Region und erarbeitet die Einzelheiten einer möglichen Selbstverwaltung der Region mit klarer Kompetenztrennung zwischen den Autoritäten in Chisinau und Tiraspol.

Zu diesem Zweck wurde gemeinsam mit der Venedig-Kommission des Europarates und der Europäischen Kommission eine **Gemeinsame Verfassungskommission** ins Leben gerufen, die eine Konstitution für einen zukünftigen föderalen Staat erarbeiten soll.

Hinsichtlich der zahlreichen ökonomischen und juristischen Themen wurde zudem eine **Arbeitsgruppe Ökonomischer Experten** ins Leben gerufen, die sich mit konkreten Wirtschaftsfragen und Anerkennungsprozeduren befasst. Nach dem Waffenstillstand 1992 wurde zwischen Russland, Moldawien und Transnistrien eine **Gemeinsame Kontrollmission** zur Einhaltung der Sicherheitszone gegründet, welche das Aufsichtsorgan der Gemeinsamen Friedenstruppen darstellt.

Facts & Figures: Budget 2006: 1622500 Euro, Mandat vorerst bis Ende 2006 (Verlängerung in Aussicht).

Status quo und Perspektiven: Nach zahlreichen Erfolgen und aussichtsreichen Verhandlungen bezüglich des zukünftigen föderalen Status Transnistriens (und Zwischenerfolgen beim Abzug der ausländischen Truppen) bis 2003 kamen die Verhandlungen kurz darauf nach der Vorstellung eines kontroversen russischen Kompromissvorschlags und heftigen Auseinandersetzungen um zukünftige Kompetenzen zum Erliegen. Die Arbeiten der Verfassungskommission und der Ökonomischen Arbeitsgruppe sind seitdem auf Eis gelegt, und es fanden – abgesehen von punktuellen Verhandlungen zwischen Vertretern der OSZE, Russlands, der Ukraine, der EU, Moldawiens und Transnistriens zu spezifischen Problemen (wie dem Ernteverbot für die Bürger von Dorotcaia 2006) – keine neuen Treffen und Verhandlungen statt. Die neue ukrainische Regierung hat 2005 ein Grundsatzpapier vorgelegt und so den Verhandlungen unter OSZE-Ägide einen neuen Impuls gegeben. Ob der eingefroren-festgefahrene, seit 13 Jahren ungelöste Konflikt in Moldawien nun jedoch eine entscheidende Wende erfährt, ist ungewiss.

Trotz der erfolgreichen neuen Instrumente und der klareren Struktur der Organisation ist ein besonderes Erbe der Vorgängerkonferenz geblieben: Die territoriale Reichweite der Organisation – im OSZE-Sprachgebrauch „von Vancouver bis Wladiwostok" – bringt eine äußerst heterogene Teilnehmerstruktur mit sich. Wenngleich die Urspannung des Ost-West-Konfliktes überwunden ist, bleiben doch grundsätzliche Unterschiede und Interessen bestehen – verbunden mit einem gewissen Misstrauen der jeweils anderen geografischen Hälfte (und stärker von Ost nach West als umgekehrt) gegenüber:

> „It was said the OSCE has kept a continually critical eye only on post-Soviet space, but not on the other security-relevant phenomena in the Western part of the area covered by the Helsinki Final Act such as the conflict in Northern Ireland, Basque terror, xenophobia in Western Europe, the problem of Western countries being the destination countries for trafficking in human beings, extremism and separatism, the situation of minorities, migration problems or the big issue of terrorism" *(Bettzuege 2002: 39).*

Herausforderungen und Handlungsfelder

Im Rahmen der anstehenden Reform der OSZE zur organisatorischen Stärkung der Effizienz wird diese Kritik Russlands immer deutlicher: Mittlerweile gehe es nicht mehr nur um die Effizienz, sondern auch um die politische Ausrichtung und zumindest von russischer Seite darum, ob die OSZE ein reines Instrument des Westens sei (*Frankfurter Allgemeine Zeitung* 2005: 6). Das und die Auseinandersetzungen um die Budgetfreigabe zum Jahresbeginn 2005, welche die Organisation in eine tiefe Krise stürzten, sind aber nur zwei Herausforderungen. Grundsätzlicher scheint die Frage nach der Zukunft der OSZE im direkten Vergleich mit der Europäischen Union, welche in den letzten Jahren erhebliche Sicherheitsmanagementaufgaben in Europa und darüber hinaus übernommen hat. Die Zusammenarbeit gestaltet sich jedoch im Wesentlichen komplementär und nicht konkurrent, unter anderem gefördert durch die langjährige und intensive Zusammenarbeit mit anderen Organisationen, bei der die OSZE führend ist. Zudem profitieren Organisationen wie die EU von den Erfahrungen und dem Netzwerk der OSZE und Experten trauen der EU zum jetzigen Zeitpunkt (noch) nicht zu, beispielsweise Aufgaben wie Polizeischulungen konsequent zu übernehmen (*Süddeutsche Zeitung* 2004: 8), sodass hier – und nicht nur in diesem Bereich – ein Handlungsfeld für die OSZE besteht.

Für die Zukunft der OSZE lassen sich zum jetzigen Zeitpunkt folgende Lehren ziehen, die für die Handlungsfelder und Tätigkeiten der Organisation in Zukunft von entscheidender Bedeutung sind: Für das Erfolgsrezept der OSZE sind der Langzeitansatz ihrer Tätigkeit und die Präsenz vor Ort, begleitet von „stiller Diplomatie" und einem umfassenden Sicherheitsansatz, die essenziellen Zutaten. Gefährdet wird dieser Ansatz jedoch durch schwerfällige Entscheidungsprozesse und den jeweiligen politischen Willen der „55 Vetomächte" (*Süddeutsche Zeitung* 2004: 8), welche frühzeitiges Handeln oftmals verhindern und politischer Flexibilität keinen Raum geben. Wenn es der OSZE gelingt, mit ihrer anstehenden Reform diese Effizienzhemmer zu verringern und die erfolgreichen Elemente noch zu verstärken und auszubauen, so wird es auch in der zukünftigen europäischen Sicherheitsstruktur ein klar definierbares Aufgabenfeld für die OSZE geben, das mehr als nur eine Nische ist.

„Lessons learned" und Ausblick

4.5.5 Individuelle Verantwortlichkeit für Verbrechen: der Internationale Strafgerichtshof

Der Internationale Strafgerichtshof, IStGH (*International Criminal Court, ICC*), ist ein ständiges Gericht mit Gerichtsbarkeit über Völkermord, Verbrechen gegen die Menschlichkeit, Kriegsverbrechen und das *Verbrechen der Aggression* (*Kurth* 2006). Auf eine Definition des Tatbestandes des Angriffskrieges konnte sich die Gründungskonferenz nicht einigen. Solange diese nicht vorliegt, was laut IStGH nicht vor 2009 zu erwarten ist, übt der IStGH seine Gerichtsbarkeit über das „Verbrechen der Aggression" nicht aus (vgl. Art. 5 Abs. 2 Rom-Statut). Die Grundlage des IStGH ist das sogenannte Rom-Statut. Dieses wurde am 17. Juli 1998 von der UNO-Bevollmächtigtenkonferenz in Rom angenommen. Nach Hinterlegung der 60. Ratifikationsurkunde ist das Rom-Statut am 1. Juli 2002 in Kraft getreten. Das Statut wurde inzwischen von über 100 Staaten ratifiziert. Die feierliche Vereidigung der ersten 18 Richter fand am 11. März 2003 statt. Erster Chefankläger war Luis Moreno-Ocampo.

Das Rom-Statut

Zur Rechenschaft gezogen werden kann ein Täter grundsätzlich nur dann, wenn er einem Staat angehört, der das Statut ratifiziert hat, oder wenn die Verbrechen auf dem Territorium eines solchen Vertragsstaates begangen wurden.

Sind die Voraussetzungen erfüllt, kann die Anklagebehörde ein Ermittlungsver-
fahren einleiten.

Das IStGH-Statut enthält Regelungen zum Straf-, Strafprozess-, Strafvoll-
streckungs-, Gerichtsorganisations-, Rechtshilfe- und Auslieferungsrecht. Als
Kern-punkte des IStGH sind grundsätzlich hervorzuheben: Zuständigkeit und
Gerichtsbarkeit für die obengenannten „schwersten Verbrechen, welche die internationale Gemeinschaft als Ganzes" berühren, Vorrang der nationalen Gerichtsbarkeit, soweit diese existiert und fähig und willens ist, die Strafverfolgung
tatsächlich zu betreiben, die individualstrafrechtliche Verantwortlichkeit natürli-
cher Personen unabhängig von einem von ihnen bekleideten offiziellen Amt, die
prinzipielle Möglichkeit zur Annahme freiwilliger finanzieller Beiträge von natürlichen und juristischen Personen und schließlich die Konstituierung als ständige Einrichtung. Im Statut sind grundlegende Strafrechtsprinzipien verankert.

Insbesondere die USA, die durch den Abschluss bilateraler Verträge mit
IStGH-Vertragsparteien und anderen Staaten eine Auslieferung von US-Staats-
angehörigen an den IStGH vorsorglich auszuschließen suchen, sind an einer
Kooperation mit dem Strafgerichtshof nicht interessiert (*Eitelhuber* 2002). Eine
Zusammenarbeit mit dem Gericht wird den US-Behörden sogar verboten. Ferner
wurde im Jahr 2002 der „American Service Member Protection Act" rechtskräf-
tig, der den US-Präsidenten implizit dazu ermächtigt, US-Staatsbürgern, die sich
vor dem IStGH verantworten müssen, mit Waffengewalt zu befreien. Weitere
Staaten wie die Volksrepublik China, Indien, Iran, Israel, Kuba, Nordkorea,
Pakistan, Russland, Syrien und die Türkei haben das Statut ebenso wie die USA
nicht ratifiziert.

Kritikpunkte am   Aus politikwissenschaftlicher Sicht werden folgende Kritikpunkte am
IStGH   IStGH diskutiert:

- Die weit überwiegende Mehrheit der Mitgliedstaaten der Vereinten Nationen seien totalitär geführte Staaten, deren Regierungsmitglieder ohne freie,
  geheime und gleiche Wahlen an die Macht gekommen seien. Wenn demokratische Staaten diesen totalitär geführten Staaten über das Instrumentarium der UNO Einfluss auf ihre Justizapparate gewähren, beugten sich die
  Bürger der Demokratien damit dem Diktat ausländischer Machthaber zumindest teilweise und ließen damit auch Einfluss auf ihre Politik zu.
- Seitens der USA wird das Fehlen einer Jury (Geschworene) im IStGH be-
  mängelt. Die Gewährleistung einer Jury ist ein elementarer Grundsatz des
  amerikanischen Verständnisses eines Rechtsstaates („rule of law") und eines der obersten Prinzipien der US-Verfassung. Das Vorenthalten einer Jury
  kommt in den USA einer Grundrechtsvorenthaltung gleich und wäre verfas-
  sungswidrig. Das Opfer einer im Statut von Rom aufgeführten Straftat muss
  unter Umständen nicht in der Gerichtsverhandlung präsent sein. Nach US-
  amerikanischem Rechtsverständnis ist die mündliche Durchführung der
  Verhandlung, bei der die Zeugen dem Verteidiger zum Kreuzverhör Rede
  und Antwort stehen müssen, ein oberstes Verfassungsprinzip. Dem Verteidiger werde sonst die Möglichkeit genommen, seinen Mandanten zu verteidigen, die er in einem US-amerikanischen Prozess hätte.

- In einem Rechtsstaat liege das Anklagemonopol bei der Staatsanwaltschaft, die durch eine Regierung kontrolliert werde. Gegen eine Weisung der Regierung könne die Staatsanwaltschaft nicht aktiv werden. Die Sicherung militärischer Geheimnisse werde somit durch die Kontrolle der Staatsanwaltschaft durch die Regierung gewährleistet. Der Vertreter der Staatsanwaltschaft beim IStGH sei einer solchen Kontrolle nicht unterworfen und könne damit auch nicht kontrolliert werden. Es wäre der Staatsanwaltschaft am IStGH somit möglich, an Geheiminformationen zu gelangen, die nicht für sie bestimmt sind.

Ad-hoc-Strafgerichtshöfe

Die massiven Verstöße gegen das humanitäre Völkerrecht im ehemaligen Jugoslawien und die Massaker in Ruanda haben den Sicherheitsrat der Vereinten Nationen bewogen, Ad-hoc-Strafgerichtshöfe einzurichten. Die Grundlage für die Tätigkeit des Internationalen Strafgerichtshofes für das ehemalige Jugoslawien in Den Haag (IStGHJ) bilden die Sicherheitsratsresolutionen 808 vom 22. Februar 1993 und 827 vom 25. Mai 1993, die Grundlage für die Tätigkeit des Internationalen Strafgerichtshofes für Ruanda die Sicherheitsratsresolution 955 vom 8. November 1994. Alle drei Resolutionen stützen sich auf Kapitel VII der Charta der Vereinten Nationen. Bundesdeutsche Rechtsgrundlagen für die Zusammenarbeit mit den Gerichtshöfen sind das „Gesetz über die Zusammenarbeit mit dem Internationalen Strafgerichtshof für das ehemalige Jugoslawien" (Bundestagsdrucksache 13/57, 29. November 1994) sowie das „Gesetz über die Zusammenarbeit mit dem Internationalen Strafgerichtshof für Ruanda" (Bundestagsdrucksache 13/7953, 12. Juni 1997).

Beide Ad-hoc-Strafgerichtshöfe sind international wegweisend. Durch Auslegung und Konkretisierung völkerrechtlicher Strafnormen und die Entwicklung neuer Verfahrensvorschriften hat der IStGHJ Maßstäbe gesetzt, die sich auch auf das Statut und die künftige Arbeit des ständigen Internationalen Strafgerichtshofes und auf nationale Rechtsordnungen auswirken *(Jäger* 2005).

Die Gerichtshöfe gliedern sich in die Kammern erster Instanz und die für beide Gerichtshöfe gemeinsame Berufungskammer, die Anklagebehörde und die Gerichtsverwaltungen. Die Richter werden von der Generalversammlung der Vereinten Nationen ernannt. Grundlage ist eine vom Sicherheitsrat erstellte Liste. Dabei ist auf eine gleichmäßige Repräsentation der verschiedenen Rechtssysteme zu achten. Die Ernennung des Chefanklägers obliegt dem Sicherheitsrat auf Vorschlag des Generalsekretärs der Vereinten Nationen. Der Chefankläger, der für beide Gerichtshöfe zuständig ist, arbeitet unabhängig. Nach dem Südafrikaner Richard Goldstone, der Kanadierin Louise Arbour, der ehemaligen schweizerischen Bundesanwältin Carla del Ponte ist der derzeitige Amtsinhaber der Belgier Serge Brammertz.

Der IStGHJ hat die Aufgabe, schwere Verbrechen (Völkermord, Verbrechen gegen die Menschlichkeit, Verstöße gegen das Kriegsrecht sowie schwere Verletzungen der Genfer Übereinkommen von 1949) zu ahnden, die im ehemaligen Jugoslawien im Zuge der kriegerischen und gewaltsamen Auseinandersetzungen seit 1991 begangen wurden. Vor dem IStGHJ können damit auch die im Kosovo begangenen Verbrechen angeklagt werden. Aufgabe des IStGHR ist die strafrechtliche Verfolgung von Völkermord und anderen schweren Verbrechen gegen die Menschlichkeit, die 1994 in Ruanda mehr als 800000 Menschen das Leben gekostet haben.

Die Verurteilung der Hauptverantwortlichen auf allen Seiten für die Verbrechen im ehemaligen Jugoslawien ist eine Voraussetzung der Aufarbeitung der Vergangenheit und damit auch der Wiederherstellung des Friedens in der Region. Die Überstellung von Slobodan Milošević nach Den Haag im Juni 2001 und der Beginn der Hauptverhandlung gegen ihn am 12. Februar 2002 haben deutlich gemacht, dass auch staatliche Amtsträger für Verbrechen zur Verantwortung gezogen werden können. Problematisch ist die mangelhafte Zusammenarbeit einzelner Staaten bei der Überstellung mutmaßlicher Kriegsverbrecher an den Strafgerichtshof:

> „Der internationale Strafgerichtshof musste sich daher während des Bürgerkrieges damit begnügen, gegen Kriegsverbrecher vorzugehen, die sich nicht mehr im Gebiet des ehemaligen Jugoslawien aufhielten. So befand sich beispielsweise der Serbe Dusko Tadic 1994 in Deutschland, als er von einem Flüchtling aus Bosnien angezeigt worden war. Tadic wurde daraufhin festgenommen und – nachdem Deutschland dafür die verfassungsmäßigen Voraussetzungen geschaffen hatte – an den Strafgerichtshof nach Den Haag überstellt. Dort hatte die Anklagebehörde unter Richard Goldstone aufgrund seiner Verbrechen in einem Gefangenenlager in Omarska Anklage erhoben. Die Spruchkammer des Strafgerichtshofs verurteilte ihn im Juli 1997 zu einer 20-jährigen Haftstrafe. Das Urteil wurde im Januar 2000 von der Revisionskammer bestätigt" *(Zürn/Zangl 2003: 240).*

Im Oktober 2000 ist erstmals ein vom IStGHJ Verurteilter, nämlich besagter Dusko Tadic, zur Strafvollstreckung nach Deutschland überstellt worden.

Die Ad-hoc-Tribunale haben deutlich die Schwierigkeiten gezeigt, die mit der strafrechtlichen Verfolgung organisierter Menschenrechtsverletzungen in einem jeweils spezifischen Kultur- und Sprachraum verbunden sind. Dennoch liegt hier ein offensichtlicher Paradigmenwechsel im Völkerrecht vor. Es ist im Wesentlichen den Vorarbeiten der Ad-hoc-Strafgerichtshöfe zu verdanken, dass der Internationale Strafgerichtshof seine Arbeit aufnehmen konnte. Umso kritischer muss die mangelnde Kooperation der USA im Aufbau einer internationalen Strafgerichtsbarkeit bewertet werden:

> „Es ist gerade im Zeitalter der Globalisierung ein schlechtes Zeichen, wenn die USA die Legitimität und Unabhängigkeit eines überstaatlichen Gerichtshofs in Zweifel ziehen, während die Idee der absoluten Souveränität von Staaten mehr und mehr durch die Leitvorstellung einer grenzüberschreitenden Gültigkeit der Menschenrechte relativiert wird" *(Eitelhuber 2002: 8).*

4.6 Konfliktlösung durch Interessenausgleich?

4.6.1 Einleitung

Im nachfolgenden Kapitel soll anhand des Daytoner Abkommens und des Stabi- *Lernziele*
litätspaktes für Südosteuropa gezeigt werden, wie regionale Konflikte durch
multilaterale Regimebildung unter Einbeziehung militärischer, polizeilicher und
ziviler Instrumente kanalisiert, reguliert und in einen relativ stabilen politischen
Ordnungsrahmen überführt werden können. Um zu verdeutlichen, wie unter den
Bedingungen der komplexen Multilateralität Konfliktregulierung realisiert wird,
sollen zunächst die theoretischen und konzeptionellen Prämissen dieser Konflikt-
lösungsstrategie durch Interessenausgleich dargelegt werden.

Der Ansatz des liberalen Institutionalismus impliziert die Idee der Konflikteinhegung durch Interessenkanalisierung mittels Institutionalisierung des Konfliktaustrages und seiner normativen Verregelung. Einer seiner prominentesten
Vertreter, Robert O. Keohane (*Keohane* 1989), insistiert auf der Bedeutung von
Institutionen, Regimen, IGOs und INGOs (International Non-Governmental Organization) für die Struktur des internationalen Systems und das Verhalten seiner
Akteure. Die Anzahl und Dichte solcher institutionalisierten Formen der Zusammenarbeit nicht nur im Bereich der INGOs, sondern auch der IGOs hat
längst die Schwelle überschritten, an der Quantität in Qualität umgeschlagen ist
(vgl. *Karns/Mingst* 2004: 11). Der Ausbau kooperativer Netzwerke zwischen
internationalen Akteuren ist im Interesse der beteiligten Staaten, weil zwischen-
staatliches Verhandeln so erleichtert wird. Sie verdeutlichen den strukturellen
Wandel des klassischen dezentralen anarchischen Selbsthilfesystems der Staaten
zu einem Globalsystem staatlicher und nichtstaatlicher Akteure, das Aufgaben
des globalen und auch regionalen Regierens jenseits des Staates übernimmt (vgl.
Zürn 1997). Die besonderen Merkmale und Voraussetzungen des grenzüberschreitenden Regierens können nach zwei Phasen unterschieden werden:

„In der ersten wurde mit der Organisation der zwischenstaatlichen Beziehungen (In- *Phasen und Grenzen*
ternational Governance) auf die Grenzen der einzelstaatlichen Steuerungsfähigkeit *des grenzüberschrei-*
reagiert. Das Ergebnis waren intergouvernementale Institutionen (vor allem interna- *tenden Regierens*
tionale Regime), mit denen das Ziel verfolgt wurde, die Reichweite eines demokratisch legitimierten öffentlichen Steuerungsanspruchs den grenzüberschreitenden
Problemlagen anzupassen. In der zweiten Phase, der sich gegenwärtig vollziehenden
Weiterentwicklung von International zu Global Governance, wurde auf noch immer
fortbestehende Problemlösungsdefizite sowie auf neu hinzugekommene Legitimitätsprobleme mit der Herausbildung neuer Steuerungsformen reagiert" *(Wolf 2003:
428).*

Das hier am Beispiel des Daytoner Abkommens zu illustrierende Exempel einer
Form des internationalen Regierens soll das Problem der Entdemokratisierung
des Regierens im Zuge seiner Internationalisierung verdeutlichen und damit auf
die Problematik einer nachhaltigen Konfliktlösung aufmerksam machen, die
nicht nur hohe Anforderungen an die Effektivität, sondern auch an die Legitimität einer Konfliktregulierung durch Regimebildung stellt. Insbesondere lässt sich
anhand der Kompetenzausweitung des Hohen Repräsentanten der internationalen

Gemeinschaft in Bosnien-Herzegowina das Demokratiedefizit der dortigen Frie-
densstabilisierungspolitik als ein nichtintendiertes Nebenprodukt der Regimebildung betrachten,

> „in deren Verlauf die staatlichen Regierungen bei dem Bemühen, ihre Problemlö-
> sungsfähigkeit gegenüber grenzüberschreitenden Problemen durch die Verlagerung
> von Entscheidungskompetenzen in die intergouvernementale Arena wiederzuerlan-
> gen, der gesellschaftlichen Kontrolle enteilt sind" *(Wolf 2003: 439)*.

Die Erfahrungen bei der Implementierung des Friedensabkommens von Dayton,
wie dies im nachfolgenden Abschnitt erklärt wird, veranschaulichen, wie eine
Demokratisierungs- und Friedensmission, die ursprünglich zur Bekämpfung
eines Notstandes mit außerordentlichen Machtbefugnissen ausgestattet war, sich
im Lauf der Jahre zu einer sich selbst regulierenden, unkontrollierten Form des
Regierens jenseits des Staates geworden ist (Übersicht: *Chandler* 2000; *Thumann* 1996; Versuch einer Gesamtbewertung: *Fischer* 2007).

4.6.2   Fallbeispiel: das Dayton Peace Agreement: Entstehungsgeschichte, Inhalt und Auslegung

Die Entstehungsgeschichte und die Bestimmungen des Daytoner Friedensabkommens lassen sich nach den obengenannten zwei Phasen des grenzüberschreitenden Regierens betrachten. In der ersten Phase werden die Grenzen einzelstaat-
licher Steuerungsfähigkeit insbesondere bei innerstaatlichen Konflikten deutlich.
In der zweiten Phase werden die fortbestehenden Problemlösungsdefizite offenkundig, die mit der Ausbildung neuer internationaler Konfliktlösungsstrategien
sowie hinzukommender Legitimitätsprobleme entstehen, die mit der Herausbildung neuer internationaler Steuerungsformen verbunden sind.

Die Kriege in Kroatien und Bosnien-Herzegowina

Der gewaltsame Zerfall der Sozialistischen Bundesrepublik Jugoslawien begann
im Juni 1991, als sich Slowenien und Kroatien für unabhängig erklärten. Mit der
Beendigung der Kampfhandlungen in Slowenien im Juli 1991 und in Kroatien
im Januar 1992 verlagerte sich das Kriegsgeschehen nach Bosnien-Herzegowina
(vgl. *Thumann* 1996: 18–19; *Eisermann* 2000; *Almond* 2007). Am 15. Oktober
1991 hatte sich Bosnien-Herzegowina ebenfalls für unabhängig erklärt, garantierte aber, den dort lebenden Serben einen Autonomiestatus zu gewähren. Daraufhin fand am 29. Februar und am 1. März 1992 in Bosnien-Herzegowina eine
Volksabstimmung über die Frage der staatlichen Unabhängigkeit dieser Republik statt. Mehr als 99 Prozent der Abstimmenden sprachen sich für ein unab-
hängiges Bosnien-Herzegowina aus, während Anfang März 1992 die Bevölkerung Montenegros mit einer ähnlich überwältigenden Mehrheit (95 Prozent) für
den Verbleib in einem gemeinsamen jugoslawischen Staat votierte. Bereits am
22. Oktober 1991 hatte das jugoslawische „Rumpfpräsidium", bestehend aus vier

Mitgliedern (Serbien, Wojwodina, Kosovo und Montenegro), die Umbenennung der Jugoslawischen Volksarmee (JVA) in „Jugoslawische Streitkräfte" sowie die allgemeine Mobilmachung beschlossen. Daher kam es bereits vor der Volksabstimmung zu Gefechten zwischen den von Radovan Karadžić geführten bosnischen Serben und der von Kroaten und Muslimen gebildeten bosnischen Miliz, in die auch die jugoslawische Bundesarmee aufseiten der Serben eingriff.

Nach den Volksabstimmungen verständigten sich die Vereinigten Staaten und die EG in einer Erklärung vom 10. März 1992 auf die Anerkennung der jugoslawischen Republiken Slowenien, Kroatien und Bosnien-Herzegowina. Ohne damit Sicherheitsgarantien verbunden zu haben, erkannten die EG am 6. April und die USA am 7. April 1992 Bosnien-Herzegowina als selbstständigen Staat an (vgl. *Giersch* 1998: 145). Das jugoslawische Rumpfparlament verkündete daraufhin in Belgrad Ende April 1992 eine neue Verfassung der „Bundesrepublik Jugoslawien" (BRJ). Die Bundesrepublik Jugoslawien wurde von nun an von Serbien und Montenegro gebildet. Daraufhin erklärte das Staatspräsidium Bosniens die JVA Ende Mai 1992 zur Besatzungstruppe, die entgegen allen bisherigen Zusagen die Republik nicht verlassen hatte, woraufhin es den Kriegszustand ausrief und eine Generalmobilmachung anordnete. Zeitgleich entschied die UNO-Generalversammlung über die Aufnahme Bosnien-Herzegowinas, Sloweniens und Kroatiens in die Vereinten Nationen. Die EG-Positionen transformierten sich im Verlauf der Konfliktgeschichte und passten sich einer Teilung des Staates Bosnien-Herzegowina nach ethnischen Kriterien an. Dementsprechend schienen auch alle Friedenspläne mehr oder weniger „die ex-jugoslawischen Verhältnisse im Kleinen zu reproduzieren" (*Calic* 1996: 206). Im Sommer 1992 wurde die Kriegssituation immer unübersichtlicher; in Bosnien-Herzegowina kämpften diverse bewaffnete Formationen gegeneinander. Die wichtigsten und größten Formationen waren die bosnische Territorialverteidigung, der kroatische Verteidigungsrat und die Armee der serbischen Republik. Auch destabilisierte sich die politische Lage der Muslime in Bosnien-Herzegowina, vor allem weil sie vom Waffenembargo am stärksten betroffen waren. Aus diesem Grund versuchte der bosnische Präsident Izetbegovic auch die Unterstützung Kroatiens zu erlangen und schloss am 21. Juli 1992 mit Präsident Tudjman ein Abkommen über eine umfassende Zusammenarbeit Bosniens und Kroatiens (vgl. *Hummer* 1998: 14).

Am 2. September 1992 beschloss die NATO, der UNO rund 6000 Soldaten zum Schutz der Hilfslieferungen nach Bosnien-Herzegowina zur Verfügung zu stellen, lehnte aber ein militärisches Eingreifen ab. So entschied der Sicherheitsrat am 21. Februar 1992 in der Resolution 743, Bodentruppen der UNPROFOR (United Nations Protection Force) in Bosnien-Herzegowina zu stationieren. Es gelang der UNO-Schutztruppe bis zum 31. Januar 1993, erhebliche humanitäre Hilfe für die hungernde Bevölkerung bereitzustellen:

> „Die humanitäre Operation wurde zunehmend zu einem ‚Feigenblatt' für die politische Untätigkeit und blieb die einzige sichtbare Reaktion der internationalen Gemeinschaft auf den Krieg" *(UNHCR 2000/2001: 249).*

Randglossen:

Anerkennung Bosnien-Herzegowinas durch die EG

Humanitäre Hilfe als „Feigenblatt" für politische Untätigkeit

Des Weiteren beschloss der Sicherheitsrat am 6. Oktober 1992 die Einsetzung einer Sachverständigenkommission zur Ermittlung von Kriegsverbrechen im ehemaligen Jugoslawien. Dennoch eskalierte der Krieg. So stellte der Sicherheitsrat am 3. April 1993 in einer Erklärung des Präsidenten fest, dass die humanitäre Lage in Srebrenica und im östlichen Teil Bosnien-Herzegowinas sich verschlechtert habe und dass die bosnischen Serben die Hilfskonvois blockierten. Die bosnischen Serben wurden aufgefordert, den Hilfskonvois den Zugang nach Srebrenica und zu anderen Teilen der Republik Bosnien-Herzegowina zu gestatten. Aber erst am 22. Mai 1993 einigten sich Frankreich, die USA, Großbritannien und die Russische Föderation in Washington auf ein Aktionsprogramm zur Befriedung Bosnien-Herzegowinas, womit dort das Konzept der „sicheren" Schutzzonen eingeführt wurde.

Historische Grunddaten	
5. 3. 1945	Josip Broz („Tito") übernimmt die Regierung des monarchistischen Jugoslawiens.
29. 11. 1945	Jugoslawien schafft die Monarchie ab und wird zur Sozialistischen Föderativen Republik Jugoslawien (SFRJ).
26. 6. 1948	Ausschluss der KP Jugoslawiens aus der Kominform.
1961	Mitgründung der Blockfreienbewegung.
1980	Kooperationsabkommen der SFRJ mit der Europäischen Gemeinschaft.
1989	Mitgliedschaft der SFRJ im Europarat mit besonderem Status.
1989	Ausrichtung des 9. Gipfels der Blockfreien Staaten in Belgrad.
4. 2. 1990	Die slowenische KP tritt aus dem Bund der Kommunisten Jugoslawiens aus. Der Zerfall der SFRJ beginnt.
27. 6. 1991	Der Bürgerkrieg um die Sezession Kroatiens und Sloweniens beginnt.
1. 8. 1991	Die Republik Bosnien-Herzegowina tritt aus der SFRJ aus.
27. 4. 1992	Gründung der Bundesrepublik Jugoslawien durch die Verabschiedung einer neuen Verfassung.
21. 11. 1995	Das Dayton-Friedensabkommen beendet den Krieg in Bosnien-Herzegowina.
Sommer 1996	Suspendierung der internationalen Sanktionen gegen die BRJ durch die UNO.
24. 3. 1999	Beginn der militärischen Intervention der NATO im Kosovokonflikt: Luftangriffe auf militärische und zivile Ziele in der BRJ.
27. 5. 1999	Das Haager Kriegsverbrechertribunal erlässt internationalen Haftbefehl gegen den jugoslawischen Präsidenten Slobodan Milošević.
10. 6. 1999	Ende der militärischen Auseinandersetzung zwischen der NATO und der BRJ. Abzug der jugoslawischen Armee und der serbischen Polizei. Die jugoslawische Provinz Kosovo (-Metohija) wird unter internationale Verwaltung gestellt.

Quelle: *Vasic* 2000: 135

Der UNO-Sicherheitsrat verabschiedete daraufhin die Resolution 819, mit der die Enklave zu einem „sicheren Gebiet" unter dem Schutz der Vereinten Nationen erklärt wurde. Eine vergleichbare Resolution 824 wurde in Bezug auf die bosnische Hauptstadt Sarajevo sowie die Städte Tuzla, Zepa, Gorazde und Bihac verabschiedet. Srebrenica und Zepa wurden demilitarisiert. Im Gegenzug sollten die serbischen Truppen diese Enklaven nicht mehr angreifen. NATO-Flugzeuge versorgten diese Schutzzonen, indem sie Lebensmittel über den Enklaven abwarfen. Am 3. Juli 1992 begann damit die längste Luftbrücke der Geschichte. UNPROFOR durfte Gewalt jedoch nur zur Selbstverteidigung anwenden, nicht aber zur Verteidigung der Zivilbevölkerung, die sie schützen sollte. So wurden aus den Schutzzonen Ziele im Krieg der bosnischen Serben. Im Juli 1995 überrannte die bosnisch-serbische Armee Srebrenica, nahm mehrere hundert niederländische UNPROFOR-Soldaten als Geiseln, zwang rund 40000 Menschen zur Flucht und verübte das größte Massaker in Europa seit dem Zweiten Weltkrieg (vgl. *UNHCR* 2000/2001: 254).

Konzept der „sicheren" Schutzzonen in Bosnien-Herzegowina

Mit dem weitgehenden Verzicht auf eine militärische Gewaltanwendung rückte die Suche nach einer von allen Konfliktparteien getragenen Verhandlungslösung in den Vordergrund. Die parallel zu den Kampfhandlungen stattfindenden diplomatischen Verhandlungen unter Einbezug dritter Parteien erbrachten in den Jahren 1992 bis 1994 vier verschiedene Verfassungsvorschläge für eine Neuordnung Bosnien-Herzegowinas (vgl. *Calic* 1996: 186–212). Alle Friedenspläne scheiterten, weil deren Durchsetzung gegen die konfligierenden Interessen der Akteure nicht gelang (*Holbrooke* 1998).

Verfassungsvorschläge für eine Friedensregelung in Bosnien-Herzegowina

„1. Nach dem Schweizer Kantonsmodell vom Frühjahr 1992 sollte die Macht in Bosnien-Herzegowina nach ethnisch-nationalen Kriterien verteilt werden und die Republik aus drei ‚konstitutiven Einheiten' bestehen. Die mögliche territoriale Aufteilung blieb allerdings strittig, da alle Volksgruppen (insbesondere Serben und Kroaten) das Gros des Landes für sich beanspruchten, so daß keine Einigung erzielt wurde. 2. Der ‚Vance/Owen-Plan' favorisierte zum Jahresende 1992 angesichts schwerer Menschenrechtsverletzungen und ‚ethnischer Säuberungen' eine Regionalisierung der Vielvölkerrepublik in zehn weitgehend autonome Provinzen mit gemeinsamer Zentralregierung und Erhalt der staatlichen Einheit Bosnien-Herzegowinas. Nach dem Scheitern des ‚Vance/Owen-Plans' und den Mitte 1993 offen artikulierten Gebietsansprüchen des kroatischen und serbischen Präsidenten schwand bei den Vermittlern die Hoffnung auf den Erhalt eines multiethnischen Einheitsstaates. 3. Gemäß dem neuen Entwurf von EU und UN (‚Owen/Stoltenberg-Plan') sollte nun eine aus drei ethnischen Staaten bestehende ‚Union der Republiken Bosnien-Herzegowinas' als Konföderation geschaffen werden, die sich aus drei Staatsvölkern zusammensetzen und jeweils weitreichende Kompetenzen besitzen sollte, so daß das Ende der staatlichen und territorialen Einheit des Landes vorprogrammiert war. Nachdem dieser Plan Anfang 1994 aufgrund der anhaltenden Kämpfe zwischen den Konfliktparteien gescheitert war, sah der vierte Vermittlungsversuch unter Leitung der seit April 1994 bestehenden internationalen Kontaktgruppe kein unitarisches Staatsmodell mehr vor. 4. Eine ‚Bosnische Föderation' sollte nach ethnischen Gesichtspunkten in acht Kantone zerfallen, in denen unterschiedliche Staatsvölker jeweils die Oberhoheit hatten. De facto lief dies auf einen Teilungsplan hinaus, in dem die muslimisch-kroatische Föderation 51 Prozent, die ‚Serbische Republik' 49 Prozent des Territoriums erhalten sollte" (*Imbusch* 1996: 214 f.).

Wechselnde Allianzen und die politische Fraktionierung der Kriegsparteien erschwerten die Verhandlungen über Waffenstillstände, mit der Folge, dass zwischen April 1992 und Mai 1994 insgesamt 77 Waffenstillstände geschlossen und schnell gebrochen wurden (vgl. *Calic* 1996: 208). Auf der Basis des am 16. März 1994 unterzeichneten Washingtoner Abkommens konnte jedoch ein Waffenstillstand im kroatisch-bosnischen Krieg erzielt werden. Mit diesem Vertrag sollte die Föderation der Kroaten und Bosnier in Herzegowina etabliert werden. Mit dem gleichen Vertrag übernahm die Europäische Union am 23. Juli 1994 die Administration in Mostar (EUAM).

Endgame Strategy
als Konfliktlösungs-
ansatz

Als Alternative zur europäischen humanitären Intervention und rein politischen Vermittlungsdiplomatie entwickelte die Clinton-Administration einen Ansatz zur Konfliktregulierung, die sogenannte Endgame Strategy, die zur Beendigung des Bosnienkrieges zum Tragen kommen sollte:

> „Die Amerikaner hielten ihrerseits nicht viel vom Vance-Owen-Plan und schlugen vor, das internationale Waffenembargo gegen das frühere Jugoslawien für die bosnische Regierung aufzuheben (lift); die westlichen Regierungen könnten zugleich die bosnischen Serben durch Luftschläge schwächen (strike)" *(Giersch 2001: 33).*

Obwohl die europäischen Staaten dieser Strategie ablehnend gegenüberstanden, wurde die militärische Option in der Bosnienpolitik der USA weiterverfolgt. So veranlasste der Granatenangriff der serbischen Truppen auf den Marktplatz von Sarajevo im Februar 1994 die NATO zu einem Ultimatum (*Rathfelder* 1999: 361). Es gelang den bosnischen Truppen trotz der Angriffe der serbischen Truppen auf Gorazde im April 1994, den Brcko-Korridor im Herbst und Bihac im November/Dezember 1994 ihre Position zu konsolidieren und zu Gegenangriffen überzugehen. Nach dem erfolglosen Versuch im Dezember 1994, Bihac zu erobern, stimmten Mladic und Karadžić einem viermonatigen Waffenstillstand bis Ende April 1995 zu (vgl. *Rathfelder* 1999: 361). Trotz des Waffenstillstandsabkommens kam es wieder zu Angriffen bosnischer Serben auf die Zivilbevölkerung. Deshalb versuchte die bosnische Armee am 15. Juni 1995 in einer großangelegten Offensive Sarajevo zu befreien. Daraufhin begannen am 6. Juli 1995 serbisch-bosnische Truppen unter dem Befehl Ratko Mladics mit ihrem Angriff auf die Enklaven Srebrenica und Zepa. Die 43000 in Srebrenica eingeschlossenen Menschen hatten diesem Angriff nichts entgegenzusetzen, zumal sich der Kommandeur der bosnischen Truppen Srebrenicas, Naser Oric, mit seinen Unterkommandeuren in Tuzla befand. Die UN-Truppen verteidigten die UNO-Schutzzonen Srebrenica und Zepa nicht, die Bitte um NATO-Luftunterstützung wurde vom Oberkommandierenden der UNPROFOR-Truppen, General Bernard Janvier, und vom UNO-Sonderbotschafter, Yasushi Akashi, wiederholt abgewiesen. Das folgende Massaker an der Zivilbevölkerung, der Tod von über 7000 Menschen in Srebrenica und Hunderten von Menschen in Zepa verstärkten schließlich den öffentlichen Druck. Auf der Londoner Konferenz beschlossen Vertreter von EU und NATO am 21. Juli 1995 zur Verteidigung der „sicheren Zonen" und zum besseren Schutz der Peacekeeper eine gutausgerüstete Schnelle Eingreiftruppe (Rapid Reaction Force) nach Bosnien-Herzegowina zu entsenden. Im Gegensatz zu UNPROFOR durften die Soldaten der Schnellen Eingreiftruppe neben den

Angriffe der serbisch-
bosnischen Truppen
auf Srebrenica und
Zepa

bestehenden „rules of engagement" auch militärische Gewalt über die reine Selbstverteidigung hinaus anwenden. Ferner delegierte der UNO-Generalsekretär am 26. Juli 1995 seine Entscheidungsgewalt über den Einsatz von NATO-Jagdbombern an seinen militärischen Repräsentanten (vgl. *Calic* 1996: 246).

Am 4. August 1995 trat die kroatische Armee zu einem Angriff auf die serbischen Frontlinien in Kroatien an. Mehr als 200000 kroatische Soldaten setzten sich in Bewegung. NATO-Kampfflugzeuge zerstörten zu Beginn der Offensive wichtige Kommunikationsanlagen der serbischen Seite. Die serbischen Truppen setzten der kroatischen Offensive nur hinhaltenden oder geringen Widerstand entgegen (vgl. *Rathfelder* 1999: 362). Der Fall der Krajina verschlechterte die strategische Lage der Serben und ermöglichte der kroatischen Armee militärische Offensiven in Bosnien-Herzegowina (vgl. *Calic* 1998: 82). Am 30. August bombardierten NATO-Flugzeuge Luftabwehrstellungen der bosnischen Serben, Radaranlagen, Brücken und Artilleriestellungen um Sarajevo. Wie in Kroatien befanden sich die serbischen Truppen in Auflösung und leisteten nur noch geringen Widerstand. Auf der am 26. September 1995 einberufenen Konferenz einigte man sich auf eine „Rahmenvereinbarung zur künftigen politischen Ordnung", gemäß der die Republik von Bosnien-Herzegowina aus zwei Einheiten – der Bosnisch-Kroatischen Föderation und der neuen „Serbischen Republik" bzw. „Republika Srpska" – bestehen sollte (vgl. *Hummer* 2000: 16). Am 10. Oktober 1995 wurde dann ein Waffenstillstand unterschrieben mit der Folge, dass Kroaten und Bosnier formal nun 51 Prozent der Fläche Bosnien-Herzegowinas kontrollierten (vgl. *Auswärtiges Amt* 1998a : 25).

Zusammenfassend lässt sich feststellen, dass ein kompliziertes Geflecht aus Faktoren zum Einlenken der serbischen Seite führte und so die Möglichkeit für die amerikanischen Unterhändler eröffnet wurde, alle Konfliktparteien an den Verhandlungstisch zu bekommen (vgl. *Holbrooke* 1998). Hintergrundfaktoren wie die verschlechterte militärische und wirtschaftliche Lage der Serben sowie die Erarbeitung des Abkommens über die Föderation und den Status der Stadt Mostar waren nur einige Umstände, die den Durchbruch zu einem Friedensvertrag ermöglichten. Im neuunterbreiteten amerikanischen Friedensplan, der im Wesentlichen auf dem Entwurf der Kontaktgruppe vom Vorjahr basierte, wurde auf zentrale Forderungen der Serben eingegangen. Somit gereichte der in Dayton unterbreitete Friedensplan den Serben zum Vorteil, was die Akzeptanz seitens der Serben erleichterte. Zudem hatte man die Verhandlungstaktik geändert, indem die Amerikaner den Konfliktparteien Verhandlungsspielräume ließen. Nicht zuletzt trugen glaubwürdige militärische Drohpotenziale zum Einlenken bei (vgl. *Calic* 1996: 248). Obwohl die USA nur einen geringen Teil der Unterstützung des Wiederaufbaus stellten, wurde der Friedensprozess in Bosnien insgesamt auf dreifache Weise durch die Amerikaner forciert, denen zugeschrieben werden kann,

> „diesen Prozeß auf den Weg gebracht, auf dem Verhandlungsweg eine Vereinbarung erzielt und den Prozess nach der Unterzeichnung aufrechterhalten zu haben" *(Daalder 1997: 10)*.

Ob der Bosnienkrieg hätte verhindert werden können, ist im Nachhinein kaum zu beurteilen:

Kompliziertes
Geflecht aus Faktoren

„Eine sofortige internationale Anerkennung im Januar 1992, nicht erst im April nach Kriegsausbruch, hätte Milošević und den bosnischen Serben zumindest frühzeitig verdeutlicht, dass eine Aufteilung Bosniens und eine großserbische Anschlusspolitik nicht hingenommen würden. Eine abschreckende Wirkung wäre vermutlich aber nur durch eine präventive Stationierung von Friedenstruppen in Bosnien oder mit einer starken westlichen militärischen Interventionsdrohung im Fall einer bewaffneten serbischen Eskalation des Bosnien-Konfliktes zu erreichen gewesen. Auf derartige Optionen waren damals weder die EG noch die NATO vorbereitet" *(Giersch 2001: 27)*.

Der Vertrag von Dayton

Druck der internationalen Gemeinschaft

Das auf Druck der internationalen Gemeinschaft, insbesondere der USA, in Dayton am 21. November 1995 vereinbarte und am 14. Dezember 1995 von den Präsidenten Kroatiens (Tudjman), Bosnien-Herzegowinas (Izetbegovic) und Serbiens (Milošević) in Paris unterzeichnete Friedensabkommen beendete die militärischen Auseinandersetzungen in Bosnien-Herzegowina (*Hullmann* 2005). Zu den Beteiligten dieser Übereinkünfte gehörten die Mitglieder der im Namen der Staatenwelt agierenden „Kontaktgruppe" – Frankreich, Deutschland, Großbritannien, Russland und die USA.

Der Verhandlungsort in den USA (Dayton/Ohio) war

„die beste Garantie, um die nach wie vor zögerliche US-Administration insgesamt auf das US-Engagement in Bosnien einschließlich der Entsendung amerikanischer Bodentruppen festzulegen" *(Auswärtiges Amt 1998a: 32)*.

Darüber hinaus monopolisierte die US-Delegation die Verhandlungen über die geografische Aufteilung und Entscheidungen über die institutionelle Aufgabenzuweisung im Rahmen der Implementierung. Auch war die Verhandlungsstrategie in Dayton außergewöhnlich:

„Die USA verhandelten mit den ‚Parteien', die Kontaktgruppe verhandelte unter sich die Texte der verschiedenen Teile und Annexe des Friedensabkommens, bevor diese dann den Parteien präsentiert werden konnten, und die EU-KG-Partner sowie Russland führten separate Gespräche mit den Parteien. [...] Ein weiterer ungewöhnlicher Umstand lag in der Vertretung der bosnischen Serben, die zwar anwesend, aber so gut wie völlig ausgeschlossen waren von dem eigentlichen Verhandlungsprozeß. Für sie verhandelte der serbische Präsident Milošević als Chef der serbischen Gesamtdelegation" *(Auswärtiges Amt 1998a: 32)*.

Das Daytoner Abkommen (Überblick: *Riegler* 1999) besteht aus einem Allgemeinen Rahmenabkommen für den Frieden sowie elf Anhängen hinsichtlich verschiedener Aspekte der Friedensregelung, die eigenständige völkerrechtliche Verträge darstellen (vgl. Tabelle 12). Als eine der wichtigsten Bestimmungen des Vertrages ist Art. X zu nennen, in dem sich die Bundesrepublik Jugoslawien und die Republik Bosnien-Herzegowina gegenseitig völkerrechtlich anerkennen. Als problematischer Fall muss der Annex VII festgehalten werden, in dem den Flüchtlingen und Vertriebenen des Krieges das Recht auf Rückkehr in ihre Heimatorte zuerkannt wird.

Tabelle 12: Annexe von Dayton

Annex	*Verantwortungsgebiet*	*Internationale Organisation*
1-A	Militärische Aspekte	NATO (IFOR/SFOR)
1-B	Regionale Stabilität	OSZE
2	Interentitäten-Grenzüberwachung	NATO (IFOR/SFOR)
3	Wahlen	OSZE
4	Verfassungsfragen	OHR
Art. IV	Verfassungsgericht	Europäischer Gerichtshof für Menschenrechte
Art. VII	Zentralbank	IMF
5	Schiedsgericht	–
6 Part B	Ombudsmann für Menschenrechte	OSZE
7	Flüchtlinge und Vertriebene	UNHCR, OHR, Europäischer Gerichtshof für Menschenrechte
8	Kommission für Denkmalschutz	UNESCO
9	Kommission für Public Corporations	Europäische Bank für Wiederaufbau und Entwicklung
10	Zivile Implementation	OHR
11	Internationale Polizei Task Force	UNO

Quelle: *Chandler* 1999: 45

Die politischen Schlüsselpunkte des Dayton-Abkommens sahen die Trennung und Demilitarisierung der beiden Bestandteile („Entitäten") Nachkriegsbosniens, der Bosniakisch-Kroatischen Föderation (Föderation BiH) und der Serbischen Republik (Republika Srpska, RS) vor, wobei Bosnien-Herzegowina als ein Staat fortbestehen sollte. Im Annex 1-A wurde festgelegt, dass eine multilaterale Streitmacht, die sogenannte Implementation Force (IFOR), geschaffen werden sollte, weil diese die Entmilitarisierung und militärische Friedenssicherung zum 20. Dezember 1995 in die Hand nehmen sollte:

> „Die durch die auf Kap. VII SUNO gestützte SR-Res. 1031 vom 15. 12. 1995 definitiv eingerichtete IFOR stand nicht mehr (wie die UNPROFOR) unter UN-, sondern unter NATO-Kommando und hatte die Einhaltung des Waffenstillstandes sowie die Truppenentflechtung zu überwachen. Damit wurde der NATO eine Rolle zugedacht, die über ihre bisherige Funktion als kollektives Verteidigungsbündnis hinausgeht und Maßnahmen im Bereich des ‚peace enforcement' umfasst" *(Hummer 2000: 17).*

Am 12. Dezember 1996 ist die SR-Resolution 1088 beschlossen worden, mit der das IFOR-Mandat auf die Nachfolgemission „Stabilisation Force" (SFOR) übertragen wurde. Darüber hinaus wurde die International Police Task Force (IPTF) gemäß Annex 11 des Daytoner Vertrages eingerichtet. Im März 2002 wurde die IPTF durch die European Union Police Mission (EUPM) in Bosnien-Herzegowina abgelöst.

Die Umsetzung der zivilen Aspekte des Friedensabkommens gestaltete sich ungleich schwieriger. Die UNO, die OSZE, die EU und andere Organisationen erschienen zwar nicht als Mitunterzeichner des Daytoner Friedensabkommens, wurden aber um entsprechende Mitwirkung ersucht. Zum Schutz der Menschenrechte wurden gemäß Annex 6 des Daytoner Abkommens eine Menschenrechtskommission und ein Ombudsmann eingerichtet. Ferner wurde die OSZE mit einer Reihe wichtiger Aufgaben betraut:

> „gem. Annex 1 B mit der Sicherung regionaler Stabilität durch den Aufbau vertrauensbildender Maßnahmen sowie durch Rüstungskontrollmaßnahmen; durch Annex 3 mit der Durchführung von Wahlen und durch Annex 6 mit der Sicherung der Menschenrechte" *(Hummer 2000: 19)*.

Abbildung 15: Organisatorische Struktur des Daytoner Abkommens

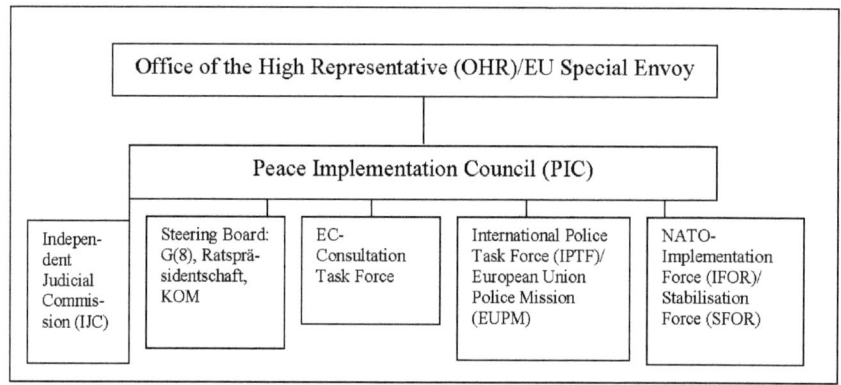

Von Beginn an ergaben sich Probleme bei der Implementierung des Daytoner Abkommens:

a.   bei der Umsetzung der kroatisch-bosniakischen Föderation,
b.   bei der Rückführung der Flüchtlinge und
c.   bei der Verfolgung der Kriegsverbrecher (vgl. *Calic* 1996: 120).

Obwohl man sich einig war, dass die Konsolidierung und Reintegration Bosnien-Herzegowinas als staatliche Einheit Voraussetzung für eine erfolgreiche Umsetzung eines „regionalen Ansatzes" für Südosteuropa sein werde, funktionierten weder die in der Verfassung vorgesehenen gesamtstaatlichen Institutionen, noch konnte eine gesamtbosnische Innen- und Außenpolitik aufgebaut werden (vgl. *Calic* 1999a: 25). Insbesondere im ersten Jahr nach Dayton mussten die IFOR und der Hohe Repräsentant, Carl Bildt, harsche Kritik hinnehmen. Als die vor dem Dayton-Abkommen serbisch kontrollierten Vororte von Sarajevo im Februar 1996 wieder unter die Kontrolle der bosnischen Regierung gelangten, stellte die IFOR Transportfahrzeuge zur Verfügung, mit denen ortsansässige Serben evakuiert werden mussten (vgl. *Almond* 1999: 450). Die ungewisse Zukunft von Brcko gab ebenfalls Anlass zu dem Vorwurf,

> „daß die Durchsetzung des Dayton-Abkommens die Ergebnisse ethnischer Säube-
> rungen zementiere" *(Almond 1999: 451).*

Auch bildete die Festnahme mutmaßlicher Kriegsverbrecher den Grundstein nicht nur für das Funktionieren gemeinsamer Institutionen, sondern auch für die Rückkehr der Flüchtlinge. Der UNO-Sicherheitsrat hatte mit der Resolution 808 vom 22. Februar 1993 gemäß Kapitel VII der Charta der Vereinten Nationen über die Voraussetzungen für die Errichtung eines internationalen Straftribunals zur Verfolgung von Kriegsverbrechen, die seit dem 1. Januar 1991 im Hoheits-gebiet des ehemaligen Jugoslawiens begangen worden sind, entschieden. Dar-aufhin wurde am 25. Mai 1993 das Internationale Straftribunal für das ehemalige Jugoslawien mit Sitz in Den Haag eingerichtet (vgl. *Lüder* 1998: 205–213). Vor diesem Hintergrund muss die Zwischenbilanz der Implementierung des Daytoner Friedensabkommens eher negativ ausfallen: Bei dem Vertrag von Dayton han-delt es sich um einen oktroyierten Interessenausgleich, realisiert durch eine „halbherzige Intervention" (*Paasch* 1997), der den dreieinhalb Jahre dauernden Krieg beendete. Auf der einen Seite wurde der militärische Teil des Auftrages zielgerichtet und erfolgreich durchgeführt, und auf der anderen Seite ist die zivile Implementierung weitestgehend gescheitert. In Bosnien und im Kosovo hat sich eine Kultur der Abhängigkeit von internationaler Hilfe herausgebildet (vgl. *Dempsey* 2002; eine Bilanz der Entwicklung Bosniens nach Dayton in *Bose* 2002; *Solioz* 2004; *Kaup* 2005).

Die Rolle des Office of the High Representative (OHR)

Der Hohe Repräsentant (HR) verantwortet sich zweimal im Jahr vor Vertretern der Außenministerien von mehr als 50 Staaten, dem sogenannten Friedensimp-lementierungsrat, dessen Vorsitz er hat. Am 8./9. Dezember 1995 fand in Lon-don die Implementierungskonferenz des Friedensabkommens von Dayton statt, auf der der Schwede Carl Bildt zum ersten Hohen Repräsentanten für den Wie-deraufbau ernannt wurde. Das Amt hatte zunächst nur wenige Befugnisse. Der Hohe Repräsentant sollte die Rolle eines angesehenen Vermittlers spielen, um bei der Schlichtung von Konflikten tätig zu werden, hatte aber keine Befehlsge-walt über Militär- und Polizeieinheiten. Dies hatte die oben geschilderten Prob-leme bei der zivilen Implementierung des Friedensabkommens zur Folge.

Tabelle 13: Amtszeiten der Hohen Repräsentanten

Zeitraum	OHR
1995 – 1997	Carl Bildt
1997 – 1999	Carlos Westendorp
1999 – 2002	Wolfgang Petritsch
2002 – 2006	Paddy Ashdown
2006 – 2007	Christian Schwarz-Schilling
Ab 1.7. 2007	Miroslav Lajčák

Quelle: eigene Darstellung

Weitreichende
Durchführungs-
kompetenz

Im Mai 1997 bevollmächtigte der Friedensimplementierungsrat den Hohen Repräsentanten, über die Medien des Landes zu wachen und von den Medien veröffentlichte Aufrufe zur Gewalt zu ahnden. Die Durchsetzungskraft des Hohen Repräsentanten wurde durch die Konferenz des Friedensimplementierungsrates am 9./10. Dezember 1997 noch erweitert, indem man ihm weitreichende Kompetenzen zur Durchsetzung des Friedensabkommens einräumte (vgl. *Knaus/Martin* 2003).

Um die EU-Präsenz in der Region weiter auszubauen, brachte der Ministerrat im Februar 2002 seinen Willen zum Ausdruck, den nächsten Hohen Repräsentanten in Bosnien-Herzegowina zum EU-Sonderbeauftragten in Bosnien-Herzegowina zu ernennen. In der Gemeinsamen Aktion vom 11. März 2002 wurde ausdrücklich festgehalten,

> „dass die Zukunft Bosniens und Herzegowinas in einer Integration in die europäischen Strukturen auf der Grundlage des Stabilisierungs- und Assoziierungsprozesses liegt".

Mit der Ernennung Lord Ashdowns zum Sonderbeauftragten der EU in Bosnien-Herzegowina sowie zum Hohen Repräsentanten der internationalen Gemeinschaft in Bosnien-Herzegowina wurde der „außenpolitische Doppelhut" eingeführt. Am selben Tag nahm der Rat die Gemeinsame Aktion zur Errichtung der European Union Police Mission (EUPM) und der Ernennung des Polizeichefs an. Zur Umsetzung der Gemeinsamen Aktion steht einem komplizierten dreiteiligen Finanzierungsverfahren eine klar definierte zentralisierte „Befehlskette" (Artikel 7) gegenüber. Der Polizeichef, der auf Vorschlag des Hohen Vertreters vom Rat ernannt wird (Artikel 4), leitet die EUPM und erstattet über den Sonderbeauftragten dem Hohen Vertreter Bericht. Der Hohe Vertreter macht dem Leiter der Mission über den Sonderbeauftragten Vorgaben. Das politische Sicherheitskomitee (PSK) übt die politische Kontrolle aus und hat die Strategieleitung inne. Der Hohe Repräsentant kann erforderlichenfalls dem Polizeichef der EU-Polizeimission Weisungen erteilen (Artikel 2). Er untersteht nicht ausdrücklich dem Hohen Vertreter, hat aber ihm gegenüber eine Berichtspflicht (Artikel 3).

Fazit: Konflikteinhegung durch erzwungenen Interessenausgleich?

David *Chandler* (1999) unterzieht das Abkommen in seinem Buch Bosnia –
Faking Democracy after Dayton" (Bosnien – Der Schwindel mit der Demokratisierung) einer kritischen Analyse. Das Dayton-Abkommen stellte erstmals nach
dem Kalten Krieg den internationalen Plan einer Nachkriegsordnung dar, indem
nicht nur die kriegführenden Parteien getrennt, sondern auch langfristige Demo-
kratisierungsentwicklungen initiiert werden sollten. Gemäß Dayton sollte der
bosnische Staat unter internationaler Aufsicht stehen. Nach der einjährigen pro-
visorischen internationalen Verwaltung fanden im September 1996 Wahlen statt,
womit das Land seine Souveränität aber nicht zurückerhielt, sondern die internationale Einmischung in der bosnischen Verfassung verankert wurde. Damit sollte
der Prozess der Demokratisierung durch externe Bevollmächtigte während fünf
bis sechs Jahren beaufsichtigt und kontrolliert werden.

> „The Bonn and Luxembourg PIC conferences may not have declared an interna-
> tional protectorate, but this is surely semantic given the indefinite time span of inter-
> national mandates and that failure to ratify policy within set deadlines will lead to
> the dismissal of elected representatives and policy being enacted regardless by the
> High Representative. Democratisation in Bosnia would appear to have little to do
> with democracy as traditionally understood. It seems contradictory that the process
> of democratisation has taken Bosnia through a series of stages leading further away
> from democratic accountability:
> - Stage one – the Dayton Agreement, in December 1995, which established a one-
>   year transitory regime of international peace-building preparatory to elections,
>   which were declared to be free and fair.
> - Stage two – the announcement of a two-year regime of 'consolidation', in De-
>   cember 1996, with the High Representative having increased powers of eco-
>   nomic regulation.
> - Stage three – an indefinite regime of international regulation announced a year
>   later, in December 1997, with the High Representative empowered to overrule
>   and dismiss elected representatives and directly impose policy" *(Chandler 1999:
>   158).*

Chandler sieht als wichtigen Grund für die mangelnde Friedensimplementierung
in Bosnien die weitreichende Steuerung des Staates von außen. Dies bewirkte
einen Mangel an örtlicher Beteiligung und an Verantwortung der einheimischen
Bevölkerung im Prozess der Friedenskonsolidierung. Der Internationalismus
lässt nur noch wenig Raum für eigene Aktivitäten der Zivilgesellschaft vor Ort,
sodass im Fall Bosnien nicht mehr der *demos* als Antrieb der Demokratisierung
betrachtet wird, sondern die internationalen Kontrollinstanzen, die heute den
politischen Prozess in den neuen Demokratien beaufsichtigen. Somit wird die
Frage aufgeworfen, ob die Institutionalisierung der Konflikteinhegung durch die
internationale Gemeinschaft die Fragmentierung der bosnischen Gesellschaft
sowie die Bedeutung ethnischer Identifikation verstärkt und damit den Rückzug
des internationalen Engagements erschwert. Eine nachhaltige Konfliktlösungs-
strategie konnte durch das Daytoner „post conflict peace building regime" nicht
realisiert werden.

*Negative Begleiter-
scheinungen der
Steuerung des Staates
von außen*

Die Staatswerdung mit anschließender Staatsteilung Serbien-Montenegros stellt einen weiteren problematischen Fall einer zu weitreichenden Steuerung des Staates von außen und damit Konfliktregulierung von außen dar. Im Fall Serbien und Montenegro wurde die Konfliktregulierung nicht durch Interessensausgleich, sondern durch Zwang qua EU-Mitgliedschaft oktroyiert. Die Einbindung in die euro-atlantischen Strukturen erfolgt nach der Methode „institution building" durch die EU, die im eigentlichen Sinn dem Prinzip „Frieden durch Integration" bzw. „Frieden durch Regimeschaffen" verpflichtet ist.

4.6.3 Fallbeispiel: Serbien-Montenegro

Während man am 13. August 2001 in Ohrid ein Rahmenabkommen zur Beibehaltung des „multiethnischen Staates" Mazedonien und die NATO zur Sicherung des Abkommens einen neuen Militäreinsatz in Mazedonien ab dem 27. September 2001 initiieren konnte, stellt sich die politische Lage in Montenegro gänzlich anders dar. Montenegro fühlte sich von Serbien, mit dem es zusammen die Bundesrepublik Jugoslawien bildete, majorisiert (vgl. *Chladek* 2002: 60 f.). Etwa 600000 Montenegriner sahen sich etwa zehn Millionen Serben gegenüber. Deshalb strebte eine wenn auch knappe Mehrheit der Bevölkerung die Loslösung von Jugoslawien und die Schaffung eines unabhängigen Staates Montenegro an. Dagegen gab es insbesondere vonseiten der internationalen Gemeinschaft erheblichen Widerstand: Zum Jahresende 2000 hatte die montenegrinische Regierung Vorschläge für eine künftige Gestaltung des Verhältnisses zwischen Montenegro und Serbien gemacht.

Der Traum vom unabhängigen Montenegro

> „Nach einer historischen und rechtlichen Begründung des Rechtes auf Selbstbestimmung und souveräne Staatlichkeit schlug die Regierung eine lockere Staatenunion zwischen Serbien und Montenegro vor, die auf einer rechtlichen Grundlage beruhen müsse. Im Januar 2001 antwortete der jugoslawische Präsident, Vojislav Kostunica, in Abstimmung mit der demokratischen Opposition in Serbien – mit einem ,Vorschlag zur Wiedereinrichtung Jugoslawiens', der eine engere staatliche Verbindung als der montenegrinische Vorschlag vorsah" *(Chladek 2002: 61)*.

Internationale Zivilisierungs- und Demokratisierungsprozesse werden institutionell durch die Einsetzung sogenannter Sonderbeauftragter realisiert. Die Differenzen zwischen Serbien und Montenegro konnten maßgeblich durch eine intensive Reisediplomatie des Hohen Repräsentanten der EU, Javier Solana, beigelegt werden. Mit der Einrichtung des Amtes des Hohen Vertreters sollte der GASP „ein Gesicht verliehen" werden. Seit Oktober 1999 ist Javier Solana in Personalunion auch Generalsekretär des Rates. Gleichzeitig soll mit der Amtsdauer von fünf Jahren die angesichts einer halbjährlich wechselnden Präsidentschaft nur schwer zu gewährleistende Kontinuität in außenpolitischen Fragen verbessert werden. Er wird durch eine „Strategie- und Frühwarneinheit" unterstützt. Da seine politische und organisatorische Rolle im Rahmen des Nizza-Vertrages faktisch noch immer nicht geklärt wurde, tendierte er de facto im Sinne der eigenen Profilsuche dazu, in einer doppelten Rolle als Quasi-EU-Außenkommissar einerseits und Hoher Repräsentant andererseits zu fungieren. So steht die Rolle des Hohen Vertreters bei der Schaffung des losen Staatenverbundes zwischen Serbien und Montenegro stellvertretend für eine effektive, aber EU-intern unkoordinierte außenpolitische Initiative (*van Meurs* 2003).

Im Februar 2003 hat das jugoslawische Parlament mit der Zustimmung zu einer neuen Verfassung die Bundesrepublik Jugoslawien aufgelöst und den Staat Serbien-Montenegro proklamiert. Der neu geschaffene Staat erfuhr heftige Kritik von allen Seiten. Der Hohe Vertreter hatte sich die Errichtung eines Staates zum Ziel gesetzt, den die Hauptbeteiligten eigentlich nicht wollten und dessen Etablierung sie nur unter schärfstem Druck aus Brüssel bzw. Washington zustimmten, an dessen Funktionieren kein Beobachter so recht glauben mochte, was schließlich die Selbstständigkeitserklärung Montenegros im Sommer 2006 verdeutlichte (vgl. hierzu prognostizierend *Reuter* 2002).

4.7 Konfliktnachsorge durch sozioökonomische Stabilisierung und Entwicklung?

4.7.1 Einleitung: theoretischer Rahmen

Am Beispiel des Stabilitätspaktes für Südosteuropa wird der Leser im Folgenden nachvollziehen, wie Regime Rahmenbedingungen für eine friedfertige Konfliktbearbeitung vorgeben. Übergeordnetes Erkenntnisziel ist die Frage, ob die Regimekonstruktion ein geeignetes Instrument zur Bearbeitung regionaler Sicherheitsprobleme ist. Ferner sollen die konstituierenden Strukturmerkmale eines regionalen Sicherheitsregimes mithilfe des exemplarischen Falles des Stabilitätspaktes für Südosteuropa und seiner Wirkungsweise erklärt werden. Damit versucht dieses Kapitel auch die Schwierigkeiten darzustellen, die bei der Errichtung eines regionalen Sicherheitsregimes unter Federführung der EU in Südosteuropa zu überwinden sind. Grundsätzlich betrachten wir im Folgenden die Regimestruktur, die Regimefunktion und -evolution.

Für den Bereich der Friedenskonsolidierung (*post conflict peace building*) identifiziert Michael Zürn dabei drei indirekte Auswirkungen von internationalen Regimen, die zum Frieden beitragen können:

> „Internationale Regime können die Kooperation stabilisieren und somit als Instanz einer friedlichen Konfliktbearbeitung wirken, sie können als Problemlösungsinstanz zu wirtschaftlichen, ökologischen und sozialen Rahmenbedingungen beitragen, unter denen Frieden machen leichter fällt, und sie können langfristig möglicherweise einen zivilisierenden Effekt haben" *(Zürn 1997: 479)*.

Das für die Regimeanalyse maßgebliche Kriterium ist in erster Linie die friedliche Konfliktbearbeitung bzw. Konfliktnachsorge in den internationalen Beziehungen und weniger die Frage, ob Institutionen mit strategischen, rhetorischen, kommunikativen oder ideengeleiteten Motiven aufgebaut werden. Hierbei gilt es die unterschiedlichen Phasen des Konfliktverlaufes, basierend auf der „Agenda für den Frieden", zu berücksichtigen. Der damalige UNO-Generalsekretär Boutros Boutros-Ghali unterscheidet in seiner 1992 entwickelten Agenda die Kon-

Lernziele

fliktverhütung (Preventive Diplomacy), die Friedensschaffung (Peacemaking), die Friedenssicherung (Peacekeeping), die Friedenskonsolidierung (Peacebuilding) und die Friedenserzwingung (Peace Enforcement). In allen Phasen sind zivile oder militärische Komponenten präsent. Wird die Gesamtdauer des Konfliktes ins Auge gefasst, steht ein ganzheitlicher Ansatz im Vordergrund der Betrachtung. Es gilt zu berücksichtigen, dass bei der Herstellung einer Regimestabilität militärische Präsenz für die Phasen ziviler Konfliktbearbeitung (einschließlich der Polizeieinsätze) unerlässlich ist (vgl. *Rummel* 2004). Exemplarisch kann die Rolle der EU im Rahmen des Stabilitätspaktes für Südosteuropa seit 1999 betrachtet werden.

4.7.2 Das Problemfeld: der Stabilitätspakt für Südosteuropa und der Stabilisierungs- und Assoziierungsprozess der EU

Der Stabilitätspakt für Südosteuropa vom 10. Juni 1999 ist die offensichtlichste institutionelle Reaktion in Form von Regimebildung auf den Kosovokrieg (*Axt/Rohloff* 2001; *Wittkowsky* 2000; *Biermann* 2003). Er symbolisiert wie kein anderes positives Beispiel der Friedenskonsolidierung im ehemaligen Jugoslawien eine langfristige Konfliktprävention mittels der Idee „Frieden durch Integration". Sowohl die EU als auch die südosteuropäischen Staaten sind Mitglieder des Stabilitätspaktes und werden somit zu „gleichrangigen" Partnern der Regimebildung in der Friedenskonsolidierung. Mit der im Pakt verankerten „Perspektive einer Annäherung an die euro-atlantischen Strukturen" stellt die EU das Gravitationszentrum der Transformationsprozesse dar, indem sie die konditionierte Aufnahme in ihren Integrationsverbund in Aussicht stellt. Damit ist ihr Einfluss des „Hineinregierens" in diese Länder gesichert (Stichwort: „sticks and carrots"). Somit entwickelt die EU eine bisher nie dagewesene außenpolitische Handlungsfähigkeit.

(Marginalie: Perspektive einer Annäherung an die euro-atlantischen Strukturen)

Im Rahmen des Stabilisierungs- und Assoziierungsprozesses (SAP) hat die EU insgesamt nicht nur mehr Verantwortung in den internationalen Friedensmissionen an sich gezogen – etwa durch Bestellung der Sonderbeauftragten in Bosnien-Herzegowina, gleichzeitig Hoher Repräsentant des OHR, und in Mazedonien –, sondern auch durch den Einsatz polizeilicher und militärischer Kriseninterventionsinstrumente (*Merlingen/Ostrauskaite* 2005). Die Einbeziehung zahlreicher staatlicher und nichtstaatlicher Akteure in die multilaterale Zusammenarbeit im Rahmen des Stabilitätspaktes wirkt auf die Ausgestaltung der Politikinhalte und -instrumente der EU zurück. Im Ergebnis hat die Ausdifferenzierung der Regimestruktur in der Südosteuropapolitik zu einer gestärkten Handlungsfähigkeit der EU im Bereich der Friedenskonsolidierung in Südosteuropa beigetragen. Die Regimebildung in Südosteuropa blickt jedoch auf eine längere Entstehungsphase zurück. Die regionale Strategie der EG/EU und die Konditionalität sind außenpolitische Instrumente der EU, die bereits Anfang bzw. Mitte der 1990er Jahre entwickelt wurden, jedoch erst recht spät in der Konfliktprävention zum Einsatz kamen (*Wittkowski* 2000; *Kramer* 2001; *Calic* 2004a). Erst infolge des Kosovokrieges 1998/1999 mündeten die Ansätze in den Stabilisierungs- und

(Marginalie: Der Stabilisierungs- und Assoziierungsprozess)

Assoziierungsprozess der EU und stellen einen wesentlichen Grundpfeiler der Friedenskonsolidierung im Rahmen des Stabilitätspaktes für Südosteuropa dar.

Regimeentwicklung: regionale Strategie der EG/EU

Vor dem Hintergrund des Machtvakuums nach dem Ende des Ost-West-Konfliktes hat sich die EU auf der Grundlage des Unionsvertrages selbst eine neue außenpolitische Akteursrolle zugesprochen. Der EU-Vertrag vom 7. Februar 1992 spiegelt diesen Akteursanspruch wider, verknüpft er doch nicht nur das alte mit einem 1992 noch recht konturlosen neuen Europa, sondern verbindet auch in seiner Drei-Säulen-Konstruktion eine Wohlfahrts-, Friedens- und Zivilisationsgemeinschaft. Nicht zuletzt ermöglicht der Vertrag, potenziell konfliktgenerierende Machtbestrebungen in multilaterale und supranationale Politikrahmen einzubinden und damit zu entschärfen („Frieden durch Integration").

Die Entscheidung des Kopenhagener Europäischen Rates vom 21./22. Juni 1993, den Reformprozess der assoziierten Länder zwar zu unterstützen, die Möglichkeit eines EU-Beitrittes aber erst dann zu eröffnen, wenn ein assoziiertes Land in der Lage ist, den mit einer Mitgliedschaft verbundenen Verpflichtungen nachzukommen und die erforderlichen wirtschaftlichen und politischen Bedingungen zu erfüllen, muss als der logische Schluss zwischen den Ebenen der deklaratorischen und der praktischen Politik in den 1990er Jahren gesehen werden. Ohne Zweifel haben die Staaten des westlichen Kerneuropas die friedenspolitische Dimension einer EU-Osterweiterung – ganz zu schweigen von einer Südosterweiterung – in der ersten Hälfte der 1990er Jahre nur recht zögerlich begreifen wollen. *(Randnotiz: Kopenhagener Kriterien)*

Die vielen Binnenvertriebenen und Flüchtlinge in den 1990er Jahren in Europa verdeutlichen den tatsächlichen Misserfolg der EG/EU-Konfliktprävention und -bearbeitung im ehemaligen Jugoslawien. Angesichts der Handlungsunfähigkeit der EG/EU im Bereich der Konfliktregulierung in der Frühphase der Auseinandersetzungen sowie des eingetretenen Ansehensverlustes hinsichtlich des im EU-Vertrag vom Februar 1992 und zahlreichen Schlussfolgerungen des Europäischen Rates in den 1990er Jahren erklärten Zieles zur Herstellung von Frieden und Stabilität in Europa einerseits und seiner regionalen destabilisierenden Wirkungen andererseits musste der außenpolitische Schaden für die Glaubwürdigkeit der EU begrenzt werden. *(Randnotiz: Erfolglose EG/EU-Konfliktprävention und -bearbeitung)*

Konzeptionelle Vorläufer einer regionalen Strategie

Die Idee und die Politikansätze zur Lancierung des Stabilitätspaktes für Südosteuropa vom Juni 1999 sind älter als der Kosovokrieg und gehen ursprünglich auf Initiativen zurück, die bereits Anfang der 1990er Jahre und insbesondere infolge des Friedensabkommens von Dayton vom 21. November 1995 entwickelt wurden.

Auf EU-Ebene beschloss der Rat am 20. Dezember 1993 auf der Grundlage eines Vorschlages des französischen Premierministers Balladur und entspre- *(Randnotiz: Der Balladur-Plan)* chender Leitlinien des Europäischen Rates von Kopenhagen und von Brüssel eine gemeinsame Aktion über einen Stabilitätspakt für Europa. Hiermit sollten die assoziierten Länder bilaterale Abkommen über gutnachbarschaftliche Beziehungen sowie Grenz- und Minderheitenfragen als Voraussetzung einer weiteren Heranführung an die EU unterzeichnen. Dieser Ansatz zielte allein auf eine umfassende Konfliktprävention in den mittel- und osteuropäischen Ländern, wurde aber nicht umfassend auf die Länder Südosteuropas ausgeweitet.

Der Royaumont-Prozess

Erst der im Dezember 1995 auf Initiative der Europäischen Kommission eingeleitete Prozess für Stabilität und gute Nachbarschaft im Südosten Europas war der Beginn einer EU-Regionalstrategie (Royaumont-Prozess). Sie zielte darauf ab, die Umsetzung des Daytoner Friedensabkommens in dem Sinn zu begleiten, dass dieses Abkommen in eine umfassendere Perspektive für die gesamte Region einbezogen wurde. Der Rat billigte aber erst im Oktober 1997 das Mandat eines Koordinators des Royaumont-Prozesses, der den Auftrag hatte, dem Prozess eine größere Kontinuität zu verleihen und Kontaktstelle für die verschiedenen Teilnehmer zu sein. So hatte der Rat Panagiotos Roumeliotis im November 1997 zum Koordinator des Royaumont-Prozesses bestellt.

Regional- und Konditionalitätsansatz

Infolge des Friedensabkommens von Dayton/Paris hatte die EU einen Finanzrahmen in Höhe von einer Mrd. Euro für den Wiederaufbau im ehemaligen Jugoslawien im Zeitraum 1996–1999 bereitgestellt. In diesem Zeitraum wurde die Gemeinschaftshilfe für die Länder des westlichen Balkans hauptsächlich im Rahmen der OBNOVA-Verordnung vom 25. Juli 1996 über die Hilfe für Bosnien-Herzegowina, Kroatien, die Bundesrepublik Jugoslawien und die ehemalige jugoslawische Republik Mazedonien und der PHARE-Verordnung vom 18. Dezember 1989 über die Wirtschaftshilfe für bestimmte Länder in Mittel- und Osteuropa geleistet. Des Weiteren stützt sich der Regionalansatz auf die vom Rat für Allgemeine Angelegenheiten der EU am 29. April 1997 festgelegte politische und wirtschaftliche Konditionalität, deren Einhaltung Voraussetzung für die Entwicklung der bilateralen Handelsbeziehungen zur EG (Anspruch auf autonome Handelspräferenzen), für die finanzielle und wirtschaftliche Unterstützung (im Rahmen des OBNOVA- und des PHARE-Programms) und die Entwicklung der vertraglichen Beziehungen ist.

Probleme der Verwaltungsverfahren

In der zweiten Hälfte der 1990er Jahre führte die Anwendung unterschiedlicher Verfahren im Rahmen der Wiederaufbauhilfe zu langwierigen Verwaltungsverfahren, und damit konnten die in den Verträgen postulierte Koordination, Kontrolle und Kohärenz zwischen GASP und dem Gemeinschaftspfeiler, wie der Rechnungshof in seinen Sonderberichten und auch das Europäische Parlament in seinen Untersuchungen mehrmals dargelegt haben, nicht gewährleistet werden. Die Verwaltung der Hilfe geriet gänzlich in Misskredit, als der Bericht über „Anschuldigungen betreffend Betrug, Missmanagement und Nepotismus in der Europäischen Kommission" den Rücktritt der Europäischen Kommission im Frühjahr 1999 zur Folge hatte.

Zeitgleich eskalierte der Kosovokonflikt. Dieser erreichte im Mai und Juni 1998 einen neuen Höhepunkt, als Zehntausende Menschen nach Albanien, Montenegro und in Länder Westeuropas flohen. Fehler aus der bisher vorwiegend reaktiven Politik der ineffizienten und unkoordinierten Gebertätigkeiten, der im Daytoner Friedensabkommen vernachlässigten Formulierung eines Lösungsansatzes zur Konfliktreduzierung im Kosovo waren nur einige Gründe, warum sich der Europäische Rat von Wien im Dezember 1998 dazu veranlasst sah, nach dem Inkrafttreten des Vertrages von Amsterdam im Mai 1999 eine Gemeinsame Strategie für Südosteuropa zu formulieren, womit zugleich die Notwendigkeit eines Regionalansatzes bestätigt wurde. Auch lancierte die Kontaktgruppe – bestehend aus Vertretern der USA, Russlands, Frankreichs, Großbritanniens, Deutschlands und Italiens – am 29. Januar 1999 neue Verhandlungsrunden in Rambouillet und in Paris. Nach den erfolglosen Verhandlungsbemühungen um die Zustimmung Miloševics zu dem Friedensplan, der von der NATO und der Kontaktgruppe gebilligt worden war, reagierte die NATO am 24. März 1999, ohne eine offizielle Ermächtigung durch den UNO-Sicherheitsrat abzuwarten, mit Luftangriffen auf die Bundesrepublik Jugoslawien.

(Randnotiz: Gemeinsame Strategie für Südosteurop)

Aufgrund der steigenden Flüchtlingszahlen wurde der innenpolitische Druck immer größer, sodass unter bundesdeutscher Ratspräsidentschaft bei gleichzeitigem Vorsitz der G 7/8 die Bundesregierung den Fortbestand der rotgrünen Regierungskoalition gefährdet sah. So präsentierte das Auswärtige Amt am 14. April 1999 einen Friedensplan des Außenministers Joschka Fischer, der die Umsetzung des am 8. April 1999 vom Rat der EU vereinbarten Forderungenkatalogs, der später von NATO und UNO-Generalsekretär übernommen wurde, erleichtern sollte. Der auf diesem Friedensplan aufbauende Stabilitätspakt für Südosteuropa wurde zunächst als Anhang der Gemeinsamen Standpunkte vom 17. Mai 1999 festgelegt. Die EU-Mitgliedstaaten eröffneten hiermit allen südosteuropäischen Staaten grundsätzlich die Perspektive einer Annäherung an die EU. Dieser auslegbaren Beitrittsperspektive gingen jedoch sehr ambivalente Signale einzelner Politiker und EU-Funktionsträger voraus. Erst unter dem enormen Erfolgs- und Zeitdruck des Kosovokrieges konnte der Kompromiss in Form des Gemeinsamen Standpunktes vom 17. Mai 1999 durch die Ratsgruppe „Westlicher Balkan" (COWEB) ausgearbeitet werden (vgl. *Friis/Murphy* 2000).

(Randnotiz: Der Fischer-Plan)

Gerade wegen des zeitlich sehr begrenzten Konsultationsprozesses zum Friedensplan waren auch noch nach der Unterzeichnung des Stabilitätspaktes, bezogen auf die Beitrittsproblematik, widersprüchliche Signale aus Brüssel zu hören:

> „Während der Präsident der Europäischen Kommission, Romano Prodi, wiederholt die Auffassung vertrat, es sei derzeit ‚zum ersten Mal seit dem Fall des Römischen Reiches' möglich, den gesamten Kontinent zu vereinigen, weist sein Kommissionsmitglied für Außenbeziehungen, Chris Patten, vielsagend darauf hin, dass man unterscheiden müsse ‚zwischen dem Streben, Mitglied der EU werden zu wollen, und dem Streben, als Teil der europäischen Familie angesehen zu werden'" *(Varwick 2000:186)*.

Ergebnis ist, dass die ursprünglichen Leitideen, Mechanismen und Instrumente des Fischer-Planes denen des am 10. Juni 1999 verkündeten Stabilitätspaktes für Südosteuropa weitgehend entsprachen (*Behrens* 2002).

Regimestruktur

Ziel des Stabilitätspaktes vom 10. Juni 1999 ist, „Staaten in Südosteuropa bei ihren Bemühungen um die Förderung des Friedens, der Demokratie, der Achtung der Menschenrechte sowie des wirtschaftlichen Wohlstands zu stärken, um Stabilität in der Region zu erreichen". Der Pakt ist „eine politische Verpflichtungserklärung und Rahmenvereinbarung zur internationalen Kooperation in Südosteuropa zwischen mehr als 40 Staaten, Organisationen und regionalen Zusammenschlüssen" (*Calic* 2001: 9). Ein Sonderkoordinator, der von der EU bestellt ist, lenkt den Regionaltisch Südosteuropa. Diesem sind des Weiteren drei Arbeitstische unterstellt:

Stabilitätspakt als politische Verpflichtungserklärung

Tisch I: Demokratisierung und Menschenrechte,
Tisch II: Wirtschaftlicher Wiederaufbau, Zusammenarbeit und Entwicklung,
Tisch III: Sicherheitsfragen (mit zwei Untertischen: Sicherheit und Verteidigung sowie Justiz und Inneres).

Wie dem Abkommen von Dayton stehen auch dem Stabilitätspakt keine eigenen finanziellen Mittel zur Verfügung, weshalb die Paktteilnehmer die Europäische Kommission und die Weltbank damit beauftragt haben, die wirtschaftlichen Unterstützungsmaßnahmen zu organisieren. Gemeinsam führen sie den Vorsitz einer Hochrangigen Lenkungsgruppe. Darin sind die Finanzminister der G-8-Staaten, der EU sowie die Vertreter internationaler Finanzorganisationen sowie der Sonderkoordinator vertreten (vgl. *Calic* 2001: 11). Der Pakt stellt zugleich einen Wendepunkt innerhalb der Beziehungen zwischen der EU und den Staaten Südosteuropas dar.

Die im Pakt enthaltene EU-Perspektive wurde zum eigentlichen Motor des Stabilitätspaktprozesses. Im Gründungsdokument wird der EU auch „die führende Rolle" zugesprochen (Art. 18). In Art. 20 heißt es weiter:

Die Beitrittsperspektive als Motor des Friedensprozesses

> „Die EU wird die Region enger an die Perspektive einer vollständigen Integration dieser Länder in ihre Strukturen heranführen. Im Falle von Ländern, die noch kein Assoziierungsabkommen mit der EU geschlossen haben, geschieht dies durch eine neue Art vertraglicher Beziehungen mit der Perspektive einer EU-Mitgliedschaft auf der Grundlage des Amsterdamer Vertrags und sobald die Kopenhagener Kriterien erfüllt sind, wobei die Situation jedes Landes umfassend berücksichtigt wird."

Für die Staaten, die noch kein Assoziierungsabkommen mit der EU abgeschlossen haben, hat die EU eine neue Generation von Stabilisierungs- und Assoziierungsabkommen (SAA) aufgelegt (*Kramer* 2001; *Pippan* 2004). Im November 2000 hatte die EU auf dem Gipfel von Zagreb ihre Ziele für den Balkan festgelegt: die schrittweise Integration der Balkanländer in die EU mithilfe des Stabilisierungs- und Assoziierungsprozesses (SAP). Die Zusammenarbeit mit den Staaten des westlichen Balkans sollte durch das CARDS-Programm (Community Assistance for Reconstruction, Development and Stabilisation) umgesetzt werden. Die EU hat für den Zeitraum 2000 bis 2006 4,65 Mrd. Euro bereitgestellt.

Mazedonien schloss im April 2001 als erstes Land der Region ein SAA mit der EU, Kroatien folgte im Oktober 2001.

In der Anfangsphase des Stabilitätspaktes standen der Aufbau der Organisationsstruktur sowie die Umsetzung des Quick-Start-Hilfsprogramms im Vordergrund. Hierbei wurden ausgewählte „Leuchtturmprojekte" mit dem Ziel rascher Umsetzung gefördert (vgl. *Dempsey* 2002: 85). Grundsätzlich ist der Pakt auf die regionale Zusammenarbeit ausgerichtet.

Die erste große Geberkonferenz im Rahmen des Stabilitätspaktes in Brüssel (März 2000) wurde durch das gemeinsame Büro Weltbank-Kommission organisiert (vgl. *Hombach* 2002: 52). Überraschenderweise wurden 2,4 Mrd. Euro für ein zwölfmonatiges Hilfsprogramm zur Verfügung gestellt, sodass eine Reihe von Quick-Start-Packages Finanzzusagen erhielt. Dennoch war das erste Jahr durch erhebliche „Startschwierigkeiten" gekennzeichnet (vgl. *Rüb* 2000: 5). Die EU war zeitgleich gebeutelt vom unrühmlichen Rücktritt der Santer-Kommission und somit nicht in der Lage, ihren Verpflichtungen nachzukommen. Dem Stabilitätspakt mangelte es insbesondere an der Unterstützung seitens der Mitglieder, sodass die Südosteuropäer das Ausbleiben konkreter Resultate beklagen mussten (vgl. *Wittkowski* 2000: 3).

Startschwierigkeiten bei der Implementierung des Paktes

Dennoch gab es auch Erfolge vorzuweisen. Der wesentliche Erfolg des Stabilitätspaktes lag darin, dass die regionale Kooperation in Südosteuropa eine neue Dynamik erhielt. Beim Bukarester Gipfel im Februar 2000 wurde die „Charta für eine gute Nachbarschaft, Stabilität, Sicherheit und Zusammenarbeit in Südosteuropa" verabschiedet, sodass ein wesentlicher Grundstein für eine institutionalisierte Regionalkooperation im Rahmen des Südosteuropäischen Kooperationsprozesses (SEECP) sowie für die Entstehung von Euroregionen in diesem Raum gelegt werden konnte (vgl. *Calic* 2001: 12). Auch ausgewählte Beispiele von den Arbeitstischen belegen die Vitalisierung der regionalen Zusammenarbeit.

Erfolge der regionalen Zusammenarbeit

Im Lauf des Jahres 2001 wurden die drei Grundpfeiler (SAAs, Handelspräferenzen und CARDS-Hilfen) des Stabilisierungs- und Assoziierungsprozesses (SAP) der EU errichtet. Sowohl auf der Ebene der Länder als auch in der gesamten Region wurden die ersten Ergebnisse sichtbar: Abschluss des SAA mit Mazedonien im April 2001, mit Kroatien im Oktober 2001. Zusätzlich haben der SAP und das CARDS-Hilfsprogramm der EU durch die erstmals Anfang 2002 vorgelegten jährlichen Länderberichte und Länderstrategiepapiere für 2002–2006 „deutlich an Gewicht gewonnen" (*van Meurs* 2003: 35). Die Tendenz war unverkennbar, denn der Stabilitätspakt verwandelte sich zusehends in ein Zusatzinstrument des EU-Assoziierungsprozesses (ebd.).

Die Anschläge in den Vereinigten Staaten vom 11. September 2001 scheinen die Aussichten auf eine eigene Führungsrolle der EU in Südosteuropa verbessert zu haben (vgl. *Bildt* 2002: 89). Der Stabilitätspakt sollte nach Auffassung des Rates der EU neu fokussiert werden. Hierzu hat der Rat der EU im November 2001 seine Empfehlungen dargelegt. Es wurde festgelegt, dass der Sonderbeauftragte bis zum März 2002 einen Bericht mit Verbesserungsvorschlägen vorlegen sollte. Zu Beginn des Jahres 2002 nahm der zweite Koordinator des Stabilitätspaktes, Erhard Busek, seine Arbeit auf. Dieser kündigte an, eine weitere Straffung des Stabilitätspaktes sowie eine engere Verzahnung des Stabilitätspaktes mit der Politik der EU anzustreben. (*Frankfurter Allgemeine Zeitung* 2002). In ihrem ersten Jahresbericht vom April 2002 über den SAP teilt die Kommission jedoch einschränkend mit, dass sie sich an der Verwirklichung der vorrangigen Ziele beteiligen werde, die der Sonderkoordinator auf der Tagung des Rates (Allgemeine Angelegenheiten) vom 11. März dargelegt habe, soweit diese unmittelbar zur Strategie der EU im Rahmen des Stabilisierungs- und Assoziierungsprozesses beitrügen. Evident ist, dass die Politik des Sonderkoordinators durch eine immer stärkere Unterordnung unter die Reformziele der Europäischen Kommission charakterisiert ist (vgl. *Calic* 2003: 34).

Fehlende Komplementarität der Strategien

Gleichzeitig kristallisierte sich in Bezug auf die Rolle des SAP innerhalb des Stabilitätspaktes im Jahr 2002 ein Widerspruch heraus: Je mehr die Perspektive der EU-Integration als dominanter Rahmen für den Balkan anerkannt wurde, desto mehr wurde eine fast ausschließlich bilaterale Ausrichtung des Annäherungsprozesses innerhalb des SAP infrage gestellt: „Die Heterogenität der vertraglichen Beziehungen – Rumäniens Europaabkommen, Kroatiens SAA oder Albaniens Handels- und Kooperationsabkommen – behindert regionale Zusammenarbeit unmittelbar" (*van Meurs* 2003: 38). Deshalb wird zunehmend eine stärkere Kongruenz aus multilateraler regionaler Kooperation und bilateraler EU-Assoziierung gefordert, „um eine Synchronie der Zeitpläne und eine Komplementarität der Strategien sicherzustellen" (ebd.). Gerade weil Fortschritte in vielen Bereichen (z. B. Zusammenarbeit mit dem Kriegsverbrechertribunal in Den Haag und Wirtschaftsreformen) nur langsam vorankommen, schlug die Kommission in ihrem zweiten Jahresbericht über den SAP vom 26. März 2003 vor, Benchmark- oder Fahrplankonzepte zu entwickeln, um so die Reformanstöße in Richtung Kandidatenstatus zu beschleunigen (*Kommission der Europäischen Gemeinschaft* 2003: 6 ff.)

Erweiterung der Stabilitätspolitik im Sinne der EU-Kohäsionspolitik

Europäische Partnerschaften

Im Jahr 2003 hatten die beiden EU-Staaten mit der größten Affinität zu dieser Region – Griechenland und Italien – die Ratspräsidentschaft inne. Griechenland hatte frühzeitig ein verstärktes Engagement für die Nachbarregion sowie eine – neben dem Europäischen Rat im Juni 2003 in Thessaloniki – Regionalkonferenz Zagreb II angekündigt. Bereits im November 2002 wurde hierzu durch die European Stability Initiative die Idee der Erweitung des SAP um das Element der wirtschaftlichen Kohäsionspolitik auf die Länder des westlichen Balkans in die Diskussion eingespeist. Durch die Verhandlungsergebnisse des Gipfeltreffens EU/westliche Balkanstaaten in Thessaloniki wurde im Wesentlichen der SAP als Rahmen für die Annäherung an die EU gestärkt und angereichert durch die Schaffung sogenannter europäischer Partnerschaften, die Öffnung von EU-Programmen und die Möglichkeit für die Staaten des westlichen Balkans, sich zukünftig an Ausschreibungen anderer EU-Programme zu beteiligen. Ferner wurde das CARDS-Finanzierungsprogramm um rund 200 Millionen Euro verstärkt. Mit Blick auf die regionale Kooperation wird dem Stabilitätspakt nur eine komplementäre Rolle zum SAP attestiert (vgl. *Cyrus* 2003: 8–10).

Europa der abgestuften Integration

Es bleibt festzuhalten: Vor dem Hintergrund der Kosovokrise wurde Rumänien und Bulgarien, die bereits Assoziierungsabkommen (Europaabkommen) mit der EU abgeschlossen hatten, neben Lettland, Litauen und der Slowakei auf dem Ratsgipfel in Helsinki im Dezember 1999 die Aufnahme in die zweite Erweiterungsrunde zugesagt. Ferner hatte der Rat von Kopenhagen im Dezember 2002

Estland, Lettland, Litauen, Malta, Polen, die Slowakei, Slowenien, Tschechien, Ungarn und Zypern als die Staaten benannt, die zum Mai 2004 der EU beitraten. Bulgarien und Rumänien sollten dann in einer zweiten Runde in 2007 aufgenommen und mithilfe der Programme PHARE (Poland and Hungary Assistance for Restructuring of the Economy), ISPA (Instrument for Structural Policies for Pre-Accession) und SAPARD (Special Accession Programme for Agriculture and Rural Development) an die Union herangeführt werden (*Axt* 2003: 18). Ende Februar 2003 stellte Kroatien als erstes Land des westlichen Balkans einen offiziellen Antrag auf Mitgliedschaft. Neben Kroatien und Mazedonien sind auch Bosnien-Herzegowina, Serbien und Montenegro sowie Albanien „natürliche Anwärter" auf eine EU-Mitgliedschaft. Grundlage der EU-Kosovo-Politik ist nach wie vor die UNO-Resolution 1244. Für einen EU-Beitritt gelten jedoch nach wie vor die Vorgaben des Europäischen Rates von Kopenhagen 1993 (vgl. *Hausmann* 2003: 12).

Regimefunktionen

Multilaterale Politik in Südosteuropa ist wesentlich gekennzeichnet durch eine Ausdifferenzierung der Entscheidungsprozesse im Rahmen der Friedenskonsolidierung, womit Auswirkungen auf die Weiterentwicklung von Politikinhalten und -instrumenten einhergehen. Zu nennen wären die Herausbildung neuer Politikinhalte, eine Diversifizierung von Politikinhalten, eine Spezialisierung der außenpolitischen Toolbox sowie die Integration von Politikfeldern und Interventionsbereichen. Für die Analyse der multilateralen Friedenskonsolidierung sind daher im Folgenden zwei Dimensionen – Politikinhalte und -instrumente einerseits und institutionelles Gefüge des Politikbereiches andererseits – voneinander zu unterscheiden.

Auf der EU-Ebene wurden in den 1990er Jahren nach dem Trial-and-Error-Prinzip *Politikinhalte und -instrumente* und weitere institutionelle Anpassungen in allen drei Säulen des EU-Vertrages eingeführt. Als wichtigster Schritt der Herausbildung neuer Politikinhalte und damit Vergrößerung des europäischen Aktionsradius im Bereich der Friedenskonsolidierung im ehemaligen Jugoslawien ist der Übergang zur „Dekonzentration" bzw. „Dezentralisierung" der Hilfsmaßnahmen zu werten. Das heißt: Alle Angelegenheiten, die sich besser vor Ort verwalten und entscheiden lassen, sollen nicht in Brüssel verwaltet und entschieden werden.

Dekonzentration und Dezentralisierung der Hilfsmaßnahmen

Die Vermittlungsversuche Lord Carringtons und Lord Owens im Auftrag der EG im Jahr 1991 blieben von nur begrenztem Erfolg, erwiesen sich aber als wichtiger Schritt auf dem Weg zu einer gemeinsamen Außenpolitik der EG, da sie als institutionelle Neuerung einerseits nach der Weisung des Europäischen Rates arbeiteten und andererseits von der Gemeinschaft finanziert wurden (vgl. *Nadoll* 2000: 86). Dieser Prozess wurde erkennbar mit der EG/EU-Beobachtermission (ECMM/EUMM) seit 1991, der Task Force der Europäischen Gemeinschaft vom 16. Oktober 1992 als operativem Arm des Amtes für humanitäre Hilfe (ECHO) in Kroatien, Slowenien und Bosnien-Herzegowina und der EU-Administration in Mostar (EUAM) in dem Zeitraum von 1994 bis 1996 eingeleitet, konnte sich aber erst Mitte der 1990er Jahre infolge des Daytoner Abkommens mit dem Ausbau der Delegationen der Europäischen Kommission, mit der Einsetzung von Sonderbeauftragten des Rates und schließlich mit der Errichtung der Agentur für Wiederaufbau infolge des Stabilitätspaktes für Südosteuropa vom 10. Juni 1999 entfalten. Aus den Dekonzentrationsmaßnahmen resultierten bzw. resultieren weitere Optionen, um (a) weitere, kleinteiligere Innovationen in den Politikinhalten einzuführen und (b) die Politikinhalte zu diversifizieren, das heißt in zahlreichen Politikfeldern zu intervenieren. Damit konnte (c) die außenpolitische Toolbox je nach Ort und Herausforderung variiert werden.

Abstufung der Konditionalität

Zu (a) Abstufung der Konditionalität: Infolge der Friedensabkommen von Dayton/Paris hatte die Europäische Union einen Finanzrahmen in Höhe von einer Mrd. Euro für den Wiederaufbau bereitgestellt. Da in der Verordnung über den Wiederaufbau vom 25. Juli 1996 (OBNOVA) der Verweis auf politische Kriterien angelegt war, beschränkte sich der Wiederaufbau bis zum Kosovokrieg auf Bosnien-Herzegowina und in einem geringeren Umfang auf Kroatien. Die Kosovokrise legte jedoch die Schwächen der bisherigen Konzepte offen, sodass der Regionalansatz vom April 1997 durch den Stabilisierungs- und Assoziierungsprozess (SAP) weiterentwickelt wurde. Im Zuge dessen wurde der finanzielle Rahmen für den Wiederaufbau der Balkanregion erweitert und die Konditionalitätskriterien als sogar zwingende Bedingung für die Gemeinschaftshilfe in der CARDS-Verordnung vom Dezember 2000 festgeschrieben. Evident ist: Je näher die SAP-Länder an die EU heranrücken, desto bedeutender wird die Anwendung der Konditionalität (*Anastasakis/Bechev* 2003).

Ausweitung auf diverse Politikfelder

Zu (b) Ausweitung auf diverse Politikfelder: Zur Ergänzung der in den geografisch ausgerichteten Programmen vorgesehenen Sanktionsmöglichkeiten hat die Europäische Kommission eine Reihe weiterer Instrumente konzipiert. Beispielsweise unterstützt das Amt für zollamtliche und fiskalische Unterstützung (CAFAO) seit 1996 die Behörden in Bosnien-Herzegowina bei der Umsetzung der Bestimmungen des Friedensabkommens von Dayton mit Bezug auf das Zoll- und Steuerwesen. Das CAFAO-Programm gilt als eines der erfolgreichsten Reformprogramme in Bosnien-Herzegowina. Ein anderes Beispiel ist die Polizeimission der Europäischen Union (EUPM), die mit dem 1. Januar 2003 eingesetzt wurde, um die Tätigkeit der International Police Task Force (IPTF) in Bosnien-Herzegowina zu übernehmen. Nicht zu vergessen ist die Europäische Initiative für Demokratie und Menschenrechte (EIDHR), die Maßnahmen im Bereich der Menschenrechte, der Demokratisierung und der Konfliktverhütung finanziell unterstützt.

Diversifizierung der außenpolitischen Toolbox

Zu (c) Diversifizierung der Toolbox je nach Ort und Herausforderung: Es versteht sich von selbst, dass der Einsatz diverser Politikinstrumente mit eigenen Verfahrensregeln unter länderspezifischen Zielsetzungen zur Herausbildung neuer Politikinhalte führte. Zum einen verantworteten die EU-Staaten die humanitären Folgen der NATO-Militärschläge gegen Serbien. Zum anderen hat der Rat Ende April 1999 die Gemeinsame Maßnahme zur Unterstützung der Aufnahme und der freiwilligen Rückkehr von Flüchtlingen, Vertriebenen und Asylbewerbern beschlossen. Ferner wurde im September 2000 der Europäische Flüchtlingsfonds eingerichtet. Damit wurden die Staaten, die verhältnismäßig viele Flüchtlinge aus dem Kosovo aufgenommen hatten, durch finanzielle Ausgleichsmaßnahmen unterstützt. Nicht zuletzt hat die EU im März 2001 wirtschaftliche Soforthilfen für das Kosovo bereitgestellt, um einer Destabilisierung der gesamten Region vorzubeugen. Ferner hat der Rat im Februar 2001 den Ausbau eines Krisenreaktionsmechanismus (KRM) gebilligt, um die Kommission mit Hilfe einer einzigen Rechts- und Finanzstruktur in die Lage zu versetzen, kurzfristige Maßnahmen durchzuführen, die bisher ein mühsames Beschlussverfahren voraussetzten. Zusammenfassend engagiert sich die EU in der politischen Praxis auf allen Ebenen.

Insgesamt hält die EU für jedes einzelne Land einen spezifischen institutionellen sowie inhaltlichen Policy Mix bereit.

Friedenskonsolidierung als Policy Mix

„Strategisch, indem sie längerfristig die potentielle Mitgliedschaft und eine engere Anbindung an die EU im Gegenzug für in nächster Zeit durchzuführende Reformen in Aussicht stellt. Militärisch, indem sie 38000 Soldaten aus den EU-Staaten zur Friedenstruppe beisteuert und damit das Gros dieser Truppe stellt. Politisch, indem sie eine äußerst aktive Rolle in den Angelegenheiten der Region übernimmt und auf Krisen wie in der ehemaligen jugoslawischen Republik Mazedonien (FYROM) und Südserbien reagiert oder bei der Suche nach Lösungen für sensible Fragen wie das Verhältnis zwischen Serbien und Montenegro behilflich ist. Institutionell, indem sie an allen Fronten für den Aufbau von starken Institutionen eintritt, so dass die Länder des westlichen Balkans ihre Angelegenheiten in eigene Hände nehmen können, die Rechte ihrer Bürger achten und das organisierte Verbrechen bekämpfen können. Wirtschaftlich, indem sie bei der Wirtschaftsreform behilflich ist, wesentliche Unterstützung für den Haushalt leistet und vor allem den radikalen Schritt zur Öffnung des gesamten EU-Marktes für die Exporte der Balkanländer unternommen hat, ohne zu diesem Zeitpunkt auf entsprechenden reziproken Zugeständnissen zu bestehen. Finanziell, indem sie die Politik der EU mit umfangreicher finanzieller Hilfe über mehrere Jahre hinweg unterstützt. Die Region erhält insofern mit die höchste Unterstützung pro Kopf weltweit, die nur mit der Intensität der Hilfe vergleichbar ist, die die EG den Beitrittsländern gewährt" *(Europäische Kommission 2002: 60)*.

In Bezug auf das *institutionelle Gefüge* der europäischen Friedenskonsolidierungspolitik (siehe Schaubild im Anhang: 7.I) haben sich insbesondere infolge des Stabilisierungs- und Assoziierungsprozesses der EU vom 26. Mai 1999 ebenfalls signifikante Transformationen ergeben, die tief in die politischen Systeme der Staaten im ehemaligen Jugoslawien hineinreichen. Der Aktionsradius der EU in dieser Region geht über den SAP hinaus und ist daher geografisch (a), funktional (b) und institutionell (c) hochgradig fragmentiert.

Zu (a) Es lassen sich grundsätzlich drei Interventionszonen der EU in Südosteuropa voneinander unterscheiden. Zur ersten Interventionszone zählen zum einen die südöstlichen Länder Griechenland und Türkei. Zum anderen können auch Slowenien und Ungarn zu Südosteuropa gezählt werden. Letztere sind jedoch nach den Schlussfolgerungen des Rates vom Dezember 2002 im Jahr 2004 der EU beigetreten. Zweitens: Bulgarien und Rumänien gehören dem Stabilitätspakt für Südosteuropa an; hingegen werden sie als Kandidaten der zweiten Erweiterungsrunde der EU 2007 nicht zur zentralen Krisenregion SAP gezählt. Auch Kroatien kann aufgrund des Beitrittsgesuches im Februar 2003 fast dieser Gruppe zugeordnet werden. Drittens: Der SAP konzentriert sich auf die fünf engeren Staaten des westlichen Balkan (Albanien, Bosnien-Herzegowina,

Unterschiedliche Interventionszonen

Kroatien, Mazedonien, Bundesrepublik Jugoslawien [Serbien und Montenegro/Kosovo (UNMIK)]). Die dritte Interventionszone unterteilt sich wiederum nach Ländern, mit denen bereits ein SAA unterzeichnet wurde (Mazedonien, Kroatien), und denen, die noch keine bzw. schon Verhandlungen über SAAs (Albanien) aufgenommen haben.

Funktionale Dezentralisierung

Zu (b) Die funktionale Dezentralisierung umfasst in erster Linie die Einbeziehung von internationalen Organisationen, Nichtregierungsorganisationen und anderen zivilgesellschaftlichen Akteuren, die sich eigens für die Umsetzung der Friedenskonsolidierungspolitik organisiert haben. Aus Effizienz- und Legitimitätsgründen bietet sich erstens die Einbeziehung von nichtstaatlichen Akteuren an, da sie sich zum einen flexibel auf die Bedürfnisse vor Ort in den Empfängerstaaten einstellen können und zum anderen stellen sie einen Weg dar, die Zivilgesellschaft zu befördern.

Demzufolge verabschiedeten die Teilnehmer des Stabilitätspaktes im Oktober 2000 eine NGO-Charta, „aufgrund derer Nichtregierungsorganisationen gefördert und die Zusammenarbeit mit staatlichen Institutionen sichergestellt werden soll" (*Calic* 2001: 13). Die wichtigsten EU-Kanäle, über die die Unterstützung in diesem Bereich geleitet wird, sind die CARDS-Länder- und -Regionalprogramme sowie die EIDHR-Initiative. Die Kehrseite der Medaille ist, dass sich vorwiegend Strategien und Interessen der Geberseite identifizieren lassen, eigene nicht-staatliche bzw. quasinichtstaatliche Akteure einzubinden, um ein größeres Stück vom gesamten Funding Cake zu ergattern. In der Praxis hat sich nämlich in Bosnien-Herzegowina und dem Kosovo bereits eine Kultur der Abhängigkeit herausgebildet (vgl. *Dempsey* 2002: 83).

Herausbildung außenpolitischer Politiknetzwerke

Zu (c) Die Herausbildung außenpolitischer Politiknetzwerke hängt wiederum mit den oben behandelten Entwicklungen zusammen. Bedingungen für diese Netzwerkbildungen sind fehlende Hierarchiestrukturen in der multilateralen Zusammenarbeit im Rahmen des Stabilitätspaktes für Südosteuropa. Grundsätzlich eignen sich Netzwerke dafür, einen Nexus zwischen europäischer und multilateraler sowie nationaler und europäischer Ebene herzustellen. Die Institutionalisierung der Netzwerke bildet sich über Verfahrensregeln aus. Durch die gemeinsame Finanzierung von Projekten oder das gegenseitige Anvertrauen der Verwaltung von EG-Mitteln sollen komplexe Tauschbeziehungen die Nachhaltigkeit der Politik garantieren. Beispiele hierfür sind die Verwaltung der Kreditlinie für KMU des Europäischen Fonds für Bosnien-Herzegowina durch die deutsche KfW oder die Übernahme der Führungsrolle bei der Einrichtung der Südosteuropa-Universität in Mazedonien durch die OSZE, wo die finanziellen Ressourcen der EG und der Mitgliedstaaten zusammengelegt wurden. Als weiteres Beispiel außenpolitischer Netzwerkbildung kann das gemeinsame Büro (Europäische Kommission/Weltbank) genannt werden. Es sorgt dafür, Überschneidungen zwischen Programmen und Projekten der verschiedenen Geber zu vermeiden, indem es Informationen über einzelne Gebertätigkeiten bündelt. Darüber hinaus stellt die Hochrangige Lenkungsgruppe einen politischen Koordinierungsmechanismus dar, wobei hier aufgrund der weitreichenden politischen Entscheidungskompetenzen die Einordnung als Netzwerk bereits infrage gestellt werden muss.

Regimeevolution

Ausgelöst durch die Kosovokrise, ist eine Vielzahl von Initiativen und Institutionen entstanden, deren Umsetzung bzw. Koordination die EU vor eine besondere Aufgabe stellt. Insgesamt sind die institutionellen Transformationen im Rahmen der europäischen Friedenskonsolidierung durch ein hohes Maß an Interdependenz zu charakterisieren: Geografische und funktionale Dezentralisierung sowie außenpolitische Netzwerkbildung hängen eng zusammen bzw. bedingen sich gegenseitig. Das heißt: Die Einbeziehung zahlreicher staatlicher und nicht-staatlicher Akteure in die multilaterale Zusammenarbeit im Rahmen des Stabilitätspaktes (z. B. das Koordinierungsbüro, die Lenkungsgruppe, das Informal Consultative Committee) wirkt auf die weitere Ausgestaltung der Politikinhalte und -instrumente der EU zurück. Indem die EU die Länder Südosteuropas in ihren Integrationsverbund stellt, trägt sie zur Herausbildung eines Sicherheitsregimes bei, in dem die äußere und die innere Sicherheit der EU nicht mehr voneinander zu trennen sind, sondern sich vielmehr gegenseitig bedingen und im Hinblick auf die Herstellung regionaler Stabilität und Sicherheit unzertrennlich miteinander verbunden sind.

> Aufbau eines regionalen Sicherheitsregimes

Regimebildung ist eng mit der Herausbildung und Ausdifferenzierung neuer Politikinhalte und -instrumente und in der Praxis mit einer stärkeren Verbindung zwischen dem SAP und der GASP der EU verknüpft. Hierfür spricht der relativ hohe Anteil von EU-Missionen, die auf Südosteuropa ausgerichtet sind und die zum längerfristigen Reform- und Assoziierungsprozess beitragen sollen. Zivil-militärische Regimebildung in Südosteuropa mit der euro-atlantischen Beitrittsperspektive ist der erfolgreiche Fall einer Friedenskonsolidierung, die die EU noch über Jahrzehnte hinaus finanziell, personell und strukturell binden wird. Dies gilt umso mehr, wenn die EU-Beitrittsperspektive in ferne Zukunft rückt.

Abbildung 16: Regionales Sicherheitsregime

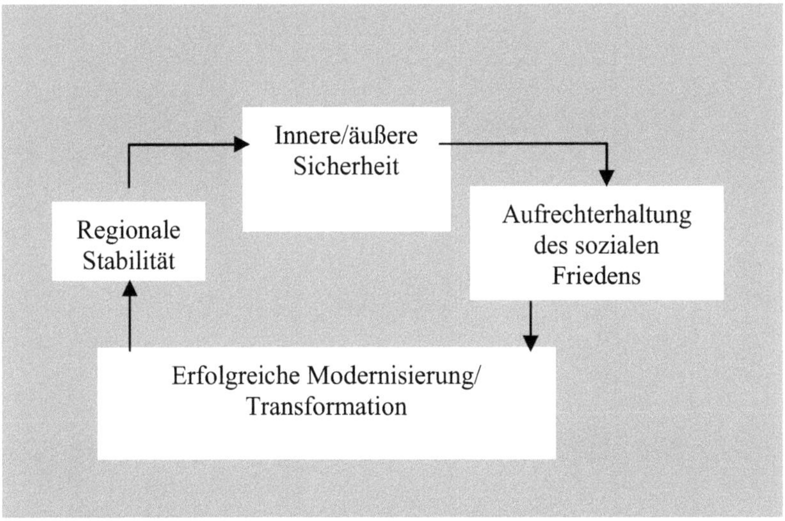

Quelle: *Meyers* 1997: 25

5 Konfliktregelung und Friedenssicherung: Erwartungshorizonte und Erwartungsverwirklichungen

Der Konflikt im ehemaligen Jugoslawien hinterlässt nicht nur Zweifel an der Wirksamkeit der vorgestellten Konfliktbearbeitungsmodi – von der Abschreckung über die Verregelung von Konflikten bis zur friedlichen Streitbeilegung durch Assoziierungs- und Stabilisierungspolitik. Er hinterlässt auch erhebliche Zweifel daran, ob die Staaten Europas außerhalb des statischen Rahmens des Ost-West-Konfliktes der Vergangenheit in der Lage sind, eine politische Konzeption für eine Strategie des Krisenmanagements und der Krisenbeherrschung zu entwickeln, die der neuen Unübersichtlichkeit der internationalen Beziehungen, der zunehmenden Ausdifferenzierung internationaler, transnationaler und gesellschaftlicher Akteure sowie einer neuen Netzwerkbildung politisch Handelnder ebenso wie politische und ökonomische Interessen Vertretender gerecht wird. Bei der Bewältigung regionaler, religiöser und ethnonationaler Konflikte reichen die im System der Abschreckung entstandenen Konzepte rationaler Kosten-Nutzen-Kalküle, die von der Todesdrohung nuklearen Feuers zusammengeschweißte Komplizenschaft der Vernunft, nicht mehr aus – dem Unvernünftigen ist mit Vernunft nicht beizukommen. Konfliktgründe und -ursachen sind spätestens seit dem 11. September 2001 vielschichtiger und undurchdringbarer geworden, eine rein rationale Lösung erschließt sich weder auf den ersten noch auf den zweiten Blick.

Frage nach der Wirksamkeit der Konfliktbearbeitungsmodi

Diese Entwicklung deutet eine Entzauberung – wenn nicht gar das Scheitern – des Projektes der Moderne an, eines Projektes, dessen Genese ursächlich mit dem Vernunftgedanken der Aufklärung verbunden war, dessen Erfolg aber auch die Grundlagen gelegt hat – und dies nicht nur im Bereich der waffentechnologischen Entwicklung – sich selbst zu zerstören (*Dahrendorf* 1993). Aufklärung und Vernunft, der Ausgang des Menschen aus seiner selbstverschuldeten Unmündigkeit unter der Kantschen Maxime „Sapere aude – wage, dich deines eigenen Verstandes zu bedienen", sind weltliche Projekte, gelingen daher auch nur, wenn sie in der Welt – einer materiell geprägten, Bürgerrechte und Wohlstand verheißenden – Erfolg haben. Sie lösen überkommene Tiefenbindungen religiöser, ethischer und ethnischer Natur auf und (ver-)bergen damit auch die Gefahr, dass beim Scheitern der materiellen Erwartungen die Menschen nach falsche Sicherheit verheißenden Strohhalmen greifen – seien sie nun religiös-fundamentalistischer oder ethnonationalistischer Natur.

Die qualitativen Sprünge bei der Entwicklung der globalen wirtschaftlichen und finanziellen Interaktion, das schon beinahe atemberaubende kommunikative Zusammenrücken der Welt durch moderne Elektronik und Medien, haben nicht nur die Forderung nach weltweiter Angleichung der Lebensverhältnisse – etwa auf dem Standard westlicher Konsumgesellschaften – zur Folge. Die Dialektik dieses Prozesses globaler Zentralisierung und transnationaler Organisation er-

Globale Zentralisierung und transnationale Organisation

zeugt auch dezentralisierende Tendenzen: lokale Gemeinschaften, die den Verlust ihrer kulturell-emotionalen Identität befürchten, nationale Gemeinschaften, die in der Rückbesinnung auf ihre nationale Identität, in der Rückgewinnung der nationalen Souveränität gerade das entscheidende Produkt der Überwindung des Ost-West-Gegensatzes und seiner weltpolitischen Klammerfunktion sehen. Im Gegensatz zu den an die Figur des informierten Bürgers geknüpften Fortschrittserwartungen aufklärerisch-partizipatorischer Art

> „hat das ungeheure Angebot an minutenschneller weltumspannender Kommunikation und Information nicht den ‚mündigen‘, globale Zusammenhänge rational abwägenden Weltbürger hervorgebracht. [...] Der Ansturm von Bildern und Informationen überfordert die kognitiven und affektiven Kapazitäten der meisten Menschen vielmehr, ganz besonders natürlich derer, die in noch relativ traditionell orientierten Gesellschaften leben. Sie reagieren mit Abwehr und Rückzug auf die unmittelbar wahrnehmbare und gemäß den traditionellen Mustern erfahrbare Umgebung. Eine verstärkte Hinwendung zu lokalen oder regionalen Identifikationsmöglichkeiten ist die Folge. Ethnische und religiöse Gemeinschaftsbindungen, die im Zuge der ‚Modernisierung‘ bereits als überwunden galten, erleben eine Renaissance. Im ‚postideologischen‘ Zeitalter werden Ethnizität und Religion zu den wichtigsten Auffangbecken sozialer, wirtschaftlicher und politischer Frustrationen" *(Kühne 1993: 12).*

Im Sinne *Dahrendorf*s liefert die Gegenposition zur analytisch-rationalen Orientierung der Aufklärung der Integrismus: „die Suche nach totalen, nach integralen Überzeugungen und Lebensformen" (1993: 9). Was aber ist der Nationalismus anderes, zumal dann, wenn die Rückbesinnung auf das Nationale ausartet in nationalistische Selbstüberschätzung und krankhaft-chauvinistischen Partikularismus? Das weltpolitische Spannungsverhältnis zwischen Globalisierung und Regression, die Rückbesinnung auf das, was die Menschen voneinander unterscheidet: Sprache, Religion, Ethnie – Embleme der eigenen Identität, der Festlegung von wir und sie, der Zusammengehörigkeit auf der einen und der Andersartigkeit auf der anderen Seite, der Verschmelzung von persönlicher und Gruppenidentität – sie alle bilden nicht nur eine explosive Mischung, die die neue Weltordnung zum Etikettenschwindel verkommen lässt. Sie belegen, dass der von der Aufklärung prognostizierte Fortschritt, der Gang der Weltgeschichte zum Besseren, Mündigen, gleichsam einen Rückwärtsgang besitzt!

Zukünftig zu erwartende Konflikttypen
Unter Bezug auf historische Erfahrungen lässt sich zeigen, welche Konflikttypen in Zukunft zu erwarten sind. Denn erst deren Kenntnis kann den Entwurf und die Konstruktion neuer, adäquater Formen der Konfliktbearbeitung einleiten. Wir nennen insbesondere:

1. Legitimitätskonflikte: entstehend aus dem Zusammenbruch der überkommenen politischen Systeme und deren ideologischer Legitimationsbasis, resultierend in Spannungen zwischen alten und neuen Machteliten, oder entstehend aus den Begleiterscheinungen ethnokratischer Herrschaft.
2. Partizipationskonflikte: entstehend aus der Monopolisierung politischer und wirtschaftlicher Macht durch „gewandelte" alte Eliten, die mit aufsteigenden neuen Interessengruppen und deren Forderung nach vermehrter politischer Teilhabe über Kreuz geraten, entstehend aber auch aus der jahrzehntelangen

Nichteinübung demokratischer Traditionen, rechtsstaatlicher Mehrparteien-
herrschaft und gewaltenteiliger Machtbeschränkung.

3. Penetrationskonflikte: entstehend aus der Zielsetzung der einer Volksgruppe
    angehörenden herrschenden Elite in ethnisch-kulturell heterogenen Staaten,
    zur Schaffung eines homogenen „Nationalstaates" Minderheiten im besten
    Fall zu assimilieren, im schlimmsten Fall mittels „ethnischer Säuberung"
    auszuschalten. In der Regel ist die Folge einer solchen Politik der „Mikro-
    nationalismus" der betroffenen Minderheit, die sich wiederum ihren eigenen
    „Staat" zu schaffen sucht (Beispiel etwa die Krajina-Serben), dessen „über-
    geordnete" politische Einheit aber in diesem Fall das für sie selbst rekla-
    mierte und gewaltsam eingeforderte Selbstbestimmungsrecht nicht aner-
    kennt, vielmehr dessen Umsetzung mit Gewalt zu verhindern trachtet.
4. Identitätskonflikte: entstehend aus den Selbstbewertungs- und Selbstfin-
    dungskrisen, die der Zusammenbruch einer totalitären Ideologie hinterlässt.
    Implizit ist diesem Unternehmen die überhöhte Abgrenzung gegenüber an-
    deren (möglicherweise die gleichen Symbole noch in ihrem Sinn besetzen
    wollenden) Gruppen – eine Nullsummenspielsituation par excellence.
5. Distributionskonflikte: entstehend aus der Transformation zentralverwal-
    tungswirtschaftlicher in liberale Marktwirtschaftssysteme, die die unter 1–4
    genannten Konflikte begleiten und überlagern. Die im alten System bereits
    vorhandenen ökonomischen und sozialen Zerklüftungen werden durch diese
    Konflikte verstärkt und hochgespannt; zugleich setzt der Transformations-
    prozess – mit Blick auf die westeuropäischen „Vorbilder" – eine Revolution
    der steigenden Erwartungen und Anforderungen an Verteilungsgerechtig-
    keit, soziale und ökonomische Sicherheit in Gang, die die neuen Staaten
    aufgrund ihrer Ressourcenknappheit nicht befriedigen können, zu deren Be-
    friedigung aber auch das im Westen gewohnte regulative Instrumentarium
    des Daseinsvorsorgestaates fehlt.

Alle diese Konflikte sind *ex origine* inner- und zwischengesellschaftlicher Natur,
tangieren aber internationale Sicherheit und internationale Politik unmittelbar.
Das Problem der Friedens- und Konfliktforschung scheint darin zu liegen, dass
sie zur Bewältigung *inner*gesellschaftlicher Konflikte weitestgehend auf Konzepte (oder Konzeptanalogien) verweist, die sie zur Bearbeitung *zwischen*gesellschaftlicher Konflikte entwickelt hat:

> „Wenn es richtig ist, daß die Eskalation ethnonationalistischer Konflikte, nicht an-
> ders als Konflikte in der internationalen Politik, ein strukturelles und grundlegendes
> Sicherheitsdilemma entstehen lassen, also ‚Anarchie' zur Folge haben, dann sind für
> ihre Einhegung analog zur internationalen Politik vertrauens- und sicherheitsbilden-
> de Maßnahmen (VSBM) erforderlich. Mit solchen Maßnahmen werden erste Schrit-
> te in Richtung auf die Herstellung von Erwartungsverläßlichkeit getan. Sie sind ins-
> besondere dann erforderlich, wenn sich die Konfliktparteien mit Munition versorgt
> und möglicherweise militärähnliche bzw. militärische Auseinandersetzungen schon
> eingesetzt haben. Dann spielen die wechselseitigen Beobachtungen sowie die Über-
> wachung der ‚Streitkräfte', ihrer Logistik und Bewaffnung eine ebenso wichtige
> Rolle wie symbolische Maßnahmen zur Vertrauensbildung. Und wiederum nicht an-
> ders als in der internationalen Politik kommen friedensstrategische Gesichtspunkte,
> wie sie beispielsweise im Konzept des Unilateralismus und des Gradualismus aus-

gearbeitet sind, zum Tragen: Wer ist als erster zu einseitigen Schritten der Vertrauensbildung bereit? Wer durchschlägt den gordischen Knoten? Wer macht einen Zug
in Erwartung einer konstruktiven Antwort? Werden weitere Schritte in der gleichen
Richtung ins Auge gefaßt, auch wenn eine solche Antwort ausbleibt? Wann sollten
symbolische Gesten in förmliche Vereinbarungen übersetzt werden? In der internationalen Politik folgen auf vertrauensbildende Maßnahmen die Rüstungskontrolle,
die Abrüstung und der Aufbau nicht offensiv ausgelegter Verteidigungskapazitäten,
insbesondere natürlich die Einrichtung von Institutionen zur friedlichen Streitbeilegung und Vorkehrungen für kooperative/kollektive Sicherheit. Auch im Hinblick auf
diese weiteren Schritte sollte die innergesellschaftliche Analogie zur internationalen
Politik bedacht werden: Rüstungskontrolle im Sinne der Überwachung der Sicher-
heitsapparate der Konfliktparteien, Abrüstung im Sinne der Entmilitarisierung in-
nergesellschaftlicher Konflikte, nicht offensive Verteidigung im Sinne beiderseits
akzeptabler Sicherheitsvorkehrungen, friedliche Streitbeilegung als Mittel für die
gewaltlose Regelung von Konflikten und kollektive Sicherheitsmaßnahmen als Not-
ressource für den Fall, daß doch Gewalt ausbrechen sollte, sind Vorkehrungen und
Maßnahmen, die zu einer Entdramatisierung ethnonationaler Konflikte und perspek-
tivisch zu ihrer Entmilitarisierung beitragen" *(Senghaas 1992a: 127 f.).*

Wir wünschten uns, dass sich die intendierte Übertragung – oder analoge Neu-
bildung – von Konfliktbearbeitungskonzepten in der hier von Senghaas vorge-
schlagenen Form ebenso realisieren ließe wie ihre erfolgreiche Anwendung.
Wenn die Erwartungsverwirklichungen nicht erfüllt werden können, so bleibt
uns nur der Ausblick auf einige Erwartungshorizonte. Wie können Konfliktregelung und Friedenssicherung im 21. Jahrhundert theoretisch gedacht werden?
Wird das 21. Jahrhundert das amerikanische Zeitalter mit einem amerikanischen
Imperium sein, oder haben die Vereinigten Staaten den Zenit ihrer Macht bereits
erreicht? Wird das 21. Jahrhundert ein Zeitalter der Multipolarität werden?

Konfliktregelung und Friedenssicherung im 21. Jahrhundert

Wenn man nicht utopischen Träumen der Harmonie durch herrschaftsfreien
Diskurs anhängt, stellt die Supermacht USA die entscheidenden Fragen der
Weltordnung in der absehbaren Zukunft. Bisher waren die USA als kluger He-
gemon bereit,

> „ihre militärische und wirtschaftliche Übermacht (raw power) in eine institutionell
> abgesicherte und legitimierte Ordnung einzubringen (legitimate authority). Durch
> ‚bonding', ‚binding' and ‚voice opportunities', also durch Herstellen von Gemein-
> samkeiten, durch die Geltung aller Regeln für alle und damit die Selbstbindung des
> Hegemons und durch Mitspracherechte für die weniger mächtigen Staaten verzichte-
> te die westliche Supermacht zwar auf kurzfristige Machtgewinne, konnte dafür aber
> eine langfristig stabile und kostengünstige Führungsrolle spielen" *(Krell 2003: 28).*

Für die Tendenzen einer militarisierten Globalpolitik sowie einer gleichzeitigen
Abwertung internationaler Abkommen fehlt es nicht an Beispielen: Das Zögern
der USA bei der Ratifizierung des Kyoto-Protokolls oder auch des Vertrages
über einen internationalen Strafgerichtshof ist in frischer Erinnerung. Die sogenannte Kriegskoalition im Kampf gegen den Terrorismus hat eine eindeutige
Vormacht. Das galt schon bei früheren Militäraktionen, und es gilt ganz ausgeprägt in der Haltung zum Irak.

Charles *Kupchan* (2003) bezieht eine klare Position zugunsten der zweiten
Alternative. Seine zentrale These lautet: In

„Zusammenarbeit mit einem zunehmend integrierten Europa werden sich auch Russland, Japan und China schrittweise zu Gegengewichten der amerikanischen Macht
entwickeln. [...] Der Aufstieg anderer Mächte und Amerikas schwindender und unilateral geprägter Internationalismus weisen darauf hin, dass sich Amerikas unipolare
Stellung verflüchtigt. Unipolarität wird von Multipolarität abgelöst. Die Präsenz einer Hegemonialmacht weicht einem globalen Konkurrenzkampf um Position, Einfluss und Status."

Kupchan schlägt daher vor, rechtzeitig eine „Große Strategie für den (unver-
meidlichen) Übergang zur multipolaren Welt" zu entwerfen, und steht damit in
der geistigen Tradition des „realistischen Liberalismus" (John Herz), der die
machtpolitische Logik des Realismus ernst nimmt, sie aber zu durchbrechen
versucht. Seine „Große Strategie" ist ein „neuer liberaler Internationalismus", ein
Mittelweg, verbunden mit „strategischer Zurückhaltung", mit der Bereitschaft,
„aufstrebenden Machtzentren einen Teil der eigenen Macht abzugeben". Nach
seinen Vorstellungen sollte ein „globales Direktorium" mit den Gründungsmit-
gliedern USA, Europa, Russland, China und Japan angestrebt werden, um als in-
formelles Forum der Aussprache, Koordination und Entscheidung zu fungieren.
Eine Politik der „strategischen Partnerschaft" speziell zwischen Amerika und
Europa sollte angestrebt werden, da „sie niemals zu Feinden werden". Aus europäischer Sicht mag man einwenden, dass der politische Wille und die Fähigkeit
einer erweiterten EU, zu einem eigenständigen und einheitlichen geopolitischen
Machtpol zu werden, wohl überschätzt werden, dass bestenfalls eine Kerngruppe
eine eigenständige gemeinsame Außen- und Sicherheitspolitik ausbilden kann.
Aber immerhin: In einer anderen Epoche und unter anderen Umständen und
Randbedingungen haben ähnliche Vorstellungen schon einmal funktioniert: im
europäischen Konzert des 19. Jahrhunderts, das freilich die friedens- und si-
cherheitstabilisierende Funktion einer Kooperation der Großen zulasten der
Kleinen durchsetzte (und uns – das ganz nebenbei – die Fülle jener Probleme auf
dem Balkan einbrockte, mit deren historischen Nachwirkungen wir auch heute
noch konfrontiert werden).

Ralf *Dahrendorf* (2003) schließlich hebt in diesem Kontext in seinem Entwurf einer Politik der Freiheit für das 21. Jahrhundert richtig hervor:

„Multilaterale Ordnungen sind immer die Sehnsucht der Schwachen, die Starken dazu zu bewegen, sich solchen Ordnungen zu unterwerfen. Die Gründung der Vereinten Nationen 1945 war ein wohl unwiederholbares Beispiel; sie geschah zu einer
Zeit, zu der die Machtstrukturen der Welt im Fluss waren und sich auch die relativ
Mächtigsten Vorteile von multilateralem Handeln versprachen. Heute muss der Ap-
pell an gemeinsame Werte die Stelle diffuser Machtverhältnisse einnehmen, wobei
es eine Rolle spielen kann, dass multilaterale Arrangements möglichen zukünftigen
Konkurrenten um Macht rechtzeitig gewisse Zügel anlegen. Eine Weltdemokratie
wird es nicht geben, jedenfalls nicht im strengen Sinne des Begriffs. Eine Weltherr-
schaft des Rechts hingegen ist zumindest denkbar. Wir sind noch sehr weit von ihr
entfernt; nach wie vor ist internationales Recht moralischen Forderungen näher als
geltenden Regeln, deren Nichteinhaltung verlässlichen Sanktionen unterliegt. Aber
es gibt Anfänge für die Entstehung oder Schaffung solcher Regeln. Zuweilen suchen
sogar die Sünder selbst Wege zur Tugend, weil am Ende nur die Tugend die Ver-
lässlichkeit schafft [...]. Auch die Frage des Status der Gefangenen von Guantanamo

hat die Geltung von Regeln – in diesem Fall der Behandlung von Gefangenen jeder Art – eher verstärkt. [...] Das alles sind große und zum Teil ferne, ja visionäre Aufgaben. In weltbürgerlicher Absicht handeln beschränkt sich jedoch nicht auf diese. Es ist vielmehr immer dann relevant, wenn wir über die Grenzen der uns vertrauten Gemeinwesen hinausblicken. Asylbewerber und Zuwanderer stellen da besonders Fragen. Behandeln wir sie nach Grundsätzen, die als Prinzip einer weltbürgerlichen Verfassung des Rechts gelten können? Die Antwort darauf ist nicht einfach; auch die Integrität der Kulturen, die in einer entfesselten Welt Halt geben, kann ein Recht sein. [...] Die Vision Weltbürgertum ist keine Idylle, sondern eine Welt, in der Konflikte (in Ulrich Becks Worten) ‚zugleich anerkannt und nach vereinbarten, institutionalisierten Regeln ausgetragen werden'. Nur bei dem Wort ‚vereinbart' habe ich [R. D.] eine kleine, wenngleich potentiell folgenschwere Anmerkung. Vereinbarungen halten nur, wenn hinter ihnen eine Sanktionsmacht steht. Wir werden die Herrschaft nicht abschaffen, und statt es zu versuchen, sollten wir uns darauf konzentrieren, sie zu bändigen."

Ein schönes, ein programmatisches Schlusswort – zumal es unmittelbar zurückverweist auf die Friedensidee Kants, der zufolge die institutionelle Sicherung des Friedens Ergebnis eines Systems wechselseitiger Rechtsgarantien zwischen den Akteuren ist und der Rechtsfriede im äußeren Verhältnis der Staaten untereinander nur von Dauer sein kann, wenn auch in deren Innern rechtsstaatliche Bedingungen herrschen (*Gerhardt* 1995).

Die Aktualität und die Notwendigkeit dieses Programms stellt die Entwicklung Europas und seiner Peripherie seit dem Ende des Ost-West-Konfliktes immer wieder unter Beweis.

6 Literaturverzeichnis

Aall, Pamela (1996): Nongovernmental Organizations and Peacemaking, in: Crocker, Chester A./Hampson, Fen Osler/Aall, Pamela (Hg.): Managing Global Chaos. Sources and Responses to International Conflict. Washington D. C., S. 433–443.

Aall, Pamela (2003): What Do NGOs Bring to Peacemaking?, in: Crocker, Chester A., u. a. (Hg.): Turbulent Peace. The Challenges of Managing International Conflict. Washington D. C., S. 365–383.

Aall, Pamela/Miltenberger, Daniel T./Weiss, Thomas G. (2000): Guide to IGOs, NGOs, and the Military in Peace and Relief Operations. Washington D. C.

Abbott, Chris/Rogers, Paul/Sloboda, John (2007): Beyond Terror. The Truth About the Real Threats to Our World. London.

Abdullah, Amr K. (2001): Finding the Tools to Bridge the Cultural Gaps, unter: http://www.alhewar. com/Alma-Amr.htm (14. Oktober 2001).

Aggestam, Karin (2003): Conflict Prevention: Old Wine in New Bottles?, in: International Peacekeeping, Bd. 10, Heft 1.

Almond, Mark (1999): Dayton und die Neugestaltung Bosnien-Herzegowinas, in: Melcic, Dunja (Hg.): Der Jugoslawienkrieg. Handbuch zu Vorgeschichte, Verlauf und Konsequenzen. Opladen/Wiesbaden, S. 446–454.

Almond, Mark (2007): Dayton und die prekäre Neugestaltung Bosnien-Herzegowinas, in: Melcic, Dunja (2007): Der Jugoslawienkrieg. Handbuch zu Vorgeschichte, Verlauf und Konsequenzen. 2. Auflage. Wiesbaden, S. 439–451.

Altermatt, Urs (1996): Das Fanal von Sarajevo. Ethnonationalismus in Europa. Paderborn.

Altmann, Franz-Lothar (2005): EU und Westlicher Balkan. Von Dayton nach Brüssel: ein allzu langer Weg? SWP-Studie. Berlin.

Altmann, Franz-Lothar (2005): EU-Erweiterungsmüdigkeit und Westlicher Balkan. SWP-Aktuell 60. Berlin.

Altmann, Franz-Lothar/Batt, Judy (Hg.) (2004): The Western Balkans: moving on. Chaillot Paper No. 70. Paris.

Altvater, Elmar/Mahnkopf, Birgit (2002): Globalisierung der Unsicherheit. Arbeit im Schatten. Schmutziges Geld und informelle Politik. Münster.

Anastasakis, Othon/Bechev, Dimitar (2003): EU Conditionality in South East Europe: Bringing Commitment to the Process. Oxford (URL: http://www.sant.ox.ac.uk/esc/ esc-lectures/EUcondi tionality.doc).

Anderson, Mary (1999): Do no Harm. How Aid Can Support Peace – or War. Boulder, Colorado.

Andric, Ivo (1977): The Bridge on the Drina. Chicago.

Angelova, Penka/Veichtlbauer, Judith (Hg.) (2001): Pulverfass Balkan. Mythos oder Realität. St. Ingbert.

Annan, Kofi (1998): The Causes of Conflict and the Promotion of Durable Peace and Sustainable Development in Africa. Report of the Secretary General (16. April 1998), im Internet unter: http://www.un.org/ecosocdev/geninfo/afrec/sgreport/report. htm, abgerufen 6. März 2002.

Anzulovic, Branimir (1999): Heavenly Serbia. From Myth to Genocide. London.

Arbatova, Nadia (2001): Macedonia and European Security, in: ESF: The Macedonian Crisis and European Security. Working Paper No. 2, July 2001.

Arnold, Hans (1993): Der Balkan-Krieg und die Vereinten Nationen, in: Europa-Archiv, Folge 2/1993, S. 33–40.

Atwood, David C. (1998): Transnationale NGOs und Peacebuilding. Grundlagen für die Analyse, in: Friedenspolitik der Zivilgesellschaft: Zugänge – Erfolge – Ziele (Studien für europäische Friedenspolitik, Bd. 4). Hg. ÖSFK. Münster, S. 172–188.

Austin, Alex (Hg.) (2004): Transforming ethnopolitical conflict: the Berghofhandbook. Wiesbaden.

Auswärtiges Amt (Hg.) (1998a): Deutsche Außenpolitik 1995. Auf dem Weg zu einer Friedensregelung für Bosnien-Herzegowina: 53 Telegramme aus Dayton. Eine Dokumentation. Bonn.

Auswärtiges Amt (Hg.) (1998b): Gemeinsame Außen- und Sicherheitspolitik der Europäischen Union (GASP). Dokumentation. 11., überarbeitete Aufl. Bonn.

Avruch, Kevin (2002): What Do I Need to Know about Culture? A Researcher Says ..., in: Lederach, Jean Paul/Moomaw Jenner, Janice (Hg.): A Handbook of International Peacebuilding. Into the Eye of the Storm. San Francisco, S. 75–87.

Axt, Heinz-Jürgen (1993): Hat Genscher Jugoslawien entzweit?, in: Europa-Archiv 11/1993, S. 351–360.

Axt, Heinz-Jürgen (2001): Sicherheitsrisiken in Südosteuropa, in: Axt, Heinz-Jürgen/ Rohloff, Christoph (Hg.): Frieden und Sicherheit in (Südost-)Europa: EU-Beitritt, Stabilitätspakt und Europäische Sicherheits- und Verteidigungspolitik. Südosteuropa-Studie Band 70. München, S. 41–83.

Axt, Heinz-Jürgen (2003): Vom Wiederaufbauhelfer zum Modernisierungsagenten, in: Aus Politik und Zeitgeschichte, B 10/11, S. 18–26.

Axt, Heinz-Jürgen/Rohloff, Christoph (Hg.) (2001): Frieden und Sicherheit in (Südost-)Europa: EU-Beitritt, Stabilitätspakt und Europäische Sicherheits- und Verteidigungspolitik. Südosteuropa-Studie Band 70. München.

Ayoob, Mohammed (1995): The Third World Security Predicament. State Making, Regional Conflict, and the International System. Boulder, Colorado.

Bakker, Edwin (2004): A Culture of Conflict Prevention: OSCE Experiences and Cooperation with the EU, in: Kronenberger, Vincent/Wouters, Jan (Hg.): The European Union and Conflict Prevention. Den Haag, S. 393–413.

Baldwin, David A. (1985): Economic Statecraft. Princeton, New Jersey.

Banac, Ivo (2007): Jugoslawien 1918–1941. In: Melcic, Dunja (2007): Der Jugoslawienkrieg. Handbuch zu Vorgeschichte, Verlauf und Konsequenzen. 2. Auflage. Wiesbaden, S. 153–169.

Barash, David P. (1991): Introduction to Peace Studies. Belmont, Calif.

Batt, Judy (Hg.) (2003): Partners and Neighbours: a CFSP for a wider Europe. Chaillot Paper No. 64. Paris.

Batt, Judy (2004): Introduction: the stabilisation/integration dilemma, in: Altmann, Franz-Lothar/Batt, Judy (Hg.): The Western Balkans: moving on. Chaillot Paper No. 70. Paris, S. 7–19.

Bauer, Thomas (o. J.): Bewährungsprobe Mazedonien: Concordia als Test für das neue Verhältnis zwischen EU und NATO. Beitrag für das Policy-Forum der weltpolitik. net.

Beaufre, André (1966): Abschreckung und Strategie. Berlin.

Behrens, Wolfhard (2002): Wirtschaftlicher Wiederaufbau im Rahmen des Stabilitätspaktes durch das Bundesministerium für wirtschaftliche Zusammenarbeit und Entwicklung, in: Biermann, Rafael (Hg.): Deutsche Konfliktbewältigung auf dem Balkan. Erfahrungen und Lehren aus dem Einsatz. Baden-Baden, S. 127–138.

Beisheim, Marianne (1997): Nichtregierungsorganisationen und ihre Legitimität, in: Aus Politik und Zeitgeschichte, B 43, S. 21–29.

Bendiek, Annegret (2004): Der Konflikt im ehemaligen Jugoslawien und die europäische Integration. Eine Analyse ausgewählter Politikfelder. Wiesbaden.

Bendiek, Annegret (o. J.): Der Stabilitätspakt für Südosteuropa und die Rolle der EU, in: Jopp, Matthias/Schlotter, Peter (Hg.): Die Gemeinsame Außen- und Sicherheitspolitik der Europäischen Union – Intergouvernementales Netzwerk oder kollektiver Akteur? Frankfurt a. M./New York.

Benthin, Madlen (2007): Die Vertreibung der Deutschen aus Ostmitteleuropa. Deutsche und tschechische Erinnerungskulturen im Vergleich. Hannover.

Benz, Arthur (Hg.) (2004): Governance – Regieren in komplexen Regelsystemen. Eine Einführung. Wiesbaden.

Benz, Wolfgang (1992): Fremde in der Heimat: Flucht – Vertreibung – Integration, in: Bade, Klaus (Hg.): Deutsche im Ausland – Fremde in Deutschland. Migration in Geschichte und Gegenwart. München, S. 374–386.

Bericht der internationalen Balkan-Kommission (2005): The Balkans in Europe's Future (URL: www.balkan-commission.org).

Berkeley, Bill (2002): Road to a Genocide, in: Mills, Nicolaus/Brunner, Kira (Hg.): The New Killing Fields. Massacre and the Politics of Intervention. New York, S. 103–116.

Bettzuege, Reinhard (2002): The OSCE of the 21st Century – A Departure for New Horizons?, in: OSCE Yearbook 2002. IFSH Hamburg (Hg.), S. 39–45.

Beyrau, Dietrich (Hg.) (2007): Formen des Krieges. Von der Antike bis zur Gegenwart. Paderborn.

Biermann, Rafael (2003): Stabilitätspakt und EU-Balkanpolitik: Von der Stabilisierung zur Integration?, in: Timmermann, Heiner/Jakir, Aleksandar (Hg.): Europas Tragik. Ex-Jugoslawien zwischen Hoffnung und Resignation. Münster/Hamburg/London, S. 23–42.

Biermann, Rafael (2006): Lehrjahre im Kosovo. Das Scheitern der internationalen Krisenprävention vor Kriegsausbruch. Paderborn.

Biermann, Wolfgang/Vadset, Martin (Hg.) (1998): UN Peacekeeping in Trouble. Lessons Learned from the Former Yugoslavia. Aldershot.

Bildt, Carl (2002): Der Balkan nach dem 11. September. Eine europäische Führung ist gefragt, in: Volle, Angela/Weidenfeld, Werner (Hg.): Der Balkan zwischen Krise und Stabilität. Beiträge und Dokumente aus Internationale Politik. Bielefeld, S. 87–89.

Bismarck, Otto von (1929): Die gesammelten Werke, Bd. 11. Berlin.

Bonacker, Thorsten (Hg.) (2005): Sozialwissenschaftliche Konflikttheorien. Lehrbuch. 3. Aufl. Wiesbaden.

Bonder, Michael/Röttger, Bernd/Ziebura, Gilbert (1992): Deutschland in einer neuen Weltära. Die unbewältigte Herausforderung. Opladen.

Booth, Ken (1991): Bernard Brodie, in: Baylis, John/Garnett, John (Hg.): Makers of Nuclear Strategy. London, S. 19–56.

Booth, Ken/Dunne, Tim (Hg.) (2002): Worlds in Collision. Terror and the Future of Global Order. Basingstoke.

Bos, Ellen/Schmidt, Siegmar (1997): Politisierte Ethnizität und Verfassungsstaat in Schwarzafrika, in: Betz, Joachim (Hg.): Verfassungsgebung in der Dritten Welt (Schriften des Deutschen Übersee-Instituts Hamburg, Bd. 37). Hamburg, S. 394–440.

Bose, Sumantra (2002): Bosnia after Dayton. Nationalist partition and international intervention. London.

Boulding, Elise (2000): A New Chance for Human Peaceableness?, in: Peace and Conflict. Journal of Peace Psychology 6, Nr. 3, S. 193–215.

Boulding, Kenneth E. (1963): Conflict and Defense. A General Theory. New York.

Boutros-Ghali, Boutros (1992): Empowering the United Nations, in: Foreign Affairs 72. Heft 5, S. 89–102.

Bredow, Wilfried von (1992): Der KSZE-Prozeß. Von der Zähmung zur Auflösung des Ost-West-Konflikts. Darmstadt.

Bremer, Thomas (2003): Kleine Geschichte der Religionen in Jugoslawien. Königreich – Kommunismus – Krieg. Freiburg.

Bremer, Thomas, u. a. (Hg.) (1998): Serbiens Weg in den Krieg. Kollektive Erinnerung, nationale Formierung und ideologische Aufrüstung. Berlin.

Bridge, Francis R./Bullen, Roger (1980): The Great Powers and the European States System 1815–1914. London.

Brix, Emil, u. a. (Hg.) (2007): Südosteuropa. Traditionen als Macht. Wien/München.

Brown, Michael E. (2001): The Causes of Internal Conflict. An Overview, in: Brown, Michael E., u. a. (Hg.): Nationalism and Ethnic Conflict. 2., neubearb. Auflage. Cambridge, Massachusetts.

Brown, Michael E., u. a. (Hg.) (2004): New Global Dangers. Changing Dimensions of International Security. Cambridge, Massachusetts.

Brzoska, Michael (2003): From dumb to smart? Recent sanctions reform at the United Nations. Global Governance 9 (4).

Buchalla, C. E. (1991): Kalter Streich in der Hitze des Krieges, in: Süddeutsche Zeitung, 5. 10. 1991, S. 3.

Bull, Hedley (1969): The Grotian Conception of International Society, in: Butterfield, H./Wight, M. (Hg.): Diplomatic Investigations. Essays in the Theory of International Politics. 3. Aufl. London, S. 51–73.

Burg, Steven L./Shoup, Paul S. (1999): The War in Bosnia-Herzegovina. Ethnic Conflict and International Intervention. Armonk/N. Y., London.

Burton, John (1990): Conflict: Resolution and Prevention. Houndmills.

Burton, J./Dukes, F. (1990): Conflict. Practices in Management, Settlement and Resolution. London.

Busek, Erhard (2002): Die Zukunft Südosteuropas – Herausforderung an die europäische und internationale Politik. Festvortrag anlässlich des Festaktes „50 Jahre Südosteuropa-Gesellschaft". München, 7. 2. 2002, in: Südosteuropa Mitteilungen 02/2002, 42. Jahrgang, S. 6–16.

Bush, George W. (2002): Remarks by the President at 2002 Graduation Exercise of the United States Military Academy West Point. New York (Internetdokument: www.whitehouse.gov; Zugriff am 1. März 2003).

Calic, Marie-Janine (1993): Jugoslawienpolitik am Wendepunkt, in: Aus Politik und Zeitgeschichte, B 37/1993, S. 11–23.

Calic, Marie-Janine (1995): Der Krieg in Bosnien-Hercegovina. Ursachen, Konfliktstrukturen, Internationale Lösungsversuche. Frankfurt/M.

Calic, Marie-Janine (1996): Krieg und Frieden in Bosnien-Hercegovina. Erweiterte Neuausgabe. Frankfurt/M.

Calic, Marie-Janine (1998): Dayton: Mythos oder Modell? in: Schilling, Heinz (Hg.): Die Kunst des Friedensschlusses in Vergangenheit und Gegenwart. Niedersächsische Landeszentrale für politische Bildung, Hannover, S. 81–92.

Calic, Marie-Janine (1999a): Die Jugoslawienpolitik des Westens nach Dayton, in: Aus Politik und Zeitgeschichte, B34, S. 22–32.

Calic, Marie-Janine (1999b): Ein Mythos bringt Tod und Zerstörung, in: Süddeutsche Zeitung vom 17. 4. 1999.

Calic, Marie-Janine (1999c) Die Balkan-Krise, Editorial: Marie-Janine Calic, in: Das Parlament (Bonn), 48 (6. August 1999), S. 1–13.

Calic, Marie-Janine (2001): Der Stabilitätspakt für Südosteuropa. Eine erste Bilanz, in: Aus Politik und Zeitgeschichte, 13/14, S. 9–16.

Calic, Marie-Janine (2002): Makedoniens letzte Chance. SWP-Aktuell 42, Oktober 2002.

Calic, Marie-Janine (2003): Welche Zukunft für den Balkan-Stabilitätspakt? SWP-Studie, S. 1–40.

Calic, Marie-Janine (2004a): Der Stabilisierungs- und Assoziierungsprozess auf dem Prüfstand. Empfehlungen für die Weiterentwicklung europäischer Balkanpolitik. SWP-Studie. Berlin.

Calic, Marie-Janine (2004b): Herausforderung Kosovo. Die Europäer müssen sich noch stärker engagieren, in: Internationale Politik 11–12/2004, S. 95–102.

Calic, Marie-Janine (2004c): Kosovo 2004: Optionen deutscher und europäischer Politik. SWP-Studie.

Calic, Marie-Janine (2005): The Western Balkans on the Road towards European Integration. Friedrich-Ebert-Stiftung, Internationale Politikanalyse. Bonn.

Caplan, Richard (2005): Europe and the Recognition of New States in Yugoslavia. Cambridge.

Carment, David/Schnabel, Albrecht (2000): Conflict Prevention: Naked Emperor, Path to Peace, Grand Illusion or Just Difficult? Presentation at the 41st Annual Convention of the International Studies Association, Los Angeles, USA, 14–18 March 2000. Zugänglich im Internet unter www.carleton.ca/~dcarment/papers/emperor.html, abgerufen am 8. Juli 2004.

Carnegie Commission (1997): Preventing Deadly Conflict. Final Report. Carnegie Commission. New York/Washington D. C.: Carnegie Corporation.

Carr, Fergus/Callan, Theresa (2002): Managing Conflict in the New Europe. The Role of International Institutions. Basingstoke.

Chandler, David (1999): Bosnia. Faking Democracy after Dayton. London.

Chandler, David (2000): Bosnia. Faking Democracy after Dayton (2nd Edition). London.

Cheldelin, Sandra, u. a. (Hg.) (2003): Conflict. From Analysis to Intervention. London/ New York.

Chiar, Bernhard/Keßelring, Agilolf (2006): Wegweiser zur Geschichte. Kosovo. Paderborn.

Chladek, Tilmann (2002): Dokumentation. Dokumente zur Entwicklung auf dem Balkan, in: Internationale Politik 5, S. 59–67.

Chojnacki, Sven/Eberwein, Wolf-Dieter (2000): Die Kultur der Prävention: Ein Ansatz zur Zivilisierung internationaler Politik? (Paper P00-301, Arbeitsgruppe internationale Politik, Wissenschaftszentrum Berlin für Sozialforschung). Berlin.

Chopra, Jarat (Hg.) (1998): The Politics of Peace Maintenance. Boulder, Colorado.

Cirkovic, Sima (2007): Zur Ethnogenese auf dem Gebiet des ehemaligen Jugoslawien. In: Melcic, Dunja (2007): Der Jugoslawienkrieg. Handbuch zu Vorgeschichte, Verlauf und Konsequenzen. 2. Auflage. Wiesbaden, S. 21–33.

Collier, John/Lowe, Vaughan (1999): The Settlement of Disputes in International Law. Institutions and Procedures. Oxford.

Commission of the European Communities (COM) (2001): Communication from the Commission on Conflict Prevention. COM(2001)211 final. Brüssel.

Cortright, David/Lopez, George (2002a): Smart Sanctions. Targeting Economic Statecraft. Lanham.

Cortright, David/Lopez, George (2002b): Sanctions and the Search for Security. Challenges to UN Action. Boulder/London.

Costy, Alexander/Gilbert, Stefan (1998): Conflict Prevention and the European Union, London: International Alert.

Crocker, Chester A., u. a. (Hg.) (2001): Turbulent Peace. The Challenges of Managing International Conflict. Washington D. C.

Cviic, Christopher (1991): Remaking the Balkans. London.

Cyrus, Lieselore (2003): Gipfeltreffen EU-Westliche Balkanstaaten in Thessaloniki, in: Südosteuropa-Mitteilungen, 43: 4–5, S. 7–13.

Czempiel, Ernst-Otto (1990): Internationale Beziehungen: Begriff, Gegenstand und For-
        schungsabsicht, in: Knapp, Manfred/Krell, Gert (Hg.): Einführung in die Internatio-
        nale Politik. Studienbuch. München, S. 2–25.
Czempiel, Ernst-Otto (1991): Weltpolitik im Umbruch. Das internationale System nach
        dem Ende des Ost-West-Konflikts. München.
Czempiel, Ernst-Otto (1998): Friedensstrategien. 2. Aufl. Opladen/Wiesbaden.
Czempiel, Ernst-Otto (1999): Kluge Macht. Außenpolitik für das 21. Jahrhundert. Mün-
        chen.
Daalder, Ivo H. (1997): Bosnia after SFOR: Options for continued US engagement, in:
        Survival (Oxford), 39 (Winter 1997-98) 4, S. 5–18.
Daase, Christopher (1999): Kleine Kriege – große Wirkung. Wie unkonventionelle
        Kriegsführung die internationale Politik verändert. Baden-Baden.
Dahrendorf, Ralf (1992): Der moderne soziale Konflikt. Stuttgart.
Dahrendorf, Ralf (1993): Eine große, universelle Sicht. Die Entzauberung der Moderne,
        in: Spiegel Spezial 4: Die Erde 2000. Hamburg, S. 7–12.
Dahrendorf, Ralf (2003): Auf der Suche nach einer neuen Ordnung. Vorlesungen zur
        Politik der Freiheit im 21. Jahrhundert. München.
Dammann, Michael (2000): Internationale Bearbeitung des Kosovokonflikts 1990–1999.
        Trierer Arbeitspapiere zur Internationalen Politik. Nr. 3. Universität Trier.
Davies, John/Kaufman, Edward (Hg.) (2002): Second Track/Citizens' Diplomacy. Con-
        cepts and Techniques for Conflict Transformation. Oxford.
Debiel, Tobias (2004): Konfliktbearbeitung in Zeiten des Staatsverfalls: Erfahrungen und
        Lehren zu Beginn des 21. Jahrhunderts, in: Blanke, Ursula (Hg.): Krisen und Kon-
        flikte. Von der Prävention zur Friedenskonsolidierung. Berlin, S. 21–38.
Dempsey, Judy (2002): Der Balkan und die EU. Modernisierung oder Abhängigkeit?, in:
        Volle, Angelika/Weidenfeld, Werner (Hg.): Der Balkan zwischen Krise und Stabili-
        tät. Bielefeld, S. 81–86.
Denitch, Bogdan (1994): Ethnic Nationalism. The Tragic Death of Yugoslavia. Minnea-
        polis/London.
Dent, Martin J. (2004): Identity Politics. Filling the Gap between Federalism and Inde-
        pendence. Aldershot.
Der Spiegel 52/1991, S. 142 ff.
Der Spiegel 32/1992, S. 135 ff.
Der Spiegel 18/1993, S. 137.
Deutsch, Morton (1973): The Resolution of Conflict. Constructive and Destructive Proc-
        esses. New Haven/London: Yale University Press.
Diamond, Louise/McDonald, John (1996): Multi-Track Diplomacy. A Systems Approach
        to Peace. 3. Aufl. West Hartford, Connecticut.
Djekovic, Liliana (1991): Der kurze Atem der Selbstverwaltung: eine Volkswirtschaft
        zwischen Dauerkrise und gescheiterten Reformen, in: Furkes, Josip (Hg.): Jugosla-
        wien: ein Staat zerfällt: der Balkan – Europas Pulverfaß, S. 134–164. Reinbek bei
        Hamburg.
Djekovic, Liliana (1991): Jugoslawiens Wirtschaft: zwischen Fehlentwicklung und Re-
        formbewegung, in: Karger, Adolf: Jugoslawien in der Zerreißprobe. Stuttgart,
        S. 174–183.
Djokic, Dejan (Hg.) (2003): Yugoslavism. Histories of a Failed Idea 1918–1992. London.
Domaschke, Cornelia/Schliewenz, Birgit (1996): Zur Genesis national-ethnischer Kon-
        flikte in Ex-Jugoslawien, in: Forschungsinstitut der Friedrich-Ebert-Stiftung (Hg.):
        Ethnisierung gesellschaftlicher Konflikte. Bonn 1996, S. 19–29.
Domke, William K. (1988): War and the Changing Global System. New Haven.

Donev, Jovan (2003): Macedonia: a Promising Journey Interrupted?, in: Meurs, Wim van (Hg.): Prospects and Risks beyond EU-Enlargement. Southeastern Europe: Weak States and Strong International Support. Opladen, S. 227–235.

Dornfeldt, Matthias (2006): Das Konfliktmanagement der Organisation für Sicherheit und Zusammenarbeit in Europa (OSZE). Eine Analyse am Beispiel der interethnischen Konflikteskalation in der Republik Makedonien 2001. Berlin.

Draschtak, Raphael (2005): Endspiel 1995. Die USA beenden den Balkankrieg. Wien.

Drezner, Daniel W. (1999): The Sanctions Paradox. Economic Statecraft and International Relations. Cambridge.

Dukovski, Darko (2007): Makedonien, in: Melcic, Dunja (2007): Der Jugoslawienkrieg. Handbuch zu Vorgeschichte, Verlauf und Konsequenzen. 2. Aufl. Wiesbaden, S. 139–152.

Edwards, Geoffrey (1992): European Responses to the Yugoslavian Crisis – an Interim Assessment, in: Rummel, Reinhardt (Hg.): Toward Political Union. Planning a Common Foreign and Security Policy in the European Community. Baden-Baden, S. 165–190.

Ehrke, Michael (2002): Zur politischen Ökonomie post-nationalstaatlicher Konflikte, in: Internationale Politik und Gesellschaft 3/2002, S. 135–163.

Eibl-Eibesfeldt, Irenäus (1975): Krieg und Frieden aus der Sicht der Verhaltensforschung. Zürich.

Ein sicheres Europa in einer besseren Welt. Europäische Sicherheitsstrategie. Brüssel 12. 12. 2003 http://ue.eu.int/uedocs/cmsUpload/031208ESSIIDE.pdf, abgerufen am 11. 10. 2006.

Eisermann, Daniel (2000): Der lange Weg nach Dayton. Baden-Baden.

Eitelhuber, Norbert (2002): UN-Friedenssicherung zwischen den Fronten. Der Streit um den Internationalen Strafgerichtshof. SWP-Aktuell, August 2002. Berlin, S. 1–8.

Eldridge, Justin L. C. (2002): Playing at Peace: Western Politics, Diplomacy and the Stabilisation of Macedonia, European Security Autumn 2002, Vol. 11, No. 3, S. 46–90.

Elias, Norbert (1989a, b): Über den Prozeß der Zivilisation: Soziogenetische und psychogenetische Untersuchungen. Band I: Wandlungen des Verhaltens in den weltlichen Oberschichten des Abendlandes. Band 2: Wandlungen der Gesellschaft. Entwurf zu einer Theorie der Zivilisation. 14. Aufl. Frankfurt/M.

Eller, Jack David./Coughlan, Reed (1993) "The Poverty of Primordialism; The demystification of Ethnic Attachments", in: Ethnic and Racial Studies 16.2: 183–203. Nachgedruckt in Smith, A./Hutchinson, J. (Hg.): The Oxford Reader – Ethnicity. Oxford University Press. 1996.

Elliott, Kimberly Ann/Hufbauer, Gary Clyde (2007): Sanctions. http://www.econlib.org/Library/Enc/ Sanctions.html, abgerufen am 24. 8. 2007.

Europäische Kommission (Hg.) (2002): Jahresbericht 2001: Über die Entwicklungspolitik der EG und die Umsetzung der Außenhilfe, Luxemburg: 2002.

Evans, Glynne (1997): Responding to Crises in the African Great Lakes, Adelphi Paper 311, London.

Evera, Stephen van (2001): Hypotheses on Nationalism and War, in: Brown, Michael E., u. a. (Hg.): Nationalism and Ethnic Conflict. 2., neubearb. Aufl. Cambridge, Massachusetts, S. 26–60.

Fahrenhorst, Brigitte (Hg.) (2000): Die Rolle der Entwicklungszusammenarbeit in gewalttätigen Konflikten. SID-Berichte Nr. 11. Berlin.

Farwick, Dieter (Hg.) (1994): Krisen – die große Herausforderung unserer Zeit. Frankfurt am Main/Bonn.

Fearon, James D./Laitin, David D. (2000): Violence and the Social Construction of Ethnic Identity, in: International Organization 54/2000, S. 845–877.

Ferdowsi, Mir A. (Hg.) (2002): Internationale Politik im 21. Jahrhundert. München.

Festinger, Leon (1968): A Theory of Cognitive Dissonance. Neuaufl. Stanford.

Fischer, Martina (Hg.) (2007): Ten Years After Dayton. Peacebuilding and Civil Society in Bosnia-Herzegovina. Münster.

Flacke, Monika (Hg.) (2001): Mythen der Nationen. Ein Europäisches Panorama. 2. Aufl. München/Berlin.

Flottau, Heiko (1991): Bittere Folgen des Titoismus, in: Süddeutsche Zeitung, 13. 9. 1991, S. 4.

Flottau, Heiko (1992): Die Balkanisierung des Balkans, in: Süddeutsche Zeitung, 18. 5. 1992, S. 4.

Forberg, Ekkehard/Terlinden, Ulf (2002): Hilfe, die nicht vom Himmel fällt. Gewaltprävention in der Entwicklungsarbeit von NGOs (Konflikttransformation Bd. 3). Hg. Berghof Forschungszentrum für konstruktive Konfliktbearbeitung. Münster.

Forbes, Hugh Donald (1997): Ethnic Conflict. Commerce, Culture and the Contact Hypothesis. New Haven.

Fowkes, Ben (2002): Ethnicity and Ethnic Conflict in the Post-Communist World. Houndmills.

Frank, M. (1991): Warnungen, die Wahrheit wurden, in: Süddeutsche Zeitung, 2. 7. 1991, S. 3.

Frankfurter Allgemeine Zeitung (2002), 26. 1. 2002.

Frankfurter Allgemeine Zeitung (2005), 30. 6. 2005, S. 6.

Frantz, Christiane (2000): EU-Integration als Transformationsrahmen? Demokratische Konsolidierung in Polen durch die Europäische Union. 1. Auflage. Opladen.

Frantz, Christiane (2003): Perspektiven der Demokratie im Erweiterungsgebiet, in: Kevenhörster, Paul/Thränhardt, Dietrich (Hg.): Demokratische Ordnungen nach den Erfahrungen von Totalitarismus und Diktatur. Eine international vergleichende Bilanz. Münster.

Frckoski, Ljubomir (2001): La Macédoine et la Région, in: Triantaphyllou, Dimitrios (Hg.): Le Sud des Balkans: Vues de la Région. Paris: Institute for Security Studies, S. 37–46.

Frech, Siegfried/Trummer, Peter I. (Hg.) (2005): Neue Kriege. Akteure, Gewaltmärkte, Ökonomie. Schwalbach/Ts.

Freedman, Lawrence, (1989): The Evolution of Nuclear Strategy. 2. Auflage. London.

Friis, Lykke/Murphy, Anna (2000): Negotiating in a Time of Crisis: The European Union's Response to the Military Conflict in Kosovo. RSC Working Paper. No. 2000/20. Florence.

Furtak, Florian T. (1997): Nichtstaatliche Akteure in den internationalen Beziehungen. NGOs in der Weltpolitik. München.

Gaddis, John Lewis (1992): The United States and the End of the Cold War. Implications, Reconsiderations, Provocations. New York.

Gajevic, Mira (1998): Pulverfaß Kosovo, in: dpa-Hintergrund, Nr. 3218 (29. 6. 1998), S. 1–16.

Galtung, Johan (1967): On the Effects of International Economic Sanctions: With Examples from the Case of Rhodesia. World Politics 19 (3), S. 26–48.

Galtung, Johan (1975): Peace: Research. Education. Action. Essays in Peace Research. Vol. I. Kopenhagen.

Galtung, Johan (2007): Frieden mit friedlichen Mitteln: Friede und Konflikt, Entwicklung und Kultur. Münster.

Gardner, Ellen (2001): The Role of Media in Conflicts, in: Reychler, Luc/Paffenholz, Thania (Hg.): Peacebuilding. A Field Guide. Boulder, Colorado, S. 301–311.

Gati, Charles (1992): From Sarajevo to Sarajevo, in: Foreign Affairs 71, Heft 4, S. 64–78.

Geertz, Clifford (1996): Primordial Ties, in: Hutchinson, John/Smith, Anthony D. (Hg.): Ethnicity. Oxford, S. 40–45.

Geis, Anna (Hg.) (2005): Den Krieg überdenken. Kriegsbegriffe und Kriegstheorien in der Kontroverse. Baden-Baden.

Gelhard, Susanne (1992): Ab heute ist Krieg. Der blutige Konflikt im ehemaligen Jugoslawien. Frankfurt/M.

Gerhardt, Volker (1995): Immanuel Kants Entwurf ‚Zum Ewigen Frieden'. Eine Theorie der Politik. Darmstadt.

Giddens, Anthony (1989): The Nation-State and Violence. Volume Two of a Contemporary Critique of Historical Materialism. Neuaufl. Cambridge.

Giersch, Carsten (1998): Konfliktregulierung in Jugoslawien 1991–1995: Die Rolle von OSZE, EU, UNO und NATO. Baden-Baden.

Gildea, Robert (1989): Barricades and Borders. Europe 1800–1914 (The Short Oxford History of the Modern World). Nachdr. Oxford.

Giovanni, Janine di (2004): Madness Visible. A Memoir of War. London.

Glaeßner, Gert Joachim (1994): Demokratie nach dem Ende des Kommunismus. Opladen.

Glenny, Misha (1999): The Balkans 1804–1999. Nationalism, War, and the Great Powers. London.

Glenny, Misha (2004): The Kosovo question and regional stability, in: Altmann, F.-J./Batt, J. (Hg.): The Western Balkans: moving on. Chaillot Paper No. 70. Paris, S. 87–98.

Goldstein, Ivo (1999): Croatia. A History. London.

Goldstein, Slavko (2007): Der Zweite Weltkrieg, in: Melcic, Dunja (2007): Der Jugoslawienkrieg. Handbuch zu Vorgeschichte, Verlauf und Konsequenzen. 2. Auflage. Wiesbaden, S. 170–191.

Gow, James (1997): Triumph of the lack of will. International diplomacy and the Yugoslav war. London.

Gow, James (2003): The Serbian Project and its Adversaries. A Strategy of War Crimes. London.

Gow, James (2007): Strategien und Kriegsziele, in: Melcic, Dunja (2007): Der Jugoslawienkrieg. Handbuch zu Vorgeschichte, Verlauf und Konsequenzen. 2. Auflage. Wiesbaden, S. 362–376.

Gray, Colin (1990): War, Peace and Victory. Strategy and Statecraft for the Next Century. New York.

Greco, Ettore (2004): South-Eastern Europe. The expanding EU role. In: Dannreuther, Roland: European Union Foreign and Security Policy. New York, S. 62–78.

Grewe, Wilhelm G. (1984): Epochen der Völkerrechtsgeschichte. Baden-Baden.

Grulich, Rudolf (2007): Die Religionsgemeinschaften im ehemaligen Jugoslawien, in: Melcic, Dunja (2007): Der Jugoslawienkrieg. Handbuch zu Vorgeschichte, Verlauf und Konsequenzen. 2. Auflage. Wiesbaden, S. 235–254.

Gumpel, Werner (Hg.) (1988): Die jugoslawische Wirtschaft. Gegenwart und Zukunft. München.

Gurr, Ted Robert (Hg.) (2000): Peoples Versus States. Minorities at Risk in the New Century. Washington D. C.

Gurr, Ted Robert/Harff, Barbara (2001): Ethnic Conflict in World Politics. Managing Intercultural Conflict Effectively. Thousand Oaks.

Gust, Wolfgang (1993): Der Völkermord an den Armeniern. Die Tragödie des ältesten Christenvolkes der Welt. München.

Hackett, Kenneth (1996): The Role of International NGOs in Preventing Conflict, in: Cahill, Kevin M. (Hg.): Preventive Diplomacy. Stopping Wars Before They Start. New York, S. 269–284.

Hagman, Hans-Christian (2003): European Crisis Management and Defence: the Search for Capabilities. Adelphi Paper 353. London: IISS.

Hara, Fabienne (1999): Burundi. A Case of Parallel Diplomacy, in: Crocker, Chester A./Hampson, Fen Osler/Aall, Pamela (Hg.): Herding Cats. Multiparty Mediation in a Complex World. Washington D. C., S. 139–158.

Hardt, Michael/Negri, Antonio (2002): Empire: Die neue Weltordnung. Darmstadt.

Hatschikjan, Magarditsch (2001): Die „großen Fragen" in Südosteuropa. Ein Balkan-Locarno für stabile Strukturen, in: Aus Politik und Zeitgeschichte, B 13–14, S. 17–26.

Hatschikjan, Magarditsch/Troebst, Stefan (Hg.) (1999): Südosteuropa. Ein Handbuch. Gesellschaft, Politik, Wirtschaft, Kultur. München.

Hausmann, Hartmut (2003): Griechenland muss Weichen für die EU-Verfassung stellen, in: Das Parlament vom 20. 1. 2003, S. 12.

Havermans, Jos (1998): „Many People Feel Burned Out": Great Lakes Traumas Puzzle NGOs (Conflict Prevention Newsletter 1, Nr. 1, März 1998). Hg. European Platform for Conflict Prevention and Transformation, unter: http://www.oneworld.org/ euconflict/publicat/nl1/page2.html (20. Okt. 2001).

Heller, Wilfried, u. a. (2007): Ethnizität in der Globalisierung. Zum Bedeutungswandel ethnischer Kategorien in Transformationsländern Südosteuropas. Südosteuropa-Studien, Band 74. München.

Herdegen, Matthias (2007): Völkerrecht. München.

Hieber, Loretta (1998): Media as Intervention. A Report from the Field, in: Track Two 7 (Nr. 4, 12/1998, Centre for Conflict Resolution), unter: http://ccrweb.ccr.uct.ac.za/ two/7_4/p16 _intervention.html (4. Okt. 2001).

Hippler, Jochen (1997): Gewaltsame Konflikte, Ethnizität und Möglichkeiten von Solidarität und Hilfe, in: Freise, Josef/Fricke, Eckehard (Hg.): Die Wahrheit einer Absicht ist die Tat – Friedensfachdienste für den Süden und den Norden: Reflexionen anlässlich des vierzigjährigen Bestehens des Internationalen Christlichen Friedensdienstes Eirene. Idstein, S. 27–43.

Hippler, Jochen (1999): Konflikte und Krisenprävention, in: Stiftung Entwicklung und Frieden. Globale Trends 2000: Fakten, Analysen, Prognosen. Hg. Hauchler, Ingomar/Messner, Dirk/Nuscheler, Franz. Frankfurt/M., S. 421–437.

Hirsch, Fred (1977): Social Limits to Growth. London.

Hirsch, H. (1991): In der Sackgasse des Hasses, in: Die Zeit, 12. 7. 1991, S. 3.

Hoffman, Marc (1995): Konfliktlösung durch gesellschaftliche Akteure. Möglichkeiten und Grenzen von Problemlösungs-Workshops, in: Ropers, Norbert/Debiel, Tobias (Hg.): Friedliche Konfliktbearbeitung in der Staaten- und Gesellschaftswelt (Eine Welt – Texte der Stiftung Entwicklung und Frieden, Bd. 13). Bonn, S. 285–303.

Holbrooke, Richard (1998): Meine Mission. Vom Krieg zum Frieden in Bosnien. München/Zürich.

Holsti, Kalevi J. (1991): Peace and War: Armed Conflicts and International Order: 1648–1989. Cambridge.

Hombach, Bodo (2002): Zukunftsstrategie Stabilitätspakt, in: Volle, Angelika/Weidenfeld, Werner (Hg.): Der Balkan zwischen Krise und Stabilität. Bielefeld, S. 51–56.

Honig, Jan-Willem/Both, Norbert (1997): Srebrenica. Der größte Massenmord in Europa nach dem Zweiten Weltkrieg. München.

Höpken, Wolfgang (1991): Die Unfähigkeit, zusammenzuleben. Der nie bewältigte Nationalitätenkonflikt, in: Furkes, Josip/Schlarp, Karl-Heinz (Hg.): Jugoslawien. Ein Staat zerfällt. Reinbek b. Hamburg, S. 32–62.

Horn, K. (1986): Gewalt – Aggression – Krieg. Studien zu einer psychoanalytisch orientierten Sozialpsychologie des Friedens. Baden-Baden.

Horowitz, Donald L. (1981): Ethnic Identity, in: Glazer, Nathan/Moynihan, Daniel P. (Hg.): Ethnicity. Theory and Experience. 5. Aufl. Cambridge, Massachusetts, S. 111–140.

Hösch, Edgar (2002): Geschichte der Balkanländer. Von der Frühzeit bis zur Gegenwart. 4., aktualis. u. erw. Aufl. München.

Hubel, Helmut (2005): Weltpolitische Konflikte. Eine Einführung. Baden-Baden.

Huber, Wolfgang/Reuter, Hans-Richard (1990): Friedensethik. Stuttgart.

Hufbauer, G. C./Schott, J. J./Kimberley, A. E. (1990): Economic Sanctions Reconsidered. Supplementary Case Histories. Washington D. C.

Hüfner, Klaus: Finanzierung, in: Volger, Helmut (Hg.) (2007): Grundlagen und Strukturen der Vereinten Nationen. München, S. 417–437.

Hullmann, Christian (2005): Konsens oder Zwang. Völkerrechtliche Friedensregelungen der internationalen Gemeinschaft für Bosnien-Herzegowina und Irak. Berlin.

Human Security Centre: Human Security Report 2005. War and Peace in the 21st Century (http://www.humansecurityreport.info/content/view/28/63, am 8. 2. 2007).

Hummer, Waldemar (1998): Balkankonflikt, in: Woyke, Wichard (Hg.): Handwörterbuch Internationale Politik. 7., aktualisierte Auflage. Opladen, S. 10–34.

Hummer, Waldemar (2000): Stichwort Balkankonflikt, in: Woyke, W. (Hg.): Handwörterbuch Internationale Internationale Politik, 8. aktual. Aufl., S. 10–37.

Hummer, Waldemar/Mayr-Singer, Jelka (2000): Die Bundesrepublik Jugoslawien: Identitätsanspruch und Sukzessionsfragen im universellen, regionalen und nationalen Kontext, in: Archiv des Völkerrechts, Vol. 38, No. 3 (2000). Tübingen, S. 298–327.

Imbusch, Peter (1996): Der Konflikt in Ex-Jugoslawien, in: Imbusch, Peter/Zoll, Ralf (Hg.). Friedens- und Konfliktforschung. Eine Einführung mit Quellen. Opladen, S. 196–217.

Imbusch, Peter/Zoll, Ralf (Hg.) (2005): Friedens- und Konfliktforschung. Eine Einführung. 3., überarb. Aufl. Wiesbaden.

International Alert (1998): Code of Conduct. Conflict Transformation Work. London.

International Crisis Group (ICG) (2001a): EU Crisis Response Capability. Institutions and Processes for Conflict Prevention and Management, Issues Report N. 2, Brussels, 26 June 2001.

International Crisis Group (ICG) (2003): Macedonia: No Room for Complacency. Europe Report No. 149. Skopje/Brussels, 23 October 2003.

International Institute for Strategic Studies (IISS) (Hg.) (1993): Strategic Survey 1992–1993. London.

Isaacs, Harold R. (1981): Basic Group Identity. The Idols of the Tribe, in: Glazer, Nathan/Moynihan, Daniel P. (Hg.): Ethnicity. Theory and Experience. 5. Aufl. Cambridge, Massachusetts, S. 29–52.

Jaberg, Sabine/Schlotter, Peter (2005): Imperiale Weltordnung: Trend des 21. Jahrhunderts? Baden-Baden.

Jäger, Friedrich (2005): Das Internationale Tribunal über Kriegsverbrechen im ehemaligen Jugoslawien. Anspruch und Wirklichkeit. Wien.

Jensen, Lloyd. 1988: Bargaining for National Security. The Postwar Disarmament Negotiations. Columbia, South Carolina.

Jervis, Robert (1970): The Logic of Images in International Relations. Princeton, New Jersey.

Joetze, Günter (2001): Der letzte Krieg in Europa? Das Kosovo und die deutsche Politik. Stuttgart.

Joffe, Josef (1992): Die Renationalisierung Europas, in: Süddeutsche Zeitung, 5. 9. 1992, S. 4.

Johnson, James T. (1987): The Quest for Peace. Three Moral Traditions in Western Cultural History. Princeton, New Jersey.

Johnstone, Diana (2002): Fools' Crusade. Yugoslavia, NATO and Western Delusions. London.

Jovin, Rebecca: Die Bedeutung der EU-Mission Concordia in Mazedonien für die ESVP. Beitrag für das Policy-Forum weltpolitik.net.

Jung, Dietrich/Schlichte, Klaus (1999): From Inter-State War to Warlordism. Changing Forms of Collective Violence in the International System, in: Wiberg, Håkan/ Scherrer, Christian P. (Hg.): Ethnicity and Intra-State Conflict. Aldershot, S. 35–51.

Jürjens, Bernd (1996): Die neue Diskussion um gerechte Kriege und humanitäre Intervention – das Beispiel Somalia. INEF-Report, Heft 16. Duisburg.

Kaempfer, William H./Lowenberg, Anton D. (1992): International Economic Sanctions. A Public Choice Perspective. Boulder, Colorado.

Kaiser, Karl/Schwarz, Hans-Peter (Hg.) (2000): Weltpolitik im neuen Jahrhundert. Baden-Baden.

Kaldor, Mary (2000): Neue und alte Kriege. Organisierte Gewalt im Zeitalter der Globalisierung. Frankfurt am Main.

Kaldor, Mary (2003): Neue und alte Kriege. Organisierte Gewalt im Zeitalter der Globalisierung. 2. Auflage. Frankfurt am Main.

Kaplan, Robert (1993): Balkan Ghosts. A Journey through History. New York.

Karns, Margaret/Mingst, Karen (2004): International Organizations. London.

Kaser, Karl (2007): Das ethnische „engineering", in: Melcic, Dunja (2007): Der Jugoslawienkrieg. Handbuch zu Vorgeschichte, Verlauf und Konsequenzen. 2. Auflage. Wiesbaden, S. 401–414.

Kaup, Martina (Hg.) (2005): Bosnia-Hercegovina and the Dayton agreement in perspective. American Academy, Berlin October 4–5. Bad Homburg.

Keen, David (1998): The Economic Functions of Violence in Civil Wars. Adelphi Paper 320. Oxford.

Keen, David (2003): Greedy Elites, Dwindling Resources, Alienated Youths. The Anatomy of Protracted Violence in Sierra Leone, in: Internationale Politik und Gesellschaft, Heft 2, S. 67–94.

Kelman, Herbert C. (2002): Interactive Problem Solving as a Tool for Second Track Diplomacy, in: Davies, John/Kaufman, Edward: Second Track/Citizens' Diplomacy. Concepts and Techniques for Conflict Transformation. Oxford, S. 81–105.

Kemp, Walter A. (1999): Nationalism and communism in Eastern Europe and the Soviet Union. A basic contradiction? Basingstoke.

Kempen, Bernhard/Hillgruber, Christian (2007): Völkerrecht. München.

Kennedy, Paul (1989): Aufstieg und Fall der Großen Mächte. Ökonomischer Wandel und militärischer Konflikt von 1500–2000. Frankfurt/Main.

Keohane, Robert O. (1989): International Institutions and State Power. Boulder/Colorado.

Keohane, Robert Owen (2002): Ironies of sovereignty: the European Union and the United States, in: Journal of Common Market Studies (Oxford), 40 (November 2002) 4, S. 743-765.

Keßelring, Agilolf (Hg.) (2005): Wegweiser zur Geschichte. Bosnien-Herzegowina. Paderborn.

Keßelring, Agilolf (2007): Wegweiser zur Geschichte. Bosnien-Herzegowina. 2. Aufl. Paderborn.

Kevenhörster, Paul (2003): Politikwissenschaft. Band 1: Entscheidungen und Strukturen der Politik. 2. Auflage. Opladen.

Kissinger, Henry A. (1974): Kernwaffen und Auswärtige Politik. 2. Auflage. München.

Kleijssen, Jan (2004): No Peace without Human Rights: The Council of Europe and Conflict Prevention, in: Kronenberger, V./Wouters, J. (Hg.): The European Union and Conflict Prevention. Den Haag.

Klein, Eckart (2007): Die Vereinten Nationen und die Entwicklung des Völkerrechts, in: Volger, Helmut (Hg.): Grundlagen und Strukturen der Vereinten Nationen. München, S. 21–66.

Knaus, Gerald/Cox, Marcus (2004): Bosnia and Herzegovina: Europeanisation by decree?, in: Altmann, Franz-Lothar/Batt, Judy (Hg.): The Western Balkans: moving on. Chaillot Paper No. 70. Paris, S. 55–68.

Knaus, Gerald/Martin, Felix (2003): Wohlwollende Despoten, in: Frankfurter Allgemeine Zeitung, 25. Juli, Nr. 170, 9. Knaurs etymologisches Lexikon 1992 (vollst. Taschenbuchausg.). München.

Kohn, Hans (1950): Die Idee des Nationalismus. Heidelberg.

Kommission der Europäischen Gemeinschaft (2003): Der Stabilisierungs- und Assoziierungsprozess für Südosteuropa. Zweiter Jahresbericht (Bericht der Kommission KOM [2003] 139 endg. vom 26.3.2003). Brüssel. 2003.

Kosovo Report (2000): Conflict. International Response. Lessons Learned. Hg. The Independent International Commission on Kosovo. Oxford.

Kramer, Heinz (2001): Die Stabilisierungs- und Assoziierungsabkommen: EU-Politik zwischen regionaler Ordnungsbildung und europäischer Integration, in: Axt, Heinz-Jürgen/Rohloff, Christoph (Hg.): Frieden und Sicherheit in (Südost-)Europa: EU-Beitritt, Stabilitätspakt und Europäische Sicherheits- und Verteidigungspolitik. Südosteuropa-Studie, Band 70. München, S. 233–252.

Kramer, Helmut/Dzihic, Vedran (2005): Die Kosovo-Bilanz. Scheitert die internationale Gemeinschaft? Wien.

Krasno, Jean E. (Hg.) (2004): The United Nations. Confronting the Challenges of a Global Society. Boulder, Colorado.

Krastev, Ivan (2004): Weak States as a Security Threat, in: Südosteuropa-Mitteilungen 4/2004, S. 102–116.

Kreidl, Jakob (2006): Der Kosovo-Konflikt. Vorgeschichte, Verlauf und Perspektiven. Frankfurt a. M.

Krell, Gert (2003): Arroganz der Macht, Arroganz der Ohnmacht. Die Weltordnungspolitik der USA und die transatlantischen Beziehungen, in: Aus Politik und Zeitgeschichte, B 31–32, S. 23–30.

Kriesberg, Louis (1998): Constructive Conflicts. From Escalation to Resolution. Lanham, Maryland.

Krippendorff, Ekkehart (1985): Staat und Krieg. Die historische Logik politischer Unvernunft. Frankfurt/M.

Krummenacher, Heinz/Baechler, Günther/Schmeidl, Susanne (1999): Beitrag der Frühwarnung zur Krisenprävention. Möglichkeiten und Grenzen in Theorie und Praxis, in: Friedensbericht 1999 (Dialog, Beiträge zur Friedensforschung, Bd. 36, Heft 1–2). Chur, S. 77–97.

Kubbig, Bernd W. (2007): Internationale Sanktionen gegen den Iran: Erfolgsbedingungen und Effektivität. HSFK-Report Nr. 4/2007. Frankfurt a. M.

Kühne, Winrich (1993): Friedenssicherung durch die Vereinten Nationen in einer Welt ethnonationaler Konflikte, in: Aus Politik und Zeitgeschichte, B 15/16, S. 9–19.

Kumar, Chetan (2001): Conclusion, in: Cousens, Elizabeth M./Kumar, Chetan (Hg.), mit Karin Wermester: Peacebuilding as Politics. Cultivating Peace in Fragile Societies. Boulder, Colorado, S. 183–220.

Kupchan, Charles (2003): Die europäische Herausforderung. Vom Ende der Vorherrschaft Amerikas. Berlin.

Kurth, Michael E. (2006): Das Verhältnis des Internationalen Strafgerichtshofs zum UN-Sicherheitsrat unter besonderer Berücksichtigung von Sicherheitsratsresolution 1422 (2002). Baden-Baden.

Lake, David A./Rothchild, Donald (2001): Containing Fear. The Origins and Management of Ethnic Conflict, in: Brown, Michael E., u. a. (Hg.): Nationalism and Ethnic Conflict. 2., neubearb. Aufl. Cambridge, Massachusetts, S. 126–160.

Lampe, John R. (1999): Yugoslavia as History. Twice there was a country. Neuaufl. Cambridge.

Lane, Ann (2004): Yugoslavia. When Ideals Collide. Basingstoke.

Lange, Siri (1997): NGOs in Conflict Prevention and Resolution. Selected Profiles, in: Sørbø, Gunnar M./Macrae, Joanna/Wohlgemuth, Lennart: NGOs in Conflict. An Evaluation of International Alert (Report 6, Chr. Michelsen Institute Report Series). Fantoft-Bergen, S. 113–150.

Larrabee, F. Stephen (1992): Instability and Change in the Balkans, in: Survival 34, Heft 2, S. 31–49.

Lasswell, Harold Dwight (1936): Politics: who gets what, when, how. New York.

LeBor, Adam (2002): Milošević. A Biography. London.

Lederach, John Paul (1997): Building Peace. Sustainable Reconciliation in Divided Societies. Washington D. C.

Lederach, John Paul (2001): Levels of Leadership, in: Reychler, Luc/Paffenholz, Thania (Hg.): Peacebuilding. A Field Guide. Boulder, Colorado, S. 145–155.

Lee, Robert (1964): Religion and Social Conflict: An Introduction, in: Lee, R./Marty, M. E. (Hg.): Religion and Social Conflict. New York, S. 3–10.

Lehne, Stefan (2004): Has the 'Hour of Europe' come at last? The EU's strategy for the Balkans, in: Altmann, Franz-Lothar/Batt, Judy (Hg.): The Western Balkans: moving on. Chaillot Paper No. 70. Paris, S. 111–124.

Leicht, Robert (1991): Europas jugoslawische Zwickmühle, in: Die Zeit, Nr. 38, 12.9.1991, S. 4.

Lektzian, David (2003): Making Sanctions Smarter, Norwegian Committee for the Red Cross. Oslo.

Lemarchand, René (1996): Burundi. Ethnic Conflict and Genocide. Cambridge.

Lemberg, Eugen (1966): Die Nationalitätenfrage im Donauraum auf Grund der Pariser Vorortverträge, in: Rößler, H. (Hg.): Ideologie und Machtpolitik 1919. Plan und Werk der Pariser Friedenskonferenzen 1919. Göttingen, S. 126–166.

Lentz, Carola (2001): Ethnizität, in: Mabe, Jacob E. (Hg.): Das Afrika-Lexikon. Ein Kontinent in 1000 Stichwörtern. Stuttgart.

Lewer, Nick (1999): International Non-Governmental Organisations and Peacebuilding – Perspectives from Peace Studies and Conflict Resolution (Working Paper 3). Hg. Centre for Conflict Resolution, Department of Peace Studies, University of Bradford.

Li, Darryl (2002): Echoes of Violence, in: Mills, Nicolaus/Brunner, Kira (Hg.): The New Killing Fields. Massacre and the Politics of Intervention. New York, S. 117–128.

Link, Werner (1988): Der Ost-West-Konflikt. Die Organisation der internationalen Beziehungen im 20. Jahrhundert. Stuttgart.

Loquai, Heinz (2000): Der Kosovo-Konflikt. Wege in einen vermeidbaren Krieg. Baden-Baden.

Lübkemeier, Eckhard (2000): OSZE (Organisation für Sicherheit und Zusammenarbeit in Europa), in: Woyke, Wichard (Hg.): Handwörterbuch Internationale Politik. 8. Aufl. Bonn, S. 363–370.

Lüder, Sascha Rolf (1998): Das Internationale Straftribunal für das ehemalige Jugoslawien, in: Sicherheit und Frieden (16) 4, S. 205–213.

Lüer, Jörg (2001): Ein politischer Mentalitätenwechsel: Ist Konfliktprävention mehr als ein Modewort internationaler Politik?, in: Herder Korrespondenz 55, S. 183–186.

Lund, Michael S./Votaw West, Sue (1998): A Toolbox to Respond to Conflicts and Build Peace, in: Prevention and Management of Violent Conflicts: an International Directory. Washington D. C.

MacFarlane, Neil (1998): Non-Governmental Organizations as Conflict Prevention Actors in Georgia, in: Bonvicini, Gianni, u. a. (Hg.): Preventing Violent Conflict. Issues from the Baltic and the Caucasus. Baden-Baden, S. 244–263.

Mair, Stefan (2003): Konfliktpotenziale in Afrika. Eine Bedrohung europäischer Sicherheit? Reader Sicherheitspolitik, unter: http://www.reader-sipo.de/artikel/0312_AIII1. htm (2. Oktober 2005).

Malkki, Liisa H. (1995): Purity and Exile. Violence, Memory, and National Cosmology among Hutu Refugees in Tanzania. Chicago.

Malone, David M. (Hg.) (2004): The UN Security Council. From the Cold War to the 21st Century. Boulder u. London.

Marfurt Gerber, Edith (1998): Konfliktlösungsstrategien in Bürgerkriegen (Diss. Bern 1998). Chur.

Marshall, Monty G. (1997): Systems at Risk. Violence, Diffusion, and Disintegration in the Middle East, in: Carment, David/James, Patrick (Hg.): Wars in the Midst of Peace. The International Politics of Ethnic Conflict. Pittsburgh, Pennsylvania, S. 82–115.

Martin, Lisa L. (1992): Coercive cooperation: explaining multilateral economic sanctions. New York.

Matheson, Michael J. (2006): Council Unbound. The Growth of UN Decision Making on Conflict and Postconflict Issues after the Cold War. Washington D. C.

Matthies, Volker (2000): Krisenprävention. Vorbeugen ist besser als Heilen. Opladen.

Mehler, Andreas (2000): Alles Krise oder was?, in: Fahrenhorst, Brigitte (Hg.): Die Rolle der Entwicklungszusammenarbeit in gewalttätigen Konflikten. SID-Berichte Nr. 11. Berlin.

Mehler, Andreas (2005): Major Flaws in Conflict Prevention Policy towards Africa. The Conceptual Deficits of International Actors' Approaches and How to Overcome Them. Working Papers Global and Area Studies Nr. 4, Hg. Deutsches Übersee Institut (DÜI) Hamburg, unter: http://www.duei.de/workingpapers.

Meier, Viktor (1999): Wie Jugoslawien verspielt wurde. 3. Aufl. München.

Meier, Viktor (2007): Der Titostaat in der Krise. Jugoslawien nach 1966, in: Melcic, Dunja (2007): Der Jugoslawienkrieg. Handbuch zu Vorgeschichte, Verlauf und Konsequenzen. 2. Auflage. Wiesbaden, S. 201–209.

Melcic, Dunja (Hg.) (1999): Der Jugoslawienkrieg. Handbuch zu Vorgeschichte, Verlauf und Konsequenzen. Opladen/Wiesbaden.

Melcic, Dunja (2001): Die schwierige Durchsetzung der Gerechtigkeit. International Criminal Tribunal for the Former Yugoslavia. Rechtshistorisches Journal, 20/2001-11-01.

Melcic, Dunja (Hg.) (2007): Der Jugoslawienkrieg. Handbuch zu Vorgeschichte, Verlauf und Konsequenzen. 2. Auflage. Wiesbaden.

Melcic, Dunja (2007): Der Jugoslawismus und sein Ende, in: Melcic, Dunja (2007): Der Jugoslawienkrieg. Handbuch zu Vorgeschichte, Verlauf und Konsequenzen. 2. Auflage. Wiesbaden, S. 210–234.

Melone, Sandra (1998): NGOs, the Media, and Conflict Prevention, in: Cross, Peter (Hg.): Contributing to Preventive Action. Baden-Baden, S. 189–207.

Melvern, Linda (2000): A People Betrayed. The Role of the West in Rwanda's Genocide. London.

Mendler, Martin/Schwegler-Rohmeis, Wolfgang (1988): Auf dem Weg zu einer allgemeinen Theorie der Kriegsursachen? Ein Literaturbericht zum Stand der Forschung, in: Gantzel, Klaus Jürgen (Hg.): Krieg in der Dritten Welt. Theoretische und methodische Probleme der Kriegsursachenforschung – Fallstudien. Baden-Baden, S. 199–289.

Menzel, Ulrich (2003): Afrika oder: Das neue Mittelalter. Eigenlogik und Konsequenzen der Gewaltökonomie, in: Blätter für deutsche und internationale Politik 9/2003, S. 1060–1069.

Merkel, Christine M. (1998): Praxis und Strategien gesellschaftlicher Friedensarbeit. Akteure, Handlungsräume, Perspektiven, in: Friedenspolitik der Zivilgesellschaft. Zugänge – Erfolge – Ziele (Studien für europäische Friedenspolitik, Bd. 4). Hg. ÖSFK. Münster, S. 22–42.

Merlingen, Michael/Ostrauskaite, Rasa (2005): ESDP Police Missions: Meaning, Context and Operational Challenges, in: European Foreign Affairs Review 10/2005, S. 215–235.

Merrills, John G. (1998): International Dispute Settlement. 3. Aufl. Cambridge.

Meurs, Wim van (2001): Wirtschaftsregion Balkan. Pulverfass oder Fass ohne Boden?, in: Axt, Heinz-Jürgen/Rohloff, Christoph (Hg): Frieden und Sicherheit in (Südost-)Europa: EU-Beitritt, Stabilitätspakt und Europäische Sicherheits- und Verteidigungspolitik. Südosteuropa-Studien, Band 70. München, S. 101–121.

Meurs, Wim van (2003): Den Balkan integrieren. Die europäische Perspektive der Region nach 2004, in: Aus Politik und Zeitgeschichte 10/11, S. 34–39.

Meurs, Wim van (Hg.) (2003): Prospects and Risks beyond EU-Enlargement. Southeastern Europe: Weak States and Strong International Support. Opladen.

Meurs, Wim van (2005): Europäische Politik für den Balkan und Kosovo neu gedacht, in: Südosteuropa-Mitteilungen 03/2005, 45. Jahrgang, S. 82–92.

Meurs, Wim van/Yannis, Alexandros (2002): The European Union and the Balkans. From Stabilisation Process to Southeastern Enlargement. Diskussionspapier des CAP. (URL: http://www.cap. uni-muenchen.de/download/2002/2002_EU_Balkans.pdf, abgerufen am 11. 10. 2006).

Meyer, Berthold (1997): Formen der Konfliktregelung. Eine Einführung mit Quellen. Opladen.

Meyer, Berthold (1999): Zwischen Souveränitätsvorbehalten, Selektions„zwängen" und Selbstüberschätzung. Krisenprävention durch UNO und OSZE, in: Friedensbericht 1999. Chur/Zürich.

Meyers, Reinhard (1984): Entscheidungstheoretische Ansätze, in: Pipers Wörterbuch zur Politik. Band 5: Internationale Beziehungen (Hg.: Boeckh, Andreas). München, S. 120–124.

Meyers, Reinhard (1990): Stichwort „Alternative Verteidigungskonzepte", in: Woyke, Wichard (Hg.): Handwörterbuch Internationale Politik. 4., überarb. Aufl. Opladen, S. 61–70.

Meyers, Reinhard (1991): Begriff und Probleme des Friedens. Beiträge der Politikwissenschaft. Hagen.

Meyers, Reinhard (1993): Grundbegriffe, Strukturen und theoretische Perspektiven der Internationalen Beziehungen, in: Bundeszentrale für politische Bildung (Hg.): Grundwissen Politik. 2., überarb. Aufl. Bonn, S. 229–333.

Meyers, Reinhard (1997): Die Mitte Europas in der Dynamik umfassender Integrationsprozesse, in: Schriftenreihe der Landesverteidigungsakademie, Institut für strategische Forschung: Interdisziplinäres Symposion: Sicherheit und Dynamik in der Mitte Europas. Österreichs Rolle aus der Sicht der Nachbarn. Wien, S. 27–39.

Meyers, Reinhard (2005): „Verhältnisse wie auf dem Balkan..."? Die Reprivatisierung des Krieges – neue Formen der Gewalt im internationalen System und die Möglichkeiten kooperativer Ordnungspolitik, in: Behrens, Maria, u. a. (Hg.): Globalisierung als politische Herausforderung. Global Governance zwischen Utopie und Realität. Wiesbaden, S. 165–186.

Meyers, Reinhard (2006): Krieg und Frieden, in: Woyke, Wichard (Hg.): Handwörterbuch Internationale Politik. 10. Aufl. Opladen, S. 286–308.

Miall, Hugh (1992): The Peacemakers. Peaceful Settlement of Disputes Since 1945. Basingstoke.

Miall, Hugh/Ramsbotham, O./Woodhouse, T. (1999): Contemporary Conflict Resolution. The prevention, management and transformation of deadly conflicts. Cambridge/ Oxford.

Michas, Takis (2002): Unholy Alliance. Greece and Milošević's Serbia. College Station, Texas.

Middlemas, Keith/Barnes, John (1989): Baldwin. A Biography. London.

Midlarsky, Manus I. (2005): The Killing Trap. Genocide in the Twentieth Century. Cambridge.

Mill, John Stuart (1964): Utilitarianism, Liberty and Representative Government. Neuaufl. London.

Missiroli, Antonio (2003): The European Union: Just a Regional Peacekeeper?, in: European Foreign Affairs Review 8/2003, S. 493–503.

Mitchell, Chris R. (1978): Conflict and War, in: Groom, A. J. R./Mitchell, C. R. (Hg.): International Relations Theory. A Bibliography. London, S. 78–103.

Mitchell, Chris R. (1981): The Structure of International Conflict. Basingstoke.

Mitchell, Chris R. (1985): Conflict, War and Conflict Management, in: Light, M./Groom, A. J. R. (Hg.): International Relations. A Handbook of Current Theory. London, S. 121–140.

Monnesland, Svein (1997): Land ohne Wiederkehr. Ex-Jugoslawien: Die Wurzeln des Krieges. Klagenfurt.

Moravcsik, Andrew M. (2003): Striking a new transatlantic bargain, in: Foreign Affairs (New York/ N.Y.), 82 (July-August 2003) 4, S. 74–89.

Mueller, John (2001): The Banality of "Ethnic War", in: Brown, Michael E., u. a. (Hg.): Nationalism and Ethnic Conflict. 2., neubearb. Aufl. Cambridge, Massachusetts, S. 97–125.

Müller, Harald (2003): Supermacht in der Sackgasse? Die Weltordnung nach dem 11. September. Frankfurt/M.

Münkler, Herfried (1992): Gewalt und Ordnung. Das Bild des Krieges im politischen Denken. Frankfurt/Main.

Münkler, Herfried (2002a): Die neuen Kriege. Reinbek b. Hamburg.

Münkler, Herfried (2002b): Über den Krieg. Stationen der Kriegsgeschichte im Spiegel ihrer theoretischen Reflexion. Weilerswist.

Münkler, Herfried (2003): Die neuen Kriege. 5. Aufl. Reinbek b. Hamburg.

Münkler, Herfried (2006): Der Wandel des Krieges. Von der Symmetrie zur Asymmetrie. Weilerswist.

Murphy, C. F. Jr. (1982): The Grotian Vision of World Order, in: American Journal of International Law 76, S. 477–498.

Nadoll, Jörg (2000): Die Europäische Union und die Konfliktbearbeitung in Ex-Jugoslawien 1991–1998 – Mühlstein oder Meilenstein, in: Schubert, Klaus/Müller-Brandeck-Bocquet, Gisela (Hg.): Die Europäische Union als Akteur der Weltpolitik. Opladen, S. 81–101.

Naimark, Norman M. (2004): Flammender Hass. Ethnische Säuberungen im 20. Jahrhundert. München.

Nathan, Laurie (2001): Undue Pressure: International Mediation in African Civil Wars, in: Reychler, L./Paffenholz, T. (Hg.): Peacebuilding: A Field Guide. Boulder und London: 184–198.

Newhouse, John (1989): The Nuclear Age. From Hiroshima to Star Wars. London.

Nicholson, Michael (1992): Rationality and the Analysis of Conflict. Cambridge.

Nicklas, Hans (1991): Psychologie des Unfriedens. Ergebnisse der psychologischen Friedensforschung, in: Wasmuht, Ulrike C. (Hg.): Friedensforschung. Eine Handlungs-
orientierung zwischen Politik und Wissenschaft. Darmstadt, S. 149–163.

Nohlen, Dieter (1988): Mehr Demokratie in der dritten Welt? Über Demokratie und Konsolidierung der Demokratie in vergleichender Perspektive, in: Aus Politik und Zeitgeschichte, B 25–26/1988, S. 3–25.

Nyang'oro, Julius E. (2001): A Middle-Level Dialogue in Burundi. An Assessment of
Effective Practices (Appendix C des Reports: The Effectiveness of Civil Society Ini-
tiatives in Controlling Violent Conflicts and Building Peace. A Study of Three Approaches in the Greater Horn of Africa). Washington D. C.

O'Loughlin, John/Wusten, Hermann van der (1993): Political Geography of War and
Peace, in: Taylor, P. J. (Hg.): Political Geography of the Twentieth Century. A Global Analysis. London, S. 63–113.

Oeter, Stefan (1999): Völkerrechtliche Rahmenbedingungen und die Staatengemeinschaft,
in: Melcic, Dunja (Hg.): Der Jugoslawienkrieg. Handbuch zu Vorgeschichte, Verlauf und Konsequenzen. Wiesbaden, S. 478–498.

Ohe, Werner von der (1988): Konflikt, in: Lippert, E./Wachtler, G. (Hg.): Frieden. Ein
Handwörterbuch. Opladen, S. 216–229.

Olusanya, Olaoluwa (2005): Sentencing war crimes and crimes against humanity under
the International Criminal Tribunal for the former Yugoslavia. Groningen.

Opitz, Peter J. (Hg.) (2001): Weltprobleme im 21. Jahrhundert. München.

Oschlies, Wolf (2003): Makedonien: „Concordia" – Test für die EU-Sicherheitspolitik,
SWP Brennpunkt, Berlin: Stiftung Wissenschaft und Politik.

Ostermann, Änne/Nicklas, Hans (1984): Vorurteile und Feindbilder. 3. Aufl. Weinheim.

Paasch, Rolf (1997): Die halbherzige Intervention. Lektionen aus dem Bosnien-Krieg, in:
Internationale Politik, 7 (Juli) 1997, S. 15–20.

Paffenholz, Thania (2001): Western Approaches to Negotiation and Mediation. An Overview, in: Reychler, Luc/Paffenholz, Thania (Hg.): Peacebuilding. A Field Guide.
Boulder, Colorado, S. 75–81.

Papic, Zarko (2001): The general situation in BiH and international support policies. In:
Papic, Zarko: International support policies in South-East European countries. Lessons (not) learned in Bosnia and Herzegovina. Sarajevo.

Paris, Roland (2004): At War's End. Building Peace After Civil Conflict. Cambridge.

Parqué, Véronique/Reyntjens, Filip (1999): Shifting Alliances, Extraterritorial Conflicts
and Conflict Management, in: Searching for Peace in Africa. An Overview of Conflict Prevention and Management Activities, Hg. European Platform for Conflict
Prevention and Transformation. Utrecht, S. 181–186.

Paul, James A./Akhtar, Senwan (1998): Sanctions: An Analysis, unter http://www. glo-
balpolicy.org/security/sanction/analysis2.htm, abgerufen am 24. 8. 2007.

Pavkovic, Aleksandar (2000): The Fragmentation of Yugoslavia. Nationalism and War in
the Balkans. 2. Aufl. Basingstoke.

Peck, Connie (1999): A More Strategic Partnership for Preventing and Resolving Conflict, in: Searching for Peace in Africa. An Overview of Conflict Prevention and
Management Activities. Hg. European Platform for Conflict Prevention and Transformation. Utrecht, S. 39–44.

Perger, Werner A. (1991): Ein Weg voller Dornen, in: Die Zeit, 12. 9. 1991, S. 5.

Perica, Vjekoslav (2002): Balkan Idols: Religion and Nationalism in Yugoslav States.
Oxford.

Peters, Ingo: Die EU-Mission „Concordia" in Mazedonien und deren Bedeutung für die
Evolution der Europäischen Sicherheits- und Verteidigungspolitik. Beitrag für das
Policy-Forum weltpolitik.net.

Petritsch, Wolfgang/Pichler, Robert (2004): Kosovo – Kosova. Der lange Weg zum Frieden. Klagenfurt.

Pippan, Christian (2004): The Rocky Road to Europe: The EU's Stabilisation and Association Process for the Western Balkans and the Principle of Conditionality, in: European Foreign Affairs Review 9/2004, S. 219–245.

Pop, Adrian (2003): Security: From Powder Keg to Cooperation, in: Meurs, Wim van (Hg.): Prospects and Risks beyond EU-Enlargement. Southeastern Europe: Weak States and Strong International Support. Opladen, S. 117–147.

Porter, Bruce D. (1994): War and the Rise of the State. The Military Foundation of Modern Politics. New York.

Posen, Barry R. (1993): The Security Dilemma and Ethnic Conflict, in: Brown, Michael E. (Hg.): Ethnic Conflict and International Security. Princeton N. J., S.103–124.

Poulton, Hugh (1995): Who are the Macedonians. London.

Psalidas-Perlmutter, Foulie (2000): Ethnic Conflicts. The Interplay of Myths and Realities, in: Orbis 44/2, Frühjahr 2000, S. 237–244.

Ramet, Sabrina Petra (1992): War in the Balkans, in: Foreign Affairs 71 (1992), H. 4, S. 79–98.

Rapoport, Anatol (1974): Game Theory as a Theory of Conflict Resolution. Boston.

Rathfelder, Erich (1999): Der Krieg an seinen Schauplätzen, in: Melcic, Dunja (Hg.): Der Jugoslawienkrieg. Handbuch zu Vorgeschichte, Verlauf und Konsequenzen. Wiesbaden, S. 345–363.

Rathfelder, Erich (2007): Der Krieg an seinen Schauplätzen: in: Melcic, Dunja (2007): Der Jugoslawienkrieg. Handbuch zu Vorgeschichte, Verlauf und Konsequenzen. 2. Auflage. Wiesbaden, S. 344–361.

Record, Jeffrey (2004): Nuclear Deterrence, Preventive War, and Counterproliferation: in: Policy Analysis No. 519/2004, S.1–32.

Reljic, Dusan (2006): Kosovo – ein Prüfstein für die EU. SWP-Aktuell. Berlin.

Reljic, Dusan (2007): Kosovo: Die EU am Zug. SWP-Aktuell 2007/A 38. Berlin.

Repgen, Konrad (1988): Von der Reformation zur Gegenwart. Beiträge zu Grundfragen der neuzeitlichen Geschichte. Paderborn.

Reuter, Jens (2002): Der jüngste jugoslawische Nachfolgestaat: Serbien und Montenegro, 1–3: 51, S. 114–122.

Reychler, Luc (2000): An Evaluation of International Efforts in Burundi, in: Lund, Michael/Rasamoelina, Guenola (Hg.): The Impact of Conflict Prevention Policy. Cases, Measures, Assessments (SWP – Conflict Prevention Network Yearbook 1999/2000). Baden-Baden, S. 46–62.

Reychler, Luc/Paffenholz, Thania (2001): Peace-Building: A Field Guide. Boulder, Colorado.

Reynolds, Charles (1989): The Politics of War. A Study of the Rationality of Violence in Interstate Relations. Hemel Hempstead.

Rice, Condoleezza (2000): Campaign 2000: Promoting the National Interest, in: Foreign Affairs. Vol. 79, No. 1, January/February 2000 (Internetdokument: www.foreign policy2000.org; Zugriff am 1. März 2003).

Riegler, Henriette (1999): Einmal Dayton und zurück. Perspektiven einer Nachkriegsordnung im ehemaligen Jugoslawien. Wien.

Riegler, Henriette (Hg.) (2000): Transformation Processes in the Yugoslav Successor States between Marginalization and European Integration. Baden-Baden.

Rittberger, Volker (Hg.) (2004): Weltpolitik heute. Grundlagen und Perspektiven. Baden-Baden.

Roberts, Adam (1993): The United Nations and International Security, in: Survival 35, Heft 2, S. 3–30

Rohde, David (1997): Die letzten Tage von Srebrenica. Was geschah und wie es möglich wurde. Reinbek b. Hamburg.

Rohloff, Christoph (2000): Nachholende Prävention, in: Friedensgutachten 2000, hg. v. Ratsch, Ulrich/Mutz, Reinhard/Schoch, Bruno. Münster, S. 139–148.

Rönnquist, Ralf (1999): Identity and Intra-State Ethnonational Mobilization, in: Wiberg, Håkan/Scherrer, Christian P. (Hg.): Ethnicity and Intra-State Conflict. Aldershot, S. 145–161.

Ropers, Norbert (1995): Die friedliche Bearbeitung ethnopolitischer Konflikte. Eine Herausforderung für die Staaten- und die Gesellschaftswelt, in: Ropers, Norbert/Debiel, Tobias (Hg.): Friedliche Konfliktbearbeitung der Staaten- und Gesellschaftswelt (Eine Welt – Texte der Stiftung Entwicklung und Frieden, Bd. 13). Bonn, S. 197–231.

Ropers, Norbert (1997): Roles and Functions of Third Parties in the Constructive Management of Ethnopolitical Conflicts (Berghof Occasional Paper 14). Berlin.

Ropers, Norbert (1998a): Die Bearbeitung von Mehrheiten-Minderheiten-Konflikten in der Zivilgesellschaft, in: Heintze, Hans-Joachim (Hg.): Moderner Minderheitenschutz: Rechtliche oder politische Absicherung (Eine Welt – Texte der Stiftung Entwicklung und Frieden, Bd. 8). Bonn, S. 83–111.

Ropers, Norbert (1998b): An Important Component: The Need for NGOs, in: Baier-Allen, Susanne (Hg.): Synergy in Conflict Management. What Can Be Learned from Recent Experiences? Baden-Baden, S. 67–78.

Ropers, Norbert (2000): Prävention und Friedenskonsolidierung als Aufgabe für gesellschaftliche Akteure, in: Senghaas, Dieter (Hg.): Frieden machen. 2. Aufl. Frankfurt/M., S. 219–242.

Ropers, Norbert (2001): Enhancing the Quality of NGO Work in Peacebuilding, in: Reychler, Luc/Paffenholz, Thania (Hg.): Peacebuilding. A Field Guide. Boulder, Colorado, S. 520–532.

Ropers, Norbert/Debiel, Tobias (1995): Friedliche Konfliktbearbeitung in der Staaten- und Gesellschaftswelt (Eine Welt – Texte der Stiftung Entwicklung und Frieden, Bd. 13). Bonn.

Rotberg, Robert I. (1996): Conclusions : NGOs, Early Warning, Early Action, and Preventive Diplomacy, in: Rotberg, Robert I. (Hg.): Vigilance and Vengeance: NGOs Preventing Ethnic Conflict in Divided Societies, Washington D.C. S. 263–268.

Roth, Harald (Hg.) (1999): Studienhandbuch Östliches Europa. Bd. 1: Geschichte Ostmittel- und Südosteuropas. Köln.

Rothschild, Joseph (1974): East Central Europe Between the Two World Wars. Seattle.

Rüb, Matthias (2000): Startschwierigkeiten beim Stabilitätspakt. Hoffnungen auf die Finanzierungskonferenz, in: Frankfurter Allgemeine Zeitung vom 29. 3. 2000.

Rüb, Matthias (2007): Jugoslawien unter Milošević, in: Melcic, Dunja (2007): Der Jugoslawienkrieg. Handbuch zu Vorgeschichte, Verlauf und Konsequenzen. 2. Auflage. Wiesbaden, S. 327–343.

Rudolf, Peter (2006): *Sanktionen in der internationalen Politik: zum Stand der Forschung*. SWP-Studie. Berlin.

Ruf, Werner (Hg.) (2003): Politische Ökonomie der Gewalt. Staatszerfall und die Privatisierung von Gewalt und Krieg. Opladen.

Rummel, Reinhardt (2004): Soft-power EU – Interventionspolitik mit zivilen Mitteln, in: Ehrhart, Hans-Georg (2004): Die Sicherheitspolitik der EU im Werden (Institut für Friedensforschung und Sicherheitspolitik an der Universität Hamburg). Baden-Baden. (Nomos Verl.-Ges.: Demokratie, Sicherheit, Frieden Bd. 167), S. 259–279.

Rupesinghe, Kumar (1995): Transformation innerstaatlicher Konflikte. Von den „Problemlösungs-Workshops" zu Friedensallianzen, in: Ropers, Norbert/Debiel, Tobias

(Hg.): Friedliche Konfliktbearbeitung in der Staaten- und Gesellschaftswelt (Eine Welt – Texte der Stiftung Entwicklung und Frieden, Bd. 13). Bonn, S. 304–320.

Rupesinghe, Kumar (1996): Multi-track Solutions to Armed Conflicts, in: Prevention and Management of Conflicts. An International Directory. Hg. Dutch Centre for Conflict Prevention. Amsterdam, S. 10–17.

Rupnik, Jacques (2007): Die Welt im Balkanspiegel: das Agieren der Großmächte, in: Melcic, Dunja (2007): Der Jugoslawienkrieg. Handbuch zu Vorgeschichte, Verlauf und Konsequenzen. 2. Auflage. Wiesbaden, S. 461–474.

Russett, Bruce (1983): The Prisoners of Insecurity. Nuclear Deterrence, the Arms Race, and Arms Control. New York.

Sakellariou, Jannis (2001): Der Entstehungsprozess einer Gemeinsamen Europäischen Verteidigungspolitik nach dem Kosovokrieg, in: Axt, Heinz-Jürgen/Rohloff, Christoph (Hg.): Frieden und Sicherheit in (Südost-)Europa: EU-Beitritt, Stabilitätspakt und Europäische Sicherheits- und Verteidigungspolitik. Südosteuropa-Studien, Band 70. München, S. 325–332.

Sandschneider, Eberhard (1995): Stabilität und Transformation. Stand und Perspektiven politikwissenschaftlicher Transformationsforschung. Opladen.

Schelling, Thomas C. (1976): Arms and Influence. 10. Aufl. New Haven.

Schelling, Thomas C./Halperin, Morton H. (1985): Strategy and Arms Control. Neuaufl. Washington D. C.

Scherrer, Christian P. (1997): Ethnisierung und Völkermord in Zentralafrika: Genocid in Ruanda, Bürgerkrieg in Burundi und die Rolle der Weltgemeinschaft, Frankfurt (Campus).

Scherrer, Christian P. (1999a): Structural Prevention of Ethnic Violence. Regulating Conflict Through Autonomy, National Policies, and Self-governance (ECOR 23). Hg. Institute for Research on Ethnicity and Conflict, IFEK-IRECOR. Moers.

Schmierer, Joscha (1999): Der Kosovo-Krieg 1999, in: Melcic, Dunja (Hg.): Der Jugoslawienkrieg. Handbuch zu Vorgeschichte, Verlauf und Konsequenzen. Wiesbaden, S. 534–541.

Schmierer, Joscha (2007): Der Kosovo-Krieg 1999, in: Melcic, Dunja (2007): Der Jugoslawienkrieg. Handbuch zu Vorgeschichte, Verlauf und Konsequenzen. 2. Auflage. Wiesbaden, S. 475–484.

Schmitt, Carl (1979): Der Begriff des Politischen. Nachdr. d. Neuaufl. Berlin.

Schneckener, Ulrich (2001): Die EU als Krisenmanager. Der Testfall Mazedonien, Internationale Politik 5, S. 43–48.

Schneckener, Ulrich (2002): Developing and Applying EU Crisis Management. Test Case Macedonia, Working Paper No. 14, European Centre for Minority Issues, Flensburg.

Schneider, J. (1992): Ehrgeizige Ziele, bescheidene Mittel. Der Londoner Jugoslawien-Konferenz fehlen die Instrumente zur Beendigung des Krieges, in: Süddeutsche Zeitung, 26. 8. 1992, S. 4.

Schneider, J. (1993): Das richtige Mittel zur falschen Zeit. Die Sanktionen gegen Belgrad kommen zu spät, sie werden den Krieg nicht beenden, in: Süddeutsche Zeitung, 28. 4. 1993, S. 4.

Schönfeld, Roland (2001): Die Rolle der EU beim Abschluss des Dayton-Vertrags und bei den Rambouillet-Verhandlungen, in: Axt, Heinz-Jürgen/Rohloff, Christoph (Hg.): Frieden und Sicherheit in (Südost-)Europa: EU-Beitritt, Stabilitätspakt und Europäische Sicherheits- und Verteidigungspolitik. Südosteuropa-Studien, Band 70. München, S. 125–150.

Schrader, Lutz (2000): Unschätzbare oder überschätzte Akteure? Möglichkeiten und Grenzen von NGOs bei der Prävention und Bearbeitung gewaltförmiger Konflikte, in: Wissenschaft und Frieden 18/2000, S. 11–15.

Schröder, D. (1991): Hilflos auf dem Pulverfaß, in: Süddeutsche Zeitung, 26. 7. 1991, S. 4.

Schröfl, Josef/Pankratz, Thomas (Hg.) (2004): Asymmetrische Kriegführung – ein neues Phänomen der Internationalen Politik? Baden-Baden.

Schuppert, Gunnar Folke (Hg.) (2005): Governance-Forschung. Vergewisserung über Stand und Entwicklungslinien. Baden-Baden.

Schütz, Cathrin (2003): Die NATO-Intervention in Jugoslawien. Hintergründe, Nebenwirkungen und Folgen. Wien.

Schwarz, Klaus-Dieter (2005): Die Zukunft der Abschreckung. SWP-Studie. Berlin.

Seidelmann, Reimund (1992): Der KSZE-Prozess: Möglichkeiten und Grenzen einer multinationalen Friedensgestaltung in Europa, in: Knapp, Manfred (Hg.): Konzepte europäischer Friedensordnungen. Stuttgart, S. 173–196.

Seidelmann, Reimund (Hg.) (2002): EU, NATO and the relationship between transformation and external behavior in post-socialist Europe. The cases of the Slovak Republic, Bulgaria, Romania and Ukraine. Baden-Baden.

Senghaas, Dieter (1988): Friedensforschung und der Prozess der Zivilisation, in: Moltmann, Bernhard (Hg.): Perspektiven der Friedensforschung. Baden-Baden, S. 167–174.

Senghaas, Dieter (1992a): Friedensprojekt Europa. Frankfurt/M.

Senghaas, Dieter (1992b): Die Welt als Schrecken. Internationale Politik als Zivilisierung und Regression, in: Calließ, Jörg/Moltmann, Bernhard (Hg.): Weltsystem und Weltpolitik jenseits der Bipolarität 11 (Loccumer Protokolle 76/91). Rehburg/Loccum, S. 47–58.

Silber, Laura/Little, Allan (1997): Yugoslavia: Death of a Nation. Neu bearb. Auflage. London.

Snyder, Glenn H./Diesing, Paul (1977): Conflict among Nations. Bargaining, Decision Making, and System Structure in International Crisis. Princeton, New Jersey.

Snyder, Jack/Ballentine, Karen (2001): Nationalism and the Marketplace of Ideas, in: Brown, Michael E., u. a. (Hg.): Nationalism and Ethnic Conflict. 2., neubearb. Aufl. Cambridge, Massachusetts, S. 61–96.

Solioz, Christophe (2004): Bosnia and Herzegovina beyond Dayton. Sarajevo.

Spelten, Angelika (2000): Krisenprävention und Konfliktbearbeitung in Uganda: Handlungsbedarf und Anknüpfungspunkte im Rahmen von Maßnahmen der Technischen Zusammenarbeit. Eschborn: GTZ.

Spelten, Angelika (2001): Preparing for a Multicultural Environment, in: Reychler, Luc/Paffenholz, Thania (Hg.): Peacebuilding. A Field Guide. Boulder, Colorado, S. 50–60.

Sprout, Harold/Sprout, Margaret (1965): The Ecological Perspective on Human Affairs. With Special Reference to International Politics. Princeton, New Jersey.

Sriram, Chandra Lekha/Wermester, Karin (Hg.) (2003): From Promise to Practice. Strengthening UN Capacities for the Prevention of Violent Conflict. Boulder, Colorado.

Stack, John F. Jr. (1997): The Ethnic Challenge to International Relations Theory, in: Carment, David/James, Patrick (Hg.): Wars in the Midst of Peace. The International Politics of Ethnic Conflict. Pittsburgh, Pennsylvania, S. 11–25.

Stedman, Stephen John (2001): Spoiler Problems in Peace Processes, in: Brown, Michael E., u. a. (Hg.): Nationalism and Ethnic Conflict. 2., neubearb. Aufl. Cambridge, Massachusetts, S. 366–414.

Stefanov, Nenad/Werz, Michael (Hg.) (1994): Bosnien und Europa. Die Ethnisierung der Gesellschaft. Frankfurt/M.

Steindorff, Ludwig (2007): Zwischen Aufbruch und Repression: Jugoslawien 1945–1966. in: Dunja Melcic (Hg.): Der Jugoslawien-Krieg. Handbuch zu Vorgeschichte, Verlauf und Konsequenzen. 2. erw. Aufl. Wiesbaden, S. 192–197.

Steinweg, Reiner (Red.) (1980): Friedensanalysen. Für Theorie und Praxis. 1. Schwerpunkt: Feindbilder. Frankfurt/M.

Steinweg, Reiner (Red.) (1987): Kriegsursachen. Frankfurt/M.

Steinweg, Reiner/Wellmann, Christian (1990): Die vergessene Dimension internationaler Konflikte: Subjektivität, Frankfurt a. M..

Stroux, Daniel (1998): Die Ethnopolitisierung von Konflikten. Das Beispiel von Kongo (Ex-Zaïre), in: Friedensbericht 1998 (Dialog, Beiträge zur Friedensforschung, Bd. 34, Heft 1–2). Chur, S. 235–255.

Süddeutsche Zeitung (1992a) 17. 6. 1992, S. 7.

Süddeutsche Zeitung (1992b) 2. 8. 1992, S. 6.

Süddeutsche Zeitung (1993) 25. 6. 1993, S. 6.

Süddeutsche Zeitung (2004) 22. 10. 2004, S. 8.

Tajfel, Henri (1982): Gruppenkonflikt und Vorurteil. Entstehung und Funktion sozialer Stereotypen. Bern.

Tanovic-Miller, Naza (2001): Testimony of a Bosnian. College Station, Texas.

Tetzlaff, Rainer (2003): Politisierte Ethnizität als Kehrseite politischer Partizipation in unsicheren Zeiten. Erfahrungen aus Afrika, in: Welttrends. Zeitschrift für internationale Politik und vergleichende Studien, Nr. 38. Potsdam, Frühjahr 2003, S. 11–30.

Thomas, Robert (1999): Serbia under Milošević. Politics in the 1990s. London.

Thränert, Oliver (1986): Rüstungssteuerung und Gradualismus. Möglichkeiten und Grenzen einer alternativen Sicherheitspolitik. München.

Thumann, Michael (1996): Der unvollendete Triumph des Nationalstaats – Bosniens Weg zum Abkommen von Dayton, in: Auswärtiges Amt (Hg.): Deutsche Außenpolitik 1995. Auf dem Weg zu einer Friedensregelung für Bosnien und Herzegowina. 53 Telegramme aus Dayton – Eine Dokumentation. Bonn, S. 15–28.

Todorova, Maria (1999): Die Erfindung des Balkans. Europas bequemes Vorurteil. Darmstadt.

Todorova, Maria (Hg.) (2004): Balkan Identities. Nation and Memory. London.

Tomuschat, Christian (1992): Die Zukunft der Vereinten Nationen, in: Europa-Archiv, Folge 2/1992, S. 42–50.

Tongeren, Paul van (1998): Exploring the Local Capacity for Peace – The Role of NGOs, in: Prevention and Management of Violent Conflict. An International Directory. Hg. European Platform for Conflict Prevention and Transformation. Utrecht, S. 21–26.

Tongeren, Paul van (2001): The Challenge of Coordination and Networking, in: Reychler, Luc/Paffenholz, Thania (Hg.): Peacebuilding. A Field Guide. Boulder, Colorado, S. 510–519.

Troebst, Stefan (2000): „Großalbanien" – ein Trugbild. Die Teilgesellschaften in den verschiedenen Staaten haben sich ganz unterschiedlich entwickelt, in: Frankfurter Allgemeine Zeitung vom 25. Oktober 2000.

Truger, Arno (2001): Training Peacebuilders and Peacekeepers, in: Reychler, Luc /Paffenholz, Thania (Hg.): Peacebuilding. A Field Guide. Boulder/London: S. 35–42.

Tudyka, Kurt P. (2007): Die OSZE – besorgt um Europas Sicherheit: Kooperation statt Konfrontation. Hamburg.

UNHCR (2000/2001): Zur Lage der Flüchtlinge in der Welt. 50 Jahre Humanitärer Einsatz. Bonn.

United Nations Development Programme (UNDP) (Hg.) (2005): Human Development Report 2005, unter: http://hdr.undp.org/reports/global/2005 (2. Oktober 2005).

Uvalic, Milica (2003): Economics: From International Assistance toward Self-Sustaining Growths in: Meurs, Wim van (Hg.): Prospects and Risks beyond EU-Enlargement.

Southeastern Europe: Weak States and Strong International Support. Opladen, S. 99–116.

Varwick, Johannes (2000): Die EU nach dem Kosovokrieg: Ein überforderter Stabilitätsanker?, in: Krause, Joachim (Hg.): Kosovo. Humanitäre Intervention und Kooperative Sicherheit in Europa. Opladen, S. 185–200.

Vasic, Marc (2000): Zivilgesellschaftliche Demokratisierungsprozesse in der Bundesrepublick Jugoslawien. Perspektiven nach dem Kosovo-Konflikt. (Europäische Hochschulschriften. Reihe 31, Politikwissenschaft, Bd. 402). Frankfurt am Main.

Vasquez, John A. (1993): The war puzzle. Cambridge.

Väyrynen, Tarja (1999): Socially Constructed Ethnic Identities: A Need for Identity Management?, in: Wiberg, Håkan/Scherrer, Christian P. (Hg.): Ethnicity and Intra-State Conflict. Aldershot (Ashgate), 125–144.

Verdross, A./Simma, B. (1976): Universelles Völkerrecht. Theorie und Praxis. Berlin.

Vetter, Matthias/Melcic, Dunja (1999): Synopse zu Opfern, Schäden und Flüchtlingen. in: Melcic, Dunja (Hg.): Der Jugoslawienkrieg. Handbuch zu Vorgeschichte, Verlauf und Konsequenzen. Wiesbaden.

Vickers, Miranda (1998): Between Serb and Albanian. A History of Kosovo. London.

Volger, Helmut (Hg.) (2007): Grundlagen und Strukturen der Vereinten Nationen. München.

Volkan, Vamik D. (1999): Das Versagen der Diplomatie. Zur Psychoanalyse nationaler, ethnischer und religiöser Konflikte. Gießen.

Volle, Angelika/Weidenfeld, Werner (2002): Der Balkan zwischen Krise und Stabilität. Bielefeld.

Voutira, Eftihia/Brown, Shaun A. (1995): Conflict Resolution. A Review of Some Non-Governmental Practices – A 'Cautionary Tale' (Report 4, Studies on Emergencies and Disaster Relief, University of Oxford/Refugee Studies Programme). Hg. Nordiska Afrikainstitutet Uppsala. Uppsala.

Vukadinovic, Radovan (2000): Challenges to Security in South-East Europe. Copenhagen Peace Research Institute (URL: http://www.ciaonet.org/wps/vur02/, abgerufen am 11. 10. 2006).

Walk, Heike/Brunnengräber, Achim/Altvater, Elmar (2000): Einleitung, in: Altvater, Elmar, u. a. (Hg.): Vernetzt und verstrickt. Nicht-Regierungsorganisationen als gesellschaftliche Produktivkraft. 2. Aufl. Münster, S. 10–25.

Wallensteen, Peter (2005): International sanctions: between words and wars in the global system. London.

Weithmann, Michael W. (1997): Balkan Chronik. 2000 Jahre zwischen Orient und Okzident. 2. Aufl. Darmstadt.

Weithmann, Michael W. (Hg.) (1994): Der ruhelose Balkan. Die Konfliktregionen Südosteuropas. 2. Aufl. München.

Weller, Christoph (1993): Feindbilder und Einstellungswandel – Die kognitive Erklärung, ihre Mängel und sozialpsychologische Abhilfe. in: Wolf, Klaus Dieter (Hg.): Ordnung zwischen Gewaltproduktion und Friedensstiftung (Schriftenreihe der Arbeitsgemeinschaft für Friedens- und Konfliktforschung e.V. (AFK), Band 20). Baden-Baden, S. 249–291.

Wellner, Karsten (1991): Wirtschafts*sanktionen* als Mittel der *internationale*n Politik: eine Untersuchung anhand der Wirtschafts*sanktionen* gegenüber der Republik Südafrika. Frankfurt a. M.

Welsh, David (1993): Domestic Politics and Ethnic Conflict, in: Brown, Michael E. (Hg.): Ethnic Conflict and International Security. Princeton, New Jersey, S. 43–60.

West, Katharina (2001): Agents of Altruism. The Expansion of Humanitarian NGOs in Rwanda and Afghanistan. Aldershot.

Whyte, Nicholas (2001a): 'L'Heure de l'Europe' enfin arrivée?, in: ESF: The Macedonian Crisis and European Security. Working Paper No. 2, July 2001.

Whyte, Nicholas (2001b): The EU and Macedonia, CEPS Commentary, 6. 4. 2001.

Wiberg, Håkan/Scherrer, Christian P. (1999): Ethnicity and Intra-State Conflict. Types, Causes, and Peace Strategies. Aldershot.

Wimmer, Andreas (2002): Nationalist Exclusion and Ethnic Conflict. Shadows of Modernity. Cambridge.

Wimmer, Andreas (2004): Introduction: Facing Ethnic Conflicts, in: Wimmer, Andreas, u. a. (Hg.): Facing Ethnic Conflicts. Towards a New Realism. Lanham, Maryland, S. 1–20.

Wimmer, Michaela, u. a. (1991): Brennpunkt Jugoslawien. Der Vielvölkerstaat in der Krise. Hintergründe, Geschichte, Analysen. München.

Windfuhr, Michael (1999): „Track Two"-Interventionen. Die Rolle zivilgesellschaftlicher Akteure in der Konfliktprävention, in: Universitas 54, S. 755–766.

Wittkowsky, Andreas (2000): Der Stabilitätspakt für Südosteuropa und die „führende Rolle" der Europäischen Union, in: Aus Politik und Zeitgeschichte, B 29–30, S. 3–13.

Wolf, Klaus Dieter (1992): Normen und Institutionen im internationalen System. Fernstudieneinheit Politik, Band II, Block 6, in Alemann, Ulrich v., u. a. (Hg.).

Wolf, Klaus Dieter (2003): Internationale Organisationen und grenzüberschreitendes Regieren, in: Münkler, Herfried (Hg.): Politikwissenschaft. Ein Grundkurs. Reinbek bei Hamburg, S. 412–446.

Wolkow, Wladimir W. (1991): Ethnokratie – ein verhängnisvolles Erbe in der postkommunistischen Welt, in: Aus Politik und Zeitgeschichte, B 52/53, S. 35–43.

Wolleh, Oliver (2001): Zivile Konfliktbearbeitung in ethnopolitischen Konflikten, in: Aus Politik und Zeitgeschichte, B 20, S. 26–36.

Woodrow, Peter/Moore, Christopher (2002): What Do I Need to Know About Culture? Practitioners Suggest ..., in: Lederach, Jean Paul/Moomaw Jenner, Janice (Hg.): A Handbook of International Peacebuilding. Into the Eye of the Storm. San Francisco, S. 89–105.

Woodward, Susan L. (1995): Balkan Tragedy. Chaos and Dissolution after the Cold War. Washington D. C.

Wörsdörfer, Rolf (2004): Krisenherd Adria 1915–1955. Konstruktion und Artikulation des Nationalen im italienisch-jugoslawischen Grenzraum. Paderborn.

Woyke, Wichard (2001): Die Agenda der Europäischen Union zu Beginn des 21. Jahrhunderts, in: Loth, Wilfried (Hg.): Das europäische Projekt zu Beginn des 21. Jahrhunderts. Opladen, S. 9–24.

Woyke, Wichard (2004): Neue Europäische Sicherheitsstruktur, in: Woyke, Wichard (Hg.): Handwörterbuch Internationale Politik. 9. Aufl. Bonn, S. 379–390.

Zametica, John (1992): The Yugoslav Conflict. London.

Zangl, Bernhard/Zürn, Michael (2003): Frieden und Krieg. Sicherheit in der nationalen und post-nationalen Konstellation. Frankfurt a.M.

Zellner, Wolfgang (2005): Managing change in Europe. Evaluating the OSCE and its future role: competencies, capabilities, and missions. Hamburg.

Zint, Martin (2000): Friedensjournalismus als Beruf, in: Wissenschaft und Frieden 18, S. 23–26.

Zunec, Ozren/Kulenovic, Tarik (2007): Die jugoslawische Volksarmee und ihre Erben. Entstehung und Aktionen der Streitkräfte 1991–1995, in: Melcic, Dunja (2007): Der Jugoslawienkrieg. Handbuch zu Vorgeschichte, Verlauf und Konsequenzen. 2. Auflage. Wiesbaden, S. 377–400.

Zürn, Michael (1997): Vom Nutzen internationaler Regime für eine Friedensordnung, in: Senghaas, Dieter (Hg.): Frieden machen. Frankfurt/M., S. 465–481.

7 Anhang

I Grafiken

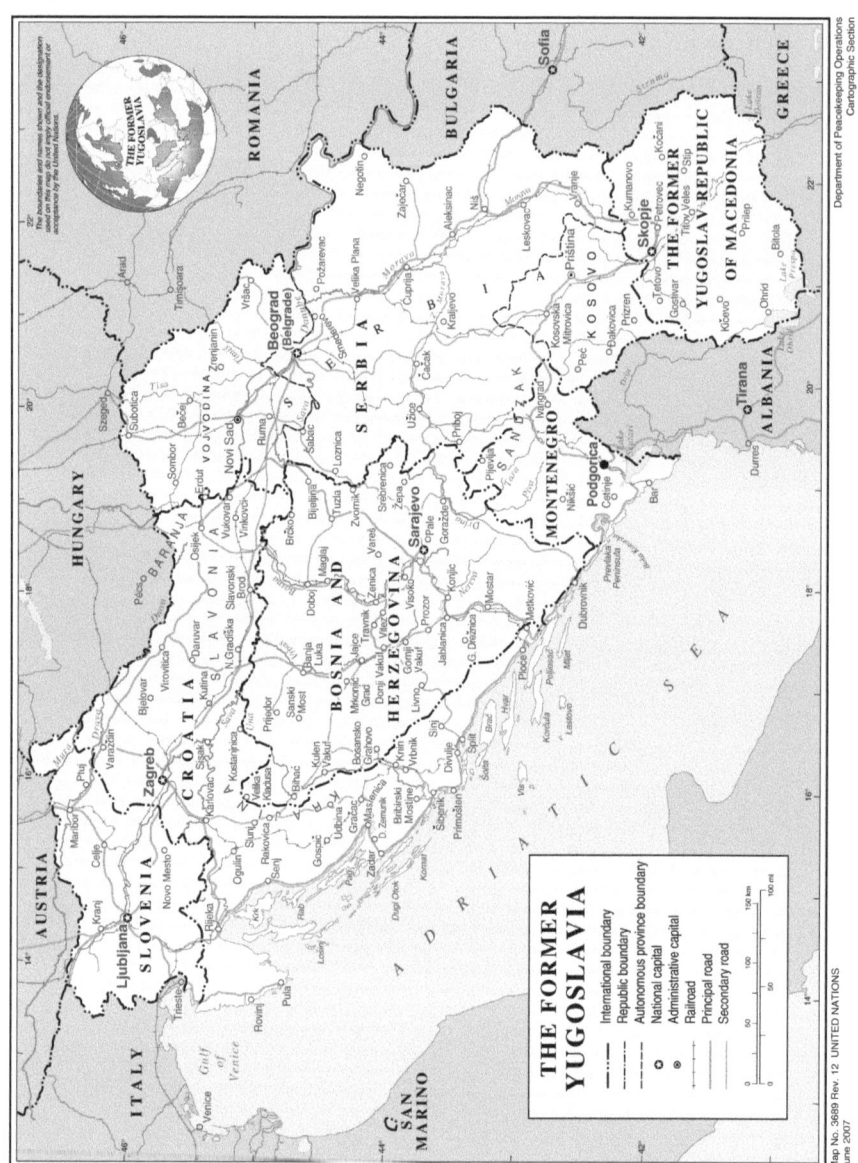

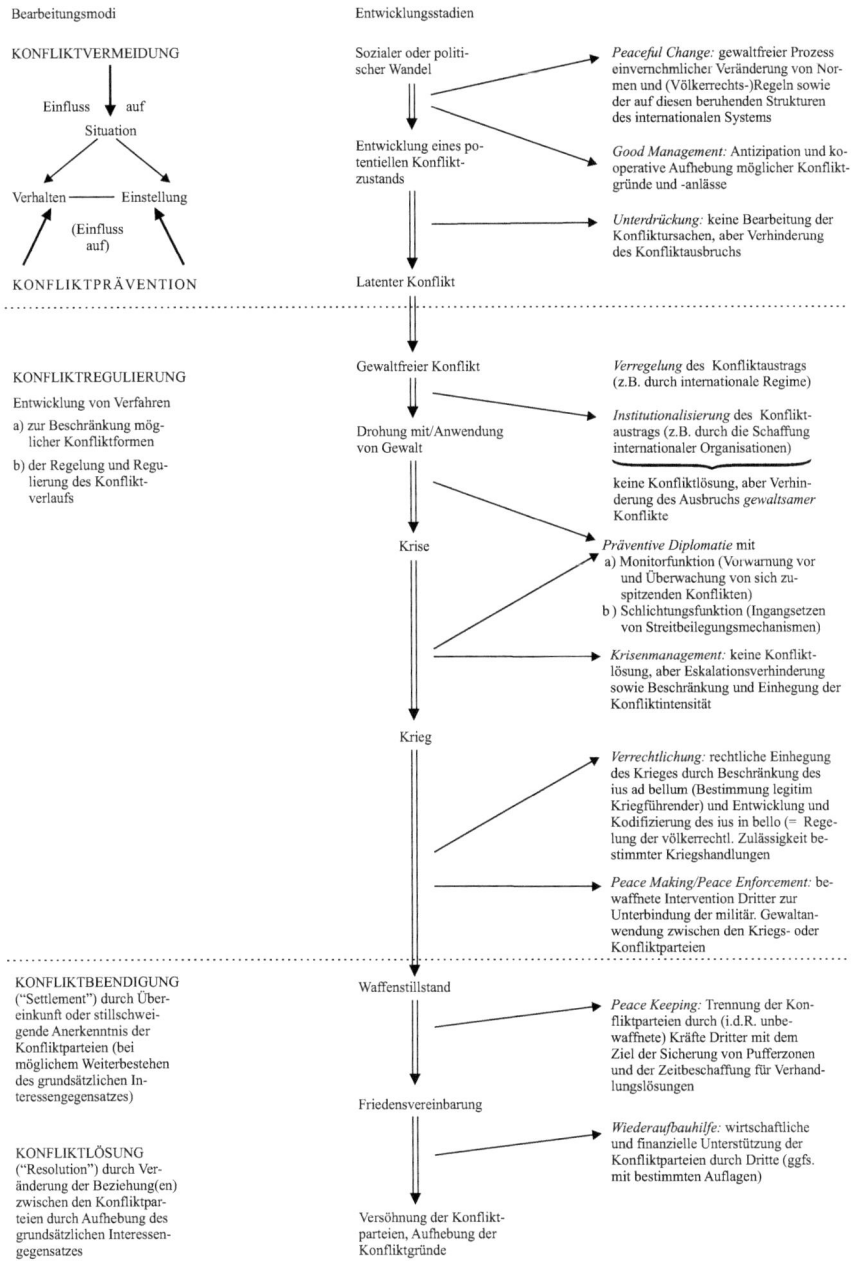

Bearbeitungsmodi | Entwicklungsstadien

KONFLIKTVERMEIDUNG

Einfluss → auf
Situation
Verhalten —— Einstellung
(Einfluss auf)

KONFLIKTPRÄVENTION

Sozialer oder politischer Wandel

Peaceful Change: gewaltfreier Prozess einvernehmlicher Veränderung von Normen und (Völkerrechts-)Regeln sowie der auf diesen beruhenden Strukturen des internationalen Systems

Entwicklung eines potentiellen Konfliktzustands

Good Management: Antizipation und kooperative Aufhebung möglicher Konfliktgründe und -anlässe

Unterdrückung: keine Bearbeitung der Konfliktursachen, aber Verhinderung des Konfliktausbruchs

Latenter Konflikt

KONFLIKTREGULIERUNG

Entwicklung von Verfahren

a) zur Beschränkung möglicher Konfliktformen
b) der Regelung und Regulierung des Konfliktverlaufs

Gewaltfreier Konflikt

Verregelung des Konfliktaustrags (z.B. durch internationale Regime)

Institutionalisierung des Konfliktaustrags (z.B. durch die Schaffung internationaler Organisationen)

Drohung mit/Anwendung von Gewalt

keine Konfliktlösung, aber Verhinderung des Ausbruchs *gewaltsamer* Konflikte

Krise

Präventive Diplomatie mit
a) Monitorfunktion (Vorwarnung vor und Überwachung von sich zuspitzenden Konflikten)
b) Schlichtungsfunktion (Ingangsetzen von Streitbeilegungsmechanismen)

Krisenmanagement: keine Konfliktlösung, aber Eskalationsverhinderung sowie Beschränkung und Einhegung der Konfliktintensität

Krieg

Verrechtlichung: rechtliche Einhegung des Krieges durch Beschränkung des ius ad bellum (Bestimmung legitim Kriegführender) und Entwicklung und Kodifizierung des ius in bello (= Regelung der völkerrechtl. Zulässigkeit bestimmter Kriegshandlungen

Peace Making/Peace Enforcement: bewaffnete Intervention Dritter zur Unterbindung der militär. Gewaltanwendung zwischen den Kriegs- oder Konfliktparteien

KONFLIKTBEENDIGUNG
("Settlement") durch Übereinkunft oder stillschweigende Anerkenntnis der Konfliktparteien (bei möglichem Weiterbestehen des grundsätzlichen Interessengegensatzes)

Waffenstillstand

Peace Keeping: Trennung der Konfliktparteien durch (i.d.R. unbewaffnete) Kräfte Dritter mit dem Ziel der Sicherung von Pufferzonen und der Zeitbeschaffung für Verhandlungslösungen

KONFLIKTLÖSUNG
("Resolution") durch Veränderung der Beziehung(en) zwischen den Konfliktparteien durch Aufhebung des grundsätzlichen Interessengegensatzes

Friedensvereinbarung

Wiederaufbauhilfe: wirtschaftliche und finanzielle Unterstützung der Konfliktparteien durch Dritte (ggfs. mit bestimmten Auflagen)

Versöhnung der Konfliktparteien, Aufhebung der Konfliktgründe

UNITED NATIONS PEACEKEEPING OPERATIONS

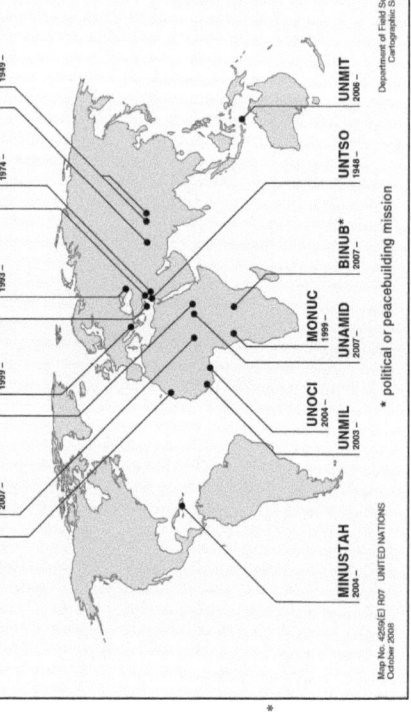

MISSIONS ADMINISTERED BY THE DEPARTMENT OF PEACEKEEPING OPERATIONS

MINURSO 1991 –
MINURCAT 2007 –
UNMIS 2005 –
UNMIK 1999 –
UNFICYP 1964 –
UNOMIG 1993 –
UNIFIL 1978 –
UNDOF 1974 –
UNAMA* 2002 –
UNMOGIP 1949 –
MINUSTAH 2004 –
UNOCI 2004 –
UNMIL 2003 –
MONUC 1999 –
UNAMID 2007 –
BINUB* 2007 –
UNTSO 1948 –
UNMIT 2006 –

* political or peacebuilding mission

Map No. 4259(E) R07   UNITED NATIONS
October 2008

Department of Field Support
Cartographic Section

Peacekeeping operations since 1948................................. 63
Current peacekeeping operations................................... 16
Current peace operations directed and supported
by the Dept.of Peacekeeping Operations (DPKO)........ 18

PERSONNEL

Uniformed personnel.. 90,284 *
(77,219 troops, 10,614 police and 2,451 military observers)
Countries contributing uniformed personnel................ 120
International civilian personnel (31 January 2009)........ 5,758 *
Local civilian personnel (31 January 2009)................. 13,115 *
UN Volunteers .... 2,114 *

Total number of personnel serving in
16 peacekeeping operations.. 111,271
Total number of personnel serving in
18 DPKO-led peace operations................................... 113,222 **

Total number of fatalities in
peace operations since 1948....................................... 2,575 ***

FINANCIAL ASPECTS (US$)

Approved budgets for the period
from 1 July 2008 to 30 June 2009.....   About $7.1 billion
Estimated total cost of operations
from 1948 to 30 June 2008................   About $54 billion
Outstanding contributions to
peacekeeping (3 : December 2008)....   About $2.88 billion

* Numbers include 16 peacekeeping operations only. Statistics for two special political and/or peacebuilding missions—BINUB and UNAMA—directed and supported by DPKO can be found at
http://www.un.org/Depts/dpko/ppmb.pdf
** This figure includes the total number of uniformed and civilian personnel serving in 16 peacekeeping operations and two DPKO-led special political and/or peacebuilding missions—BINUB and UNAMA.

***Includes fatalities for all UN peace operations.

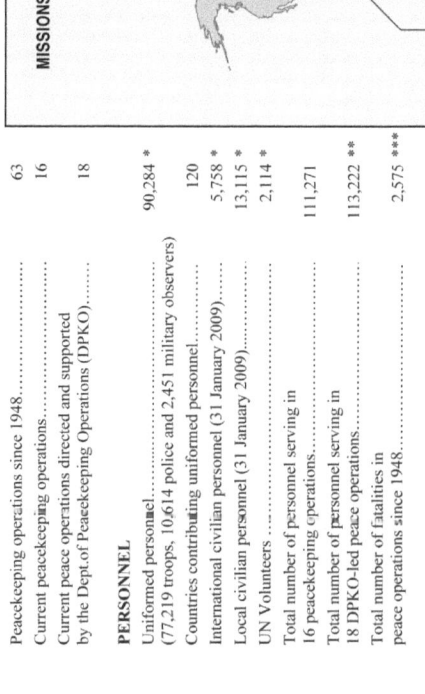

CURRENT PEACEKEEPING OPERATIONS

Mission	Established	Troops	Military Observers	Police	International Civilians	Local Civilians	UN Volunteers	Total Personnel	Fatalities	Budget (US$)
UNTSO	May 1948	0	151	0	92	128	0	371	49	66,217,000 (2008-9)
UNMOGIP	January 1949	0	43	0	25	46	0	114	11	16,957,100 (2008-9)
UNFICYP	March 1964	857	0	65	41	106	0	1,069	179	57,392,000
UNDOF	June 1974	1,041	0	0	37	98	0	1,176	43	47,859,100
UNIFIL	March 1978	12,542	0	0	321	640	0	13,503	279	680,932,600
MINURSO	April 1991	20	200	6	102	158	19	505	15	47,702,500
UNOMIG	August 1993	0	129	16	104	208	1	458	11	36,084,000
UNMIK	June 1999	0	22	55	338	1,636	69	2,120	54	207,203,100
MONUC	November 1999	16,589	728	1,089	956	2,220	567	22,149	143	1,242,729,000
UNMIL	September 2003	10,114	144	1,213	490	984	213	13,158	126	631,689,100
UNOCI	April 2004	7,833	197	1,146	416	692	283	10,567	55	497,455,100
MINUSTAH	June 2004	7,039	0	2,031	491	1,224	191	10,976	43	601,580,100
UNMIS	March 2005	8,724	576	669	776	2,468	250	13,463	44	858,771,200
UNMIT	August 2006	0	33	1,578	363	889	124	2,987	5	180,841,100
UNAMID	July 2007	12,424 / 19315**	183 / 240**	2,510 / 6432**	863 / 1579**	1,417 / 3455**	295 / 548**	17,692 / -	30	1,569,255,200
MINURCAT	September 2007	36	45	236	343	201	102	963	2	315,083,400
Total:		**77,219**	**2,451**	**10,614**	**5,758**	**13,115**	**2,114**	**111,271**	**1,089**	**About $7.1 billion***

UNTSO - UN Truce Supervision Organization
UNMOGIP - UN Military Observer Group in India and Pakistan
UNFICYP - UN Peacekeeping Force in Cyprus
UNDOF - UN Disengagement Observer Force
UNIFIL - UN Interim Force in Lebanon
MINURSO - UN Mission for the Referendum in Western Sahara
UNOMIG - UN Observer Mission in Georgia
UNMIK - UN Interim Administration Mission in Kosovo

MONUC - UN Organization Mission in the Dem. Rep. of the Congo
UNMIL - United Nations Mission in Liberia
UNOCI - United Nations Operation in Côte d'Ivoire
MINUSTAH - United Nations Stabilization Mission in Haiti
UNMIS - United Nations Mission in the Sudan
UNMIT - United Nations Integrated Mission in Timor-Leste
UNAMID - African Union-United Nations Hybrid Operation in Darfur
MINURCAT - United Nations Mission in the Central African Republic and Chad

*Includes requirements for the support account for peacekeeping operations and the UN Logistics Base in Brindisi (Italy)(A/C.5/62/30 and A/C.5/62/31)
**Authorized strength

NOTE: UNTSO and UNMOGIP are funded from the United Nations regular biennial budget. Costs to the United Nations of the other current operations are financed from their own separate accounts on the basis of legally binding assessments on all Member States. For these missions, budget figures are for one year (07/08–06/09) unless otherwise specified. For information on United Nations political missions, see DPI/2166/Rev.66 also available on the web at http://www.un.org/Depts/dpko/dpko/ppbm.pdf.

Prepared by the Peace and Security Section of the United Nations Department of Public Information, in consultation with the Department of Peacekeeping Operations, Department of Field Support, Department of Management and the Department of Political Affairs — DPI/1634/Rev.94 — March 2009

UNITED NATIONS POLITICAL AND
PEACEBUILDING MISSIONS

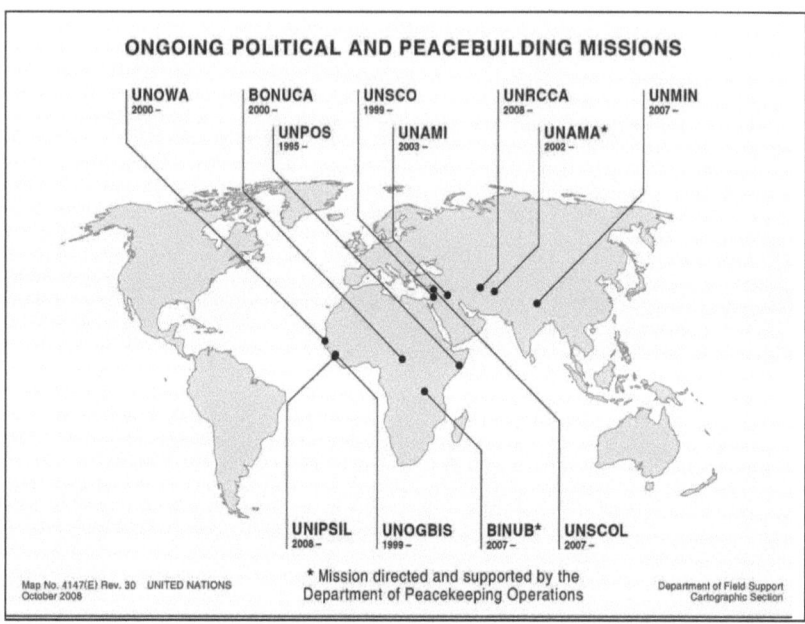

NUMBER OF MISSIONS 12

PERSONNEL
Uniformed personnel 347
International civilian personnel (31 December 2008)...947
Local civilian personnel (31 December 2008)..2,088
UN Volunteers 102
Total number of personnel serving in political and peacebuilding missions 3,484

For information on United Nations peacekeeping operations, see DPI/1634 Rev.93 or visit the United Nations website at http://www.un.org/Depts/dpko/dpko/index.asp

United Nations

CURRENT POLITICAL AND PEACEBUILDING MISSIONS

UNPOS   Since 15 April 1995
United Nations Political Office for Somalia
Special Representative of the Secretary-General: Ahmedou Ould-Abdallah
(Mauritania)
Strength: international civilian 36; local civilian 16

UNOGBIS   Since 3 March 1999
United Nations Peacebuilding Support Office in Guinea-Bissau
Representative of the Secretary-General: Shola Omoregie (Nigeria)
Strength: international civilian 10; local civilian 14; military adviser 2;
police adviser 1

UNSCO   Since 1 October 1999
Office of the United Nations Special Coordinator for the Middle East
Special Coordinator for the Middle East Peace Process and Personal
Representative of the Secretary-General to the Palestine Liberation
Organization and the Palestinian Authority: Robert H. Serry (Netherlands)
Strength: international civilian 30; local civilian 25

BONUCA   Since 15 February 2000
United Nations Peacebuilding Office in the Central African Republic
Representative of the Secretary-General: Francois Lonseny Fall (Guinea)
Strength: international civilian 26; local civilian 56; military advisers 5;
police 6; UN volunteer 3

UNSCOL   Since 16 February 2007
Office of the United Nations Special Coordinator for Lebanon
(Formerly known as Office of the Personal Representative of the Secretary-
General for Southern Lebanon)
Special Coordinator for Lebanon: Michael C. Williams (United Kingdom)
Strength: international civilian 15; local civilian 33

UNOWA   Since 29 November 2001
Office of the Special Representative of the Secretary-General for West Africa
Special Representative of the Secretary-General: Said Djinnit (Algeria)
Strength: international civilian 10; local civilian 11

UNAMA*   Since 28 March 2002
United Nations Assistance Mission in Afghanistan
Special Representative of the Secretary-General:
Kai Eide (Norway)
Strength: international civilian 271; local civilian 1,161;
military observer 16; police 7; UN volunteer 32

UNAMI   Since 14 August 2003
United Nations Assistance Mission for Iraq
Special Representative of the Secretary-General for Iraq: Staffan de
Mistura (Sweden)
Authorized strength: 1,014 (463 international, 551 local)
Current strength (staff based in Iraq, Jordan and Kuwait): international
civilian 303; local civilian 399; troop 223 ; military observer 10

UNIPSIL   Since 1 October 2008
United Nations Integrated Peacebuilding Office in Sierra Leone
Executive Representative of the Secretary-General: Michael von der
Schulenburg (Germany)
Strength: international civilian 17; local civilian 1;
UN volunteer 6

BINUB*   Since 1 January 2007
United Nations Integrated Office in Burundi
Executive Representative of the Secretary-General: Youssef Mahmoud
(Tunisia)
Strength: international civilian 124; local civilian 212; military observer 8;
police 12; UN volunteer 42

UNMIN   Since 23 January 2007
United Nations Mission in Nepal
Special Representative of the Secretary-General: Ian Martin (United
Kingdom)
Strength: international civilian 100; local civilian 160; military observer 57;
UN volunteer 19

UNRCCA   Since 10 December 2007
United Nations Regional Centre for Preventive Diplomacy for Central Asia
Special Representative of the Secretary-General: Miroslav Jenča (Slovakia)
Strength: international civilian 5

* Political or peacebuilding mission directed and supported by the Department of Peacekeeping Operations. All other political and peacebuilding missions are directed by the Department of Political Affairs. For information on political and peacebuilding missions, visit the United Nations website at http://www.un.org/Depts/dpa/prev_dip/fst_prev_dip.htm

Prepared by the Peace and Security Section, United Nations Department of Public Information, in consultation with the
Department of Political Affairs and the Department of Peacekeeping Operations — DPI/2166/Rev.68 — February 2009

Interlocking Interblocking Institutions im Bereich der Friedenskonsolidierung in Südosteuropa

Stabilitätspakt für Südosteuropa/ Beauftragter
- Hochrangige Lenkungsgruppe: Weltbank, KOM, EU-Präsidentschaft, IMF

Regionaltisch

I. AT: Demokratie
- Koordinierungsbüro Weltbank/Europäische Kommission

II. AT: Wirtschaft/ Wiederaufbau

III. AT: Sicherheit
- Informal Consultative Committee

Europäischer Rat — Kontaktgruppe
- Ministerrat — EP — Kommission
- HR GASP/ Sonderbeauftragte
- Europäische Wiederaufbauagentur
- ECHO
- Gemeinsame Strategie
- Stabilisierungs- und Assoziierungsprozess
- CARDS-Regionalpapier
- Länderstrategiepapiere

UNMIK Beauftrager der EU — OHR Beauftragter der EU
Humanitäre Hilfe/ UNCHR — Friedensimplementierungsrat (PIC)
Interimsverwaltung/UN — Steering Board: G8, Ratspräsidentschaft KOM
Demokratie/ Wiederaufbau/ OSZE — EC Konsultations-Task Force
Wirtschaftlicher Wiederaufbau/ EU — IPTF/ EUPM
NATO/KFOR — NATO/SFOR

Royaumont-Prozess (bis 1999)
European Monitoring Missions (EUMM)
Friends of Albania
Bilaterale Geber
INGOs
Zentral europäische Initiative (CEI)
Länder Südosteuropas
Europäische Freihandelszone (CEFTA)
Konferenz über gute Nachbarschaft, Stabilität, Sicherheit und Kooperation (CSEE)
Schwarzmeerkooperation (BSEC)
Südosteuropäische Kooperationsinitiative (SECI)

Stand: 2005/2006

II   Verzeichnis von Internetfundorten nützlicher Karten

Anmerkung: Aufgrund der unterschiedlichen Gestaltungs- und Druckqualitäten der Internetoriginale war es den Verfassern leider nicht möglich, die zur Illustration ihrer Beiträge wünschenswerten Karten im Studienbrief unmittelbar ausdrucken zu lassen. Das untenstehende Verzeichnis soll jedoch den Lesern des Studienbriefes eine schnelle Orientierung über geografische und politische Karten der Balkanregion zum Selbstausdrucken ermöglichen.

a) Historische Karten

Grenzen Serbiens 1196 bis heute
http://www.lib.utexas.edu/maps/historical/serbia_boundaries.gif

Europa und der Balkan ca. 1560
http://www.lib.utexas.edu/maps/historical/europe1560_shepherd.jpg

Die allmähliche Auflösung des Türkischen Reiches in Europa, 2. Hälfte 19. Jh.
http://www.lib.utexas.edu/maps/historical/balkans_1912.jpg

Südosteuropa 1878 und der Berliner Kongress
http://www.lib.utexas.edu/maps/historical/eastern_europe1878.jpg

Die Staatenwelt des Balkans 1899
http://www.lib.utexas.edu/maps/historical/balkan_states_1899.jpg

Weitgesteckte Ziele der Balkanmächte 1914
http://www.lib.utexas.edu/maps/historical/balkan_aspirations_1914.jpg

Historische Grenzen des Kosovos 1913–1992
http://www.lib.utexas.edu/maps/europe/kosovo_history92.jpg

Historische Grenzen der Wojwodina 1867–1992
http://www.lib.utexas.edu/maps/europe/vojvodina_history92.jpg

Die Staaten des Balkans 1918–1938
http://www.terra.es/personal7/jqvaraderey/193818BK.GIF

Kursorische Übersicht zum Wandel der Balkangrenzen
http://news.bbc.co.uk/hi/english/static/map/yugoslavia/

Der Balkan – interaktive Karte des Konfliktgebietes
http://www.iwpr.net/mapviewer.shtml?location=balkans

b) Jugoslawien und seine Teilstaaten in den 1990er Jahren

Reliefkarte Former Yugoslavia 1996
http://www.lib.utexas.edu/maps/europe/fm_yugoslavia_rel96.jpg

Politische Karte Former Yugoslavia 1996
http://www.lib.utexas.edu/maps/europe/fm_yugoslavia_pol96.jpg

Ethnische Minoritätenkarte Jugoslawien 1991
http://www.lib.utexas.edu/maps/europe/yugoslav.jpg

Bosnien-Herzegowina: Ethnische Majoritäten 1993
http://www.lib.utexas.edu/maps/bosnia/ethnic_majorities_bosnia.jpg

Bosnien-Herzegowina: Ethnische Entitäten 1997
http://www.lib.utexas.edu/maps/europe/bosnia_herzegovina_pol97.jpg

Reliefkarte Bosnien-Herzegowina 1994
http://www.lib.utexas.edu/maps/europe/bosnia_herzegovina_rel_1994.pdf

Politische Karte Bosnien-Herzegowina 2002
http://www.lib.utexas.edu/maps/europe/bosnia_pol_2002.pdf

Reliefkarte Serbien und Montenegro 1997
http://www.lib.utexas.edu/maps/europe/serbia_montenegro_rel_1997.pdf

Politische Karte Serbien und Montenegro 1997
http://www.lib.utexas.edu/maps/europe/serbia_montenegro_pol_1997.pdf

Ethnische Majoritäten Serbien und Montenegro 1993
http://www.lib.utexas.edu/maps/europe/serbia_montenegro_ethnic_1993.jpg

Reliefkarte Mazedonien 1992
http://www.lib.utexas.edu/maps/europe/macedonia_rel_1992.pdf

Politische Karte Mazedonien 1994
http://www.lib.utexas.edu/maps/europe/yugoslav_republic_macedon_pol_1994.pdf

Ethnische Konflikte in Mazedonien 1999
http://www.monde-diplomatique.fr/cartes/macedoinedpl1999

Allgemeine Karte FYROM 1999
http://www.un.org/Depts/Cartographic/map/profile/macedonia.pdf

Reliefkarte Kroatien 1992
http://www.lib.utexas.edu/maps/europe/croatia_rel_1992.pdf

Reliefkarte Kroatien 2001
http://www.lib.utexas.edu/maps/europe/croatia_rel01.pdf

Politische Karte Kroatien 2001
http://www.lib.utexas.edu/maps/europe/croatia_pol01.pdf

Grenzen Kroatiens im Wandel
http://www.lib.utexas.edu/maps/europe/croatia_hist_control_1996.jpg

Reliefkarte Slowenien 1992
http://www.lib.utexas.edu/maps/europe/slovenia.jpg

Reliefkarte Slowenien 2000
http://www.lib.utexas.edu/maps/europe/slovenia_rel_2000.pdf

Politische Karte Slowenien 2000
http://www.lib.utexas.edu/maps/europe/slovenia_pol_2000.pdf

c) Sonstige

Politische Karte Former Yugoslavia 1993
http://www.lib.utexas.edu/maps/europe/former_yugoslavia.jpg

Kleine Übersichtskarte Bosnien-Herzegowina
http://www.lib.utexas.edu/maps/cia05/bosnia_herzegovina_sm05.gif

Reliefkarte Bosnien-Herzegowina 1997
http://www.lib.utexas.edu/maps/europe/bosnia_herzegovina_rel_1997.pdf

Reliefkarte Bosnien-Herzegowina 2002
http://www.lib.utexas.edu/maps/europe/bosnia_rel_2002.pdf

Politische Karte Bosnien-Herzegowina 2002
http://www.lib.utexas.edu/maps/europe/bosnia_pol_2002.jpg

Ethnische Aufteilungen Bosnien-Herzegowina
http://www.lib.utexas.edu/maps/bosnia/ethnic_majorities_bosnia.jpg
http://www.lib.utexas.edu/maps/bosnia/ethnic_majorities_97.jpg

Einsatzräume der UN-Friedenstruppen Bosnien-Herzegowina
http://www.lib.utexas.edu/maps/bosnia/military_terrain_96.jpg
http://www.lib.utexas.edu/maps/bosnia/bosnia_sfor_97.jpg
http://www.lib.utexas.edu/maps/bosnia/bosnia_sfortroop_97.jpg

Weitere nützliche Grafiken und Kartenwerke lassen sich finden im Informationssystem des Bundesministeriums für Landesverteidigung, Wien, allgemein unter
http://www.bmlv.gv.at/omz/fotogalerien.php sowie speziell zur Entwicklung auf dem
      Balkan unter
http://www.bmlv.gv.at/omz/galerie.php?id=25

Hinzuweisen wäre auch auf die United Nations Cartographie Section, im Netz unter
http://www.un.org/depts/cartographie/english/htmain.htm

III Verzeichnis hilfreicher Internetlinks

A) Linklisten insbesondere zur Friedens- und Konfliktforschung

AFK – Institute, Links
http://www.afk-web.de/html/institute-links.HTM

Conflict Information Consortium – die wohl umfangreichste Sammlung von Websites und
    Informationen zu allen Gegenstandsbereichen der Friedens- und Konfliktforschung,
    die etwa 600 Themenbereiche abdeckt
http://conflict.colorado.edu/

Hessische Stiftung Friedens- und Konfliktforschung, Frankfurt – Linkliste zu inner- und
    außereuropäischen Forschungseinrichtungen der Friedens- und Konfliktforschung,
    Außen- und Sicherheitspolitik und internationalen Organisationen
http://www.hsfk.de/static.php?id=11&language=de

International Relations and Security Network, Center for Security Studies, ETH Zürich
http://www.isn.ethz.ch/linkslib/

Poly-Cy Guide to Internet Resources for International Politics and Foreign Policy
http://pslab11.polsci.wvu.edu/polycy/psintrel.html

United States Institute of Peace, Research Centers in International Relations on the Web
http://www.usip.org/library/rcenters.html

B) Nachschlagewerke und spezialisierte Search-Engines

Berghof Handbook for Conflict Transformation – internetbasiertes Handbuch mit vorzüg-
    lichen Überblicken über den neueren und neuesten Forschungsstand
http://www.berghof-handbook.net/

Social Science Information Gateway, hrsg. British Library of Political and Economic
    Science, International Relations
http://www.sosig.ac.uk/roads/subject-listing/World-cat/intrelations.html

International Security
http://www.sosig.ac.uk/roads/subject-listing/World-cat/conflictsec.html

C) Zeitschriften und Periodika

Adelphi Papers, hrsg. International Institute for Strategic Studies, London – eigentlich
    keine Zeitschrift, sondern eine Serie kürzerer Monografien zu aktuellen sicherheits-
    politischen und konfliktanalytischen Fragestellungen
http://www.iiss.org/showpage.php?pageID=23

HSFK-Reports – erscheinen etwa zehnmal jährlich und enthalten wissenschaftliche Ana-
    lysen und Handlungsempfehlungen zu aktuellen Problemen der Friedens- und Si-
    cherheitspolitik
http://www.hsfk.de/publicationseries.php?id=51&language=de

Internationale Politik und Gesellschaft, hrsg. Friedrich-Ebert-Stiftung, mit regelmäßigen
    Beiträgen zur Konfliktanalyse und Konfliktbearbeitung (z. B. Heft 4/2005)
http://www.fes.de/ipg/

INEF Report, hrsg. Institut für Entwicklung und Frieden der Universität Duisburg – publiziert in unregelmäßigen Abständen Forschungsergebnisse aus der Arbeit des Instituts; Qualität ähnlich wie Adelphi Papers, jedoch mit deutlich mehr friedenspolitischem Einschlag
http://inef.uni-duisburg.de/page/PublSerien.html

Österreichische Militärische Zeitschrift, hrsg. Bundesministerium für Landesverteidigung, Wien, mit erstklassigen Beiträgen zu sicherheitspolitischen und konfliktanalytischen Fragestellungen, insbesondere aber für die Beobachtung der Entwicklung auf dem Balkan unentbehrlich
http://www.bmlv.gv.at/omz/index.shtml

PIN – Politik im Netz – Website zu aktuellen Problemen der Politik
http://www.politik-im-netz.com/

politik-digital.de, mit Unterwebsite europa-digital
http://www.politik-digital.de/index.shtml

Reader Sicherheitspolitik
http://www.reader-sipo.de/options/archiv.htm

Sicherheit und Frieden – die Zeitschrift, hinter der i. W. das IFSH Hamburg steht, versteht sich als wissenschaftliches Diskussionsforum für neuere Forschungsergebnisse und politische Entwicklungen auf dem Gebiet der Friedens- und Sicherheitspolitik
http://www.politik-im-netz.com/pin_rl/archiv/zs/sundf/arc_sundf_start.lasso

Strategic Comments, hrsg. International Institute for Strategic Studies, London, ermöglicht auf in der Regel jeweils zwei materialreichen DIN-A4-Seiten die Information über aktuelle sicherheitspolitische Konflikte
http://www.iiss.org/stratcomments.php

Survival, hrsg. International Institute for Strategic Studies, London, Forum zur gründlicheren Debatte internationaler und sicherheitspolitischer Gegenwartsprobleme
http://www.iiss.org/conferencepage.php?confID=41

Weltpolitik.net, hrsg. Deutsche Gesellschaft für Auswärtige Politik – DGAP
http://www.weltpolitik.net/

Wissenschaft und Frieden, hrsg. vom Verein Wissenschaft und Frieden e. V. (Zusammenschluss deutscher Friedensforschungsorganisationen) – interdisziplinäre Wissenschaftszeitschrift für Friedensforschung, Friedensbewegung und Friedenspolitik
http://www.iwif.de/

D) Internationale Akteure der Konfliktregelung und Friedenssicherung

UN-Friedenssicherung:
http://www.un.org/Depts/dpko/dpko/index.asp

Regional UN Information Centre for Western Europe:
http://www.runic-europe.org/

Europäische Union:
http://www.europa.eu.int/comm/external_relations

OSZE:
http://www.osce.org

Stabilitätspakt Südosteuropa – mit vielen weiteren Links:
http://www.stabilitaetspakt-soe.de/

E) Forschungsinstitute und Thinktanks

Arbeitsstelle Friedensforschung Bonn
http://www.priub.org/index_dt.html

Bonn International Center for Conversion – BICC
http://www.bicc.de/

Carnegie Commission on Preventing Deadly Conflict
http://www.wilsoncenter.org/subsites/ccpdc/index.htm

Carnegie Endowment for International Peace
http://www.carnegieendowment.org/

Centrum für Angewandte Politikforschung München
http://www.cap.uni-muenchen.de

Conflict Prevention Network
http://www.conflict-prevention.net/

Copenhagen Peace Research Institute
http://www.copri.dk

Department of Peace Studies, University of Bradford
http://www.brad.ac.uk/acad/peace/pubs/pubs.htm

Heidelberger Institut für Internationale Konfliktforschung – HIIK e.V.
http://www.hiik.de/de/index_d.htm

Hessische Stiftung Friedens- und Konfliktforschung – HSFK
http://www.hsfk.de/friedensforschung.php?id=5&language=de

International Alert
http://www.international-alert.org/

International Crisis Group – "... now generally regarded as the world's leading non-
        government source of information, analysis and policy advice on preventing and re-
        solving deadly conflict ..." – begründete Selbst- und Fremdeinschätzung
http://www.crisisgroup.org/home/index.cfm

INEF – Institut für Entwicklung und Frieden, Universität Duisburg
http://inef.uni-duisburg.de/page/

Institut für Friedenssicherungsrecht und Humanitäres Völkerrecht, Universität Bochum
http://www.ruhr-uni-bochum.de/ifhv/

Institut für Friedensforschung und Sicherheitspolitik an der Universität Hamburg – IFSH
http://www.ifsh.de/

Institute for War and Peace Reporting – IWPR
http://www.iwpr.net/index.pl?tribunal_guide_04.html#

Stiftung Entwicklung und Frieden, Bonn
http://www.sef-bonn.org/de/diesef/profil/index.php

Stiftung Wissenschaft und Politik,Berlin
http://www.swp-berlin.org/

Stockholm International Peace Research Institute
http://www.sipri.org

World Peace Foundation
http://www.worldpeacefoundation.org/

F) Sonstige nützliche Websites

Balkan Investigative Reporting Network – Analysen zu aktuellen politischen Entwicklun-
      gen in Südosteuropa
http://www.birn.eu.com/

Deutsches OSZE-Forschungszentrum
http://www.core-hamburg.de

European Policy Centre
http://www.theepc.be

International Commission on the Balkans
http://www.balkan-commission.org/

Institut für Friedenspädagogik Tübingen e.V.
http://www.friedenspaedagogik.de/index.htm

learn-line.nrw.de – Literatur zum Thema Frieden
http://www.learnline.nrw.de/angebote/umweltgesundheit/medio/service/literatur/lit_frie/in
      _fri.htm

Office of the High Representative in Bosnia
http://www.ohr.int

Osteuropa-Netzwerk – integrierter Zugang zu Datenbanken und Websites, die die Osteu-
      ropaforschung unterstützen
http://www.osteuropa-netzwerk.de/

R. J. Rummel, Conflict and Violence – Rummels Homepage a. d. University of Hawaii
http://www.hawaii.edu/powerkills/welcome.html

Southeast European Times – Informationen zu den aktuellen Entwicklungen auf dem
    Balkan
http://www.setimes.com

Transcend – Johan Galtungs Web-Organisation zum Thema Konflikttransformation mit
    friedlichen Mitteln
http://www.transcend.org/

ViFaPol – Virtuelle Fachbibliothek Politikwissenschaft – Literatur zur Friedensforschung
http://www.vifapol.de/fach/Friedenssystematik.shtml

IV Literatur zur schnellen Information

Nachschlagewerke

Encyclopedia of Nationalism. Bd. I: Fundamental Themes; Bd.II: Leaders, Movements,
    and Concepts. Hg. Alexander J. Motyl. San Diego u. London 2001.
Encyclopedia of Violence, Peace & Conflict. 3 Bde. Hg. Lester Kurtz. San Diego u. Lon-
    don 1999.
Krieg und Frieden. Handbuch der Konflikt- und Friedenspsychologie. Hg. Gert Som-
    mer/Albert Fuchs. Weinheim 2004.
The Ethnopolitical Encyclopedia of Europe. Hg. Karl Cordell/Stefan Wolff. Basingstoke
    u. London 2004.
World Encyclopedia of Peace. 8 Bde. Hg. Javier Perez de Cuellar/Young Seek Choue.
    New York u. Seoul 1999.

Konflikte: Definitionen, Erscheinungsformen und Ursachen

Bonacker, Thorsten (Hg.) (2005): Sozialwissenschaftliche Konflikttheorien. Lehrbuch. 3.
    Aufl. Wiesbaden.
Bonacker, Thorsten/Weller, Christoph (Hg.) (2006): Konflikte der Weltgesellschaft.
    Akteure – Strukturen – Dynamiken. Frankfurt/Main.
Heller, Wilfried u. a. (Hg.) (2007): Ethnizität in der Globalisierung. Zum Bedeutungs-
    wandel ethnischer Kategorien in Transformationsländern Südosteuropas. Südosteu-
    ropa-Studien Band 74. München.
Imbusch, Peter/Zoll, Ralf (Hg.) (2005): Friedens- und Konfliktforschung. Eine Einfüh-
    rung. 3., überarb. Aufl. Wiesbaden.
Midlarsky, Manus I. (2005): The Killing Trap. Genocide in the Twentieth Century. Cam-
    bridge.
Naimark, Norman M. (2004): Flammender Hass. Ethnische Säuberungen im 20. Jahrhun-
    dert. München.
Ruf, Werner (Hg.) (2003): Politische Ökonomie der Gewalt. Staatszerfall und die Privati-
    sierung von Gewalt und Krieg. Opladen.
Wimmer, Andreas, u. a. (Hg.) (2004): Facing Ethnic Conflicts. Towards a New Realism.
    Lanham, Maryland.

Krieg und Frieden: Definitionen, Erscheinungsformen, Ursachen

Beyrau, Dietrich (Hg.) (2007): Formen des Krieges. Von der Antike bis zur Gegenwart.
    Paderborn.

Ferguson, Niall (2006): Krieg der Welt. Was ging schief im 20. Jahrhundert? Berlin.

Frech, Siegfried/Trummer, Peter I. (Hg.) (2005): Neue Kriege. Akteure, Gewaltmärkte, Ökonomie. Schwalbach/Ts.

Galtung, Johan (2007): Frieden mit friedlichen Mitteln. Friede und Konflikt, Entwicklung und Kultur. Münster.

Geis, Anna (Hg.) (2005): Den Krieg überdenken. Kriegsbegriffe und Kriegstheorien in der Kontroverse. Baden-Baden.

Goldstein, Joshua S. (2004): War and Gender. How Gender Shapes the War System and Vice Versa. 2. Aufl. Cambridge.

Kaldor, Mary (2003): Neue und alte Kriege. Organisierte Gewalt im Zeitalter der Globalisierung. Frankfurt am Main.

Münkler, Herfried (2003): Die neuen Kriege. 5. Aufl. Reinbek b. Hamburg.

Münkler, Herfried (2006): Der Wandel des Krieges. Von der Symmetrie zur Asymmetrie. Weilerswist.

Wolfrum, Edgar (2003): Krieg und Frieden in der Neuzeit. Vom Westfälischen Frieden bis zum Zweiten Weltkrieg. Darmstadt.

Konfliktbearbeitung: Prävention, Intervention, Management, Lösung und Nachsorge

Prävention

Aggestam, Karin (2003): Conflict Prevention: Old Wine in New Bottles?, in: International Peacekeeping, Bd. 10, Heft 1.

Meyer, Berthold (1999): Zwischen Souveränitätsvorbehalten, Selektions„zwängen" und Selbstüberschätzung. Krisenprävention durch UNO und OSZE, in: Friedensbericht 1999. Chur/Zürich.

Record, Jeffrey (2004): Nuclear Deterrence, Preventive War, and Counterproliferation, in: Policy Analysis No. 519/2004, S.1–32.

Schwarz, Klaus-Dieter (2005): Die Zukunft der Abschreckung. SWP-Studie. Berlin.

Sriram, Chandra Lekha/Wermester, Karin (Hg.) (2003): From Promise to Practice. Strengthening UN Capacities for the Prevention of Violent Conflict. Boulder, Colorado.

Management und Intervention

Cheldelin, Sandra, u. a. (Hg.) (2003): Conflict. From Analysis to Intervention. London/New York.

Covey, Jock, u. a. (Hg.) (2005): The Quest for Viable Peace. International Intervention and Strategies for Conflict Transformation. Washington D. C.

Crocker, Chester A., u. a. (Hg.) (2007): Leashing the Dogs of War. Conflict Management in a Divided World. Washington D. C.

Eisele, Manfred (2007): Friedenssicherung, in: Volger, Helmut (Hg.): Grundlagen und Strukturen der Vereinten Nationen. München, S. 131–162.

Meyer, Berthold (1997): Formen der Konfliktregelung. Eine Einführung mit Quellen. Opladen.

Mills, Nicolaus/Brunner, Kira (Hg.) (2002): The New Killing Fields. Massacre and the Politics of Intervention. New York.

Rudolf, Peter *(2006): Sanktionen* in der *internationale*n Politik: zum Stand der Forschung. SWP-Studie. Berlin.

Wallensteen, Peter (2005): International sanctions: between words and wars in the global system. London.

Konfliktlösung

Austin, Alex/Fischer, Martina/Ropers, Norbert (Hg.) (2004): Transforming Ethnopolitical Conflict. The Berghof Handbook. Wiesbaden.
Debiel, Tobias (2004): Konfliktbearbeitung in Zeiten des Staatsverfalls: Erfahrungen und Lehren zu Beginn des 21. Jahrhunderts, in: Blanke, Ursula (Hg.): Krisen und Konflikte. Von der Prävention zur Friedenskonsolidierung. Berlin, S. 21–38.
Durch, William J. (Hg.) (2006): Twenty-First-Century Peace Operations. Washington D. C.
Herdegen, Matthias (2007): Völkerrecht. München.
Ropers, Norbert/Debiel, Tobias (Hg.) (1995): Friedliche Konfliktbearbeitung in der Staaten- und Gesellschaftswelt (Eine Welt – Texte der Stiftung Entwicklung und Frieden, Bd. 13). Bonn.
Stedman, Stephen John, u. a. (Hg.) (2002): Ending Civil Wars. The Implementation of Peace Agreements. Boulder u. London.
Tudyka, Kurt P. (2007): Die OSZE – besorgt um Europas Sicherheit. Kooperation statt Konfrontation. Hamburg.

Konfliktnachsorge/Peacebuilding

Drews, Christian (2001): Post-conflict peace building. Mainz.
Lederach, John Paul (2004): Building Peace. Sustainable reconciliation in divided societies. Washington D. C.
Paris, Roland (2004): At War's End. Building Peace after Civil Conflict. Cambridge.
Reychler, Luc/Paffenholz, Thania (Hg.) (2001): Peace Building. A Field Guide. Boulder u. London.

Das Ende des Vielvölkerstaates Jugoslawien

Bürgerkrieg

Cirkovic, Sima (2007): Zur Ethnogenese auf dem Gebiet des ehemaligen Jugoslawien, in: Melcic, Dunja (2007): Der Jugoslawienkrieg. Handbuch zu Vorgeschichte, Verlauf und Konsequenzen. 2. Auflage. Wiesbaden, S. 21–33.
Eisermann, Daniel (2000): Der lange Weg nach Dayton. Baden-Baden.
Gow, James (2007): Strategien und Kriegsziele, in: Melcic, Dunja (2007): Der Jugoslawienkrieg. Handbuch zu Vorgeschichte, Verlauf und Konsequenzen. 2. Auflage. Wiesbaden, S. 362–376.
Grulich, Rudolf (2007): Die Religionsgemeinschaften im ehemaligen Jugoslawien, in: Melcic, Dunja (2007): Der Jugoslawienkrieg. Handbuch zu Vorgeschichte, Verlauf und Konsequenzen. 2. Auflage. Wiesbaden, S. 235–254.
Holbrooke, Richard (1998): Meine Mission. Vom Krieg zum Frieden in Bosnien. München/Zürich.
Kaser, Karl (2007): Das ethnische „engineering", in: Melcic, Dunja (2007): Der Jugoslawienkrieg. Handbuch zu Vorgeschichte, Verlauf und Konsequenzen. 2. Auflage. Wiesbaden, S. 401–414.

Melcic, Dunja (2007): Der Jugoslawismus und sein Ende, in: Melcic, Dunja (2007): Der Jugoslawienkrieg. Handbuch zu Vorgeschichte, Verlauf und Konsequenzen. 2. Auflage. Wiesbaden, S. 210–234.

Rathfelder Erich (2007): Der Krieg an seinen Schauplätzen, in: Melcic, Dunja (2007): Der Jugoslawienkrieg. Handbuch zu Vorgeschichte, Verlauf und Konsequenzen. 2. Auflage. Wiesbaden, S. 344–361.

Rüb, Matthias (2007): Jugoslawien unter Milošević, in: Melcic, Dunja (2007): Der Jugoslawienkrieg. Handbuch zu Vorgeschichte, Verlauf und Konsequenzen. 2. Auflage. Wiesbaden, S. 327–343.

Todorova, Maria (Hg.) (2004): Balkan Identities. Nation and Memory. London.

Bosnien-Herzegowina (Dayton)

Almond, Mark (2007): Dayton und die prekäre Neugestaltung Bosnien-Herzegowinas, in: Melcic, Dunja (2007): Der Jugoslawienkrieg. Handbuch zu Vorgeschichte, Verlauf und Konsequenzen. 2. Auflage. Wiesbaden, S. 439–451.

Keßelring, Agilolf (2007): Wegweiser zur Geschichte. Bosnien-Herzegowina. 2. Aufl. Paderborn.

Solioz, Christophe (2004): Bosnia and Herzegovina beyond Dayton. Sarajevo.

Kosovo

Biermann, Rafael (2006): Lehrjahre im Kosovo. Das Scheitern der internationalen Krisenprävention vor Kriegsausbruch. Paderborn.

Chiari, Bernhard/Keßelring, Agilolf (2006): Wegweiser zur Geschichte. Kosovo. Paderborn.

Kramer, Helmut/Dzihic, Vedran (2005): Die Kosovo-Bilanz. Scheitert die internationale Gemeinschaft? Wien.

Kreidl, Jakob (2006): Der Kosovo-Konflikt. Vorgeschichte, Verlauf und Perspektiven. Frankfurt a. M.

Petritsch, Wolfgang/Pichler, Robert (2004): Kosovo – Kosova. Der lange Weg zum Frieden. Klagenfurt.

Schmierer, Joscha (2007): Der Kosovo-Krieg 1999, in: Melcic, Dunja (2007): Der Jugoslawienkrieg. Handbuch zu Vorgeschichte, Verlauf und Konsequenzen. 2. Auflage, Wiesbaden. S. 475–484.

Mazedonien

Dornfeldt, Matthias (2006): Das Konfliktmanagement der Organisation für Sicherheit und Zusammenarbeit in Europa (OSZE). Eine Analyse am Beispiel der interethnischen Konflikteskalation in der Republik Makedonien 2001. Berlin.

Dukovski, Darko (2007): Makedonien, in: Melcic, Dunja (2007): Der Jugoslawienkrieg. Handbuch zu Vorgeschichte, Verlauf und Konsequenzen. 2. Auflage. Wiesbaden. S. 139–152.

Stabilisierung und Peacebuilding durch Europäische Union und internationale Staatengemeinschaft

Altmann, Franz-Lothar (2005): EU und Westlicher Balkan. Von Dayton nach Brüssel: ein allzu langer Weg? SWP-Studie. Berlin.

Altmann, Franz-Lothar/Batt, Judy (Hg.) (2004): The Western Balkans: moving on. Chaillot Paper No. 70. Paris.

Bericht der internationalen Balkan-Kommission (2005): The Balkans in Europe's Future (URL: www.balkan-commission.org).

Calic, Marie-Janine (2003): Welche Zukunft für den Balkan-Stabilitätspakt? SWP-Studie. Berlin.

Calic, Marie-Janine (2004): Der Stabilisierungs- und Assoziierungsprozess auf dem Prüfstand. Empfehlungen für die Weiterentwicklung europäischer Balkanpolitik. SWP-Studie. Berlin.

Calic, Marie-Janine (2005): The Western Balkans on the Road towards European Integration. Friedrich-Ebert-Stiftung, Internationale Politikanalyse. Bonn.

Giersch, Carsten (1998): Konfliktregulierung in Jugoslawien 1991–1995: Die Rolle von OSZE, EU, UNO und NATO. Baden-Baden.

Hagman, Hans-Christian (2003): European Crisis Management and Defence: the Search for Capabilities. Adelphi Paper 353. London: IISS.

Jäger, Friedrich (2005): Das Internationale Tribunal über Kriegsverbrechen im ehemaligen Jugoslawien. Anspruch und Wirklichkeit. Wien.

Merlingen, Michael/Ostrauskaite, Rasa (2005): ESDP Police Missions: Meaning, Context and Operational Challenges, in: European Foreign Affairs Review 10/2005, S. 215–235.

Meurs, Wim van (Hg.) (2003): Prospects and Risks beyond EU-Enlargement. Southeastern Europe: Weak States and Strong International Support. Opladen.

Missiroli, Antonio (2003): The European Union: Just a Regional Peacekeeper? in: European Foreign Affairs Review 8/2003, S. 493–503.

Pippan, Christian (2004): The Rocky Road to Europe: The EU's Stabilisation and Association Process for the Western Balkans and the Principle of Conditionality, in: European Foreign Affairs Review 9/2004, S. 219–245.

Reljic, Dusan (2007): Kosovo: Die EU am Zug. SWP-Aktuell 2007/A 38. Berlin.

MIX
Papier aus verantwortungsvollen Quellen
Paper from responsible sources
FSC® C105338

FSC
www.fsc.org

If you have any concerns about our products,
you can contact us on
ProductSafety@springernature.com

In case Publisher is established outside the EU,
the EU authorized representative is:
Springer Nature Customer Service Center GmbH
Europaplatz 3, 69115 Heidelberg, Germany

Printed by Libri Plureos GmbH
in Hamburg, Germany